EUROPE
EUROPEAN ECONOMIC AND SOCIAL HISTORY

从面包到蛋糕

欧洲经济社会史

何萍◎著

浙江人民出版社

序
一部从勉强生存到追求品位的人类进步史

一、面包是"生存",蛋糕是"品位"

自有人类以来,人就得不断地为衣食住行奋斗,除了希望能获得足以维生的粮食、衣服、住宿、交通条件外,还希望能过上更好、更有质量的生活。这也意味着人类不止追求面包以维持生命,还要追求蛋糕,好让自己过得有品位、有尊严。为了达成这些目标,人类不仅自己奋斗,还通过组织,以集体的奋斗朝目标前进,其中组织涉及社会的问题,而为生存奋斗、追求幸福则涉及经济的问题。在奋斗的过程中,人类首先会观察环境,设法将所有不同的自然现象串联在一起,并予以了解。然后再设想如何利用,这就涉及经济思想的问题。剖析社会、经济与经济思想,从中勾勒出人类如何了解、认知环境与自然,如何以组织的方式不断追求更好的物质生活,将是本书想要一探究竟的课题。

人类为生存奋斗与追求快乐幸福的行动内容非常庞杂,包括经济动机、经济发展、经济思想与制度、社会与经济的互动、社会阶层与阶级、休闲、消费、生产、分配、城市、人口、物质生活、两性分工与互动、家庭制度与关系，等等。

无论"经济"还是"社会"，都是很难定义的名词与概念。但可以确定的是，本书所说的"经济"或"社会"都不是指学术圈所研究的"经济学"或"社会学"。事实上，这两门学问都是近代才兴起的学问，一直要到20世纪，这两门学问才成为学院派的独门生意，即成为专门的学科。在这之前，探讨与研究人类经济行为与经济思想的人士，都不限于学院中的专家学者。

纵观古今，不少哲学家、法学家、神学家、商人、政府官员都曾留下他们观察、探索与钻研的记录，甚至连文学作品中都留有不少与经济生活相关的描绘。到了现在，即便成立了专门的经济学科系，但研究经济问题的仍不限于经济学的专业学者，还包括考古学家、历史学家、社会学家、地理学家、环境学者、数学家和管理科学教授等，经济学已成为一门名副其实的科际整合学问。

（一）"经济"是什么？

"经济"（economics）的字源来自古希腊的"家庭管理"（oikonomia），意指家庭经济的意思。古希腊的哲学家亚里士多德（Aristotle，公元前384—前322年）与色诺芬（Xenophon，约公元前430—前354年）都曾写过有关家庭经济（oeconomicus）的著作。他们认为治国如治家，一个无法有效理家的人没有统治国家的资格与能力，因此家庭经济的原则可以适用于国家经济。

实际上，当时的家庭经济比起现代的家庭经济要复杂得多。因为当时的家庭犹如微型的国家，除有血缘关系的亲属成员外，还包括没有血缘关系的商人、工匠、农民与奴隶等，除了管理土地生产外，还有制造业与商业等经济活动。或许是因为这样古希腊学者才有发此想。

古希腊时代，经济学是哲学与伦理学的一部分，这样的情形直到近代经济学之父亚当·斯密（Adam Smith，1723—1790年）之时方告结束。他的《国富论》发表后，经济学开始成为一门独立学问。在经济学中这个时期被定义为"古典经济学时期"。

在古典经济学的定义中，经济是研究人类在资源困乏的条件下，如何追求最大的福祉。在那个时候，幸福与满足被称为"utility"（功利或利益），即后来功利主义的来源：经济就是追求最大的满足。

当古典经济学出现时，可供人类追求福祉的资源实在不多。但现在情况改变了，因此人类的经济目的也改变了：以前以生存为主，现在则是讲究质量。因此，现在的经济学不再只着重于满足生存所需，不再只是讨论面包的问题，还进阶到蛋糕的问题，亦即享受、休闲、消费等经济生活。于是，现代经济学主要是探讨经济的行为表现（performance）与影响经济行为表现的结构问题。经济学不仅在探讨人类生产、分配、消费等行为和现象，也在探讨人类如何组织生产以满足人类的需要和欲望。早期人类的经济目的着重在如何战胜资源匮乏，慢慢地因为资源充沛而变成如何有效打理日常经济生活，而这些就涉及人类社会结构、社会制度、社会习俗和价值观等面向。

随着新内涵的不断出现，"经济议题"也跟着扩大了。一般而言，现在所谓的"经济"，除了研究上述的经济行为与表现外，更包括人类为了解决经济问题而采取的经济与社会组织、制度、结构与政策等手段。

尽管学者们将经济研究的议题简化成行为表现、结构等大方向，但其实内部值得注意的细目还是非常多的。例如在行为表现和成就方面，尚需注意资本、生产制造、市场、分配、经营管理等。在资本方面，又包括如何筹集、组织资本，如何配置与调度资本。生产制造方面包括原料、生产工具、生产技术、产出、劳力（如劳力的配置等问题）、生产方式、生产流程、管理等。市场方面，也需注意销售、原料之取得、成品的配销、市场结构与利润等问题。分配则包含财富分配、剩余分配与资本分配等。经营管理方面亦需注意资本、技术、机器、劳力等要素之配合与协调。

（二）"社会"是什么？

至于"社会"的定义就更难了，几乎没人能说清楚或给出精确的定义。有人开玩笑说，三人以上的团体即构成社会学研究的对象，包括他们的社交、互动与关系等现象。当然，更复杂的社会中还包括组织、阶层、地位、价值观等问题。一般而言，社会与经济关系颇为密切，社会中的分化、群聚、互动、分层等都与经济脱离不了关系。这也就是说，经济与社会之间呈现相互依赖的关系，亦即彼此间相互影响：社会因素会影响经济行为与发展，而经济事务也会影响社会组织与社会生活。

事实上，古代的学者如色诺芬和亚里士多德等，其研究经济的目的在于重组社会秩序，而非在了解经济机制本身，可以说不是为了经济而研究经济，而是为了社会或政治目的而研究经济。即便到了中古时期，许多经济议题仍多围绕如何治理家业，或是如何减少财产分配不公平的现象，仍偏向维持社会秩序和政治秩序的目的，这也是近代以前的经济学多属于伦理学、哲学等范畴的原委了。

二、"经济社会史"：高阶"经济史"

经济学门下的经济史与历史学科的经济社会史，虽都是在研究人类的经济行为、表现与发展，但是无论在研究性质、内容与对象方面都不尽相同，在研究方法、态度与目的方面也大相径庭。

（一）历史学门下的经济史

简单来说，历史学门下的经济史是将经济史置于历史学的脉络中研究，包括使用史家惯用的解释与叙述手法，因此历史学的经济史研究以叙述、解释、理解为主。基于史学强调周延性、客观性的精神，除了要研究经济行为与经济发展外，还要探讨经济行为背后的动机、影响经济行为的因素，以及经济行为对人类社会、文化、军事、政治与日常生活等各层面的影响，亦即探讨日常生活、社会表现、个人行为与经济事务间的相互关系。历史学家除了探讨影响经济行为与结构的问题，还希望能够观照到日常或特殊的经济生活，亦即不同文化、不同地域、不同社会与不同时代的独特性。

（二）经济学门下的经济史

经济学门下的经济史则强调深耕、精研的专业精神，是以验证，分析，建构抽象的理论架构、经济模式或典范为主，研究的议题通常都倾向经济专题与经济事务，主要研究对象为经济行为、经济现象和经济发展，以及影响经济表现之结构性因素。经济学门下的经济史以追求通则、定律与模式（models）为主。

（三）比较

更进一步说，经济学与历史学两者的学科与性质相异，遂造成两种旨趣相异的经济史；经济学属于社会科学（social sciences），而历史学则属于人文科学（humanities）。

社会科学是采用科学的方法与态度来研究人类社会的事务，包括经济事务；人文科学则是以人文学者的精神来理解人事。当人文学者以经验的法则去观察和了解世界，希望能寻找出人类生活的复杂性和意义时，社会科学家却努力地想从一大堆烦琐的现实事件中找出影响事物运作的结构与原则。这也就是说：经济学的目的在于追求通则、普世性的定律与模式，历史学则是普遍与特殊两相兼顾。

社会科学家希望能找到深层结构与原则以解释万事万物，人文学者则认为社会科学家为了寻找一条万有定律，而牺牲了事件的丰富与多样性的内容，更忽略了其他可能的重要问题。

就研究方法而论，历史学中的经济史和经济学中的经济史也大不相同。相对于史家从史料中重建人类的经济史，并强调特殊性与个别性，经济学家是从命题开始，逐步引申出逻辑的推论。一般而言，历史学家在研究经济社会史相关议题前，事先并没有一套理论架构或预设立场，也不是从抽象的理论架构开始，而是希望通过经验法则，以及对史料的观察、理解与解释，来了解具体的案例、事件、人物与发展，从而建构一套系统的理论架构或结论。历史学家这种研究方向可说是由不知到知，在研究的过程中，历史学家希望能达到全方位观照。譬如，历史学家不会将经济事务单独抽离出来研究，而是与其他人类活动、历史层面一起讨论，因而强调经济发展与其他人类活动、历史发展之关系，如经济与政治，或经济与社会、文化的关系，包括因果关系、互动关系。

经济学家的研究路径则与历史学家相反。相对于历史学家的理解与解释，经济学家则强调分析、验证抽象的理论架构。当他们研究经济史中的一项专题时，通常他们心中已经有一个理论架构，也建构好了一套理论，然后再利用史料做进一步的验证。他们的推论，往往在理论上或是抽象的思维中是可以运作的，但却经常与文件的记录相背离。对于经济学者而言，文件或史料只是用来验证理论的，而不是自我表述的，也就是说经济学者往往阻碍了史料自我表述的机会。不只是经济学家，其他社会科学家也都有类似的倾向。他们认为：史料、文件的主要价值就是在建构理论架构；史料本身是没有价值、没有意义的，也是死的。但对历史学者而言，史料是活的，它们会自己说话、自我展现，需要我们仔细地倾听与了解！

虽说经济学的经济史与历史学的经济史在研究旨趣与方法上有很大的差异性，但也不是大到双方毫无交集，以致完全不可沟通和交流。尤其是在马克思主义的影响下，经济学与历史学内部都发生了很大的转变，出现了各式流派，提供给双方不少可共同关切的议题。譬如，经济学不再局限于强调自然律、理性等非自然人（impersonal）市场机制的古典经济论，亦即亚当·斯密和马尔萨斯（Thomas Malthus，1766—1834年）的观点。现代经济学家讨论的议题也超越了古典经济论，不再围绕在生产因素方面，如土地、劳力、资本、市场、企业等问题。现在的经济学家开始注意到影响经济运作的非理性与"人为"因素，如政治制度、科技、人口、品位、习俗、社会地位和意识形态等因素。当经济结构与表现不再只限于理性和非自然人的市场因素后，经济学家就与向来重视人文的历史学家有了对话的平台。

事实上，经济学的理论架构的确提供给史家不少灵感与刺激，许多史家也援引经济学的新理论，以解释人类过去的经济行为与经济运作。更重要的是，受到经济学的刺激与影响，历史学的经济史不再只看重描述和叙述的方法，而开始强调解释的方法与架构。尽管历史学家与新近的经济学家都开始注意到非经济因素对于经济的影响，并开始解释其间的关系，但是两者仍有区别：经济学家的解释仅限于经济议题，而历史学家却是以

序 一部从勉强生存到追求品位的人类进步史

"全面性解释"为最高指导原则。

三、当人本主义史学与经济社会史结合

马克思主义强调物质决定论,并将非物质的文化组成视为上层结构。在马克思主义的影响下,西方知识界出现了各式各样的主义,包括存在主义、结构主义、后结构主义等。

这些由文化构成的各式结构,后来又受到另一类知识分子的反驳,如米歇尔·福柯（Michel Foucault, 1926—1984年）等,从而提出解构主义。解构主义的真正目的是在打倒现存的旧结构,以建立一个更具包容力和更贴近现实发展的一个新结构,因此还是脱离不了结构与文化的概念。

无论如何,人文学者受到马克思的刺激,将经济因素与结构的概念引进人文研究,史学亦复如此。相对于传统史家将关怀集中于政治、军事等历史的研究,新人本主义（Neohumanism）下的史学开始正视经济的重要性,并强调经济与文化的关系。

可见,人本主义影响下的历史学者将文件、文本和档案等史料的解读工作变得更复杂、更细密与精致化。许多传统史家所忽略的细节现在都被重新解读,从而呈现出另一种活力与面貌;一些不受传统史家重视的史料,如地契、家谱、家信、生活用品等经过新史家的琢磨后,展现出令人惊讶的历史风华;更有不少被传统史家视为无意义的史料或记录,如民间的版画、教会的注册登记、通俗小说等,也变身为有意义的史料。

这些细微、烦琐的史料,成为经济社会史研究的宝贵素材。这类材料虽丰富,但却缺系统性整理,不如官方与精英的文本档案那样整齐划一,因此需要花费功夫整理、解读,有时还需要一点想象力。

相对于经济学家抽象、纯思维的研究,属于人本主义派的经济社会史家为人类经济生活的研究注入一些美感和温情,使经济史的研究显得不再那么冷酷无情。在专业的经济史家研究下,人类的经济事务与经济生活似乎只剩下了饥饿、贫穷、分配、土地、竞争等残酷的现实面,但在历史学家的描绘与叙述下,人类的经济生活中其实充满了不少欢乐、和谐和创

意,而不是只有破坏、痛苦与悲伤。在叙述与写作方面,专业的经济史著作强调严谨且具逻辑性的专业术语,让一般民众因敬畏而却步,但历史学家的作品则多添几许柔情,让文章架构和文字铺陈方面多了一些亲和力。

早在20世纪七八十年代,有不少史家希望将历史挤进社会科学的殿堂内,甚至将历史重新定位为社会科学的一支,因而引进不少社会科学的研究方法,计量史学即为一例。但是这种尝试似乎未达到预期的效果,其他的社会科学家仍将历史归类于人文学领域,而史学似乎也因此丧失了自我的独立性和方向。

到了20世纪90年代,一些史家再度寻找史学的真谛与学术地位。不少新生代的史家不再满足于人文主义的定位,无论是传统的自由人文主义,还是结构与文化的人本主义。新生代史家期望能搭起社会科学与人文学的桥梁,让历史学兼具两种学科的长处,且修正部分专业与通则的缺陷,亦即将史学归属于"人文学—社会科学"(humanistsocial sciences)的领域。

总之,新生代(亦即21世纪初)的史家融合了人文与科学、理论与叙述、解释与叙述的方法。他们也引入了不少社会科学的研究方法与精神,以扩大史学的领域和专业性。譬如,新史家在名词的定义、假设和方法上更为严谨和精确,一如社会科学家之为学态度。其次,新史家又开始注重理论架构的建构、应用和验证。然而,理论架构追求的是通则、定律和普世性的"大同",往往牺牲了特殊性。因此,新史家在采用理论架构、追求普世通则时,更不忘特殊性,在强调集体性时也不忘兼顾个体性,更不忘照顾不同时代、文化、社会与地域的差异性和独特性。新史家在用史料验证理论或是用理论套史料时,强调要让史料自行说话、自我展现。

在此脉络下,历史学门下的经济史研究因而再度发生转变。譬如,20世纪六七十年代研究经济史的历史学者非常关心结构的问题,例如结构是如何形成的,其形式和构造如何,是如何运作的,以及各经济中的表现和成就又为何?他们花了很多篇幅与精力在处理结构的问题,却少了许多解释的功夫。

20世纪90年代以后的史家则加强了解释经济结构和经济表现的功

夫。新生代的经济史家不仅强调影响经济的政治与社会制度、科技、人口等具体的因素，更探讨影响经济的精神与心理等抽象因素，如宗教、思想、价值观等意识形态，还有社会与个人的心态与意愿等因素。除了这些因素对经济结构、经济行为的影响外，新生代史家更注意到它们与经济间的相互关联性和互动关系。

值得注意的是，即使在经济学领域中，经济学者也注意到这些"人为"的制度与意识形态对经济发展和经济结构的影响。于是，经济学也走出了古典的自由经济论，从强调理性（rational）的经济运作发展为强调人文的新古典经济论，在讨论有形的物质资源外，还包括了无形的社会地位、名誉等资源与利益。

四、所有人都逃不脱的经济社会史定律

本书探讨自上古至中古、近现代之欧洲经济活动与社会组织的发展概况、演变趋势，以及促成改变的因素与后续影响。此种活动与组织不仅关系人类的存续，更是促进人类文明发展的必要条件。为达到生存与文明之目的，不同时代的人们发展出各项经济制度、组织、策略、行为模式以及思想理念等。发展过程中尚涉及不同族群与利益团体间的竞争、妥协与合作等错综复杂之互动关系。不同时代与不同社会处理这些问题的态度、策略与着重点更是不同：有的强调增加生产；有的强调正义或公平分配；有的强调理性规划；有的强调道德规范等。在生产方面，有的强调以改善生产工具、运用科技以达到量产、量销的目的，有的则强调管理和企业经营途径。

以近代工业经济为例，有利于经济发展之工具、科技或生产方式（如工厂制度、工业机器等）在西欧地区接受度较大，从而导致该区经济发展得以突破，包括生产量激增、财富大幅积累等，进而带动社会组织与文明性质之激烈转型。但这些工具、科技与生产方式在某些地区却因某些传统的观念、文化模式、社会制度、政治形态等因素之阻碍，而无法发挥经济效力，从而导致这些地区由兴转衰，变成穷国。阻碍或促进经济发展之各项因素亦

为本书之重点议题，包括政治制度、两性关系、通俗文化、思想与意识形态、宗教因素、财经政策，乃至影响集体经济发展之个人与家庭因素。

我们将通过历史性的解释与叙述，将经济学的理论分析融会其中，从而协助读者初步了解经济世界之运作原则，进而产生对经济之兴趣；毕竟经济乃是现代人生活不可或缺的一环。

目 录

第1章 经济武器：人类成功的真正秘密 / 001

一、经济策略失败！尼安德特人输给智人的最根本原因 / 001

二、新石器时代：从搜集者到生产者 / 002

三、农业革命 / 004

四、社会经济史的开端：聚落与乡村 / 009

五、文明的兴起 / 010

六、经济的力量：当城市发展为国家 / 011

七、环地中海地理环境对经济活动的影响 / 014

第2章 文明和经济社会史的共同起点：美索不达米亚 / 019

一、美索不达米亚平原 / 019

二、自由民、半自由民与奴隶 / 020

三、家庭与嫁给神明的女儿们 / 023

四、外国人大街：多姿多彩的城市生活 / 028

五、农业：从承包商到银行 / 030

六、畜牧与马和骆驼的驯化 / 036

　　七、制造业：一个只有黏土的社会 / 037

　　八、商人、货币与银行 / 042

　　◎ 两河流域的经济思想 / 049

第3章　尼罗河的赠礼：古埃及 / 052

　　一、物资丰饶的帝国 / 052

　　二、集权国家的建立 / 057

　　三、垄断：自上而下的贸易 / 065

　　四、与"亚洲"的密切往来 / 069

　　五、新王国时期的礼物交换 / 072

　　六、埃及的神殿经济 / 074

　　七、埃及的私人财产权 / 075

　　八、埃及人的三百六十行 / 076

　　◎ 古埃及的经济思想 / 081

第4章　光荣属于希腊：古希腊 / 083

　　一、不认命的希腊 / 083

　　二、从米诺斯到迈锡尼 / 084

　　三、黑暗时代 / 091

　　四、大希腊前奏曲：古风时期 / 098

　　五、光荣属于希腊 / 102

六、霸权时代的经济贸易 / 107

◎ 古希腊的经济思想 / 109

第5章 伟大属于罗马：古罗马 / 119

一、从城邦到帝国 / 119

二、农业：当大庄园、大农场成为主流 / 120

三、具有"工匠精神"的罗马人 / 123

四、市场经济实验：公共财务系统 / 125

五、国际性货币与跨国银行的首次出现 / 129

六、城市扩张及其挑战 / 130

七、市集还是百货公司？ / 136

八、罗马人的家族观 / 136

九、奴隶：一个被遗忘的群体 / 138

十、轻商文化：罗马社会经济崩溃的真实原因 / 140

十一、罗马经济的成就与限制 / 141

◎ 古代经济综论 / 146

第6章 退化的欧洲：中古欧洲的经济与社会发展 / 151

一、"黑暗时代"：当帝国退化为部落 / 152

二、农具、庄园和马的重新发现 / 152

三、以"抢夺"为主的商业 / 171

四、城市的兴起 / 178

五、远程贸易：长程贸易与海上贸易 / 182

　　六、中古盛期的商业革命 / 186

　　◎ 中古农业经济对近代经济的贡献 / 193

第7章　中古欧洲的经济思想 / 195

　　一、经济思想溯源 / 195

　　二、中古经济思想的特色和派别 / 202

　　◎ 从"利息"看中古经济思想的改变 / 212

第8章　西欧的崛起：文艺复兴时代的经济与社会 / 225

　　一、王权兴起与经济发展 / 225

　　二、经济版图的改变 / 225

　　三、意大利经济的复苏与繁荣 / 227

　　四、羊毛与兵工厂：制造业的兴起 / 229

　　五、消费主义之滥觞：消费经济的出现 / 229

　　六、教皇与美第奇家族：银行业的兴起 / 231

　　七、城市兴起与乡村生活的改变 / 232

　　八、城市与文艺复兴运动 / 233

　　◎ 从文艺复兴的故乡"佛罗伦萨"看当时的经济特色 / 235

第9章　商业革命：群星闪耀之时 / 250

　　一、商业革命：小冰河期的赠礼 / 251

二、资本主义与公司制：利润追逐战的两大胜者 / 280

三、商人帝国：商业革命及其影响 / 292

◎ 商业革命前后的比较 / 306

第10章　工业革命：人类经济社会的指数级变迁 / 309

一、什么才是工业革命？ / 309

二、工业革命：一场被动的革命 / 313

三、农业大改良 / 319

四、英国与工业革命 / 324

五、机器生产方式的兴起 / 332

六、工业革命真的成功了吗？ / 335

七、工业革命之影响 / 340

八、新的社会阶级与观念的产生 / 344

◎ 工业革命百年后——1848年革命 / 349

第11章　补齐短板：第二次工业革命 / 360

一、新产业的挑战 / 360

二、"合理化"的生产与经营：垄断经济 / 368

三、毒瘤：无尽的经济危机与通货膨胀 / 370

四、英美式改革与德式改革 / 378

五、1929年的经济大萧条 / 390

六、罗斯福新政 / 395

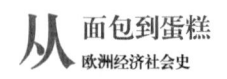

第12章　第二次世界大战期间的经济社会史 / 400
　　一、战争与粮食生产 / 402
　　二、工厂战争 / 403
　　三、战争经济中的工人变迁 / 406
　　四、德国的战争经济 / 408
　　五、英国的战争经济 / 411
　　六、美国的战争经济 / 414
　　七、苏联的战争经济 / 416

附录　参考文献＆图片来源 / 418

第1章
经济武器：人类成功的真正秘密

在许多生物中，甚至在人科的许多分支中，我们所属的智人（Homo sapiens）实在不能算是强者，甚至可说是最弱的弱者。历史上却是我们现代智人脱颖而出，主导了其他生物与地球的发展。为什么？原因显然不在于外形或体质，而在于经济行为以及经济运作中发展出的组织与管理，也就是文明的出现。

"文化"仅是指一群动物或人的共同行为模式与生活方式。至于"文明"就不同了，"文明"可以说是人类的经济创造出来的产物。"文明"是指一种具有高度组织与管理的文化，而且是已经达到城市与国家（即中央化的政治单位）阶层的社会组织和文化。人类由文化进步到文明，其间的关键即在农业经济的发展。

一、经济策略失败！尼安德特人输给智人的最根本原因

尼安德特人（Neanderthals）之所以没能胜过现代智人，主要在于经济上的失败，无论在经济组织还是策略运用上，尼安德特人都远不如现代智人。

首先，尼安德特人会使用、制造多种石器。而且除了石器外，还有用兽骨制成的工具，以及60余种不同的器具。其次，尼安德特人还会打猎，并以兽皮制造衣服来穿。与早期的直立人等人属不同的是，尼安德特人也懂得建立自己的居所，会选择靠近水源的山洞，也知道用木棍、兽骨搭建帐篷。尼安德特人可以在居所处理、制造工具，储存食物，也能在此计划出猎。不过，尼安德特人的居所多为临时性的栖息地，现代智人的居所则

有明显长期居住的现象。

考古学家分析尼安德特人与现代智人的遗址发现：尼安德特人习惯于遵循"环形迁移"模式，即依季节的变化、附近资源的供应，在特定的区域环绕迁徙，严重受制于环境，如食物的供给、资源的运用等。

而现代智人的迁移模式为"辐射迁移"，亦即在某处位于中央的位置设置半永久性的营地，外围区域有特定资源之处设立小型卫星营地。整个族群不会全部前往某一卫星营地，而是指派特定的单位前往，并作短期的停留，搜集该区的环境信息后再返回居所。这种迁移模式需要周详的计划与分工，群体的规模较大，组织也较复杂，但比较不受制于环境生态，反能主动出击利用环境，这也是因为现代智人具有较强的语言与认知能力。

尼安德特人的狩猎行为也与现代智人有别。尼安德特人喜欢猎取大型猛兽如狼、狮、豹等，导致受伤、早夭几率高；现代智人则喜欢猎取较易捕捉的小动物如鱼、鸟、鹿等。打猎行为的差异造成尼安德特人从演化舞台上败下阵来。仔细推敲，两者不同的狩猎行为模式主要是因狩猎工具不同所致。尼安德特人缺乏足够的认知智力，对周遭环境与生态反应较迟钝，又无法像现代智人一样设计出精妙的武器来捕捉野兽，像是可投掷的标枪或倒钩式的捕鱼器，因此只能与野兽进行近距离搏斗，危险性因而大增。学者基于两者适应与利用环境的经济策略特性，将尼安德特人定位为"搜索者"，靠着运气到处搜寻，碰到什么资源就用什么资源。现代智人则是"有意识的搜集者"，他们对资源进行有计划的运用，事先知道资源的来源，加以监视，然后再出击。这种"事前规划"的能力可说是今日人类行为的一大特点。基于以上差异，尼安德特人在生存的竞争上失败了，并导致灭绝的命运。

二、新石器时代：从搜集者到生产者

大约在1万年前，人类的文化发展进入新石器时代。这个时期最大的特征是人类由食物的搜集者（即狩猎—采集的经济形态）转变为食物的生产者（豢养动物、种植粮食作物），人类的生活形态与生态环境也因此发生重大的改变。

许多考古学家与人类学家将新石器时代生产食物的农业经济兴起称为"农业革命"。与其说是"农业革命",还不如说是"发展"。因为农业的出现乃是无数无名英雄或天才努力的结果,是人类与环境奋斗或摸索的成果之一,不是瞬间达成的。学界有关农业出现的论点,大致可归纳为下列几种:

(一)工具突破论

有的学者认为农业经济的出现,是人类制造工具的技术有所突破,以致可以耕田种地。

(二)经验积累论

有的学者则主张是因为人类自旧石器时代的采集与狩猎行为中积累下不少知识、观察与经验,才可以自己生产食物,例如在长期与动物、植物相处的过程中,人类发现某些动物性格温驯,适于豢养,有的植物则适于栽种。

有关经验积累论,另有一说则是根据考古学的发现,人类早在公元前9000年之时就已经知道挖掘地洞储存食物。也许人类的祖先就是看到储存的根茎食物发芽,进而观察到该植物的生长流程,从而得到种植的概念。

(三)人口压力论

有的学者则认为是人口爆炸,驱使人类不得不生产更多食物以养活日益增长的人口。更有的学者认为农业的发明乃是必然的结果,亦即由于人口过多,或是气候发生突变,以致本来赖以维生的植物与动物群发生改变,使得旧有的采集—狩猎经济不能维持当地族群的生计,人类只得穷则变、变则通,即生产食物。然而,农业与人口的因果关系,究竟是人口压力导致农业兴起,还是农业导致人口爆炸,至今仍是人类学家争辩不休的一项议题。

无论如何,仔细观察一些可能是最初发生农业的地区,如中国、墨西哥、中东等地[①]，仍可归纳出一些通则，这些地区具有特别丰饶的自然资源，使人口密度持续升高，接着就是农业的出现。农业是人类因应环境与生态需要而产生的有效反应与行为，改变了人类的生活方式与社会组织，有助于文明的发展。

很多人类学家都同意，新石器时代的"农业革命"，其重要性绝不亚于牛顿发现万有引力定律与哥伦布发现新大陆。对于人类的存续来说，农业比"采集—狩猎"喂养的人口更多，保障人类不会面临绝嗣的命运。农业对于人类的智力发展也颇有贡献，因为农业需要长期的规划、不断尝试和改进新技术与新工具，刺激人类心智能力不断翻新，使人类社会朝精密的专业化方向发展。

譬如：人类为了更有效地储存食物或携带食物，出现制陶业；为了交换食物等用品，出现贸易。不用耕田的人，还可以腾出双手从事纺织、书写、狩猎、贸易等活动。又如：为了争取或圈占更多的土地以种植作物，人群之间开始谈判，谈判不成则以战争解决，战争又再刺激各种活动的发展。

三、农业革命

农业革命以后，人类的活动越来越多样化，人际关系越来越密切与复杂，人口越来越多且集中时，人类社会的特点也开始有不同的变化。

（一）定居与新的财产观念

昔日采集—狩猎经济，由于重视机动性，人们只需要携带简便的工具与武器就好，因此对于财产与定居的观念并不严格。但是农业经济则需要待在一地种植、等待收成，耕种所需的道具不仅多，且多数庞大、难以携带。为了垦殖，人类必须建立家园、清理土地、设置储备粮食的设施等，

[①] 考古学家发现：早在9000年前，中国陕西一带已有种植小米等谷物的农业村落；早在8000年前已有人类在墨西哥和安第斯山脉北部种植南瓜、玉米和豆类；至于以色列、伊朗等中东地区，则至少在1万年前已开始种植小麦、大麦，并豢养动物。

而这些工作都需要长期,乃至数代的经营。于是人类开始定居,开始有了财产,特别是不动产的观念。而靠畜牧维生的人,也必须留在一地,等待豢养动物的成长,不能随便移动,最多只是逐水草而居,总之,机动性与移动量都大不如昔了。

(二)人口持续膨胀与专业分工

基于实际的理由(如机动性、粮食的供应量等),昔日狩猎与采集的生活圈大都不会超过30—50人。但新的农业生活方式更能控制农业生产,因此生产量能供应更多人生活。同时,农业的生产过程也需要较多劳力,因此农业社会人口普遍增加,而且是随着农业土地扩张而增加。于是,人类就由采集的小族群,扩编为乡村,然后是城镇、城市、城邦。例如在公元前6000年左右,千人以上的乡村在中东已相当普遍。至于人类社会如何由松散农业聚落转入复杂的城市形态,我们不得而知,只能推测原始的城市应是附近农业聚落的商业集散地。尽管当时的经济已经相当复杂,但似乎缺乏具有中央权威的组织。

人口的增加,使得人际关系变得复杂,需要不同的管理模式,于是造成专业分工、公权力的兴起等情形。

我们先来看分工方面。分工包括男女的两性分工与劳力的专业分工。分工意味着追求财富或财产的方式不同,例如有的纯粹依靠劳力谋取生活(劳力者),有的则依赖脑力求取财富(劳心者)。于是分工与财产的观念造成人类社会的不平等,因为每个人在追求财富或财产时,并不都是成功的,有的人花了很多的力,却得到很少;财富又牵连到社会地位等其他表征的不平等与阶层化,如统治阶级与被统治阶级的出现。

农业社会统治阶级的出现,除了因为资源分配不均外,还有就是农业经济发展的特质所致。当农业越发达时,所需要的知识与规划也越密集,这时就需要一位"老板"的领导。这位"老板"或这群"老板"除了要规划生产、研发相关的知识(如天文与测量)、提供生产工具、分配工作,还要负责水利灌溉等工程设施的建设与维修。除此而外,当农夫生产的余粮更多时,还需要"老板"来统筹集中余粮以重新分配、交易其他所需物品。这批"老板"就成为统治阶层,因为他们拥有农业所需的知识,以及调度人手的权势。

分工、专业与新技术的出现导致交易和贸易的兴起,以互换有无。贸易亦导致运输与交通的兴起,尤其是远程贸易更需要运输的发展,于是有组织的贸易行为开始出现。在石器时代,肩负交易与互换工作的很可能为部落人民,尤其是游牧部落。但是等到城邦出现后,出现了有组织的远征军或商队以进行组织性的交易或掠夺。

(三) 两性关系的改变

新的农业生活方式,改变了男女两性的关系。在从前狩猎采集时代,女性主要负责采集的工作。由于男性的狩猎成果并不可靠,于是早期人类每日约有70%的食物是由妇女供应的,因此女性享有较大的自主权与社会地位,这由许多文明都经历过母系社会可以得知。

到了农业社会,女性地位开始逐渐下降。当然这种改变也不是一日达成的,而是逐步形成的。在人类刚进入农业社会时还是随意播种,还非常需要女性的劳动力与知识,也需要借用妇女的象征含义(妇女的生殖力与土地的繁殖力相联系),因此女性地位仍然较高。这时,妇女的公共角色,诸如女神、女祭司、女战士、女王等都还经常可见。

但是,随着农业越来越仰赖计划性的耕耘与开垦,农具也越来越笨重时,男性劳力就取代了妇女劳力,男性的地位与权力因而大增。

造成农业社会妇女地位的低落的原因,还有一项就是农业耕种对人口的需求。于是比起狩猎社会的妇女,农业社会的妇女几乎是更经常地在怀孕生子、照顾幼儿。妇女因此大大减少了对社区福祉与生产经济的贡献,她们的地位也就随之降低了。

(四) 有系统的规划、公权力的兴起

在过去狩猎社会中,人数不多,而且大家都认识,也都互有关系,如血缘或部属关系。因此维持秩序的权力多集中在少数受到信赖的英雄或长老手中,社会的阶层化也能降至最低程度。

但是农业社会就不同了。由于农业聚落的人数过多,其生活范围与

人际关系都已超出私人范畴，如家族关系等，公共生活因此兴起。另一方面，维持社会秩序，也不能单靠私人权力与运作（如家族力量），必须以公权力来维护。握有公权力的人必须能维持复杂的秩序、防御外来的强盗与内部不守秩序的坏人。能达成这些目的的人，通常拥有强制性的权力，又分为司法、行政和战争的权力。总之，在古代的农业社会中，公与私的生活，已开始逐渐分化，也就是分为"家与社会"两种生活范畴。

（五）人际关系的复杂与多样化

农业革命虽然增加了粮食生产、创造了经济机会与文明，但也给人类带来了新的压力与紧张关系。例如，为了争夺土地、划分疆界、分配财富与地位、分担责任等，人与人之间开始起冲突。在部落时代，人际关系简单，大概只有男女、亲子等家庭关系，后来则出现了有与没有、穷与富、主人与佣仆、所有人与非所有人、自由人与奴隶、游牧与定居等关系，彼此之间的关系经常是冲突与紧张的，人事的纠纷也随之增加不少。

在苏美尔人时代，我们经常看到游牧族群与农业族群间的激烈冲突。当然，游牧与农业社会间也不全然是战争的关系，两者不时有和平的交换、沟通、互赖的关系。不过，当农业社会人口不断膨胀，剩余粮食不足时，农业社会就会侵占游牧民族的土地与财物，双方的对抗因而产生，游牧民族往往都是最后的失败者。

（六）农业时代的科技进展

早期的农村出现专业的分工，如专门饲养可充当生产工具的牛，以及制造衣服等行业。专业化导致科技更加进步，也使得生产更加有效。

1. 饲牛：公元前6000年左右，安纳托利亚高原（Anatolia Plateau）开始养牛，种植扁豆、豌豆，并开始酿制麦酒和蜂蜜酒，陶器亦开始生产。

2. 制衣：公元前5000—前4000年，先是亚麻，接着是毛制品（约公元前2500年左右）开始生产。

3. 冶金：公元前5000年已有金属制品出现，但规律性的冶金制造，如铜器的制造则是在往后才展开，像是产于安纳托利亚高原、高加索南部的铜是在公元前3500年左右，相关的制铜技术才在中东流行。铜被制为工具、武器、纯铜装饰品。在制程中，也发展出铜锡融合制成的青铜器，同时还会结合其他材料，如石头、黏土等，制成复合型的装饰品与首饰。冶铁术则于公元前1400—前1200年左右于安纳托利亚高原或高加索一带的游牧部落无意中发明，此时的铁多用作武器，而非工具。

（七）农业并不是经济活动的全部

基本上，农业并未取代人类其他的经济活动，特别是采集与狩猎，早期的农业甚至是辅佐采集—狩猎经济。这是因为采集—狩猎经济受气候、季节、环境等变量影响，于是先民才想在"闲暇"的时候耕种，筹备粮食来源，最明显的例子就是农业发源地之一的中东。中东地区在冬天降临时，因为天气寒冷，严重缺乏可狩猎与采集的资源，于是先民利用水源与地中海型气候种植一些粮食过冬。

另外一个例证则是来自古老的传说与神话。许多的传说与神话都显示先民怀念与向往游牧的自由生活。《圣经》的《创世记》就是一个明显的例子。在《创世记》中，亚当与夏娃本来在伊甸园过的是快乐、悠哉的狩猎与采集生活，而农业的产生乃是上帝惩罚亚当和夏娃偷吃智慧果的结果。例如耶和华上帝对偷吃禁果的亚当、夏娃说："你必终身劳苦才能从地里得吃的，地必给你长出荆棘和蒺藜来，你也要吃田间的菜蔬。你必汗流满面才得糊口。"

《圣经》的《创世记》还提供另一个线索，也是有关先民对于游牧与农耕生活的矛盾情结。话说亚当与夏娃有两个儿子该隐与亚伯，该隐种地，亚伯牧羊。两人各拿自己生产的产品奉献给上帝，而耶和华上帝却偏好游牧的供品，这就引起农夫该隐的不满，因而杀了亚伯。耶和华非常愤怒地诅咒该隐："你种地，地不再给你效力；你必流离漂荡在地上。"这个故事似乎显示"连上帝都偏好游牧"。

从很多文献中可以发现先民对于游牧生活的向往与无奈。对先民而言，游牧是快乐、轻松、自由的，因为他们不需要一年365天都工作，他们猎一只狮子就可以过好几天。相较于游牧，当时的农耕是非常辛苦的，是一种成本高、回报率低的生产方式，同时又将人绑在土地上，但是农产品可作为猎物不足时的食物来源,人们才投身农耕。总之,先民定居与种地是不得已下的无奈抉择,是为了保障生活。

四、社会经济史的开端:聚落与乡村

考古学家已经在安纳托利亚高原的西部、以色列地区和伊朗高原的山脚下发掘出公元前7000年左右的村落遗址,被视为人类最早的聚落之一。这个地区物产富饶,拥有可畜养的牛羊等,以及适合耕种的作物和水源,地中海型的气候使得人们可以在无法狩猎的冬天种地。不少人类学家主张这些地方亦为人类农业的发源地之一——农业由此发源而后方才扩散到两河流域的大河地区。例如公元前5000年左右,中东的农业逐渐传播到欧洲的巴尔干半岛,然后再到欧洲其他地区。

这时中东已经出现一些平均居民人口数为1000人的村落,并有明显的男耕女织的分工情形,专业化的情形也相当明显,如村民中有种田的农夫、从事制造业的工匠和负责交通的商人,也有放牧的牧人,或定期出外打猎的猎人,亦即村民的职业已有多元化的倾向。

在经济活动方面,出土的毛织品显示:此时的人类已经知道充分利用家畜,即豢养动物不仅是为了制造食物,也开始利用动物的毛皮以制衣,动物的皮骨以制造工具,动物的脚力以犁田、运货、交通等。在手工业方面,则以制陶和制造工具为主。此时期的陶器除了用来储存和携带食物,也用来装运家用的饮用水,同时也是交易的主要货品之一。

在工具制作方面,技术的突破使得工匠可以制造出更锐利、更实用的工具(如黑曜石)。在出土的工具中偶尔也出现金属制品,特别是铜器。但是此时的铜器(约公元前6500—前4500年首次出现铜制品)还非常有限,且多是小型产品。一直要到公元前3000年左右方有大量青铜制的容器、武器和工具出现。值得注意的是,黑曜石与锡等原料都不是当地的产品,必须从远地取得,足见当时已发展出较长程的贸易。

此外,村庄里的人主要工作是务农,因此大部分的衣服、工具都是从别处交换而来,很可能是村人用生产剩余的食物换取日用品和工具。我们已发现早在公元前6500年左右，西亚村落已有长程贸易的行为，因为我们在伊朗的一个村落中发现了来自几百千米之外的黑海地区的黑曜石，以及来自安纳托利亚高原的铜。到了公元前3500年左右，我们更可以发现水运与陆运贸易的痕迹，如泥制和木制的船只等。

当然，我们也不能排除村人利用战争的方式取得他们所需要的物资。至少，我们在较晚期的村落中发现了简单的防御设施，还有种类繁多的武器如矛、斧、剑、刀等，足见当时已有较多的战争行为。也许就是武器竞赛和战争，导致人类进入城邦文明与青铜时代（人类大约于公元前3500—前3000年左右进入青铜时代）。

乡村经济之特征可归纳如下：

1. 乡村居民的经济活动单纯，几乎都以农业为主，其他的经济活动仅是农业经济的辅佐而已，显示乡村的经济专业化的情况并不明显。

2. 乡村聚落所生产或制造的物品仍以满足当地之所需为主，并不是用来与其他地区交换的，而且村落与村落间的互相依赖的关系有限，通常一个村落的对外关系仅限于紧临的另一个村落，这与要求全面、复杂、相互依赖功能的城市文明不同，因此只能称之为"聚落文化"。

3. 乡村经济在分配上，并无明显财富不均的现象，缺乏严明的阶层化现象，因此我们不能视之为"文明体"。

4. 早期的村落在利用天然资源与生态方面，也稍嫌缺乏主动力与创新，因为早期的村落多位于山脚下有水源的地方，而且栽种简单，只需要稍加利用自然生态，作物即可生存，因此他们只是消极地利用环境，并未大幅改变生态，如建立水坝或抽干沼泽等。

五、文明的兴起

当分工与专业化达到更复杂程度时，文明就随之兴起了，约在公元前3500年左右。复杂的分工与专业导致经济活动多元化，进而带动社会与文明的精致发展。例如，全职且专业的工匠专门负责生产纺织、陶器、金属等其他工艺产品，另有专业的建筑、工程与医疗等行业的兴起。度量衡制度、数学和简单的科学也逐渐发展起来。各地区（特别是苏美尔人居住的两河流域）因为天然资源有所欠缺与不齐，必须仰赖与其他地区的交换或交易方能达到自给，如交易石材、铜锡等金属和工具等皆属于此。此外，由于铜器被证明比石器更有效且容易运输，因此被广泛予以使用；石器则因不敌铜器的竞争而退下来。两河流域的铜可以从也门经由波斯湾海运进口，或是从安纳托利亚高原、高加索区顺河进口。冶金因此成为人类文明发展的一个里程碑。

苏美尔文明最大的文明贡献为书写，而书写的发明也是顺应经济的需要，又转而促进经济的发展。早期的苏美尔城市多围绕神殿或寺庙而兴起，神殿或寺庙的祭司阶级成为负责管理、规划与监督的领导中心，为了管理和监督诸如农业所需的灌溉以及收集贡赋、税赋等工作，而发展出文字系统。随着文字使用日益广泛、经济行为日益复杂，原本以神殿或寺庙为中心的经济组织开始由祭司下放至商人，以致商人有了较大的自由度。另一方面，随着原料的需求与寻找，苏美尔的商人足迹分布日益广阔，甚至远到埃及、地中海、印度等地，苏美尔文明亦随之散播各地。

六、经济的力量：当城市发展为国家

早期的城市有不少是从村庄演变来的，但是比起村庄，城市要复杂许多。不仅是结构、建筑方面非常复杂，人员上也非常复杂：有各种不同的人群居住在一起，显得非常混乱（早期的城市并没有系统的规划），而且变动不断。因此，异质化、杂乱、复杂、流变，就成为城市的特征。然而，城市提供给人民方便、安全与舒适的生活，因此大部分的人喜欢居住在城市里。譬如，古代两河流域的人就认为城市是神圣的，是神明所建造的，神明也都居住在城市里，并保佑城市。城市也可以让早期的人类以集体的力量，更有效地利用环境与天然资源。

城市出现后接着是国家。城市与国家，乃是文明的象征，它们的形成皆与经济发展相关。城市与国家经常是合一的，特别是在中东地区，往往一座城市，再加上城市周围的一点腹地和田野就构成了一个国家。因此，当城市兴起后，很快就出现了小规模的城邦，也有许多村庄虽然一再扩大但却无法转型为城邦，其关键就在于经济发展所需的组织化、阶层化问题。当然也不是所有的国家都必须经过城邦的阶段，例如埃及，就几乎不曾经过城邦阶段，甚至当埃及国家组织成熟后，其村庄仍多于城镇，但仍没有城邦的存在。不过，城邦在中东、古希腊、古罗马和中国的上古史中就显得相对重要。

中东成为人类城市文明的起源地之一，若从地形和生态来看一点也不奇怪。中东的环境生态非常多变与多样化，有可以游牧的草原，可以狩猎与采集的山区森林，可供种地与畜牧的河谷，可以灌溉耕种的冲积平原，更有可以捕鱼、捉鸟的河流和沼泽地区。这些地区彼此相依相邻，猎人可以将牛羊的肉与皮和农夫交换五谷杂粮。此外，尽管美索不达米亚地区（即两河流域）物产丰富，但仍不能构成一个自给自足的经济单位，因为它缺乏木材、建材用的石头以及金属矿产如铜、锡、银、铁等。因此，美索不达米亚必须靠对外交换才能取得所需的一切，方能发展高质量的生活水平，进而建构文明。于是，早在文字发明之前的古老时代，美索不达米亚地区就与邻近的地区如高加索、安纳托利亚高原、伊朗高原以及远东等地进行频繁的贸易活动。

总之，不同生态与经济形态的成员都必须生产余粮以交换其他之所需。各个不同生态的人与物彼此之间不停地接触与交流，交流的场地与网络越来越大和复杂化后，就出现了城市。城市成为交换剩余粮食的地方，各类政治、宗教、意识形态、军事、文化（如文字）等也在城市中相互交流。

仔细推敲，余粮的增加在专业化与城市发展中非常重要。第一，余粮过多可释放生产人手转而从事管理行业或制造业，从而加速专业化发展。第二，余粮增加需要中介的专职人员与机构统筹分配事宜，于是管理者出现。第三，各成员、阶层、族群取得生产工具的渠道亦有难易之别，例如有钱人可以得到较好的牛、犁等生产工具，社会阶层化于焉兴起。

当城市的社会阶层形成后，位于上层的人开始接管行政管理的工作，

第1章 经济武器：人类成功的真正秘密

形成统治精英。最早的一批统治精英来自宗教界，因为在不稳定、无法预测的环境中，先民需要教士或祭司来向天上的神明沟通求情。在许多出土的聚落遗址中，我们都可以发现生产中心围绕着神殿，而宫殿的出现则晚了许多。在早期的生产过程中，庙宇（神庙）与祭司的最重要功能其实是"再分配"的功能，而非生产管理的功能。祭司以宗教的理由（即在神明的名义下）向城市附近的村民以征税或缴贡的方式收集粮食与服务（即劳役），然后再按不同的工作性质或社会地位，将粮食分配给城市居民，至于更多余的粮食或产品则用来与外地交换物品。在此过程中，祭司并不参与生产。由生产工具的统一性来看，祭司似乎能提供生产所需的工具与种子。

此外，由于城市人口的增加以及庙宇所需物资的膨胀，村民税役的负担更加沉重，村民为了躲避债务或交税而避居城市，城市的经济与生活因而更加恶化。最后，为了改善城市的经济与生活，庙宇乃加入生产行列，随后又以其强大的管理知识、管理系统、人力与财力而成为城市的生产中心。总之，在早期城市发展的过程中，庙宇和祭司扮演了非常重要的角色，因为先民在生产过程中面对洪水等天灾，需要宗教力量的安慰。

早期的人类聚落或城市，除了靠自己生产外，就是靠战争与馈赠礼物取得所需物资；战争对于城邦的兴起也颇有刺激的作用。就战争的效益而言，城市或城邦远比村庄更适合做一个战争的单位。

在战争的名义下，政府官员可以动用权力以控制相关的宝贵金属和物资的买卖、分配。这些官员还可以动员、征调各式军人与武器（城市的集中有助于动员，村庄的分散则不利于动员），并为他们提供经济资助（因为官员拥有雄厚的财力）。

这种集中管理的方式到了战车兴起后，变得更为必要。因为战车的制作需要庞大的人力、物力，而且为了求取胜利，每个城邦都必须拥有精良的战车，这时候唯有高度集中的城邦方能做到制作战车。高度集中管理也意味着权力的集中，领导阶层或国家元首的角色重要性凸显，故王权逐渐兴起。

这种城市与国家形成的过程,在每个地区发展的速度不尽相同。在中东地区,大约在公元前3900年左右开始进入普遍城市化的时代,等到大约公元前3500年文字出现时则进入城邦时代。

七、环地中海地理环境对经济活动的影响

尽管人类进入了城市文明与国家时代,但是由于早期人类能力有限,且资源也少,因此改变环境与利用环境的能力更有限,以致他们必须仰赖天然环境。于是,生活于不同地形的人,他们的经济目的、经济生活与行为也大不相同,例如两河流域南部地区的人士,他们的欲望仅止于拥有一头驴子、一个花园和一栋房子。以下仅就中东、埃及、古希腊与古罗马所构成的环地中海区为例说明之。

古代环地中海地区的地形非常复杂,既有平原、三角洲,也有山区、沙漠与海洋地区,每个地区因应地理环境而发展出不同的经济特色。

(一)山区

山区的人比较容易受到自然环境的影响,他们的资源比较少,改变环境的能力更是有限,因此对自然环境的依赖度最大。在资源严重匮乏的情况下,山区人士的经济目的以生存奋斗、维持生命为主。山区的粮食多靠自然界提供;山区少有种植业的出现。但是山区豢养不少的牲畜,如羊和马。山区的经济发展也有限,经济活动以狩猎、畜牧、游牧为主。

资源匮乏,以致山区支撑大型人口小区的能力有限,因此大多是人口少的"小小区",政治组织也多以部落为主。当山区的人口多了以后,就必须靠向外移民来解决人口的问题,通常是往山下的平原区移动,不少平原地区的劳力主要就是来自山区的移民,从古代到近代都是如此。

(二)平原

平原地区的地理环境比较适于人居住,也比较容易改变。中东的平原地区还有河谷平原、冲积平原和平地平原的区别。不同的平原,灌溉的方式也不同:河谷地区主要靠雨水,平地则靠人工的灌溉系统。不同平原地区的生活与文化形态都不同。

平原地区的生活仍无法靠个人的力量达成，必须靠集体的力量方能营造舒适的生活空间，这就形成了各式人类组织，如社会、宗教与国家等。平原地区的资源不见得多，但一定是多样化的，有沼泽、湖泊、河流、森林等。这些资源都比较容易利用，因此大幅提升了人类利用与改变环境的能力。

平原适于种植，因此是发展农业的好地方。农业因为产量比较稳定，且可以预测，因此可以供养比较多的人，以致平原地区的人士不必为生存担太多的心。因此，平原地区的经济目的在提升生活质量、追求进步。

农业的收入虽然比较稳定，但需要动员与组织人力方能取得，例如发展灌溉，开挖运河、沟渠等。此外，平原地区易发生水患，也需要靠集体的组织力量方能解决。这些发展与需要，都使得平原地区人口众多，因而产生组织的问题，遂发展出大型且复杂的国家与社会组织，如阶层社会、城邦。

此外，农业需要的工具与科技都远胜过山区，因而刺激制造业的发展，如制造耕种的工具、烹煮用的锅碗瓢盆、储藏和运送粮食谷物的大型容器等，地中海的考古就发现了许多古代的大型双耳罐，就是用来运送粮食谷物或橄榄油、葡萄酒的。制造业又会带来原料的问题，为了取得金属（如铜、锡等矿产）与木材原料，于是有了长程贸易。人口多、生产量大且多样，又产生规划、分配与贸易媒介等问题。于是，在农业、制造业与贸易的相互牵引下，平原地区的经济活动越来越复杂与精细。

（三）沙漠

沙漠一如山区，资源少，人也少，人类必须仰赖自然所产的食物与资源。因此，沙漠地区的经济目的也以生存奋斗为主。不过，沙漠通常位于各方交通必经之地，因而才发展出另一套有别于其他地区的经济活动。沙漠人民的主要经济活动是游牧，另外就是兼营商业，他们用来营业的交通工具是马与骆驼（早期是驴子和骡子），这也是沙漠人民豢养的主要牲畜。沙漠地区还盛产矿产，如黄金等。位于中东的美索不达米亚的商业路线多掌握在游牧民族的手中，两河流域大部分的陆路贸易也都是由游牧民族经营的，例如著名的商业民族亚述。

但是，游牧民族可交换的物品比较少，需要的东西反而比较多。因此在无以交换的情况下，他们也会利用掠夺的方式，以暴力取得所需的东西。当然偶尔也有强迫交换。另外，游牧民族为了追求经济机会与经济产品，也会入侵农耕民族。游牧民族与农耕民族间的冲突，就成为上古中东史一项重要的议题。农耕民族往往会建筑长城以阻挡游牧民族的入侵。例如，乌尔第三王朝（约公元前2112—前2004年）就曾在巴比伦北方幼发拉底河与底格里斯河地区修筑了一道长达270千米的长城，以防止阿摩利人（The Amorites）的东向迁徙。

位于平原地区的农耕民族除了面临来自沙漠民族的威胁，还面临来自山区部落的骚扰。与山区部落的侵袭比起来，游牧民族仅能算是骚扰而已，因为山区的人远比沙漠的人还剽悍。值得注意的是，一般人只注意到游牧民族对农耕民族的侵扰，却忽略了平原民众与农业民族侵夺游牧民族土地的问题，例如埃及就不断地往沙漠扩张。其次，许多人认为游牧民族无法建立城市，因而无法发展出文明。但是，考古数据显示：游牧民族也是可以建立城市与文明的，中东的马里（Mari，位于今日叙利亚境内，为阿摩利人建立的城邦）就是一个明显的例子。

（四）河流、海洋地区

比起陆运，水运发展得较晚，主要是因应贸易而兴起。水运包括河运与海运，河运主要是对内，海运则是对外的。海运之所以能发达起来，乃是基于中东有靠海的海洋地区。海洋地区主要位于地中海沿岸。地中海的地理条件非常适宜贸易，因此地中海周围地区的人民也多从事贸易。地中海呈现一个盆地地形，四周环山且面海。由于地中海沿岸多山，沿岸平原也都是靠山面海。这种地形有利于当地人往海洋发展，而不利于往内陆发展，因为往内陆发展需要越过险峻的山脉，对上古人而言是一大难事。此外，地中海靠近岸边的近海地区，多海湾、港口、岛屿。港湾、海岛的分布密集，呈跳板式排列，以致航行地中海不需要特别先进的航海技术与工具，非常适合上古的人民沿岸航行。

早在公元前9000—前6000年，这一地区就已经有航行红海与地中海的记录：早在地中海航线出现之前，叙利亚就已经发展出红海的贸易线，主要以贩卖香柏木为主。公元前1000年左右，造船业兴起。航行地中海的船只分为马头形的船、长形船与圆形船（平底船），各种船形的龙骨、桅杆、摇桨各有不同。例如长形的船，船底呈长方形，船身分两层，下层摇桨，上层装货，属于重型船，适于跨海航行。至于平底的圆形船则适合走岸边。地中海的海运繁忙，并使海河连成一片，以致中东人终于征服了地中海，一个整合型的地中海文明就此出现。

一如沙漠的游牧民族，不少海岸人民也没有过多的产品与内陆人民进行交换，因此他们多进行掠夺。地中海的海盗不分种族，各色人种都有。海上民族的活跃，对内陆民族造成极大的伤害，最后甚至导致青铜器文明的结束，以及中东帝国时代（埃及帝国、亚述帝国、赫梯帝国、米底帝国）的结束。

腓力斯丁人，又称为海上民族，包括希腊人、黎凡特人（The Levant）、叙利亚人、迦南人、腓尼基人等。埃及人是最晚加入队伍的。这是因为埃及的经济比较能够自给自足，故无须仰赖外来的货品。况且，埃及的商业由法老垄断。在需求量不大的情况下，埃及的贸易多由外国人经营，尤其是叙利亚人。

海洋经济具有一些特色：

1. 需要较多的成本、技术与知识，这些条件致使海洋民族的文化水平高、识字率高。因此，最早简化文字的民族就是在近海，如商业活跃的腓尼基、亚述、迦南人。这些民族为了提高商业效率而发明了拼音文字。在此脉络下，埃及商业的不发达，亦可以由其复杂、精致的象形文字可见一斑。

2. 机动性强，海洋民族的殖民能力、行动力与活动空间都非常惊人。

3. 建立据点，海洋民族不仅殖民地分布广，文化散播的范围也广。他们在各国、各个港口、岛屿都建有据点、补给站、中继站。这些据点通常都是由他们自行管理。

4. 海洋民族易产生开放、宽容的社会，社会的流动性强，权威度较低，易产生民主之社会与政治。海洋民族也容易扮演文化中介的角色，进而形成融合文化。

5. 海洋地区由于经商人多，制造业较为发达，但是仍以农业为主。商人在这些地区仍算是少数，且有垄断的情形。

（五）各经济区间的互动

远古时代的人类无法完全突破山区、平原、沙漠、海洋等天然障碍，遂造成区域性的发展，且区域性大于整体性。虽说以区域性发展为主，但是各文明区之间仍互有往来，并主要是通过政治、战争、移民、贸易、王朝通婚等方式。上古地中海沿岸，并无孤立之文明。即便埃及比较独立、闭锁，但仍有对外之往来。早先促使埃及走入中东地区的军队，开始于中王国时期（约公元前2040—前1786年），等到新王国时期（约公元前1553—前1085年），埃及更是融入地中海文明体系。地中海文明的出现，也是人类最早全球化的发展证据。

另一项值得注意的是，农业、游牧业、工商业等经济活动是并存的，甚至在一个家或一个人的身上也都同时存在。譬如位于黑海北岸欧亚草原的斯基泰人（The Scythian），虽号称游牧民族，但是在他们的民族队伍中仍有不少农民存在。

在上古时代，由于市场不发达，人类无法完全靠市场取得所需、满足欲望，因此除了正规的贸易外，还产生不少非正规的经济活动，如礼物经济、掠夺经济、战争与赏赐等。上古人民靠战争取得战利品，特别是劳力，以弥补本国劳力之不足，那就是奴隶，如古希腊、古罗马。中东亦然，该地区的奴隶、战俘多工作于矿区以及其他比较危险的地方。赏赐在上古时代也很流行，不少机构依靠赏赐取得劳力与服务，类似于中古欧洲的封建制度。例如，加喜特人（The Kassite）的封建制度，就是君主以土地换取臣民的军事、行政等服务。

各经济区的互动与交流，让各文明向外延伸，终使古代文明结成一个网络。

第2章
文明和经济社会史的共同起点：美索不达米亚

一、美索不达米亚平原

"美索不达米亚"原意为"两河间的土地"，所谓"两河"系指底格里斯河（Tigris River）和幼发拉底河（Euphrates River）之间的地区，这两条河从上游的安纳托利亚高原附近一直流到波斯湾入海。这块地区又被称为"新月沃地"（Fertile Crescent）。无论"两河流域"或"新月沃地"，在历史上所涵盖的地区都非常广阔，它包含今日的伊拉克、叙利亚，以及土耳其和伊朗的部分土地。至于美索不达米亚文化圈（即其影响力所及之地）更是广阔，涵盖了今日的伊朗、黎巴嫩、约旦、以色列、埃及、沙特阿拉伯、也门、土耳其、塞浦路斯和希腊，甚至在今日的巴基斯坦、印度等地，我们都可以发现美索不达米亚文明的影响。事实上，古代整个中东地区都属于两河流域的文明区。

美索不达米亚又可分为两个区域，即北边的亚述和南边的巴比伦（以今日巴格达为界），南部的巴比伦虽仅仅3万平方千米左右，却一直是美索不达米亚文明的核心区。此外，巴比伦区又以南北分为苏美尔（Sumer）和阿卡德（Akkad）两区。

由于美索不达米亚是个平原地带，相当适宜种植。但是此区多水患，也需要集体的组织力量方能解决，遂发展出大型且复杂的国家与社会组织，如阶层社会、城邦。尽管在商业兴隆的时候，该地区的经济仍以农业为主，制造业与商业仅算是农业的辅佐。

二、自由民、半自由民与奴隶

通过泥版文书和法律文件，我们大概可以将苏美尔社会图解如下：

自由民 （贵族与一般平民）	半自由民	奴　隶

（一）自由民

自由民（awilum，意为"人"）即贵族与一般的平民百姓。他们必须缴税给国王，也须服军事和公共工程的劳役。就土地的所有权来说，贵族的私人土地可以买卖、继承，而私人土地的数量越到后期越多，可见土地有私有化的现象。

自由民中有一大部分的人是靠为神殿或宫殿服务来换取土地使用权（而非所有权）的，像是担任书记员、酿酒师等比较不费劳力的工作。这些土地上的产出仅能算是服务的酬劳或薪资。由于是以服务换来的土地使用权，所以土地不能买卖、继承。然而，在从前职业世袭的情况下，有时也会逐渐变成家族继承的土地。这是因为当时是一个强调家庭教育的时代，知识容易在家族内传承，于是儿子容易以较优的知识条件继承父亲的工作职位，从而继承父亲的土地使用权，经过几代下来，职位与土地就成为家族世袭专有。当然，也会发生有人利用职位之利强行霸占原属宫殿或神殿的土地的情形。

自由民的身份不是一成不变的。不少自由民因为经济状况恶化或债务关系而沦为半自由民，甚至将自己的妻子儿女抵押为奴，不过法律规定这种抵押期是三至七年。不少的债务人因为无法改善而最后沦为奴隶。另有不少自由民因为犯罪而沦为奴隶。

（二）半自由民

在自由民之下，另有一种半自由民（muškenum，字意不详），虽受到法律的保障，但他们的法律身份却远不及一般的自由民，这种人类似于中古欧洲的"农奴"。在法律上，伤害半自由民的罪比较轻，而半自由民所得到的赔偿也远不如自由民，通常仅有自由民的一半而已。在实际的社

第2章 文明和经济社会史的共同起点：美索不达米亚

会里，半自由民通常是指公共工人或是城市中低阶层的人。

在《汉谟拉比法典》以及更早之前的法典中，这类被称为"muškenum"的人通常是指为神殿或宫殿工作的工人，包括纺织工人（多为女性与小孩）、种田的农夫以及各式的工匠。神殿的工人人数非常庞大，譬如两河流域的宗教圣地拉格什（Lagash）神殿中，光是纺织工人就有6000名之多。他们收到的酬劳通常都是实物性的如羊毛、食物或其他货品。这种酬劳是属于配给性抑或是薪资，仍是历来史家争论的重点，因为若是配给，则那些工人就属于半自由的"农奴"类，但若算是薪资，他们则属于自由民的身份。无论是哪一种身份，古代中东的工人多归政府与神殿管辖、控制与调度。不过，一般的自由民所服的劳役仅占部分时间，也就是一年中仅有部分的时间为国王或祭司服务，其他的时间则为自己工作。这种劳役显然与半自由民的经常性劳动不同。并且，一般贵族还可以用钱雇请别人代他服役（但不可逃避劳役）；代替贵族服役的人则多属法律上的半自由民。

半自由民的来源通常是因经济变动或经济失败而丧失部分权益的自由民、外来的移民、囚犯、从外地逃难来的人、社会边缘人，以及孤儿寡妇等弱势群体。这些半自由民的经济状况不会比奴隶好，可能还更差，但是法律地位却在奴隶之上，也不能在奴隶市场上买卖。一般而言，半自由民不能随便迁徙，事实上他们也没有能力迁徙，只能在固定的土地上或工作岗位上工作。这点与奴隶相同，奴隶同样不能随意迁徙，奴隶必须固定在主人的土地上，因此我们称他们为"半自由民"。值得注意的是，在某些地区，"awilum"是指贵族，而"muškenum"则是指一般的城市居民。

（三）奴隶

奴隶（wardum）在法律上是没有身份、没有保障的。上古时期，几乎所有文明都有奴隶存在，但是奴隶的形式有很多种，待遇也各不相同，因此很难说出一个整齐划一、条理分明的"奴隶制度"。以古代两河流域来说，奴隶就有好几种。

第一种奴隶是可以买卖的，他们是属于主人的财产。因此奴隶的所有权,一如其他的财产一般,都受到法律的保障,譬如禁止奴隶逃亡,也禁止收留逃亡的奴隶,否则都会受到严厉的惩罚。为了防止奴隶逃亡,奴隶都被印有特殊的标记,以便与自由人区别。譬如,《汉谟拉比法典》中即规定"如有理发师为奴隶改变发型,将斩断他的手"。另一方面,即使是这种奴隶,也不是都能买卖的,有些情况下是不能买卖的,譬如成为妾的女奴。这些奴隶通常是战俘或战俘的眷属,都是外邦人,而非自己城邦的"国人"。

第二种奴隶则是因为负债而成为债奴。他们也是主人的财产,但是不能买卖,一旦他们还清债务即可恢复自由之身。通常,当债奴过多或者每隔几年,国王就会颁布解放令,让这些债奴在有条件或无条件的情况下重回自由之身。当时的法庭文件就已经记载:无力偿还债务的奴隶必须要有年限,过了年限后就自动恢复自由。当时的习俗约是6年或7年。《汉谟拉比法典》则降到3年。这种做法虽然会造成债主的损失,但其实损失并不大。因为平常的时候,这些债奴都得为债主服务以偿债。经过几年后,债主的本钱早已赚回来了。再加上,通常债主与欠债的人(债奴)都属于自由民,基于古代讲究的阶层感情,债主在国王的要求下,也只能接受。这就是著名的《正义令》,譬如汉谟拉比就因颁布《正义令》和《法典》而得到"正义之王"的名号。

至于第三种奴隶,则是不能单独买卖,而是必须随土地买卖。就个人身份而言,他们是自由民,但不能随便离开居住与耕种的土地。当土地易主时,他们亦随土地而易主。

通常拥有奴隶的人都属于统治阶层的祭司(以神殿身份)、国王和贵族等有钱人,早期的时候他们所拥有的奴隶多半从事家庭服务业,而不是用来生产的。等到经济越来越发展以后,需要的劳力就越来越多,于是开始大量进口外籍奴隶,其中不少是战俘。早期时,不少奴隶都来自亚述地区。许多国王将俘虏来的战俘赐给神殿或贵族,从事生产,再收取税金。宫殿和神殿利用这些奴隶从事制造业,尤其是纺织业。纺织业在古代中东是最大的产业,利润也非常丰厚,许多商人也利用奴隶从事纺织业。

在新巴比伦时代，有的奴隶的手背上还刻有主人的名字。不少主人还会要奴隶去学习一些工艺技术，如贸易、制鞋、烘焙、纺织、建筑，用以提高他们的身价，从而增加主人的财富。这些奴隶身份的工匠与一般工匠无异，他们接受相同的酬劳，也可以为自己添置衣服和鞋子。在节庆的时候，奴隶身份的工匠也会得到一份额外的嘉奖如鱼、水果、椰枣、肉等。

在泥版文书中，经常将主奴的关系与神人的关系相比拟。的确，奴隶的穿着与一般自由人不同，且不得更改。而奴隶的行为也有许多规范，在矿场等地方做苦工的奴隶还戴着脚镣。拥有亲密、友善关系的主奴非常普遍，许多奴隶采用主人的姓或名，以表示双方的密切关系。有的奴隶虽属奴隶的身份，却可以拥有自己的财产与事业，有的奴隶甚至比主人还富有。但是，这些奴隶的财产在法律上仍属于主人所有，包括奴隶本人在内，然而社会待遇却未必如此，许多富有能干的奴隶在社会和经济上都很活跃，甚至还拥有自己的奴隶。

同时，奴隶与自由人之间的转换，在古代中东非常频繁，被解放后的奴隶只需要改变服饰和发型即可。解放奴隶在古代中东是经常发生的事，只要碰上好心、慷慨与慈善的主人，就会有赐给奴隶自由的事情发生。古代中东对于奴隶与自由民之间的通婚不会去严格禁止，因此不少奴隶与自由民通婚，他们的配偶仍保持自由民的身份，他们的子女也保有自由民的身份。在分遗产的时候，奴隶的主人可与拥有自由民身份的配偶和子女共同分产。

不过这些状况随着时代的演变，开始发生转变，随着奴隶的数目越来越多，自由人与奴隶间的分野即随之加大。

三、家庭与嫁给神明的女儿们

（一）家庭的重要性

从苏美尔时代，甚至更早的时候开始，"家庭"[①]扮演了重要的角

---

① 古代与近代早期的"家庭"其实是"一户人家"，通常包括父亲、母亲、直系子女、未嫁娶的兄弟姊妹，以及奴隶（一般人家是没有奴隶的），类似中国"户"的观念。这种家庭既是一个居住与血缘的单位，也是一个经济的单位。

色,是一个重要的社会、经济与政治单位,这是由于美索不达米亚的土地竞争很激烈,也很重视财产,导致家庭成为捍卫土地、财物的重要单位,因此大部分家庭制度,包括婚姻、继承等都与财产和经济生活有关。

以苏美尔人的婚姻为例,婚姻是由父母安排的,而且缔结婚姻犹如经营企业,经常是通过谈判、协议、订定契约后产生的。一般而言,结婚时,新郎必须付给女方父亲一份礼物,新娘父亲也必须准备一份嫁妆,这份嫁妆多由妻子自行管理,也有交给丈夫管理的。但离婚时,嫁妆须退回给妻子或由其子女均分,丈夫无权侵夺。这种契约婚姻,成为中东地区的一种传统:没有契约的婚姻,不算是正式婚姻,不受法律保障。

结婚,对许多小村落,尤其是游牧民族而言,并非简单的事情。许多小村落、部落内部的血缘关系太过密切,不适通婚,因此必须到外地去寻找配偶,而且通常都是靠母亲。母亲本来就是外地来的,因此当孩子长大要寻找配偶时,这些母亲就会回到原生的村庄或部落去探听,或是通过女性的网络帮忙寻找配偶。因此,母亲在婚姻过程中扮演的角色非常重要。

(二)妇女的角色

村庄中,妇女逐渐形成一个非正式网络。这些妇女由于都来自外地,彼此惺惺相惜,建立了浓厚的感情。从长形料理台和水槽遗迹,可以推知当时妇女们在一起做面包、一起洗衣,她们很可能在此过程中,相互交换信息、话家常,并借机取得未来媳妇人选的信息。这也显示,古代的文件中虽然没有妇女的声音,但并不表示她们是沉默与孤单的一群。通过婚姻,这些小部落与村庄彼此相连,形成一个大区域,甚至逐渐融合到主流社会、城市社会里。

在正常状态下,苏美尔人实行一夫一妻制,当妻子不孕或生病(慢性病)时,丈夫可以娶第二个太太,但对原配仍有照顾之责。在苏美尔乃至后来的中东地区,丈夫拥有绝对的权威,甚至包括将其子女贩卖为奴。然而在苏美尔人的社会中,妇女享有的权利仍超出我们后人的想象,尤其是精英或权贵家庭的妇女。越早的时候,妇女的地位越高,她们可以当证人,也可以任职书记,甚至有女性的官员出现。在公共领域中,到处都可

第2章 文明和经济社会史的共同起点：美索不达米亚

以看到这些精英妇女的影子，如庙堂的女祭司、文学家、商界名流等。

苏美尔的妇女可以自行掌管自己的财富。许多酒馆的店主就是妇女，她们也从事贷款与酿酒等事业（酿酒须有执照）。泥版文书中尚有不少夫妻一起经营企业的记载。譬如有一对夫妻一起经营土地、金属与谷物的买卖，有时他们亲自料理，有时则委托他人代为经理远方的事业。当丈夫去世后，妻子就负起继续家业的责任，而且非常成功，足见两河流域的妇女仍有发展的机会与空间。

两河流域妇女的经济负担其实不轻。城邦或帝国多采取贡赋制度，即要求地方上缴具有经济价值的物品。纺织品就是其中的大项，而纺织工人多为女性，以至于妇女的负担非常重。尤其越到后面，政府要求的贡赋越重，妇女的经济负担随之加重。

（三）财产分配与继承

在家庭财产权方面，两河流域的土地所有权通常是共有制，也就是属于家族的人所共有。个人是不能随便出售土地的，出售土地一定要得到所有族人或家人的同意与签名方可。因此，我们可以在一些土地出售的契约中看到一连串的签名，有的甚至长达50个以上，但都同姓，由此可以确定同为"一家人"。共有制可以避免家族因为分产而将土地越分越小，至少可以维持家族土地的完整性。

在财产继承权方面，父亲的遗产通常是由儿子们分割继承，女儿也可以参加分产，寡母更有权继承部分的财产。不过也因为区域不同有些微差异，如在两河流域的南部，长男的地位与权利比较高，分到的遗产也比较多，但他们也得在父亲去世后负责张罗姊妹和弟弟的结婚嫁妆与支出。一些无法独立的兄弟在继承到土地后，会将自己的土地与其他兄弟的土地交换，或是卖给其他兄弟，家族的土地因而避免分割，或将分割的损害减少到最低限度。但是，仍有不少例子显示：有些家族经过数代以后，子孙因土地不断分割而转趋贫穷。

（四）嫁给神明的女儿

在妇女中，两河流域还出现了一个特殊的族群"那迪图"（naditu，复数为"naditum",意为"休耕"或"禁忌")。那迪图出现的背景有经济的因素,也有宗教的动机。一些有钱人家为了防止土地转嫁到其他人家,或遭人觊觎和侵吞(如女婿),也为了防止财产越分越小,便通过那迪图保留财产。另外则是基于宗教动机,如代替父亲或家人向神明祈福、服侍神明(意即作为父亲在神殿中的分身),女儿便被送去类似修女院的组织"gagum",亦即将女儿嫁给神明,她们终身不得与凡人结婚。

在巴比伦的洪水神话中也透露出设立这种修女院组织的目的——据说神明因为嫌人类的数量过多,过于嘈杂,危害神界的安宁,因而发动一场大洪水将人类覆灭。但当人类全数灭亡后,神又发现没有人可以服侍他们,以至于他们的生活很不方便。于是神又再度创造人,但是这一回他们决定设计一些机制以减少人类的数目,或是限制人口成长的速度,于是有一条神明的饬令:"有一些妇女应该成为禁忌,然后才能控制小孩的生育。"而"那迪图"就是饬令中的"有一些妇女",她们必须坚守贞节。就像《汉谟拉比法典》记载的:"一位经常流连酒馆的那迪图,将要受到惩罚。"当时的酒馆通常是具有情色性质的声色场所,所以在法典中才会有此明文规定。

由于不生小孩,那迪图就避开了生育的风险,也没有相夫教子的麻烦,因此那迪图大多非常长寿。

无论是基于财产还是宗教的理由,那迪图都是为家庭服务的,因此在她们进入修道院时,父亲会为女儿准备一份土地作为嫁妆,这笔财产不得变卖,她的兄弟也不能随便觊觎这笔财产。根据《汉谟拉比法典》记载,这些作为"陪嫁"的土地必须由父亲或兄弟代为经营,当那迪图去世后,这份家产应该要归还父家。不过,有些那迪图自行经营自己的产业,甚至指定自己的财产继承人,并要求继承人来照应她的晚年,大部分的继承人多是来自同一家族的年轻女孩,偶尔也有外人。

那迪图最主要是为家人祈福,因此会经过挑选,甚至卜卦、预兆,当然还是有那迪图是被迫进入修道院的。根据一份文件,一位那迪图向她的继母抱怨:"我是国王的女儿,你是国王的妻子。你却不顾那份文件,就

第2章 文明和经济社会史的共同起点：美索不达米亚

是你和你的丈夫要我进入修道院的那份文件。你们对待士兵都很好，但是我呢？"另一位公主也一再提醒家人不要忘了她的那份东西。她写信给父亲："你家的女儿都有收到谷物、衣服和啤酒，而替你祈福的人，却没有收到任何东西！难道我不是经常为你的寿命祈福的分身吗？难道我不是你的象征吗？难道我没有帮你给神明递送好的报告吗？"这位公主更强调她的重要性，因为她是代他父亲向最高的太阳神祈福。

一般那迪图进入修道院时，她的家庭会与修道院签订契约，说明如何供养、资助那迪图。那迪图居住的地方是一个用围墙与外界隔离的区域，有自己单独的出入门户，里面住有好几百人，甚至上千人。她们也有自己的粮仓、行政系统、耕地和工作坊。根据一家修道院出土的文件记录，修道院雇用约1800个人，包括各种工人，如从事磨麦、漂白、纺织等工作的工人。工人的性质，从奴隶到雇工都有，有不少是专业性的工作人员。在修道院里，那迪图每天得向神明供奉肉食、面包和啤酒两次。她们也要参加一些宗教仪式或庆典，如游行等。

那迪图虽然号称嫁给神明、为神明服务，但是她们不属于神殿的神职人员，也不是女祭司，而是一个特殊的妇女群体。虽说不属神职人员，但有时候会接受神职人员的管辖，并由神殿组织法庭来审理她们之间及其与外界俗人的纠纷。有些那迪图声称自己是"永久的祈祷者"，可见这个组织主要的功能是宗教性的。

那迪图兴起的时候，正值两河流域的父权组织越来越严明，妇女的地位与权益日益衰弱，因此那迪图正好给独立性强、能力强的妇女提供一个发展的机会，因而选择进入修道院的妇女也越来越多。到了汉谟拉比时代，修道院更是人满为患。

那迪图多来自有钱人家，有些甚至是国王或地方首长的女儿，因此她们的财产不少，能力也强。不少那迪图成为文学家或书记员，并具备管理、经商的才能，成为当地的重要的经济人员，对经济有所贡献。许多那迪图通过商业经营而让自己的财富增加很多倍，像是有位那迪图通过中间商经营锡的贸易，赚了非常多的钱。有些那迪图则是将大麦、银子，或其他物资借给他人，从中收取利息与利润，还有的那迪图因投资酒馆而致富。不只如此，那迪图彼此之间还合作、合伙做生意。例如汉谟拉比的妹妹就与其他人合作，买了一大片的土地，还投资畜牧业。根据记载，有一回她雇了6位牧人帮她照顾1085头牛。她因此成为当时最有钱的人之一。

不少那迪图非常精明，她们甚至与自家的兄弟争夺财产和赚钱的机会。总之，那迪图是最早的修女，也多为女商人。

四、外国人大街：多姿多彩的城市生活

两河流域的人非常重视城市，对城市的认同胜于对国家和政权的认同。对两河流域的人而言，尽管政权、国王来来去去换个不停，但是城市不变。政权的结束不是城市的终结，除非是城市被摧毁了，人们才会发出喟叹，叹息自己成为没有家的游民。就是因为对城市的认同远高于对国家的认同，导致古代中东没有办法建立长久的大一统帝国。虽然有汉谟拉比、亚述、新巴比伦等帝国的努力，但是最后都失败了。

城市之所以被看重，是因为古代中东的人相信城市是神明建造的，以作为他们的居所。神明通常会选择有甜美水源的地方作为他们的住处，因此水对城市而言非常重要。两河流域的城市，尤其是南部的巴比伦地区的大城市，多位于河流经过之地，特别是河流交汇的地区，这些地区不仅有利于农业发展，也有利于商业发展。譬如阿卡德王萨尔贡一世（Sargon of Akkad，约公元前2334—前2279年在位）建立的阿卡德帝国就是位于河流的交汇点，是各方贸易路线的汇集地区，其财源主要是商业和制造业，成为人类史上最早不靠农业生财致富的城市。因此史家曾评论阿卡德帝国是一个商业帝国，而不是农业帝国。

城市因为有各方来的物品，还有厚实的城墙，具有安全、舒适的优点，更是文明的象征。许多两河流域的神话或传说中，多叙述有关年轻的城市少女色诱或嫁给野蛮人（住在帐篷中的人），当野蛮人喝了城市的啤酒、吃了面包以后，就欣然接受同化，再也回不去从前的游牧或野蛮生活了，显示当时人们对城市生活的向往。

城市中各种行业都有，有人耕地、种菜、种果树、养鸡鸭牛羊、捕鸟、捕鱼、打猎，有从事游牧业的牧人，也有从事酒馆等小买卖的生意人，还有从事制造业和商业的人。

对于两河流域的人而言，美好的城市生活应该开放给所有的人分享，因此他们不会排斥外国人、异族人。对他们而言，没有外国人的地方，不能称之为城市，因此城市的异质性很强。许多城市中的外国人有专门的居住区，多分布在城市边缘的港口地区。这些外国人有使节，也有商人和政治难民。他们通常受到王室的保护，或是纳入国王的家族中。一些城市也会划出一块区域，让路过的商人、贸易商队或观光客到城市内临时居住，称之为"外国人的大街"（如Street of the People from Eshnunn，伊逊奴那人的大街）。外国区中还有不少游走各地的工匠，他们都接受当地政府特殊的照顾与监督。亚述商人在安纳托利亚地区甚至设有类似今日租界区的地方，如卡尼什（Kanish），由亚述商人聚居而成，并由他们自行管理。

城市中最大的建筑是神殿，其次是宫殿。不过越到后期，宫殿的规模越大，直到逐渐与神殿抗衡，甚至超越。神殿、宫殿内部中庭的周围都围绕着许多房间，有的作为工作坊，有的则是粮食谷物的储藏室，还有厨房等各种具有经济功能的房间。由建筑物的结构和出土的文件、物料、工具等看来，这些神殿或宫殿都具有经济的功能。

两河流域的城市中还出现各式类似中古行会或现代职业工会的社团组织，如酿酒、金属工匠工会。譬如在西帕（Sippar）城里，由于当地的纺织业发达，而纺织业中最重要的就是漂白工人，这些漂白工人人数众多，就组成了好几个社团组织。另外，为王宫、营区、神殿磨麦的工人，王家、神殿所有的织工，也都有自己的社团组织，这些社团组织中甚至有女性工人参与。

以亚述为例，商人有自己的商会组织。根据该组织的文件，商会组织的动机在"盈利"。这些商人彼此合作，组织团队，不过通常都是由家庭成员组成。在市政的阶层中，还出现了一个"商人委员会"，他们在市政府的建筑中聚会，因此自称为"市政房子"。这个委员会决定商业政策和出口税额。当商队出关时，这个商人委员会还负责在货物袋盖上印章。商人委员会更具有外交的功能，帮助处理与安纳托利亚地区的外交与商贸事宜。

除了工人、商人外，乐师、算命的都有工会组织，即便在《旧约圣经》中非常著名的先知，也有工会，而且由家族传承。其他的两河流域的职业工会也是如此，尤其是私人企业方面，经常都由一个家庭传承，他们也掌控职业工会，以至于职业工会的各式职员都由一个家族包办。有的职业工会则附属于宗教组织之内，有的则附属于宫殿，并由宫殿监督。

五、农业：从承包商到银行

（一）主要作物

美索不达米亚平原最重要的经济来源是农业。这地区属于地中海型气候，冬天适合种植，夏天收成的作物都是冬天播种的。

当时生产的粮食作物为大麦、小麦、稷等。通常是秋末播种、初春收成。大麦是最重要与最普遍的粮食作物，大麦做成的面包是主要的食物，一些地方甚至拿大麦来喂食牲畜，同时大麦还能酿啤酒。不少地区，如波斯湾三角洲和两河流域中下游，以大麦为主要的输出品，以换取其他货品，亦可作为交易媒介、计算货品价格的单位，是两河流域国际市场的主要交易项目。

除了粮食作物外，还有各式各样多元的作物，包括洋葱、大蒜、椰枣、芝麻、无花果、扁豆、葡萄、苹果、梨等。椰枣是当地最受欢迎的作物之一，除了当成水果食用，还可以酿成酒。它属劳动力密集、高利润型的经济作物。所以不少地方成为椰枣的专业种植区，有些神殿、宫殿甚至将所有的土地用来种椰枣。椰枣的高经济价值让各地广泛栽植，因而侵蚀不少大麦等粮食作物的耕地，并间接引发财富分配不均的情形。

同样的状况也发生在橄榄上，自亚述引进的橄榄，也是当红的经济作物。因为用榨油机榨出的橄榄油，不仅可用来食用、宗教用，也可供点灯、个人卫生用、药用、制香精，用途非常广泛，而成为重要的经济

第 2 章 文明和经济社会史的共同起点：美索不达米亚

作物。

另外也有观赏用的植物，如鲜花、珍稀物种，则多种植于公园、宫廷花园中，宫廷花园多开放给民众参观。例如亚述国王以建立花园、果园、公园为荣，城市的城门两边也多设有花园、果园，以炫耀城市的文明。

还有一项普遍的作物就是香料，几乎私人花园、公家花园都有种植各种香料，作为料理之用。香料种类繁多，产量亦丰富，且兼具料理、药用多用途。例如一道菜多则可用到50种香料。香料同时也是重要的出口品，加工后的香水或香精是市场上的宠儿，获利也非常丰厚。药草也是重要作物之一，当地药草种类也非常繁多，可以推测医疗之发达。

（二）主要生产组织

一般以家庭为生产的单位，并出现性别与年龄的分工，也就是妇女与小孩都参与生产，而且各有不同的分工。除了从事耕种的成员外，家庭中还有人从事酿酒、制造、捕鱼、园艺、放牧等其他工作，足见家庭是一个自给自足的单位。家长负责供给生产工具与原料，然后收集成品，再进行分配，按照年龄、性别、工作量和工作性质分配。这种将共同劳动的结果集合起来，交由中央统筹分配的模式，称为"再分配"（redistributive），类似神庙和国家级的"再分配"形态。在家庭生产模式下，无论男女都可以买卖财产和土地，但卖土地时需得到全家人的同意。

图1　苏美尔乌尔城出土的工艺品

从中可以窥探当时的经济生活，包括纺织、畜牧、农耕等。

比家大的生产单位是村社，所有的灌溉与生产都需要大家一起合作，生产所得则共同分享。灌溉系统的发展导致中央化的出现，进而将乡村整合入主流机构中，如神殿、宫殿。此时的社会，也开始阶层化。许多农民因为歉收、牲畜死亡而变得贫穷，或因债务关系而丧失了土地，土地则集中到神殿等机关的控制下。

神殿或宫殿职员负责提供生产工具，然后由居民负责生产，神殿并不参与生产。每当收成时，所有的收成都归神殿所有，然后神殿再以实物（如大麦、饮食，或是一些日用品）分配给农民与其他工作人员（包括行政人员与工匠）。分配的标准必须是以能维持生计为主。这也是一种"再分配"式的经济模式。[1]那些收取来的成果主要用作公共用途，或是拿来储藏以备不时之需，或是拿去交易以换取聚落或社群的需要，真正属于精英私人所用的并不多。

随着经济日益复杂、人口增加，再分配发展为贡赋经济。譬如有些宫殿或神殿的土地散布在很广泛的区域内，无法有效管理，于是神殿或宫殿等单位便将土地分租给农民或是承包商，然后再坐收贡赋。神殿与宫殿不只将土地分租出去，还包括其他的经济活动，如椰枣的种植、牲畜的饲养，还有自然资源的应用如捕鱼、捕鸟、制砖、采集芦苇等。有时候，神殿或宫殿还雇人帮忙收租和贡赋，承包的人再付实物或银钱给神殿或宫殿。

承包这些工作的人是"创业者"（entrepreneur）或是承包商，介于生产者与消费者之间。他们都是行政管理的精英，扮演着重要的经济角色。

---

[1] 两河流域的宫廷人员，尤其是军事人员，通常都与国王一起饮食。他们或同聚一室共同饮食，或是将食物带回家。这也算是一种再分配的经济行为。例如，亚述纳希巴（Assurnasirpal II，公元前883—前859年在位）描述他在他的新都卡户（Kalhu）落成时，如何在10天内供养来自全国各地的男女共69574人。光是聚餐使用的食材就包括：牛、小牛、羊、羔羊、鹿、跳鼠、鸽子、鹅、鸭、大蒜、芝麻、果仁、洋葱、葡萄、无花果、石榴、蜂蜜、奶油、芥末、奶酪、椰枣、橄榄、鱼、蛋、面包、酒等。神殿也经常让工作人员带食物回家，或提供他们餐点。

第2章 文明和经济社会史的共同起点：美索不达米亚

例如，他们向神殿、宫殿承租土地，或自行找农民耕种，或是再分租出去。有的创业者接的摊子过大，还会再聘用下游的创业者或承包商，而成为一个有组织的团队或公司。

在耕种的过程中，创业者会依据不同的地形、地理环境作不同的处理。等到收成时，他们再来收取农作物如大麦等交给神殿或宫殿，剩下的则送到市场去卖，在这中间他们还得负责储存与运输。不少的承包商因此获得大量利润，进而成为有钱的大商人。但是他们也得承担经营的风险，因此并不是所有的人都会成功的。

这些创业者还要负责提供农民耕种的种子与工具。当农民青黄不接、需要接济或小额借款时，创业者也会提供他们贷款。有时候他们会收利息，有时虽然不收利息，但是由于他们借钱给农民时，正值作物因为供应不足而价钱很高的时候，等到农民收成还款时，作物的市场价格又因供应充分而大幅滑落，于是农民被要求得用高于市价的原价钱或作物还钱，就如同变相的利息，所以仍然不利于农民。根据当时的习俗，正常的利息行为都要在法庭或神殿注册。若是以大麦当作利息偿还，利率高达33%，若是银子的话，则为20%。这主要是因为大麦的价钱在收成的时候会下跌，而这通常也是农民支付利息的时间。假如债务人没办法还钱，他必须以奴隶的身份为债主工作。不论收不收利息，农民都受到损失，因为农作物收成时价格低落，但农民得按之前价格高时的金额偿还给物资拥有者。而且年年积累，终至农民无法偿还，只好将土地或自身卖给物资拥有者。当这种情况积累到不能忍受时，也就是受害的农民越来越多，多到危害经济与社会秩序，以及政府的税收时（因为农民无力纳税），政府就会出手。通常政府采取的对策就是取消债务。我们在两河流域的历史中，经常可以看到政府"颁布正义"，就是取消小民的债务。

这些物资拥有者的资金，有的是借贷的，有的是合伙，有的则是通过亲朋好友无息借来的，也有自己出资的。合伙的情况也有很多种，有的资方仅出资，其他的合伙人则负责实务工作，有的则是分工合作。至于分红或分摊风险，有的合伙人全都负担风险与损失，有的则没有，有的只分享利润，却不负损失之责任。到了公元前一千纪的末期，两河流域出现了银行，更有利于借贷投资了。

除了承包耕种外，还有些物资拥有者与国王或神殿签约承包菜园（以种植椰枣为主）、畜牧（以养羊为主）业务。有的物资拥有者承包的业务非常多元化。当契约到期时，物资拥有者则将承包的实物收成的一部分，如把椰枣或羊毛交给国王或神殿，自己则留一部分。无论如何，物资拥有者在两河流域的经济活动中非常活跃。

（三）生产工具

生产工具的原料，早期以石器（尤其是黑曜石）、木器为主，后来改为更有效的陶器、铜器、青铜器。形式上有犁、镰刀等，但是以锄头最为有用。大部分的工作，如耕田、造船、建筑、制砖等行业都需要用到锄头。在泥版文书中，有不少歌颂锄头的诗作，如《锄头之歌》。

不过，美索不达米亚平原的农业成绩主要是靠人力的有效动员与组织达成的，而不是靠精良的工具。除此外则是使用兽力。两河流域的人早期使用驴子耕田，后来进步到使用牛耕田，甚至将四头牛组成队伍来拉犁耕种，是一种非常高效的发明。除了一些大城邦、核心区以外，其他地区的生产工具进步得很慢，大部分都是沿用传统的工具，如泥土或燧石制成的镰刀。

农耕所需之基础设备多由政府负责，如灌溉与运河，包括灌溉系统的维修和保护。政府经常将工程承包出去，由承包商负责。此外，水源的保护与争夺战是两河流域的一大要事。两河流域也有私人兴修的灌溉系统、运河，但规模较小。

（四）经营技术

两河流域的人已知品种改良、地力（土地肥沃程度）恢复的方法，并采取适当的措施。恢复地力最普遍的方法是采取轮耕与休耕，农民亦会使用粪肥作为肥料，大量使用粪肥的结果是，两河流域土地盐碱化的情况严重，尤其是波斯湾三角洲。这地区还有严重的淤积问题，故两河流域的农耕逐渐由东往西扩张，文明的散播亦多沿此路线。

盐碱化的情形，与人口增加、粮食不足的情形，使得中东人必须不断地垦殖土地。通常只有宫殿或神殿才有这种垦殖新地的财力，因此垦殖的新地多属于国王或神庙所有，另由他们招募人民，包括牧民、穷人,加入开垦的行列。从泥版记载中，我们也发现有开采特权式的开垦方式，就是由国王授予特权，其中载明权利与义务的条件。或者由国王与人民分担资金，共同开垦新地，然后再分摊利益。还有由私人向银行贷款投资开垦事业。总之，可以看出古代中东人为了解决人口增加、土地不足、粮食不足的生存问题，真是费尽心思与力量，从而使得经济活动更加复杂。

（五）土地使用

土地是农业财富的基础。有关土地的经营，南北略有不同。北部的地主除了将土地出租外，自己也经营土地的种植事业。不少土地是属于村社共有，由村社的人集体经营。另有不少土地属于家族共有，这种家族土地共有的情形，在南方也有。在一份卖土地的泥版文件中，买主是一位国王，而在契约的卖方方面签字的就有数十位亲属，足见这块土地原本是属于家族所共有。因此，出售土地需要家长与家族成员的同意。这些家族成员将土地卖给国王后，就成为国王的雇农，为国王服务。

此外，南部的地主多半是不在地的地主，他们将土地租出去。这些地主并不住在自己的土地上，而是住在城市里。当时有不少的城市居民到乡村购买土地。这些城市市民购买的土地都离城市较近，而且以种植椰枣、果树等经济作物为主。还有不少的城市市民实为政府官员或是国王的人马，他们以服务换取土地后交由他人代为经营。许多军事人员也因军事服务而得到一块土地。早期的时候，中东的耕地多属于神殿、宫殿所有。他们雇有专门的人员，并以理性的官僚方式帮忙经营土地。宫殿土地的兴起远晚于神殿的土地。后来国王逐渐侵占神殿的土地，国王自己也大肆购买土地，终于使得宫殿的土地胜过神殿的土地。除了神殿、宫殿土地，还有私人拥有的土地。时间越往后，私人土地所占的比例便越高。

此外，两河流域的土地集中或土地交易中，有不少是因为债务关系而转手的。农民向有钱人借钱，因还不起而将土地交给债权人。根据乌尔城出土的泥版文件，公元前2600—前2350年的一个中央级机构（神殿或宫殿）控制着全城2000多名工人。这个机构将工人组织起来，在国家的土地上耕种，种的主要是大麦。至于工人的薪资则是采取再分配的方式，以酬劳名义分红给工人。由此可见，两河流域一直都有组织人力以事生产的悠久历史。大家一起工作，还可以借劳动产生共同的城市认同。

在这场生存奋斗的经济游戏中，神殿与宫殿都扮演了重要的角色，尤其是国王，越往后发挥的功能越大。这种情形不止发生在两河流域，整个中东都是如此。因此，从前有些学者认为古代中东的经济类似于现代的国家计划经济，或是国家社会主义。其实不然，因为我们看到在古代中东的经济中，虽然国家在经济活动中相当活跃，尤其是商业，国家也享受了许多特殊的资源，但是私人仍扮演了重要的角色。私人的经济领域并没有被国家或宗教组织吞食。在许多获利丰厚的经济活动中，不仅有国家参与，也有私人参与，如开垦土地、经营远程贸易等。

六、畜牧与马和骆驼的驯化

两河流域的人家多畜养猪、狗、羊和牛。1头牛的价格相当于30只羊。多数人家将畜牧当成副业，但也有专门以养羊为业的畜牧人家，尤其是游牧人家。羊对于两河流域的人而言非常重要，是纺织材料的主要来源，许多毛纺织品甚至成为贵重的礼物与商品。两河流域的人已经知道将羊毛分成许多种类，用不同种类的羊毛制成不同质料的衣服。羊肉、羊奶、奶酪等经济效用大，除经济用途外，宗教仪式也多以羊为祭祀牲品，羊的内脏还可以用来占卜。由于羊的市场大，因此牧羊业非常发达。

畜牧经济的第二项重要内容是马。马多产于赫梯（Hittite）与伊朗高原，位居现今亚美尼亚（Armenia）一带的东北部高原以出口马赚取丰厚的利润。公元前14世纪左右，马成为亚述对外贸易中的一项主要商品。马的顾客多为国王、贵族等权贵人士。马除了作为身份的象征外，也多用于战争。此时的马很少被当作交通工具，一般商人与人民的交通工具、载运工具以驴子、骡子为主，尤其是骡子，因为它的性情比较温和，不像驴子的脾气比较顽固，有时不好驾驭。

畜牧经济的第三项重要内容是骆驼。骆驼主要分布在阿拉伯半岛，约于公元前1100年左右被驯化，通常是用来做远程贸易使用的。阿拉伯人视养骆驼为商业机密，不让其他人知道饲养的技术与地点，因而能维持骆驼市场的垄断权达数千年之久。

古代中东饲养的牛，多用来拉车、耕田，或是成为奶油、奶酪、肉类、兽皮制品的主要来源。公牛多用来祭祀，或是作为图腾象征。从安纳托利亚高原到古希腊一带，用公牛作为图腾的民族不少，公牛崇拜、斗公牛都很流行。

两河流域的家禽业中，鹅是主要的食品，鸡反而是后起的食用家禽。鸟类也不少，但多是野生，分布在沼泽地带，有专门以捕鸟为业的人。鸟的羽毛非常昂贵，因此富贵人家不仅以羽毛作为衣服、装饰用，更作为身份的象征。羽毛曾一度作为货币使用。另外捕鱼也是非常常见的经济活动之一。泥版文书还出现一些神殿和宫殿与人订立的契约，出租捕鱼权或捕鸟权的案例。

在两河流域的泥版文书中，我们还看到妇女或夫妻一起经营畜牧业，而且经营得有声有色，具有相当的规模。根据记载，有一位妇女除了为自己经营畜牧业，也帮国家经营牲畜，每年都贡献给国家成群的牲畜与皮革。

七、制造业：一个只有黏土的社会

两河流域的生产工具并不特别发达，这是因为此区没有出产耐久的金属或其他矿藏，只有泥土，因此两河流域耕种用的犁与收割的镰刀很多都是用泥土制成的。为了弥补工具的缺点，两河流域的人想出了一些改良的、更省力与有效的生产方式，主要是集体合作、专业化、组织化与集中化的生产方式。两河流域的人将生产的流程予以分割组合，尽量让生产动作不要太复杂，并采取重复的动作，然后就可以让更多的人加入生产行列，从而增加生产。这种将劳力专业化的生产方式，促进了劳力的阶层化。此外，就是让一些特殊的产业退出家庭，另外寻觅成立工作室或作坊的地方，采取集体与专业的生产，如纺织业。负责集中化的核心就是宫殿与神殿，这些机构除了负责管理生产、分配所得以外，还负责硬件设施的建设工程。专业化、集中化，更加速了财富的分配不均以及社会的阶层化的现象。

两河流域虽然缺乏制造业所需的坚固材料，但是工匠仍从不同地区进口材料以制成实用、耐用、精致的成品，如华丽庄严的宫殿、神殿等建筑。在建筑工程中，还有复杂的灌溉系统、供应饮用水和一般水的水管沟渠（不仅有明管，还有暗管）、绵密的运河网络、坚固厚实的城墙和桥梁等。

尽管原料进口困难，两河流域的工匠仍然非常重视材料的质量。根据一份泥版文书，一位工匠委托代理人向相距几个国家之远的厂商购买铜块，中途还需经过战区，却得到质量不佳的铜块。这位工匠于是向厂商抱怨，希望能调换成厂商原本承诺的优质铜块。这是最早的顾客抱怨，从中也可以看出工匠取得原料的艰辛，以及对原料质量的重视。

除了重视原料的质量外，两河流域也非常重视制成品的管控。例如，《汉谟拉比法典》中就规定：房屋的建造者必须对房屋负责，如因建筑结构而导致的房屋毁损，则建造者须负修补责任，如果因为建筑问题，导致屋毁人亡，则建造者须以性命相抵。

在组织劳力方面，不仅农业部门，制造业也有类似情形，特别是公共建筑方面。两河流域的统治阶层不仅将自由民、战俘、奴隶组织起来，甚至还组织战败国的难民。最有名的例子就是亚述。当亚述打败以色列后，就将以色列的人民编成队伍迁到东方，从事建城、开垦荒地、建筑公共设施等工作。从前的史家受到《圣经》影响，一再强调亚述帝国对战败国的虐待与压榨。但是晚近出土的文件显示：亚述并不是通过压榨来管理边疆人民以及失败国的难民的，而是通过高度的组织力来利用这些难民。由于他们没有虐待这些难民，反而给予他们很多经济机会，以致这些难民在亚述亡国以后，仍然不想回到故乡去。后来的新巴比伦王国也学会了亚述的模式，有效率地组织难民、利用难民从事公共建设。

在讨论两河流域的制造业方面，许多学者喜欢讨论消费城市的问题，

第2章 文明和经济社会史的共同起点：美索不达米亚

亦即城市的性质。不少早期的学者，包括韦伯（Max Weber，1864—1920年）主张古代的城市与中古欧洲的城市性质不一样。他认为古代的城市属于消费城市，亦即以行政功能为主，多为官员居住，因此以消费为主；而中古的欧洲城市则是以制造为主，带动近代工业的兴起。但是，这种说法不适用于两河流域。第一，两河流域的原料分散，因此需要靠贸易取得原料，而城市最适合发展贸易，因为集散容易，因此制造业多集中于城市。第二，城市比较容易从附近农村获取多余的粮食，因此制造业必须在有粮食供应的城市中方能发展。第三，制造业的雇主以神殿和宫殿的大人物为主，而这些人都居住在城市，因此制造业必须在城市发展。总而言之，两河流域的城市与制造业发展的关系非常密切。

两河流域制造业的主要雇主是神殿和宫殿，这两个机构给工匠提供工具与原料，当工匠制成后，再回收工具。我们现在可以看到不少神殿或宫殿的建筑物中有专门从事生产的房间，有些房间（工厂）还有烹煮食物的痕迹。一般而言，在宫殿或神殿的制造业中，最大宗的是纺织业，多由妇女负责。这些纺织工妇女还带着孩子工作，因此有的工作间还设有育婴的地方。神殿或宫殿雇用的工匠，不都是全职的，有些是兼职的。这些工匠部分的时间为宫殿或神殿工作，剩余的时间则为自己工作；为自己制造的成品则可以拿到市场去卖。

公元前1000年以后，自行营业的工匠越来越多，与行业相关的姓氏出现。工匠、作坊在城市中的分布呈现群聚的现象。例如，在亚述就有一个城门被命名为"金属工匠之门"，因为附近聚集了不少金属工匠。另外，由出土陶窑的集中，也可以看出制陶业也有专门集中生产的地区。这些工匠更可能有专业行会的组织，以方便取得材料和开拓市场。

两河流域很早就发展出量产的制造模式，甚至在史前时代，就已经发展出量化、标准化的生产方式。许多家庭用的器皿都是量产的结果。这些量产的器物都不太讲究设计，非常单调，式样也很简单。在出土的器物中，发现有为数可观的碗盘，但是却只有几个尺寸，显然他们为了大量生产而发展出标准化的规格。例如，有些地区的容器有三个或数个尺寸大小的区别，一些专家认为这显示着两河流域有量测与标准化的现象。到了公元前三千纪的时候，不少神殿或宫殿都发展出自己的度量衡标准，生产的东西都有一定的格式和尺寸。

在技术的传承方面，大部分都是通过父传子，由父亲训练孩子。除了父传子外，两河流域设有技术的专门学校，负责训练。其次则是学徒制，学徒与师傅之间订有契约，并受政府的保护。根据当时留下的一份契约，师傅要提供学徒的吃与穿，学徒有薪水可拿，但薪资低廉。不同职业的学徒期也不一样。餐饮业只需要16个月，纺织业需要5年，建筑业则需要8年。有时候为了求得技术，父亲会将儿子过继给工匠。根据《汉谟拉比法典》，如果一位工匠收养了一位儿童，并教导他技术的话，原来的家庭就不能将儿童收回。如果工匠没有教导技术的话，就必须将儿童还给原来的家庭。

两河流域缺乏耐久的矿藏如金属，却有非常丰富的黏土与芦苇，因此大部分的成品都是用黏土与芦苇制成的。黏土可以制成各式的烹饪器具、容器和工具，不仅种类繁多，样式与大小规模也非常多样化。譬如纺织用的纺纱车轮、收成用的镰刀、捕鱼用的渔网、建屋用的砖头和门窗、管理用的印章、文书用的泥版都是黏土制成的。沥青也是一项非常重要的原料，用来黏着和防水。通过远程贸易，两河流域也出现了不少金属、石头产品，还有高档的宝石、乐器、家具、雕像等奢侈品。值得一提的，亚述征服主要的金属产地安纳托利亚地区，并将该地区的金属大量进口到两河流域，对于该地区的金属工业发展颇有帮助。此外，亚述在安纳托利亚地区设立的卡尼什殖民地，以贩卖两河流域的纺织品和东边的锡为主。

纺织业是两河流域最重要的制造业，也是最早开始专业生产、集中生产与大量生产的产业。它的生产流程包括剃毛、洗涤、梳毛、纺纱、织布到成品布料与衣服。根据两河流域南部城邦拉格什的一份记载，有一个家庭约有4000名成年人与1800名小孩参与纺织生产，不少小孩担任织工。纺织业的分工除了按年纪外，也按照两性与社会地位来分工。生产时将纺织工人分成数组，每一组都有一位负责人，或是男性，或为妇女。纺

第 2 章　文明和经济社会史的共同起点：美索不达米亚

织业也是最早有剩余制成品的行业，而且用来对外交易，如亚述的尼尼微（Nineveh）将纺织品卖到安纳托利亚高原。纺织的原料主要为羊毛，其次则是亚麻。大部分的纺织工为妇女与小孩，甚至连王后都亲自参与纺织生产。越往后期，纺织的经济重要性就越凸显，产地也日益增加，导致畜牧业的兴隆。

除了纺织外，尚有裁缝、染色等职业，刺绣则发展得较晚。亚述留下一份数据，显示当时的布料种类繁多，各有不同的名称，材质也有所不同。此时已出现用明矾固定深红色的染料技术，除了染色，还有漂白等多种技术，产品有布料、衣服、毯子等。亚述是当时最大的布料出口国。腓尼基的紫色染料尤其有名，为该民族与迦南地区赚到不少财富。

皮革大部分制成鞋子和靴子。芦苇则是建筑、器皿、编织品、家具的原料。总而言之，两河流域的工匠项目繁多，足见制造业之发达。

两河流域的工艺也非常发达，可以将象牙、天青石、铜、锡、银、黄金、宝石等不同材质的原料予以不同的组合，制成奢侈品如项链、首饰、印章等。黄金首饰的技术令人刮目相看，因为黄金取之不易，两河流域的工匠遂将黄金制成薄如叶片的首饰。此外，工艺品中圆柱形的印章尤其特别，印章除了有利于行政与经济的管理外，更凸显所有者的地位与品位。制作圆柱形的印章并非易事，因为工匠必须在面积非常狭小的圆柱形石材上雕刻精细的图画和书写文字，而且还是相反的镜像。除了未干的泥土外，石材也都是不好雕刻的坚硬灰岩、天青石、云母石、闪长岩等。

图2　圆柱形印章

八、商人、货币与银行

（一）贸易的需求

贸易的项目包括：金属、矿石、制成品、作物和奢侈品。贸易的交通多以河运为主，另有利用驴子、骡子的陆运。早在阿卡德王萨尔贡一世统治时期，两河流域地区就已经发展出南北两条重要的贸易路线，都与重要的天青石、铜、锡等原料相关；通过这两条贸易线，东边的锡、天青石和西边的铜结合在一起，这些都是生产青铜的重要原料。萨尔贡一世曾发动军队攻占这条在线的据点，为的是要控制两条南北贸易线，进而取得原料和贸易的经济霸权。不少游牧民族因为位于此线，而成为铜、锡的中间商，从而致富。

位于这两条贸易线交会点上的马里与埃布拉（Ebla）便成为繁盛的城邦。当时，安纳托利亚和黑海的铜，伊朗南部和阿富汗的天青石、锡都在这里交易，马里因而成为中东锡的主要供应者。我们从发掘的文献中可以看到，当时许多君主以其特产向马里王交换锡，其中有一封信记载着："马里王收到别国君主的两匹马，却没有回送等值的锡，以至于遭到该国君主的抱怨，并要求马里王补足有差额的锡。"

萨尔贡一世发兵的另一个地方——埃兰（Elam），也颇具有商业价值。埃兰位于苏美尔的东南方，连接阿富汗、北印度和波斯湾地区的贸易线，古代的"青铜线"（类似中国的丝绸之路）即经过这个地区，甚至远从非洲内陆、莫桑比克、阿拉伯半岛、也门等地来的贵重石头、树脂（如乳香）等货品都必须通过埃兰运到苏美尔地区，足见萨尔贡一世立意征服埃兰地区的经济动机，而后来他的子孙也与埃兰维持着良好的贸易关系。

又如地处荒僻的亚述，放眼望去不是山，就是土，可耕地实在少得可怜，而亚述却需要一笔庞大的财富来维持他们的生存、日用所需，大型的公共建筑、发展农业所需的灌溉水利设施，还有就是满足国王与神明所需要的奢侈品与供品。既然农业不足以满足这些需要，那么贸易与掠夺就成了亚述人的主要经济活动和财富来源。

亚述国王每年都会举行大规模的"狩猎"行动。说是狩猎，其实多是

第 2 章　文明和经济社会史的共同起点：美索不达米亚

对邻近地区的掠夺行为。这个狩猎行动也有点像后世的圈地运动，就是由亚述王划出一个区域，然后亚述人（多为陪伴国王狩猎的权贵）可以在这个范围内任意掠夺。每次的狩猎行动都成果丰硕，携带回国的战利品不可胜数，也是国家财富来源之一。

掠夺，只是亚述的经济来源的一部分，其他大部分是靠私人与皇家的贸易。只有当中东经济不景气，或局势不利于贸易进行时，亚述人才会以掠夺来补充经济。由于掠夺多是对外国人进行，而且战利品丰厚，因此亚述非属必要，通常不太会并吞邻国的土地或人民，以免不能再继续掠夺财物。不过，当亚述掠夺的路线越拉越远，所耗费的人员与补给越来越庞大，致使每年一次的"狩猎"变得非常不划算时，亚述就会开始考虑吞并该区，设立官员和行政区以定期收税。设立了行政区与行政官员，帝国的行政组织与帝国体制就开始出现了。

亚述帝国的扩张对中东地区产生过不小影响，其中受惠最大的族群则属往来贸易的商人。帝国的需要、王室和权贵的奢华生活、交通的便利以及版图的广袤，为商人提供了很好的市场条件，阿拉米人（Arameans）和腓尼基商人可以在地中海与波斯湾间、沙漠与草原间畅通无阻，然后再将陆地货物经海运转运到古希腊与印度等地。商业的繁荣和亚述人对工艺品的喜爱也刺激并繁荣了工匠阶级。

（二）贸易的媒介

早期充当贸易媒介的货币种类繁多，有牛、麦、羽毛、布匹等。早期两河流域使用的金属货币是铜，后来则是银子，但是银子并没有铸造成固定形状的货币，而是用银块。两河流域能用银子当货币，实在不简单，因为两河流域并不产银，没有银矿，所有的银都从外来，足见两河流域进口银的量非常庞大。固定形状的货币是当成商品在使用，而两河流域的银则是当成计算的单位在使用，并非交易的商品。当时的银是称重的，每当交易需要银时，就从银块上敲下所需要的重量，每一次交易都需要重新称量银子，因此各地都设有帮助银称重与敲打银的店铺或机构。全中东并没有一个统一的计量标准，但大一点的神殿或宫殿，都设有标准局、衡量局来负责监督。两河流域的君主非常重视度量衡的问题,如苏美尔乌尔第三王朝的君主舒尔吉(Shulgi,约公元前2095—前2049年在位)就曾建立统一的度量衡标准。

银子更普遍的用法不是拿来做实际交易用的,而是用来做价格换算的单位使用,也就是在交易的现场看不到银子,而是将交易的货品换算成多少单位、多少重量的银子。当时的交易、记账、法律上都已经在使用货币单位,如米纳(mina)、谢克尔(shekel)等,但都不是实际交易用的货币。无论如何,这些货币或价格单位都是以银子为主,因此银子成为钱或货币的代名词。

由于银子的价格过大,小规模的日常与市集交易,用不到这么昂贵的价格,于是,一般市面上仍然使用铜币。虽说有铜币,不过一般小民仍是以实物交易为主。有些学者认为:上古中东使用银子作为货币,就已经具有货币经济的功能,也就是在公元前1000年左右,人类经济已经进入货币经济的阶段。但也有学者持相反的意见,他们认为固定形状的交易媒介才算货币。

固定形状的金属货币出现得较晚。先是由西方小亚细亚地区首先发明,然后再传到中东。据说小亚细亚最早使用货币的是吕底亚(Lydia),到约公元前600年,用的是黄金。

(三)贸易资金的取得

远程贸易需要的资金量庞大,并非一个人或一个家族所能负担,需要通过借贷、筹募来取得。

通过当时借贷案件的记录,我们可以得知债权人或贷方可以是一个人也可以是数个人,甚至是纯粹的机构;借方亦有可能为一个人或是数个人。借贷、清还的款项,有可能是银,也有可能是实物,同时也包括农产品在内。借贷的日期也从几天到几年不等。利息方面,有无利息或是有利息的。通常以放贷为业的都是有门路的人。因为他们手上必须有很多的银,而银都是进口来的。这些以放贷为业的人,他们专门帮人筹措资金,但本身并不参与制造生产。经常向人借贷的人,多为农产品或远程贸易的商人,因为他们都需要庞大的资金。

第2章 文明和经济社会史的共同起点：美索不达米亚

筹募资金也可以通过合伙的方式来进行。例如，根据亚述的一份合伙文件，有14个人将他们的资金交给一个人，由他负责将亚述的纺织品与锡贩卖到安纳托利亚，以换取当地的金与银，一般合伙的期限为12年。银在安纳托利亚比较便宜，在亚述就贵了许多，因此商人从安纳托利亚进口到亚述，以赚取差价。在这段时间，每次可获得的利润平均约为50%。负责操作的人可以获得1/3的利润。在波斯湾头也有类似的合伙贸易，不过做的是海运，而且期限都只限于一趟来回，亦即每一趟都得重新立约，这是因为波斯湾的政局不太稳，而海运的风险比较大。

两河流域也有类似希腊以船舶为担保的契约。船舶押款的生意通常利润非常高，而且都是当任务成功以后方得以享受利润。假如船货遇到海难或海盗抢劫，投资者拿不到一分钱，也就是贸易商不负损失的责任。因此，投资者的风险非常高，可能损失所有的资金。但如果运货成功，他们获得的利润也非常惊人。在一份两河流域留下来的契约中，就规定：只有当远程贸易成功以后，投资者方能拿回资金和利润。虽然贸易商不负失败的责任，但是却得支付投资者部分的保险金。从这里可以看出两河流域的商人与投资者已知如何分摊风险。在两河流域，没有一个人将所有的资金投入一件贸易中，也没有一件贸易行动中只有一位投资者。

本票交易也出现在两河流域。大约在公元前两千纪时，我们就可以看到一个人将借贷转给另外一个人，也就是债权的转让。债权转让的两个地方，有时非常相近，有时却很远。例如，亚述的商人就带着债权的转让文件到安纳托利亚地区，并在那里换成现金。我们也可以看到某一地的债务在另一个地方偿还，足见两河流域的财经组织非常复杂。

除了借贷、合伙外，古代中东很早就出现帮助集体筹资的银行。银行的资金多来自神殿、宫殿与村社。至于银行的详细运作，我们则不太清楚。在调度资金部分，除了银行的问题，就是借贷的问题。泥版文书也透露出两河流域有合伙经营事业，及代理人的现象，就是老板与经理或是企业伙伴，分别在两地或不同的经济领域活动。不少经理或代理人都是奴隶出身，或是仆人，身份都不高。因此商业经纪人的社会地位并不受保障。

不过也有一些代理人非常有钱。

从泥版文书中,我们可以看到中东或两河流域很早就已经有利息、高利贷的问题。粮食、谷物都可以被当成利息。从一篇泥版记载中,我们可以看出当时中东的人士认为:自家人(如兄弟、邻居)不应收取利息,对外人才要收取利息,而利息不宜过高。这些也都符合《圣经》的记载。

但是《圣经》的记载,主要是反映中东西部的经济观念(经济伦理)、经济行为,与东部、南部的巴比伦地区略有不同。大体而言,巴比伦地区的私有经济比较发达,借贷与高利贷的情况也比较严重,以至于《圣经》经常谴责巴比伦的"邪恶"与"不道德"。巴比伦地区的经济流动性,也与其他地区不同,其经济流动性高,一名穷人经由特殊的境遇或努力,可以在很短的时间,爬上经济与社会的上层阶梯。但是在北部、西部,财富通常只在精英与贵族圈中轮转。这些精英与贵族之间彼此平等,但是与中低阶层的人民则维持很大的差距。

(四)贸易商人

古代中东的商人曾形成组织,即类似行会的组织,其中最有名的就是亚述的商人。他们沿着贸易线上的城市建立自己的居住地,不只用来暂时栖息,也用来进一步拓展商业。这些类似租界的居住地,尤以位于安纳托利亚中部的卡尼什最著名,主要是因为该地发掘出数量庞大的亚述商人遗留下来的泥版文书,包括往来的商业信件、文件与簿记,约有16000件左右。根据文件显示:亚述商人在亚述城组织驴队[①],将来自南方的锡与纺织品(泥版文件称之为"阿卡德纺织品")运到1000千米外的卡尼什(需

---

① 驴队的规模从几只到300多只都有。驴队雇有熟习路程、善于交涉(因为沿途会经过许多城邦)的领队,有时是家族成员,有时是外面雇来的。有的领队也会将自己的那份酬劳投资到驴队贸易中,称之为工作资本。从片段的泥版记载中,可以知道商人对于驴队的组织、运作都有详细的规定和规划。由于驴队所花时间比较长,因此在驴队出发时,亚述城的商人会先以快信通知卡尼什的代理人,并指示他们如何处理这些货品。从亚述城到卡尼什的贸易线仅是当时整个近东贸易网的一部分,这个贸易网范围广大,涵盖南方的巴比伦,亦即从波斯湾头到地中海、黑海、爱琴海。例如,根据近来的研究成果,亚述的锡来自今阿富汗、乌兹别克斯坦和塔吉克斯坦,部分的铜则可能来自今印度、也门、巴林等地。

要耗时6周），到那边换取银、铜和羊毛运回亚述，除此之外还有香精、宝石、油等物件。到后来甚至出现牛队的贸易。

从泥版文献中可以发现亚述商人经商技巧非常务实。譬如，亚述本身出产一种轻薄，而且非常昂贵的毛料，可以制成衣服，其他国家的君主甚至拿这种布料作为高级的馈赠品。一位卡尼什的亚述商人写信给他在亚述城负责生产和出货的一位妇女说："如果你不能生产那么多，那你就到市场去采购给我，因为听说那儿（亚述）的市场有很多这种货品。"在这封信中，卡尼什的商人还规定了货品的详细规格。从这封信可以看出亚述商人精于计算。

值得注意的是，由簿记数据看来，亚述商人早已知道复式簿记，远比近代西方要早上2000年左右。不只亚述商人采用复式簿记，其他的中东商人也多采用复式簿记。

古代中东远程贸易的兴盛，也显示该地区交通的安全与便利，更显示出该区政治状况的安定，各国君主都致力于保护商旅的通畅。我们甚至看到有些地区动员军队来保护商人的通行。各国间也相互订立条约以保障商人权益。足见商人在古代中东的地位不容小觑。许多商人都充当国王的使者，来往各国转交礼物，或帮忙采购贵重物品，如铜、大麦、沥青、金属等。不少宫殿或神殿都将买卖的事情交给商人办理。从泥版的记载中，我们也可以看出商人的自视与自尊都颇高，他们对于自己的行业、地位、伦理都看得很重。这些在显示：两河流域的文化并不轻视商人。

商人的活动并不是完全没有限制与风险的。各国在彼此间订立条约保护商人的同时，也在限制商人，例如对路过的商人抽税。出土的泥版文件中也记载了不少商人遭到攻击与杀害的事件。商业竞争也导致不少国家间的关系紧张。前面叙述的萨尔贡一世的扩张行动即为一例。赫梯与邻国的关系不稳定，也是因为商业竞争而起。亚述萨尔贡二世（Sargon II，公元前722—前705年在位）甚至动用武力以打开埃及的商业大门。亚述也曾经占领巴比伦，强迫他们将贸易开放给大家，使得中东的贸易线可以由西边的地中海连到东边的波斯湾，甚至延伸到印度，最后终于将巴比伦整合入当时的世界贸易体系中。在这波整合过程中，巴比伦的经济其实并未衰退，反而成长了许多。亚述的国王向来重视经济，例如亚述国王辛那赫里布（Sennacherib，公元前704—前681年在位，萨尔贡二世之子）从印度引进棉花，并种植在他的花园里面，然后又传播到其他地区。

亚述在地中海滨，一直与腓尼基的城邦如西顿（Sidon）、泰尔（Tyre）竞争商业霸权。后来新巴比伦灭了亚述后，也取代了亚述的地位，继续为夺商业霸权与腓尼基城邦缠斗。

两河流域的经济思想

相较于后来的古希腊，此时的两河流域属于文明草创的时代，人类必须天天与自然奋斗，为生活与文明打拼，没有多余的、悠闲的时间思考抽象的理论问题，因此没有系统的经济思想论著流传下来。如果要知道他们对于经济的想法，就必须要从断简残编以及经济行为中去搜寻。

在中东，秩序与稳定被视为第一位的、永恒的。他们不信任改变，认为改变是脱序的前兆，因为中东人将人类社会视为宇宙的缩影。由于宇宙是有秩序的，因此人类社会也应该是有秩序的。所谓的宇宙秩序，应该是平衡的，因此人间也应该维持平衡的秩序，如果有失衡、失序的情况，要立即予以修复和补偿，使之恢复"平衡"，以维持"平衡"状态。这个"平衡"在中东被称为"正义"或"公平"（justice），在埃及被称为"玛特"（maat）。

因此在中东秩序中，正义为首要之选，维持正义就成为国王的必要责任。在中东，正义有"补偿"与"修正错误"，以维持"平衡"之意，也包括修正经济上的不公平，如保护弱者的经济权利。因此，古代中东的国王被认为是臣民的牧羊人，不仅要捍卫正义，更要保护社会中的孤儿寡妇等弱者。不过值得注意的是，并不是所有的孤儿寡妇都由国王保护，受保护的是指中上阶层的孤儿寡妇，也就是自由人孤儿寡妇。国王保护他们的主要目的在于维持中上阶层的完整，以免过多的中上阶层家庭沦落到底层,致使社会秩序因中上层人士的消失而变得不完整,最终导致社会秩序的崩解。

在汉谟拉比之前的中东法典中即已注意到弱者的问题。在公元前2050年的《乌尔纳姆(UrNammu,公元前2047—前2030年在位)法典》中就明确宣示:"强者不能错待弱者、寡妇和孤儿。"比《汉谟拉比法典》早一个世纪的里匹特-伊什塔尔(Lipit-Ishtar,公元前1870—前1860年在位)也曾宣誓在他的国内建立正义,并强力打击恶行与恶意。《汉谟拉比法典》对于做错事的人有严厉的惩罚,对于受害者也有相当的补偿,为的是维持"平衡"的秩序。"以牙还牙、以眼还眼"就是"正义""平衡"原则的表现。

上古中东的经济体系属于再分配形态,以中央集权的神殿、宫殿经济为特色。在这种经济形态下,所有的资源都集中于神殿、宫殿中,并且在两个机构中集中生产。凡原料、土地、种植、牲畜、工具,以及基础建设,如灌溉系统,均由神殿、宫殿掌控,贸易特权也由它们垄断。神殿、宫殿将生产的多余产品用来对外交换。生产与交换所得,除部分留下来供给自用外,部分剩余的物品再通过薪资、赏赐等形式分配出去,最后一部分的剩余则通过贸易以交换团体所需。通过再分配的经济运作,也顺带控制了财富的流动和分配。

以前的学者认为,"再分配"经济形态几乎没有私人土地、私人财产,但实际上上古中东的私人经济活动相当活跃,例如近来的研究发现有私人兴筑的灌溉系统、私人工厂、私人耕作、私人买卖等私领域的经济活动存在,甚至出现商人家族,他们自行经营家族生意。总而言之,上古中东也有私人商业的存在,只是在某些地区、某些社会所占的比例较高,有些地区则较低。

这种经济体系由中央掌控,但是在边缘地区还是于公元前两千纪初出现了私人财产和市场。这时候尚没有货币,只是以当时值钱的东西作为通货的标准、价值的衡量标准,譬如布匹、羽毛、小麦、银子等。市场的出现也带动了银行事业,如利息和信用。于是,经济越来越复杂。这通过当

第2章 文明和经济社会史的共同起点：美索不达米亚

时的法庭记载即可见一斑。公元前1790年的《埃什南纳法典》（*Laws of Eshnunna*）中规范了金融事务和控制价格，包括一些必需品、工匠的薪资、在公共土地上工作的工人的薪资等。该法典还规范了船只与战车的载重量，以及一些支付的手续。

当上古政府力拼正义时，面临最大的威胁就是来自利息的问题。因为利息会导致许多中层人士沦为底层的奴隶，进而减少政治运作所需要的中层人士，例如使政府丧失了缴税与服兵役的人数。于是，无论基于社会、政治的理由，还是道德的角度，中东人士都强烈谴责高利贷。但是古代中东人并没有要废除利息的意图，只是反对不合理的利息而已。

利息的出现乃是因为借出的东西或服务被视为利益，因此债主必须要有所补偿。况且，如果债务人借的是大麦，大麦还可以生产出新的大麦，这也算是债主的损失。因此，中东的人不会反对收取利息的行为。到了后来，借出的是钱时，问题就出现了，因为钱不会生产出新的东西，于是就有了反对利息的声音，如亚里士多德就认为钱是不会生孩子的东西，因此不能要求增加利息。中东人非常看重利息的合理性，因此利息的行为都要在神殿注册。

第3章
尼罗河的赠礼：古埃及

尽管古埃及的墓葬留下许多描绘古埃及人日常生活的壁画，但是这些都是他们理想中的生活状况，也是他们希望的来世生活概况。这些壁画中的人物是欢愉的，物产是丰饶的。即便是他们留下的断简残编的描述，也差不到哪里，那些因为它们都是生活较为优渥的精英们留下来的信息。因此上百年以来，我们都认为古埃及人是快乐的，不愁吃穿的。然而我们却可从部分考古遗址的数据分析中得知农民、工人等一般百姓生活艰辛的一面，像是他们深受营养不良、寄生虫所带来的身体病痛所苦，又或是环境砂石导致的牙疼，还有妇女生育的风险和婴儿的早夭。他们汲汲营营地为每日生存而奋斗，希望能有多点剩余物资可以改善生活质量。

一、物资丰饶的帝国
（一）尼罗河的赠礼与沙漠屏障

古希腊人认为埃及是尼罗河的赠礼，这句话一点都不为过。虽然埃及的可耕地分布于尼罗河两岸宽不到13—26千米、长不到1000千米内的地区，但是这条河比起美索不达米亚的幼发拉底河与底格里斯河，更为友善、可靠。一般而言，每年5月尼罗河源头的水开始上升，7—10月河水覆盖埃及的河谷耕地，到了11月耕地再现，往后的4个月，刚好可以让埃及人重新划地、犁田和播种，好让作物在3—6月成长。①

---

① 在埃及的年历中，7—10月称为"akhet"，意为"河水泛滥"；11—次年2月为"peret"，意为"土地再现"；3—6月称为"shemu"，意为"丰收"。

尼罗河的泛滥周期与农作物耕种、收割时间相当配合，而每年夏季作物收割完毕，尼罗河就开始泛滥，正好可以灌溉焦干的土地，再添上来年播种所需的沃土。当尼罗河洪水退尽时，又到了播种冬季作物的时节，所以一点也没耽误到农作物的生长循环。此外，尼罗河又为埃及人提供了一个天然的灌溉系统，不需要太高深的技术，只需稍微加点工，便能建造简单的运河或灌溉设施，还可以耕种、发展农业。另一方面，由于水患的时间与范围是可以预测的，水利设施较易维持，不用经常更新，只需花点工夫维修就可以了。

尼罗河的泛滥似乎是规律的、可预测的，不过还有一点需要特别注意的就是"可预测"是相对于两河流域的河流而言。实际上，尼罗河也有不可预测的时候，例如《圣经》曾记载埃及发生的连续灾难（7年大旱、7年大水），这也是埃及的最大隐忧。埃及在历史上分为古王国、中王国、新王国时期，每一个断代间都有一个中间期，这些中间期都与尼罗河连续的水旱灾有密切的关系。"预测尼罗河的动态"成为埃及法老政权维系人民信心的基础，一旦政府无法准确地预测尼罗河，导致财产、人民生命的损失，统治者的公信力就会受到严重打击，轻则动摇政权基础，重则有垮台的危险。

埃及的东西两边都是沙漠，在沙漠屏障下安全性较高。而尼罗河提供了上下埃及经济联结的快捷道路，因此有利于整个国家的大单位经济发展，尤其是内需市场。加上尼罗河下游的三角洲地带，适于人居，不超过两岸的24千米，因此不需要过多的防卫力量，就可以守住这块地区，进而保障埃及内地的安全。另一方面，东北边的加沙（Gaza）走廊与西边的利比亚（Libya），又足以让埃及军队出境远征敌人。就整个埃及而言，只有南边的战略位置较差。南边与努比亚（Nubia，即今苏丹）相邻，较容易受到努比亚地区部落的骚扰，但是苏丹南部的苏德沼泽，却阻止了大批可能来自非洲内陆部落的侵扰。因此，埃及的南境也还算安全。大致说来埃及算是处于一个进可攻、退可守的地理位置，拥有非比寻常的农业成就和精致工艺，得以支持统治阶层建造大型建筑。直到公元前一千纪左右，因环地中海区各帝国的发展，埃及才无法维持特有的安全环境，此地丰富的农作物与资源吸引了亚述人、波斯人、古希腊人和古罗马人的觊觎，埃及被迫开放，并融入地中海经济体系中。

（二）埃及的经济区

埃及并不是一开始就以完整的经济体、文明区出现于历史舞台之上的，而是由不同的区域经济逐渐融合而成。基本上，埃及的地形可区分为南部的尼罗河河谷地区，北部的三角洲地区，以及西边、东边和南边的沙漠区，沙漠区中还有大小不等的绿洲。各地区的经济活动不一，天然资源与物产也各有所缺，必须通过交换、交流方能满足各自的需求。例如，尼罗河谷地和三角洲，以及沙漠中的大绿洲适合发展农业，小绿洲适合发展畜牧业与游牧业。这些地方适合生产粮食与各种食物、工艺品，并以其产品向沙漠居民换取金、铜、银、石头等原料；物质的交换带动人文的交流，最终导向文明的兴起。

埃及聚落经济与中东一样，都不是始于多水的大河流域。现今出土的埃及最早聚落遗址（即新石器时代）是在西边的沙漠地区，既非尼罗河上

图3　埃及壁画中的农耕情景
埃及人以镰刀收割谷物，
以牛犁田。

游的谷地，亦非下游的三角洲地区，即使东边沙漠的人类聚落也比尼罗河流域要早了许久。

与两河流域不同，埃及新石器时代的经济是以养牛为主而非农耕，可见埃及的耕牛文化显然不受中东的影响，而是独立发展出来的。然而在公元前5000年左右，撒哈拉沙漠的气候开始变得越来越干燥，该地区的耕牛聚落随之没落，改饲养山羊与绵羊为主，可能是由西亚传过来，显示这时期的沙漠文化在气候变化的严厉考验下，接受外来文化刺激而有不同的面貌与转型。等到公元前4400年之后，沙漠地区就几乎看不到人类踪迹了。

与两河流域相似，新石器时代的埃及文化与经济也是由西向东发展，因此尼罗河地区最早的经济遗址是在该流域的西部，时间大约是在公元前4100年左右。至于是南边的上埃及为先，还是北部的下埃及为先，则仍为未定数，不过一般学者还是倾向于以上埃及为先，特别是从亚斯文急流区（Aswan Cataract）附近的象牙城（Elephantine，或译为"艾勒方丹"）往南的河谷地区。至少上埃及比下埃及要早发展出阶层化的社会组织。无论如何，尼罗河谷地的生产文化都比较晚，豢养山羊的时代比起西边或东边的沙漠地区都要晚了500年左右。甚至，有不少学者认为新石器晚期的埃及农耕与畜牧文化乃是中东文化的延伸产品。一直要到有史时代以后，埃及方才摆脱中东文化的附庸地位，独立发展出自己的文化与文明。

（三）丰饶的物产

从史前时代开始，埃及地区不仅动植物种类众多，矿产也丰富。在农产方面，史前时代的初民已经开始生产各式粮食、蔬菜、水果和实用作物等，如韭菜、莴苣、黄瓜、豆类、蜜枣、葡萄、麦子、亚麻等作物。在野生植物方面，有三角洲一带生产的纸草，各式可以调味、入药、闻香的药草以及装饰用的花花草草等。埃及唯一比较缺乏的是高级木材，如香柏木、黑檀木等，这些必须仰赖中东进口；埃及从中东进口的物品中还有天青石、玉石等各式宝石以及科技和工艺用品等。

图4　埃及壁画中栽种葡萄与酿酒的情景

此外，埃及人还饲养如猪、狗、羊、驴等，各式可用、可食的动物。牛则多产于努比亚以及西边的沙漠区。同时沼泽与河滨地区还有各式丰富的野生鱼类、鸟类（如鸭子、天鹅、鹤等）。这些动物使得埃及人比生活于其他古文明的人要更容易取得蛋白质来源。鸟类、鱼类以及沙漠里的各式野生动物如羚羊、大角山羊、野兔、鸵鸟、狮子等，不仅是猎物，还成为埃及人艺术、文学创作的题材。

埃及的矿产大部分来自东边的沙漠地区或西奈半岛，如金、银、铜。这些地区的居民一如尼罗河地区复杂，有"亚洲人"[①]、非洲人，但都属于非耕种的游牧部落。他们以当地生产的矿产和兽类换取尼罗河居民的农耕产品。例如，西边沙漠的绿洲居民以兽类、盐等换取尼罗河产的酒、水果和粮食；努比亚的部落人民则以黄金、象牙、鸵鸟羽毛、鸵鸟蛋、石材、珍贵宝石等换取埃及的武器、纺织品和工艺品。

---

① 本章提及的"亚洲人"，源自埃及人当时的称呼，他们称来自叙利亚－巴勒斯坦的人为"亚洲人"。

值得注意的是，埃及的游牧部落和尼罗河农耕社会的关系与两河流域不同。在两河地区，游牧部落拥有强大的组织与势力，足以向农耕经济挑战，而且两河流域的游牧人民有能力可以自己向外拓展市场与销售货品，许多重要的贸易线路更是掌握在他们的手中。但在埃及地区，周边沙漠地区的游牧居民势力非常分散，除了缘于没有出现强大的政治组织，也因为尼罗河谷地阻碍各方游牧势力的整合与发展，以至于他们无法向尼罗河农耕经济与社会挑战，因此埃及地区的农耕与游牧关系多了些和平，少了些冲突。更重要的是，北非地区的游牧部落无法自行开发市场，他们的产品必须通过埃及方能转卖到亚洲与地中海地区，而游牧部落还得通过埃及取得外国货品，这使得埃及成为金、银、铜、象牙等非洲产品的最大输出国。

总之，埃及周围虽然也有不少游牧部落，但不会构成埃及的国防威胁，反而为埃及带来大笔的财富，因为开采重要矿产的庞大成本由部落人民承担，而埃及人却坐享庞大的转手利润。

二、集权国家的建立

（一）自然条件的利与弊

由于埃及位于人科家族"出非洲"的必经路上，自古以来埃及便接收了各路非洲人种，又因为物产富饶以致吸引了来自亚洲、欧洲的各路人口，因此埃及自古以来就人种复杂。

到了公元前3000年左右，生活在这块土地（含东西边沙漠、尼罗河谷地与三角洲在内）的人群，包括牧牛与农耕的聚落居民、四处游走的游牧部落逐渐联合起来，成为古埃及人的主体。这时期约相当于埃及传说中的上下埃及统一时期。这对于人种复杂的大埃及地区而言，实在是一件非常艰辛且值得大书特书的伟大工程。

事实上，统一以后的每位埃及法老不仅需要为维持上下埃及的统一而伤脑筋，也得为团结境内各族群而奋斗。因为即使当埃及王国建立以后，仍有不少的新移民从亚洲、非洲各地加入古埃及人家族，都被埃及人同化,并接受他们的农耕生活方式,甚至王国时期的外来雇佣兵,在退役后也留下来过着农耕的生活。因此,基本上整个王国时期的埃及无论在人种还是生活方式方面都少有大幅的变动,即使到了今天,这种人种与生活方式的一统性仍可在南部的上埃及地区看到踪迹;自古以来,北部的下埃及无论在人文、地理或人种方面都较南部的上埃及要复杂得多。

尽管中央王权面临许多人文上的困境,不过埃及历代法老都善于利用有利的自然条件,能够达到大一统的局面,营造出安定与和平的环境,转向有利于经济发展的局面。

(二)王权的兴起

在中东地区,水利设施和多难兴邦对于王权的兴起有重要的影响,埃及却有不同的发展历程。埃及地大物博,人口又远不及中东的多,更没有外来或内在的军事威胁,为何也会产生一个高度集权、专制的国家组织,而且比中东的城邦组织更为阶层化、中央化、威权化?许多考古学家、人类学家与史家纷纷提出一些与经济相关的理论。

1. 传统的水利灌溉论

当古埃及人进入农耕社会,水利就变成一项重要的议题。虽说尼罗河会定期泛滥,无须太多人为的干涉与努力,但尼罗河的泛滥时间与水位变化也有反常的时候,因此需要有人能预测泛滥与播种的时间,也需要有人能施展"魔法"好让尼罗河正常运作,通常能预测或施展"魔法"的人就是部落的酋长,这种情形在今天苏丹(古代的努比亚)的许多部落中遗风仍存。据一些埃及学者猜测,古埃及法老极可能就是由这类巫师发展而来的,为的是应农夫对于水的需求。一旦当巫师能正确预测尼罗河的泛滥,保证它的正常运作,人们就愿意听从该人的指挥,王权于焉兴起。

为了确保尼罗河的水能在适当的时候泛滥与消退,也为了保证尼罗河泛滥的水位不会太低,也不会太高,每年当尼罗河水开始泛滥时,法老就要举行一些仪式,并记录尼罗河泛滥的水位。我们现在在亚斯文急流区附近的岩石上还可以看到存留下来的刻痕。

法老的政权基础就在于他们能预测与适当运作尼罗河水的能力。一些学者甚至主张：法老金字塔中的金字塔文与一些绘刻在石碑或墓壁上的神秘雕画、咒语、图像文字等，就是在传递各式唤水法术与咒语。因为有些密室只有法老能进入，一些密文也只有法老才能阅读、观看。因此，早期的金字塔属于法老的独占性建筑物，一直要到法老的神性衰微后（约相当于古王国晚期、第一中间期时代），法老的秘密方才流落民间，而法老秘密的外泄更加速了法老神性的崩溃，随之付出的代价则是法老的神权政权瓦解。

2. 人口膨胀与管理论

持人口膨胀与管理论的学者强调埃及文明与国家的出现是经过长期演变而成的，而且这个发展过程非常缓慢与悠久，甚至等到法老时期结束时仍在继续发展中。早期埃及人固然需要领袖的"魔力"，随着人口的增长与物质需求的膨胀，埃及人更是需要一位具有中央权威的法老存在。当尼罗河谷地的可耕地无法满足日益膨胀的人口时，埃及人就需要另外开辟谷地之外的沙漠绿洲与沼泽地区，例如位于尼罗河与西部沙漠边缘的法雍（Fayum）绿洲，就被古埃及人开发成为农垦区。当埃及对于粮食的需求日益增长时，埃及人更需要动脑筋提升土地的单位生产量，这就使水利规划、工程设施与管理更重要了。当人口多时，维持"秩序与正义"遂成为重要的课题之一，必须有一群人起来确保每个人的收入都能集中在一起，然后做最公平与最大效益的分配，而每次泛滥后的重新丈量土地更是越来越要求准确。这些需要就导致了埃及王权的兴起，而如何刺激与确保农业生产的繁荣，就成为法老主要考虑的因素了。

3. 贸易竞争论

埃及土地上本来存在许多独立且平等的聚落或政治单位（类似城邦或城市的组织）。他们彼此相安无事，各做各的贸易。但是当贸易越来越繁盛，而且贸易范围或市场越来越向外扩充后，就形成几个单位短兵相接的局面，于是在相互竞争、市场重组或兼并以及资金膨胀的引导下，先是几个邻近的小单位兼并成一个大单位，接着大单位又连缀成一个更大的单位，于是在埃及传说中南北统一（即公元前3100年开始的第一王朝时代）

的前几百年,埃及就已形成南北两大对峙的政治单位与经济单位。

(三)经济因素

上下埃及的统一绝非骤然出现,而是经过长时间的演变、发展而来,在过程中也不是倚靠单一方式达成,而是以经济、社会、宗教交流为前导,继之以武力与政治谈判,其中贸易至为重要。埃及人很早就了解到大一统有诸多好处。首先,大一统且强有力的中央组织有助于地方秩序的维护,更有利于水利灌溉设施的发展与维修,强大的政府力量亦有助于开发周遭的沙漠绿洲地区,使沙漠变良田,从而增加粮食;沙漠的开发绝非个体所能达到的,它需要强大的动员、组织与财力方能达成。当然,大一统的帝国对市场的扩张与贸易的整合贡献也颇多。

更重要的是,大一统国家可以提供更多的工作机会和更好的社会上升的管道。当大型的统一政府建立起来后,就会提供众多的工作机会。工作机会的增加缘于统一的中央政府成为全国最有钱、最大的资本家与雇主,唯有他们能够满足工匠所需要的精品市场,也唯有政府能供养得起庞大的官员与知识分子。当众多人口转入工匠与官员(包括知识分子)队伍时,会转而刺激整个国家与社会对粮食的需求,这又带动了农业与商业的活络。当埃及人经历过大一统的诸多好处后,无怪乎在分裂的时候会强烈怀念大一统的太平盛世,进而要求建立新的统一帝国。

几乎从史前时代开始,南方上埃及的经济实力就较北方下埃及为强,社会的同构型与凝聚力也较北方为强,因此上埃及往往能取得统一的主导权。因为南方有陆路经东边的沙漠地区通往红海,因此当北方陷入混乱或为"亚洲人"所控制时,南方仍可通过这条贸易线取得各式所需的资源与货品。然而就北方而言,当时海上贸易尚未发达,他们只能通过西奈半岛进行对外贸易。一旦北方因分裂而无法掌控这条贸易线,或被"亚洲人"阻挡,则北方就会因无法对外贸易而陷入经济衰颓。这时,北方在经济上只能仰靠南方的供应;经济的依赖易造成政治上的依靠,因而易为南方所统一。另一个原因是南方的地理位置介于北非与中南非之间,除了向北做生意外,还可以往南与非洲内陆贸易。更幸运的是,非洲内陆一直无法出现一个足以与上埃及抗衡的政治组织，以至于这条贸易线可以完全操控在上埃及人的手中，例如努比亚的黄金就这样源源不绝地输入埃及。北方的下埃及就没这么幸运了，因为他们并不直接与努比亚接壤，而必须通过南方的上埃及与非洲内陆贸易，这就必须要看上埃及的脸色决定了，这也是为什么当上埃及发动统一的总攻势时，下埃及往往无法抵挡，只能听从。

值得注意的是，当上下埃及统一后，地区的差异性仍然存在，而且经常是统一与分裂并存。于是，尽管早期法老号称"上下埃及之法老"，却并不一定是实际情形的反映，往往这些"上下埃及之法老"仍在为统一上下埃及而努力，或是为消弭地方的分离企图而奋战。当统一大于分裂时，法老就能掌握全国的资源，发展大型的建筑，如金字塔和神庙。当分裂大于统一时，资源就分散于民间私人手中。这并不意味着埃及变穷了或是民不聊生。这时就出现了地方性的建筑，如私人的小型金字塔或地方神殿。

（四）法老政权的实质基础

历代史家都认为，神话与神学体系在埃及强大王权的发展中扮演了重要的角色。但是到底占多少比例，一直是学者间争论不休的问题。无论其中的争辩如何，不可否认的是发展强大的法老王权除了要具备足以说服人的理论外，还必须要有实质措施的配合，以作为政权的基础。我们现在就来看支持法老强大王权的基础为何。

1. 扩展王室成员

从古王国初期统一上下埃及开始，法老就逐渐以王室成员取代原来的地方首长，好将王室的力量伸展到地方。对于不能取代的地方，或是当王室成员人数不足时，法老就尽量以轮替、轮调的方式逐渐斩除地方官、部落酋长的地方势力。这个制度本来施行得很顺利，王权也的确随着王室成员而扩展到全国各地。但是随着王朝的更迭，前一朝的地方官（即前朝的王室成员）反而变成了尾大不掉的地方势力，这种情形到了古王国晚期更严重，几个前朝的王室成员或地方官变成了据地为王的封建势力，因而造成第一中间期。

2. 以赋税控制地方经济

虽然许多被征收来的地方谷粮仍然存在地方谷仓中,但却得受中央的统筹分配与调度。荒年时候的赈灾就是在中央的名义下进行,用以安抚人民,稳定人民对中央的向心力。平日,这些征收来的谷粮货品则用作酬劳,奖励顺从、能干、忠诚的地方官员,借以取得地方人士对于中央法老的效忠与拥护。

3. 进行大型公共工程建设

这项实质措施包括兴修水利、建庙等建设,提供工作机会,进而拉拢工匠与书记等中层阶级的人士。金字塔的修筑更是具有刺激经济、提供工作机会的功能,其受惠的人群不仅包括上层的官员、祭司,还扩展到中下层的商人、工匠、农民等,难怪修筑金字塔的工人甚少奴隶,而多是自愿征调而来的工农等人民。

4. 赏赐宗教界人士

借赏赐寺庙土地、金钱与贵重物品以拉拢宗教人士,同时以建庙和优待地方庙宇显示法老对地方神祇的尊敬与支持,巩固中央与地方间的关系。值得注意的是,埃及的祭司与中东的祭司不同,在埃及,祭司并不是一个专业的阶层,仅是代表法老举行宗教仪式并伺候众位神明,在服侍神明与举行宗教仪式之余,埃及的祭司尚从事书记等其他职业。因此,埃及的祭司并非神明的代理人,而是法老的代理人或代表,代表法老敬神与祭神而已。在宗教认同强烈的古老年代,地方人士非常在意法老是否尊重、接纳他们所信奉的神祇[①],而法老对地方神祇的敬重则表现在建庙和赏赐上。

5. 建立廉洁与能力并存的官僚政府

名义上,埃及的法老一个人治理国事与人民,官僚仅是法老的代理

---

① 埃及的信仰一如中东地区,非常复杂且有阶层化的现象。除了全国人民共同信奉的神明如法老、荷鲁斯(Horus)等,并举行全国性的节庆仪式外,尚有地方所信奉的神祇,类似城邦神或地方神,如阿蒙(Amun)原为底比斯(Thebes)所信奉的地方神,这些都是属于公共神。另外,埃及人也有个人信奉崇拜的小神,各行各业也有团体信奉的神祇。

人，代表法老治理百姓，实际上官僚乃是维系法老与人民关系的媒介，又因具备代表法老的身份，因此一个值得信赖的官僚体制有助于法老赢得百姓的爱戴与效忠。于是，为了要取得人民的信赖，埃及的法老都相当重视官员的选取。早在古王国初期，埃及就出现了一批非常具有专业技术的科技官僚与书记。科技官僚可以精确地丈量土地，记录尼罗河的水位，计算个人财产如人口、牲畜等，以帮助法老更有效率、更精确地收税。书记则记载祭祀所需的祭文，以及行政管理所需的信件、饬令、档案等清册，对于进出货品的数量和状态，书记也记录成精确与详细的清单。

为此，埃及很早就发展出来一套训练官僚与书记的教育系统。除了文字书写外，埃及的官员都必须具备数学与算术的能力，包括如何计算圆形、椭圆形、正方形、多边形等各式形状、物体的面积。同时，埃及的官员还得学会在进行重大工程前，先算出所需的人力、建材、补给品，更必须算出每个地区、族群所应贡献的人力与物力资源。又如农业播种之时，官员们也必须算出所需种子的数量、如何进行分配，待丰收之时尚得统计收获量以便征收，更别说尼罗河水位退去后重新丈量土地的问题了。在这一连串的算学训练与实际操作下，难怪后来的古希腊学者会佩服古埃及的数字精确度，进而要求大家努力学习与效法。

埃及虽然拥有一批训练有素、博学多才的官僚，而且他们是专职官员，但是埃及官僚的职务尚未达到专业分工的地步，官员的职务可以随时调动。例如一位官员在丈量完土地或财务后，可能会被调去统率军队或办理外交、贸易等工作，全视政府当时的需要与该官员的平日表现而定。

6. 法老独占对外贸易

法老将征收来的剩余物品与谷粮进行对外贸易，以赚取更多的利润。在埃及，法老拥有对外贸易的独占权，商人仅是代表法老进行贸易而已，所有的贵重物品、奢侈品均流入法老的宫殿，其他人若想得到这些物品如原料、奢侈品、必需品，甚至黑檀木制作的床铺与椅子等家具，都必须通过法老以酬劳或礼物的方式得到。上层的官员与精英直接从法老那里得到赏赐与礼物，下层的官员或地方官员则通过上层官员得到法老的赏赐或礼物，也就是上层官员也以赏赐或礼物的形式将他们所得到的法老礼物再赐给下层官员。每一位高官的属下都希望能从上司手中得到这些"礼物"。

这种层层分配与赏赐的"礼物"加强了法老的经济力，也扣紧了法老与贵族、精英间的关系。譬如，埃及人重视来生、强调厚葬，尤其是贵族与富人等，但他们必须通过对法老的效忠与服务方能取得来生所需的奢侈品。同样的，工匠所需要的贵重原料如珍贵木材、天青石、铜、锡、象牙等，也必须通过法老方能取得。

在这再分配的过程中，埃及一如两河流域的人们，非常强调正义、公平的原则。中王国时期智慧文学的一篇故事，就明白地透露这种理想："有一天，一位非常善于辩论的农夫带着载满货物的驴子到下埃及的三角洲地区。中途遇见一位贪心的地主，诱骗他让驴子走到地主的麦田里，驴子看到麦子就咬了一口，地主立刻以此为由强夺了农夫的驴子。农夫不甘，于是告到地方首长那里去，并努力地发挥他的辩论能力，终于以正义之名取回了他的驴子。"这则故事反映国家应该维持正义的原则，支持小民。

总而言之，法老为了巩固与加强他的权威而采取上述诸多措施，有助于埃及中央化、集权化与大一统的发展。不过这些虽加强了法老的权威，却也拉大了法老与民众的距离，并增加了其他人对法老的依赖。

当法老的地位越来越稳固和高高在上，贵族、精英、工匠等人士对法老的依赖日益加深时，法老就开始扮演埃及文化与时尚趋势的火车头角色。官员们争相模仿法老与王室的穿着、喜好、时尚与品位，精英文化因而形成。中央的精英文化随着地方官的指派与轮调而散播到地方，并带领地方文化的发展，终至全国上下、朝野在文化上盘根错节式地紧紧攒成一体。之后，即使中央政权改变，地方却仍持续固有的文化传统，甚至外来的政权，如喜克索斯王朝（The Hyksos，公元前1640—前1550年）和托勒密王朝（Ptolemaic Dynasty，公元前305—前30年）等，都无法摆脱或漠视埃及的传统文化，只有被同化的份儿了。

三、垄断：自上而下的贸易

一如上文提及对外贸易是埃及法老的独门生意，法老经常组织庞大的远征军到很远的地方进行交易。交易的内容多以奢侈品为主，如漂亮的紫水晶、绿松石等珍贵石头和黄金等贵重物品。紫水晶产地为南方与东方的沙漠地带，绿松石则在西奈半岛。

除了宝石外，还有埃及不产的建材木头。虽然埃及有无花果木、柽柳、洋槐木，但这些木材都不够坚固，不足以建造巨型的宫殿或神殿，因此埃及人必须向外寻找适合的木材，如香柏木、白扁木、松木等，这些木材多产于叙利亚。

在公元前三千纪晚期，埃及在西亚的贸易伙伴又添加了几位，意即他们在此的贸易圈又扩大了不少。这次新加进来的是城邦埃布拉，埃及商人可从此地获得美索不达米亚南部的货品，于是美索不达米亚的印章出现在埃及出土的文物中。

除了向叙利亚[①]，埃及也向南方寻找木材，如黑檀木、庙堂焚香需要的乳香树。乳香树出产于阿拉伯半岛、索马里（Somalia）、努比亚的北方以及埃塞俄比亚（Ethiopia）。公元前三千纪的中期，埃及为了乳香，还与这些地方发展出定期的贸易线。

除了陆路贸易，古王国时期也发展出海上贸易，那就是由埃及经过东边的沙漠到红海边，再经由海上到邦特（Punt）。在后来的新王国时期，埃及人经常怀念邦特，认为那是消失的乐园与贸易伙伴国。在早期，埃及与邦特之间的贸易往来密切。根据后人的研究，邦特在埃及南方，约在今日索马里、埃塞俄比亚、厄立特里亚一带。古埃及第五王朝巴勒莫石碑（Palermo Stone，约公元前2392—前2282年间雕刻）的王家编年史中记载，埃及人从邦特带回8万个德奔（deben，埃及的度量单位，1德奔相当于91克）的乳香。同样在第五王朝时期，另一位法老派遣远征的商人队伍到

---

① 根据记载，公元前2600年左右，埃及法老组织了拥有40艘船的船队从叙利亚运回香柏木，用来建造船只。除了船只，香柏木亦用于制造棺木，后来叙利亚地区因为动乱而使香柏木交易中断，导致埃及人喟叹没有好的木材可以建造棺木。

邦特，不仅带回乳香，还有一位会跳舞的小矮人。根据第六王朝的记载，埃及曾经组织过11次之多的远征贸易队伍到邦特去。

由于对外贸易多操控在法老手中，一旦法老力量衰微时，远征的贸易行为就终止了。以邦特为例，埃及大约有两百多年没有再拜访过邦特。一直要到公元前2002年左右，才又开始展开贸易。这回由埃及的大臣组织与规划庞大的远征队伍。根据记载，这位大臣在上埃及招募3000人，从尼罗河前进到红海，中间还穿越沙漠。每位成员携带20条面包以及两瓶水，沿途还凿井取水。那位大臣甚至利用驴子携带远征队伍所需替换的鞋子。据记载，这趟旅行非常辛苦，因为沿路有不少盗匪与充满敌意的部落人民，可见当时埃及中央政府的权力尚未稳固地深入此地，因此还需要前导士兵在远征队伍前面肃清盗匪，维持路途安全。到了红海边，这些远征队伍开始制造船只，以携带货品南下红海到邦特去，然后买回埃及需要的物品。现今的考古学家还在红海边挖掘到当时埃及在此造船遗留下来的遗迹，进而证明埃及的海运在当时非常发达，的确具有海上贸易的能力。

图5　自邦特带来礼物的人

第3章 尼罗河的赠礼：古埃及

公元前1500年，埃及的女法老哈特谢普苏特（Hatshepsut，公元前1503—前1482年在位）组织一支庞大的远征队伍到邦特去，动用5艘船。这支远征队伍的商业性质非常明显，但哈特谢普苏特在她的碑文中却赋予此支队伍宗教上的意义："阿蒙神非常喜欢邦特，希望他的神殿中种植一些邦特来的乳香树。"哈特谢普苏特的浮雕中描绘这支远征队伍到了邦特，并赢得当地酋长的欢迎。埃及献给酋长的礼物包括项链、斧头、匕首和手镯，酋长则回之以乳香、乳香树、紫水晶、象牙、肉桂木、猴子、鸵鸟羽毛、豹皮和奴隶等。

除了邦特外，埃及还往南到了尼罗河的第一瀑布。这块地区盛产建筑需要的红色、黑色和灰色花岗岩，也是南方与埃及贸易的必经之地，尤其是象牙贸易，"象牙城"即以象牙贸易得名。虽然这地区有巨大的岩石和急流，但埃及仍然建立了可以通行的水道，好让远征军能够通过瀑布到南方去，如努比亚。

急流瀑布区有更多黄金。黄金滋养了埃及的帝国与殖民行动，他们派遣远征军来征服该地区的努比亚人，并设立碉堡与城镇，以守卫南方来的货物与贸易队伍。同时，埃及人还招募人员到该地区的瓦瓦特（Wawat）开采金矿。在往后的日子里，埃及法老还经常派遣军队到这里维持通道的畅通。有时甚至可以通到尼罗河第二瀑布，乃至第五瀑布。到了公元前两千纪的新王国时期，法老图特摩斯三世（Thutmose III，公元前1458—前1425年在位）为了一劳永逸，更命令当地的渔夫负责清扫，以维持水道的畅通。

埃及也与南方的非洲部落人民进行贸易，以他们所产的油、蜂蜜、衣服和彩陶，换取象牙、紫水晶和豹皮。南方的部落受到埃及的控制，不只与埃及远征军进行以物易物的交易，还纳贡给埃及。一个公元前两千纪中叶的埃及壁画中就出现努比亚人进贡的画面，努比亚人带着野猪的獠牙、豹皮、金戒指，还有一只猴子骑在长颈鹿的背上。

埃及不仅向东、向南派遣远征队伍做生意，还利用洋流与地中海的克里特岛做生意①。埃及不只利用海线与克里特岛做生意，也利用海线与叙利亚做生意，这是因为到叙利亚的陆运不及海运方便，陆上经过巴勒斯坦会遇到很多盗匪，还要艰辛地经过沙漠地区。叙利亚也有许多船只到埃及做生意，可以从埃及墓穴的壁画中窥知一二，像是穿着异国服饰的叙利亚人在埃及港口下货，官员们将买来的酒、油和贵金属存放至仓库的忙碌情形。从壁画中也可发现在船上与河流岸边有小规模的交易行为，如鞋子、食物和衣服等，似乎出现了私人贸易，但是仍受到官方的严格控管。

通过海运，埃及人以陶器、玻璃、宝石、香水，换取叙利亚的香柏木、精油、橄榄油、酒。埃及的私人贸易随着时间的演变，越来越多。例如在公元前两千纪的晚期，埃及出现许多私人买进奴隶的生意，这些奴隶主要来自横行于尼罗河三角洲的海盗②。

埃及人与其他人进行交易时，虽然未使用货币，却有价值的概念，他们会用同价值的物品去交换（购买）所需的物品。例如一件公元前1300年的埃及交易诉讼中记载，一名叙利亚人将一名女奴在埃及挨家挨户地兜售，结果一位有钱人家看上了这名女奴，于是用不同价值的衣服、青铜器等换取女奴，其中一样铜器是从他的邻居那里要回来的。这可能是平常他借给邻居的东西，现在要回来以支付给叙利亚商人。可见埃及人也有借贷的行为，并有记账的习惯，才能在突然需要的时候，能立即要回平日借出去的东西（或是等值的东西）。

根据另一份工匠的收入清单可发现，为了换取一副25.5德奔的棺材，工匠交给卖者的对象中包括：一块重8.5德奔和另一块重5德奔的铜块、一只重5德奔的猪、一头重3德奔和另一头重2德奔的羊，一块重2德奔的无花果木材，共计25.5德奔。有的还以劳力进行支付。

---

① 由尼罗河三角洲顺着洋流往北到克里特岛，夏天时的西南季风又将埃及人带回尼罗河三角洲。

② 当时在尼罗河三角洲有许多海盗的基地，海盗常掠夺来往之人为奴，是埃及政府的一大烦恼。埃及法老常得派遣军队扫荡，甚至设立海上警察。

埃及一直要等到公元前6世纪波斯人统治时代（公元前525—前404年），才开始使用货币，货币到了公元前3世纪的托勒密王朝才开始盛行。

四、与"亚洲"的密切往来

埃及与中东民族的接触，可以追溯到古王国时期以前，大约在公元前3500—前3000年。后来又因为埃及的繁荣与稳定，越来越多的"亚洲人"前往埃及，其中包括奴隶、亡命者、雇佣兵等低层社会人士，他们视埃及为自由与繁荣的国度。到中王国时期，埃及境内的外国人数量已相当庞大。这批外国人，大部分都是来自叙利亚与巴勒斯坦的闪族人，他们多是借道西奈半岛而来，定居或寄居于尼罗河三角洲的东北部，并自成一个小区。

这些"亚洲人"，绝大多数都是以自愿、和平的方式进入埃及，而非被强迫的。这是因为埃及的经济机会较多，加上中王国时期对奴隶的需求量大，不只宫殿、庙宇、达官贵人拥有大批奴隶，一般平民百姓也都拥有一两名奴隶。埃及的奴隶待遇相当不错，许多奴隶甚至拥有自由的贸易权，因此不少外地人前来埃及为奴，当然也有不少奴隶是来自战俘，甚至有时"亚洲人"在埃及还成为"奴隶"的代称。

当然不是所有到埃及寻求新经济机会的"亚洲人"都为奴，也有不少从事其他的行业，如参军、酿酒、纺织、种田、凿石，以及参与公共工程等，如《旧约圣经》中记载以色列人为埃及人制造泥砖。由于埃及的经济机会多，因此每当中东遭逢天灾人祸的时候，"亚洲人"更是成群结队地涌进埃及，埃及政府还为此设立了一个"亚洲人管理部"来管理他们。

埃及在中王国时期不仅与亚洲贸易密切，还开始与地中海西岸的古希腊人（米诺斯、克里特岛、迈锡尼人）做生意，因此埃及汇集了各地来的商人，其中仍以亚洲叙利亚商人最为活跃，于是"说叙利亚语"在埃及成为"讨价还价"的同义词。除了商人外，埃及政府也收容了不少中东的政治犯或流亡人士。尤其是新王国时期，当埃及开始往中东发展时，每当征服一个亚洲城邦，或签订合约、盟约时，都会要求对方提供人质，其中

"亚洲人"占了不少比例，有人说《圣经》中的摩西就是他们的后裔。

当埃及中央势力强盛的时候，这批外地人还能服从埃及的统治与管辖，但是一旦埃及势力衰微的时候，他们就会起来反抗，在埃及境内建立自己的政权。早在埃及第八王朝因继承问题而陷入混乱时，就曾有一群"亚洲人"入侵三角洲地带，并建立属于自己的政权，且将法老的势力逼退到上埃及的孟斐斯（Memphis）地区。之后，这群"亚洲人"又卷入埃及的地方势力争夺战，甚至还参与王室的王位继承战争。中王国建立以后，虽然消灭了"亚洲人"位于三角洲的政权组织，但却无法阻止"亚洲人"持续移民埃及，这股移民潮甚至因埃及对工人的需求而大为兴盛。到了中王国末期，"亚洲人"又回到三角洲旧地建立自己的政权，即喜克索斯（Hyksos）政权。喜克索斯人不仅占据北方的三角洲，还与南方的努比亚联盟夹击埃及，迫使埃及法老的势力往南撤退。

"喜克索斯"原意为"高地沙漠王子"，意指中东叙利亚、巴勒斯坦一带高地沙漠的游牧民族酋长（如以色列人），后来在埃及就成为"外地统治者"之意，不仅是指外地人的领袖，也指他们整个族群的人。喜克索斯人的成员非常复杂，有来自幼发拉底河上游的游牧民族，也有来自安纳托利亚高原的印欧民族，更多的则是闪族人，包括以色列人在内。

根据埃及的年表，第二中间期约有6位喜克索斯法老①，统治期约为108年。喜克索斯人不仅采用埃及法老的称号与制度，也采用埃及的礼俗、宗教信仰，以至于有不少埃及的王子（中王国以后，埃及就陷入分裂的状态）向喜克索斯人进贡，或与他们通婚。当然也有不少埃及人不服喜克索斯人的统治，经常出现各种战争。根据一则传说，喜克索斯人曾攻打底比斯王子，宣称底比斯王子所养的河马戏水时拍打水花的声音太大，以至于吵醒了在700多千米外睡觉的喜克索斯王子。其实真正的理由是，底

---

① 喜克索斯法老为了与南方底比斯法老相抗衡，而自称为"阿瓦利斯的赛特"（Seth of Avaris）。另一方面，为了彰显自己的法老地位，喜克索斯法老也自称为"太阳神雷之子"。此外，除了接受埃及的宗教信仰与生活习惯外，喜克索斯人也尽力保持自身的文化，例如他们仍供奉来自叙利亚一带的神祇。

比斯王子乃是埃及反抗军的领袖。无论如何，埃及王子失败惨死，他的木乃伊后来被发现，而且死状极为恐怖。

除了战争外，喜克索斯人也为埃及文化注入不少新生命，他们迫使埃及人重新检讨过去保守、停滞的文化，转而采取新路线。同时，喜克索斯人也将中东的青铜技术、战车（在喜克索斯人统治之前，埃及只有用驴拉的战车，喜克索斯人统治之后，埃及才出现用马来拉的战车）、弓箭、佩剑、短刀等传入埃及，这对于日后新王国时期的军事革新均有很大的贡献。新的作战方式与新的作战工具，使埃及社会产生了一批新的族群，就是军人团体。这些军人虽然大多数是下层的常备兵，但是不乏有钱的军官，这可以从他们的战车、复合式弓箭都必须自备来推断。他们因为拥有新的技术、工具和知识而有强烈的企图心，成为新的社会精英。昔日的精英只要会写，懂得如何代表法老与神明打交道和知道为官之道即可，现在新的精英还必须具有国际观和军事专业的背景。于是，新的精英成为传统文化和社会的挑战者。尽管如此，一如昔日的精英，这批新的军事精英，仍然得仰赖法老的慷慨赠予和赏赐，法老的赏赐也可换取军事精英的效忠与依赖。

此外，位于尼罗河三角洲的喜克索斯人，也致力于发展环地中海的贸易，这使得埃及与地中海东岸的中东文明，地中海西岸的米诺斯、克里特岛文明连成一片，埃及也逐渐加入地中海的经济体系中。通过经济运作，不同的古文明相互接触与交流，有助于融合亚欧非三大文明的古典文明的出现。

当然，喜克索斯人的统治也激起埃及人的民族意识和仇外的心理。到了公元前1550年左右，埃及终于在底比斯政权的率领下赶走喜克索斯人，结束喜克索斯的统治时代，并开启新王国时代。喜克索斯人对埃及虽然有不少的贡献，但也有负面的影响，那就是仇外的心理：从此埃及不再信任外国人，并对"亚洲"移民采取紧缩、疑惧、压迫的态度，这便是后来公元前13世纪《出埃及记》（*Exodus*）的背景。此外，新王国时期的埃及已不再处于平静，而是充满野心、战斗欲，此时的埃及处于一个开放、充满不安的时代，为了寻求国家安全，埃及不断地将国防线往"亚洲"方面推进，埃及因而逐步卷入"亚洲"纠纷中。

尽管新王国时期，喜克索斯人被赶出埃及，但是"亚洲人"仍持续大量涌入。每次新王国的法老出征"亚洲"后都会带回一批人，除了作为人质的王子外，还有工匠、佣仆、酿酒的师傅、雇佣兵等，再加上来自西边的希腊人、克里特人，南边的努比亚人，以至埃及境内居留的大批外国人，四面八方来的外国人以及外来文化，使得埃及文化呈现不同的国际色彩，亦有利于经济的发展。这种现象使得新王国早期出现繁荣的景象，让法老有更多的财富奉献给神庙、建造巨型的建筑物和雕像。譬如法老阿蒙霍特普三世（Amenhotep III，公元前1391—前1353年在位）不仅为自己修建了许多建筑物、雕像，甚至还在沙漠中为自己的爱妻建造了一个花园绿洲。

五、新王国时期的礼物交换

在公元前两千纪的中期，埃及王室与中东诸帝国间的礼物交换在国际贸易中扮演了重要的角色。各帝国的君主以平等的位阶——他们之间亦以兄弟相称——彼此交换物品（名之为"礼物"），以换取自己所匮乏的对象。虽说交换礼物，但各物品仍有其价值，好让参与交换的君主可以度量送出去的礼物价值，然后期待对方送进同等价值的物品。不只国王彼此间进行礼物交换，各王室成员间也出现交换礼物的情形。在此脉络下，礼物交换就成为一种经济行为。在奥克亨那坦（Akhenaten，公元前1353—前1336年）时代所留下来的《阿玛尔纳书简》（*Amarna Letters*）中，就出现了许多这类礼物交换的外交文件。

例如在公元前14世纪时，一位巴比伦的国王写信给埃及的法老阿肯那顿，建议用礼物交换作为国际贸易的一项机制。这位巴比伦的国王说："希望我们就像我们的父亲般维持友好的关系。你如果要什么东西，就写信给我，以便我将那些东西带去给你。假如我要什么东西，我也会写信给你，让人将那些东西带给我。"

一封埃及法老写给巴比伦国王的信中详列了一些适用于新家的礼物，

包括"镶嵌象牙与黄金的黑檀木床、3张镶嵌黄金的黑檀木床、1个镶嵌黄金的头靠、1张镶嵌黄金的扶手椅、5把镶嵌黄金的椅子"。这些家具总共镶嵌了7个米纳又9谢克重的黄金，以及1米纳又9谢克重的银子。这位埃及法老的用意显然不是在真正地送礼，而是希望巴比伦国王能回送同等价值的物品，可说已经涉及贸易层面了。

又有一位巴比伦国王写信给埃及法老："由于人家告诉我路途非常危险，天又热，又缺水，我因此不会送给你一些好的礼物。我送给你4米纳的天青石作为临时性的礼物，我的兄弟。我再送给你5对马匹。当天气好转，我会让后来的大使再送些好的礼物给你。你要的任何东西，都可以写信给我。"在这封信中，巴比伦国王表示了他需要的东西："我正在从事新的建设工程，因此我写信给你。我的兄弟，希望你能送给我一些好的黄金，以便我能在工程中使用。"巴比伦国王还抱怨了一些长程贸易会遇到的困难："你送给我的黄金，不应该委托给不信任的属下。你应该亲自看着货品的打包，并签名封印，再寄送给我。你前一次送给我的黄金，你没有亲自检视，而是让你的属下封印寄送，结果原本应该是40米纳的货品，当我放入窑炉后，发现不足原本的重量。"在这批埃及法老赠送的礼物中，物品种类很多，包括上千件的衣服、碗、瓮、盆子、宝石、象牙、黑檀木、数百面青铜镜、金属工具、护身符、戒指、脚镯、衣柜、雕像、马车、镶金和镶银的椅子等。

礼物中还包括嫁妆。例如，米坦尼（Mittani）一位国王将女儿嫁给埃及法老为妻，他所送的嫁妆中不仅包括珠宝、新娘的私人用品，还包括给法老的礼物，计有战车、黄金、项链、天青石、雪花石膏等贵重物品，每项物品还特别描述了形状、状态和成分。

除了交换礼物外，各国君主努力维持贸易的秩序。譬如，巴比伦国王还要求埃及法老出面处理商业纠纷，原因是一位巴比伦的商人在迦南遭到抢劫与暗杀，而迦南属于埃及的势力范围。巴比伦国王说："迦南是你的土地，它的国王是你的附庸，我的人民在你的土地上遭到抢劫。请你问一下，并还我他们抢去的银子。还有，那些杀我人民的人，也应该被杀，用他们的血来报我的仇。因为，假如你不杀死这些人，他们将会再回来，而且会杀死我的商队或是你的信使，以至于我们之间的交通将会断绝。"

除了中东国王与埃及法老交换礼物外，希腊世界的塞浦路斯国王也在法老登基的时候写信给他，希望用5.5吨的铜换取开启外交关系的机会以及交换大使。在另外一封信中，塞浦路斯国王表示已经送了他所承诺的铜的一半给埃及，他希望以此交换镶有黄金的黑檀木床、马车、马匹、各式衣服、黑檀木与油。塞浦路斯国王又在另一封信中表示他已经送了14吨铜给埃及，他不能再送了，因为他的国家暴发了流行病，死了很多人，以至于没有人可以挖铜了。这位国王的儿子也死在这波流行病中。塞浦路斯国王还派遣商人到埃及做生意，他对法老说："这些是我的商人，让他们平安且快速地回来，任何人以我的名义提出的要求，请不要反对。"

六、埃及的神殿经济

古王国时期的法老喜欢为自己建造巨型与豪华的陵墓，新王国时期的法老却喜欢将大笔财物奉献给神殿，以至于神殿积累了庞大的财富与资源，进而在埃及的经济上扮演重要的角色，甚至取代了法老的经济地位。例如图特摩斯三世时代，在一次远征"亚洲"后，他大量赏赐阿蒙神的神殿。另外，这位法老在4年间赏赐给卡纳克（Karnak）神庙的物品中，包括有下努比亚来的8616德奔的黄金以及上努比亚来的708德奔的黄金，还不包括下努比亚来的成群的牛。从当时坟墓的壁画中，也可以看出神庙的仓库中存放了无数的农产品和工艺品，以及不同形状装满酒、油的巨型瓶罐。

在一个神殿的碑文上写着该神庙享有的经济特权包括：捕鸟，捕鱼，养鱼、牛、狗、驴、羊、蜜蜂，种植花圃、菜园、葡萄等。除了这些工作者外，该神庙还雇用了淘金的矿工。这间神庙拥有自己的船队，从事外贸，做黄金、象牙和豹皮的生意。除了碑文记载的特权外，这间神庙还拥有作坊，生产雕像、陶器、金器、彩陶和皮革，制作啤酒、面包、屠宰、腌鱼等。值得注意的是，这间神庙仅是位于南部边远地区的地方神庙而已。

根据公元前14世纪的一份记载，一座底比斯附近的卡纳克阿蒙神庙拥有10万名以上的奴隶（占埃及全国人口的2%），土地约占埃及全国可耕地的15%，有50万头的牛与众多的羊，另外还有50余家的工作坊和船坞，以及遍及国内外的附庸城市（包括分布于叙利亚境内的城镇）。到了新王国晚期，卡纳克神殿拥有的土地约占埃及全国可耕地的1/4，另外它还拥有8万名工人。底比斯的阿蒙神殿，一年就进账将近200万袋的谷物。

由于神殿的事业庞大，需要的人手与人才也多，因此提供了许多经济机会，以至于许多年轻的精英都喜欢进入神殿服务。在人才济济的情形下，神殿的管理与运作往往比政府还有效，还受人敬重。

神殿雇用商人帮他们从事贸易，还雇用工匠为神殿制作产品，例如一批妇女为神殿纺织亚麻，她们在自家或神殿中纺织产品，还为神殿烘焙面包。这些为神殿工作的工匠或工人，一如王宫的工匠和工人，也可以利用剩余的时间为自己工作，并出售产品。

在这种情形下，新王国时期埃及的经济重心转移到了神殿而不再是宫殿。神殿储存了全国最大的财富与物资，从前由法老负责分配的赈灾事业，现在改由神庙来做。大部分的人民以前为法老工作，现在则为神庙工作。一如昔日的法老，神庙的财产分散各地，因此每次需要分配赈灾或是给予酬劳时，他们就要从各地调货来给付。

若任由神殿持续发展下去，甚至可以取代政府与法老的地位，而陷于"国中之国"的境界了。因此，奥克亨那坦决定对以阿蒙神庙为首的寺庙势力做一次彻底的整顿。经济的因素成为奥克亨那坦宗教改革的动机之一，在他的宗教改革期间，许多土地又回到了法老手中。

七、埃及的私人财产权

大部分的埃及土地属于法老所有，其中有些是通过公家单位而间接属于法老所有。法老会将一些土地赏赐给有功的将军或官僚。譬如第十九王朝的一个墓穴墙壁上记载：第十八王朝初的一位法老将一块土地赏赐给一位船长，作为军事酬劳。这块土地由船长的后人继承和耕种，并维持一块完整土地的形式。经过两百年后，地方首长希望能收回土地重新划分，于是船长的后人就提出告诉。这项案件缠讼了数十年，主要是由于船长的后人并非具有影响力的人士，而且土地的持有和分配牵涉的年代久远，加上后代子孙的繁衍，以至于所有权非常复杂。这个家族提出证明说他们一直在耕种，而且还缴税，因此最后的判决有利于船长的后人。这项案件之所以有名，是因为在诉讼期间发生了许多贪污、伪造、争执等事件。

此外，土地共同所有权在埃及非常普遍，例如在努比亚有一棵椰枣树，由最原始所有者的许多后人共同拥有，然后每个人按照比例分配生产的结果。多元的所有权相当普遍：一个人可以拥有不同果树的部分所有权，例如甲对果树的部分所有权，再加上乙对果树的部分所有权，合成一棵果树。一个人拥有一块土地的1/4或1/8的所有权，也是很平常的事。不过，这些共同的持有人都是亲戚，可见仍有分产的情形。

由此可见，埃及的土地与私人财产是可以继承的。当父亲去世时，儿子、女儿和寡母都可以分得部分遗产。一般而言，埃及人会在生前立下具有法律性质的遗嘱，类似契约。在遗嘱中，父亲会言明如何分配财产，如果父亲在生前没有立下遗嘱，他死后就由大儿子决定如何分配，通常他们会多给自己留一点或将大部分的财产留给自己。这就会产生纠纷，因此埃及人的谚语中有"只有笨蛋才不会预先立定遗嘱"的话语。

在一些留下来的文献中，我们会发现有些埃及人，包括妇女在内，会利用所得的遗产和其他的资产，发展自己的事业，而且可以将规模做到非常大，包括买进土地，或是另外租佃土地，并雇用劳力，以种植更多的粮食谷物或具有经济效益的亚麻。

八、埃及人的三百六十行

（一）商人与商业

埃及古王国与中王国时期的社会结构非常简单。基本上，它是沿着阶层路线组织的，最顶端的是神——法老。围绕法老的是上层阶级：贵族和教士，这些上层阶级也是统治阶级，参与政府运作。

在上层社会之下是商人与工匠。商人沿着尼罗河上上下下,积极地经营贸易,他们在城市,也在乡村市场贸易。有一些大商人经营国际贸易,他们被国王送去克里特与叙利亚做生意。我们在一些坟墓的壁画中发现:在河流的码头边,坐着许多小摊贩,他们贩卖各类的商品,例如芝麻油、酒、橄榄、葫芦、鱼、水鸟、纸莎草等。这些都是一些小本生意,而且多类似以物易物的交易行为,以德奔作为交易的单位。不少这类的小商人,本是为宫殿或是神殿工作的,他们将剩余的物资拿出来卖给其他人。到了新王国晚期,盗墓的行为非常猖獗,他们甚至盗取法老坟墓内的陪葬品,这些小商人就成为那些赃货的中介。

(二)工匠

埃及工匠的工艺技巧非常高超,可从工匠村德尔迈迪纳(Deirel-Medina)出土的制成品看出端倪。这个村庄大概建立于公元前1500年,约存在了400年,居住的成员都是为法老修建陵墓的工匠,包括凿石匠、装饰与绘画的艺术家,以及制造家具的师傅等。为避免走漏法老陵墓秘密,这是一个与世隔绝的村庄。政府会负责日用品的配给,包括水都是从外面挑进来的。无论如何,这个村庄的模式不具代表性,因此是一个特殊的案例。

埃及的工匠会制造各式物品,如石盘,木头家具,金、银、铜各式工具和器皿,纸莎草做成的纸和绳子以及亚麻的衣服。埃及工匠会将不同金属镶嵌在一起,或是与木头嵌在一起,并用皮革将它们连缀在一起。陶器也是埃及工匠的长项,尤其是彩陶,在地中海地区拥有不错的销路。不过,埃及也会向其他人购买不同的彩陶。陶瓷片还可以拿来书写,在德尔迈迪纳村就出土了许多书写有信件、文学创作、生活琐事、对象列表的陶瓷碎片。

埃及虽然也生产一些羊毛产品,但是亚麻仍是最大宗的纺织品。亚麻通常由男性农夫种植、抽麻、晒干,然后由妇女在室内制造,包括纺纱、织布等工作。纺织完后还要洗涤、染色。洗涤的工人出现组织的阶层化结构。埃及的亚麻在地中海地区非常有名与畅销,埃及人有时候会将亚麻布卖给腓尼基人,等他们将亚麻布染成紫色后,再买回来制成衣服,然后销售出去。亚麻除了制成衣服外,还可以制成渔网或绳索,用途相当广泛。在整个纺麻的过程中,不只是男性可以当经理,负责监督工作,女性也可以当主管。

(三)医生

在埃及的各行各业里,除了书记员,最著名的则是医生。荷马在《奥德赛》(Odyssey)中称赞埃及的医疗是世界上最先进的。公元前5世纪的古希腊史家希罗多德(Herodotus,约公元前484—前425年)也同意这种看法。埃及的医生受到非常专业与谨慎的训练。一份纸莎草文书中列出各种被蛇咬伤的症状,内容非常详细,另一份文献则列出了700种人体不同器官的内科症状,还有一些纸莎草上面列出不同的外科治疗的建议。不少医疗文件经过数百年的传承,都不曾被埃及人质疑过,有的甚至可以追溯到公元前17、前16世纪。在埃及的医疗传统中,越老的医疗法越被尊重。根据一位古希腊史家的记载:"在埃及,如果因为遵循古老的医疗法治疗病人,却导致病人的死亡,医生没有罪;但是如果病人因为医生使用新的方法而死亡的话,医生就有罪,还可能被判处死刑。"

(四)农民

由于农民几乎没有留下文字资料,所以我们对于他们的工作与生活状态不明,只能猜测应该与其他地区的农民一般,生活艰辛、工作辛苦。从一篇遗留下来的讽刺散文中,我们大概可以一窥农民的无奈。这份文献的原文是:"要记住农夫面对丰收税的情形,就像一条蛇咬了作物的一半,而河马吞去了另一半。老鼠入侵农田,蝗虫与牛也吃光了农作。麻雀带给农民贫穷,剩下来的又被小偷偷走……税吏登陆河边来登记税收,他随身携带着棍子和努比亚的棒子。他说:'给我谷子……'虽然没有一粒谷子。他们殴打农夫……将他的头浸入井里……就这样的,谷子消失了!"

但是,埃及的农夫仍然养活了这么多不事生产的法老、官员、商人、军人和工匠等人。

(五)家庭与妇女

古埃及对于日常生活的态度非常积极。他们遵循智慧文学的建议:年轻时结婚以建立一个家庭。一夫一妻是常态,但是当妻子没法生育时,

第 3 章 尼罗河的赠礼：古埃及

丈夫被允许可以再娶。法老也有权拥有后宫，但是王后是最大的妻子，拥有比其他妻子要高的地位。在家里，丈夫是主人，但是妻子非常受尊重，并管理家务与教育小孩。一本书中更提及："假如你是一位顶天立地的男人，你就要建立一个家庭并适当地爱你的妻子。填满她的肚子，温暖她的背脊，为她的身体涂抹油膏。要在你的有生之年让她快乐。她是让主人有利润可图的田地。你不应该在法律上与她争执，要让她远离掌控……要让她的心随着你年龄的增长而变得柔软，也就是说要让她尽量待在你的家中。"

妇女可以拥有财产和继承物，甚至在结婚以后也可以拥有财产与继承权。尽管妇女不能参与大部分的公职与职场，但她们的确在经营事业。农家的妇女在田里工作的时间很长，另外还有无数的家庭工作要做，包括纺织。上层阶级的妇女可以担任女祭司，一些王后也可以她自身的能力担任法老。最有名的就是新王国时期的哈特谢普苏特，她本来是担任继子图特摩斯三世的摄政母后，但后来她自己担任法老。

哈特谢普苏特开展了许多建设工程，著名的哈特谢普苏特神庙就是一例。她派遣军事远征军，鼓励开矿，振兴农业，并派遣贸易远征部队到非洲南部。由于几乎所有的法老都是男性，因此哈特谢普苏特在她的官方雕像上，戴起假胡子，穿着男性服饰。她也被尊称为"陛下"（His Majesty）。哈特谢普苏特意识到她的特殊地位，可在其神殿的一块铭文上得知："现在我的心在飘来飘去，思考人们会说些什么。几年以后，人们看到我的纪念碑，他们应该会提及我做过的事。"

在埃及的壁画上，男性的肤色通常都呈现暗红色，而妇女的肤色则比较白。这可能显示埃及人认为妇女的主要工作场所在室内，而男性则在室外，受到太阳的照射，使得肤色变得比较深了。

在埃及，婚姻由父母安排。婚姻中最主要的考虑是家庭与财产。很明显，婚姻的主要目的是生孩子，尤其是儿子，因为儿子是父母晚年的保障。一段来自新王国时期的智慧文学提及："当你年轻的时候要为自己找一位妻子，她会为你生育一个儿子。"只有儿子可以冠上家庭的名字。

然而，女儿也没有被忽略。无数的坟墓绘画中都表现父母与子女间的亲密感情。虽然婚姻是被安排的，但也有一些浪漫诗出现，显示一些婚姻中仍有浪漫的一面。另外离婚是被允许的，但要给妻子赔偿。通奸是严格禁止的，特别是对妇女的惩罚相当严厉，她们可能被割掉鼻子或是被烧死在火柱上。

古埃及的经济思想

支配古埃及经济思想的是真理正义之神"玛特"(maat)的观念。玛特也是他们主要的宇宙概念,是一种平衡的观念,从而延伸出社会公平与正义的观念。玛特在埃及代表正义、真理,也是和谐的宇宙和世界秩序,是一个社会的理想。在玛特的观念下,一个正直的人,无论是强者或是弱者,都可以得到永恒的来生。追求有道德的现世生活,不仅可以保证今生的快乐,也可以得到来生的祝福。对埃及人而言,唯有正义才能保证社会秩序的和谐。

在智慧文学的一篇《善辩农夫的悲叹》中,描述一位贫穷的农夫受到地方官员的非法待遇,夺取他许多财产,于是他就向法老告状,希望法老能保护他这位诚实的农夫以对抗贪婪的行政官员。法老在调查属实后,不仅严惩不法的官员,给予农夫补偿,还赏赐了农夫不少礼品,以答谢他纠正官员的错误。这显示法老匡扶正义的对象是全国百姓,而不是哪一个阶级的正义,埃及这种不分阶级的正义原则,与两河流域强调阶级差异的正义原则不同。

"玛特"也表现在官僚的作业上。例如埃及重要的首相普塔霍特普(Ptahhotep,公元前25世纪末—前24世纪初)要求在收税、储存和再分配粮食与物品的时候都要诚实、公正,这就是"玛特"的展现。为了这些流程的顺畅运作,埃及还发展出来一套簿记系统,来记录产出与生产分配。从生产分配到收集分配都有一套精密的计划,显示埃及也有一套经济管理计划。

古埃及亦属于再分配的经济体系，在此体系下，农民、工匠生产的剩余部分，大部分交给政府，仅有少部分留给自己以作为交换用，这些交换或交易都是地方阶层的。但是埃及仍然发展出活络的贸易市场，如底比斯，尤其在新王国的拉姆西斯诸王时代，但仍比不上中东的繁盛。

古埃及人的价格观念也不太清楚，仅有相对的概念，例如某一件物品相对于另外一件物品的价值为多少，考古经济学家称之为"参考货币"（reference money）；参考货币的经济是介于纯粹的"以物易物"与货币经济之间的经济活动。总之，在强大的中央再分配体系下，古埃及的市场活动不若中东，因此没有出现活络的银行体系。

至于古埃及经济的性质，有些埃及学者将古埃及的经济称之为"威望经济"（prestige economy），因为古埃及的大部分资源是用在建设纪念建筑、神殿、宫殿、坟墓和家园上。这可能是因为在埃及人的世界观中，今生的阶层化结构会延伸到死后的世界，而葬礼与墓葬就成为个人在今生与来生的地位象征。

第4章
光荣属于希腊：古希腊

一、不认命的希腊

希腊位于巴尔干半岛南部，是一个比较晚形成的地理区域，而且它的地形多变，火山多，山也多，山地占了整个希腊地区的80%，适合耕种的土地不及15%，土地的肥瘠差异性很大。希腊地区的平原多位于北部的本土地区。至于希腊地区的山脉，不仅高且多峭壁，古希腊人难以跨越，幸好大部分的希腊城市都位于沿岸地区，即使内陆的城市，也有港口或便道通往海边，故希腊人将爱琴海沿岸的一串串小岛当成出海的跳板，将海当成他们的交通便道。爱琴海还将希腊与中东、埃及联结在一起，导致三者间的商业、文化、政治与军事关系密切。

希腊的气候，除连接欧洲大陆的本土地区属于大陆气候外，其他地区都属于地中海型气候。夏天很长，气候较热且干燥。冬天不仅短而且又冷又潮湿。希腊农耕需要的雨水大都来自冬天。①雨水与雨季的土石流为山坡以及平地的小平原带来沃土，有利于耕种。不过，由于希腊的河流多短促，缺乏像两河、尼罗河那样的大河，因此无法发展出大规模的农业。

比起气候，地理障碍才是限制希腊经济发展的重要因素。因为山区限制了农耕、畜牧所需要的平地与高原，更限制了旅游与商业所需的交通。由于地形分割得很厉害，因此生产力非常有限，于是希腊人发展出各式的

---

① 如果冬天的雨水少了，希腊人就得面临农作物歉收的命运，如果冬天没下雨，那整个村庄的人都得挨饿度日了。

经济生活与求生策略，例如砍伐山地的橡木、松树、山毛榉、栗树等[①]，以发展农业与放牧业。

希腊拥有非常优质的陶土，因此足以发展陶器制造业。在天然资源方面，希腊拥有一些铁和铜；铜与外来的锡相结合，就可以发展出青铜器。此外，希腊还拥有可以制造货币和贵重饰物的金与银。

虽说希腊的土壤与气候各有优缺点，但是却酝酿出所谓的"地中海三宝"——谷物、葡萄和橄榄，希腊的粮食作物以大麦、小麦和燕麦为主；葡萄与橄榄的原产地就在希腊，于是面包、酒和橄榄油就成为希腊人的主要食物。此外，希腊人也种植一些豆类、蔬菜、水果和坚果类的作物。

希腊人日常所需的蛋白质，主要来自饲养的羊、山羊提供的奶酪、肉以及水中的鱼。不过地中海的鱼种类和数量都不多，而且没有大鱼，因此希腊人餐桌上的鱼不多，例如在荷马的作品中很少提及吃鱼的情境。

希腊人的农耕与畜牧可以并行发展，而且不会互相干扰。成群的羊与山羊在不适宜农耕的多山地区放牧，或是在休耕的土地上放牧，因此不会妨碍农事。希腊人饲养的动物除了羊以外尚包括牛、猪、骡、马等。牛与骡用来耕田与载运重物，猪用来食用，马多为战争用。

通常一个没有牛或骡可使用的农家会被列为"穷人家"。这是因为牛和马的饲养需要广大的空间，而且需要很多的钱，因此有牛、马的人家可说是相当有身份的，其中牛可以养来吃或用，马则是高社会地位的象征，马的身价很高，多用来骑乘或拉战车。

大体而言，希腊基本上属于小农经济。根据估计，从公元前5—前3世纪，约有90%的希腊人从事农业。

二、从米诺斯到迈锡尼

希腊地区早期的经济与社会发展，可以追溯到米诺斯文明（Minoan

[①] 早在古风时期（Archaic Age，约公元前800—前480年），希腊人就开始砍伐山林，到了古典时代（Classical Age，约公元前480—前323年），山区剩下的木材虽然还够取暖用，但是已不足以造船、筑屋。

civilization，公元前3500—前1100年）与迈锡尼文明（Mycenaean civilization，公元前1550—前1050年）时代。其中米诺斯文明对于后来希腊人所建立的迈锡尼文明有很深远的影响。

（一）米诺斯的宫殿经济

米诺斯文明主要位于克里特岛上，建有许多大宫殿，称为"宫殿文明"。其中以克诺索斯（Knossos）最大，约建于公元前2000年。现在就以克诺索斯为例，来说明米诺斯文明的宫殿经济之运作。

克诺索斯宫殿是一个非常复杂的建筑群：中间是一个广大的中庭，中庭周围则是蜂巢状的住屋、储藏室与工作室。克诺索斯的大宫殿建地就有185英亩（约0.75平方千米），约有250间房间，可供1.2万人居住。宫殿位于城市最显著的地方，成为城市的地标，而且有许多条大马路通往宫殿。克诺索斯的宫殿建筑相当先进，有人类第一个抽水马桶，还有地下污水道，并供应自来水（其实是抽水机），这些设施到今天都保存相当完整。在许多房间或走道的墙壁上还有色彩鲜艳的壁画，内容多以大自然与日常生活为主。

从宫殿遗址的结构看来，克诺索斯宫殿与两河流域的宫殿经济功能颇为类似，同样都是生产与再分配的中心。除了宫殿本身生产的粮食、物品外，宫殿周围的农村生产的私人产品，也都经由税赋的方式流进了宫殿，然后一起储藏与再分配。这些宫殿生产与接收来的粮食和原料等物质，除了供应国王及其家人、官员等人的奢侈生活使用外，还要供养在宫殿中负责生产的低层劳力阶级。

最后的剩余物质就用巨型的陶罐等容器存放在宫殿的储藏室中，等待灾荒的时候再分配出去赈灾。其实，大部分的宫殿物品都是用来贸易的，宫殿的储藏物中也有不少是经由贸易而来的，足见贸易大权掌握在宫殿的主人——国王的手中。例如国王的储藏物中，我们可以看到来自本土的羊毛、亚麻、皮革，以及外来的青铜、黄金、象牙、琥珀等，部分原料经过加工成为产品，这些产品内销、外销皆有。由于克里特岛内有状况良好的道路，可以想象内销贸易的畅行；道路也有助于国内货物运往宫殿集中。

外销则是靠海运，也是克诺索斯宫殿经济繁盛的主因。

米诺斯是个商业发达的民族，我们现在还可以发现保存在大型陶罐中的橄榄油、酒、粮食谷物，还有储放在柜子中的衣服与布料。米诺斯的工艺技术也非常发达，尤其擅长陶器与珠宝工艺，他们将不同的外来宝石、象牙、金银等贵重物品镶在一起，成为精美贵重的首饰；陶器的技术与装饰都明显受到外来影响。

图6　图案鲜明的米诺斯壁画

靠着发达的海上贸易，米诺斯建立了人类的第一个海上帝国，掌握整个爱琴海的霸权。不过，米诺斯没有足够的人力完全控制，因此其所控制的据点，比较类似于海上贸易路线上的商业据点，而非殖民地，主要作为克里特岛货品的转运站或商船的补给站。

公元前1900—前1700年左右，宫殿经济日益多样、复杂，为了记载物品或交易的列表，米诺斯人发明了文字，就是线形文字A，也是希腊文字的祖先。后来当希腊本岛的迈锡尼人征服克里特岛后（约公元前1450年），他们所使用的线形文字B就取代了线形文字A。

至于米诺斯的社会形态，显然也是一个劳心、劳力者分明的精英社会。米诺斯的社会阶级显示在出土物所呈现的生活状况、生活风格上。精英分子住在宫殿外的高级住宅区。他们的住宅优美舒服，通常为二至三层楼高，大门面对着宽阔的街道。每家都有陶制的水管将干净的水送到家里以供饮用、沐浴，另有管道将家中的排泄物带出城外。这些精英大概率是政府的官员或商人。我们从浮雕的画像可以推测，这些精英分子非常讲究仪容与服饰，无论男女都将头发梳得非常整齐且有造型（卷发），显得非常雍容华贵。男子的服装比较像埃及的服饰——"短裙加腰带"。妇女拥有长而挺的鼻梁、轮廓分明的脸，服饰强调细腰，穿着紧身衣裙，胸部则暴露于外，一如他们的女神像，她们还会配上高耸的云髻。

而一般平民的住处，我们尚未发现，但推想他们可能住在拥挤的村庄里，家具简单、房舍狭小，与其他社会的农民并无轩轾。有关一般平民的生活，我们仅知道他们负责建筑宫殿、维持生产，日常生活就无从考据了，因为壁画或装饰画中反映的多是精英阶层的生活状态，并非一般的平民生活。不过，由克里特岛的建筑及陶器等工艺品的精致程度来看，米诺斯人民应该具有相当的创造力与活力。

在两性关系方面，米诺斯的妇女在宗教与社会生活中相当自由与活跃。早期的米诺斯神祇都以女神为主，因此一般学者推论米诺斯的妇女享受相当高与自主的社会地位。我们从壁画中可以看到，妇女可以自由地与男子谈天说笑，可以参加斗牛比赛，也可以在公共场所自由行动。然而后来受到希腊本土迈锡尼文明的影响，米诺斯开始出现男神，而且男神的地位也越来越高，或可由此推测社会上出现"女权日落，男权日高"的情形。

在米诺斯的社会组织方面，最受学者争议的就是奴隶问题。首先是奴隶的待遇问题，我们很难知道奴隶与贫穷的自由农之间的生活差别，也许两者同样都生活在贫困之中，或许奴隶因有人照应反而好些。不过可以确定的是自由农，不论是自耕农还是自由雇农都是被视为一个人，而奴隶则被视为财产，也就是说当奴隶的身体受到威胁或伤害时，他们无法期待得到仲裁或保护。第二个问题则是奴隶的来源，这个我们也只能揣测，或许来自战俘，亦可能是自人口贩卖或掠夺而来。至于米诺斯的奴隶人口与一般平民的比例为何，以及是否负担大部分的经济责任，我们都不能确知，但能肯定的就是：米诺斯的奴隶多属于宫殿所有，而且也是为宫殿服务的。

（二）迈锡尼的经济

迈锡尼文明的核心地区在希腊半岛的中部和南部一带，特别是伯罗奔尼撒半岛（Peloponnese），迈锡尼即位于该半岛的北部。

在荷马的史诗中，迈锡尼是一个好战的民族，战争、比武是王族们的最爱，他们不仅内部比武，也向外攻击别人。[①]例如出土的迈锡尼王族或贵族坟墓中，除了价值连城的金饰等贵重陪葬品外，就是各式的武器。另外，城市周围有坚固的军事设施，如城墙或城堡等。这些都是尚文、生活安逸的克里特岛所没有的景象。

公元前14世纪时正值迈锡尼文明的鼎盛期，当时迈锡尼的贸易网遍及地中海地区，从西边的萨丁尼亚、西西里到东边的特洛伊，又或是南边的埃及，再到北边的马其顿，迈锡尼人亦沿着地中海四周的海岸线和散布各地的群岛建立了许多殖民地。

迈锡尼的富裕不仅来自贸易所得，也来自他们海盗式的经济行为，这两种经济行为使得人数不多、幅员不广的迈锡尼成为一个强权民族；在当时的国际排行榜上，迈锡尼似乎仅次于埃及[②]与赫梯帝国。

在赫梯文献里，经常出现艾亥瓦人（Akhaiwoi），即阿开亚人（The Achaeans）。阿开亚人即为公元前8世纪的史诗中对希腊人的称谓。在赫梯文献中有不少赫梯王写给他"阿开亚兄弟"的信，显示两国经常交换礼物、信差，以及阿开亚王派人前往赫梯学习驾驭战车的技术，而赫梯王则要求向阿开亚人借用一下他们的医神治病。两国似乎维持了一段"亲密"

---

① 公元前1450年左右，迈锡尼人越过爱琴海，侵袭克里特岛上的迈诺安文明，取代迈诺安的海上霸权，掌握爱琴海霸权达200年左右。

② 此时正值埃及新王国时期，文献中常指明海上民族的威胁极大，许多王朝皆亡于海上民族的海盗行为，迈锡尼亦在其列。

关系。然后在公元前12世纪时，阿开亚人开始侵袭赫梯西部的领土，双方关系因而日趋紧张。

迈锡尼除了在海上征服米诺斯外，还致力于陆上霸权争夺战中。公元前1250年左右，迈锡尼成功征服西亚的特洛伊。[①]特洛伊在当时是非常繁荣、富庶的城市，该城的地理位置非常险峻，又有坚实的城墙防御系统，以至于迈锡尼攻了10年方才得手。迈锡尼成功的因素除了"木马屠城"计，就是善于马上作战。很多史家都同意，迈锡尼人之所以攻打特洛伊，完全是看上该城邦的财富，想要掠夺一番而已，其行为实与海盗行为不相上下。

迈锡尼在地中海的活跃情形也反映在出土文物上，这些文物融合克里特、赫梯、埃及以及叙利亚西部文明的特色，显示他们与四周民族的关系密切，当然包括贸易或礼物交换的关系。

从现今出土的遗迹（如豪华的墓葬和坚固的城墙）与文字数据看，迈锡尼的政治及社会组织与中东颇为相似，而不是像荷马史诗中所描述的那么自由与舒适。迈锡尼的政治与社会组织都是属于层次分明的阶层式结构，经济的生产与分配也是呈现上下垂直式的结构，也就是说：所有的权力、财富都汇集到迈锡尼国王（wanax）所在的宫殿，然后再由宫殿统筹分配到各阶层。

一如中东的城邦国家，迈锡尼也是以宫殿为政治、社会、经济与宗教的中心。迈锡尼的宫殿人员由国王和众多的官员组成，官员主要协助国王治理国事、统治人民。官员从国王那领取土地作为服务的酬劳，而高官与其下属间似乎也存在这种"土地—服务"的关系。至于地方则划分成大小不等的行政区域，便于管理。

宫殿对于其周围居民的义务盯得非常紧，包括税收、劳役和兵役等，从一大堆出土泥版上的精确账目，我们可以想象当时宫殿人员的精明干练。宫殿的书记对于送出去的原料、收进来的产品，以及应该付的酬劳都有详细的记载，甚至对于物品的状态都有记载，如"这部战车的轮子不适

---

① 荷马史诗《伊利亚特》（Iliad）的主要内容。

用或可用""这只铜锅有点损坏"等。

在迈锡尼，大部分的农民除了耕种自己的土地外，也会租宫殿或贵族的土地来耕种。在村庄里，居民可以自由地种植谷物、葡萄等果树，也可以饲养动物，妇女则多从事纺织、烹调等工作，当农民尽完了义务就可以享受自由的生活。除了耕种外，迈锡尼的畜牧业也很发达。迈锡尼的牧民饲养了成群的羊，主要是利用它们的毛来纺织。迈锡尼的纺织工大多为女性，她们负责纺织、制衣与刺绣。纺织工的工作都是在国王的严密监工下完成的。

大部分的工匠只能替宫殿做事以换取酬劳，包括木匠、青铜匠、金匠、制弓匠、制造武器的工匠、皮革工匠、香水工匠、纺织工匠以及医疗师。这些工匠的原料与工具多由国王供给。纺织、金属成品、皮革、橄榄油、酒为迈锡尼的最大宗输出品，以换取希腊所缺乏的铜、金、象牙、琥珀、染料、调味料和各式奢侈品等物品。在奢侈品方面，迈锡尼自己也制造了不少奢侈品以输出，例如精致的陶制品、精美的脚凳、宝石制品等。

图7 迈锡尼的黄金面具
迈锡尼的工艺技术非常精湛，
甚至远播黑海地区。

特洛伊战争正值迈锡尼的黄金年代（公元前1400年—前1200年）。之后迈锡尼的海上与陆上都开始遭到不明外族的侵袭，陷入了泥菩萨过江的窘态，到了公元前1100年以后，就很少有迈锡尼人的消息了。

在特洛伊战争中，当大部分的迈锡尼主力滞留在西亚时，另一支来自希腊北部的希腊人——多利安人（The Dorians）乘虚而入，直捣迈锡尼的家园。当筋疲力尽的迈锡尼英雄班师回国的时候，却发现家园残破，就这样，迈锡尼也随着米诺斯的脚步进入了历史的阴影中。

多利安人如何以一个"野蛮人"的身份取得了最后胜利？除了趁虚而入外，就是靠他们从中东带来的铁器。在这个时候，铁器的威力其实不及迈锡尼用的青铜武器。但是，铁器便宜，又因铁容易取得而可以大量地制造，于是多利安人可以装备更大规模与声势的军队来对付迈锡尼人。相对于铁制武器，迈锡尼使用的青铜武器虽然颇具杀伤力，但是成本贵且需要高级的技术，产量又少，因此只有少数的精英人士方能拥有，以至于无法装备众多的兵士，因而迈锡尼的军队人数、规模均远不及多利安人。总而言之，我们大致可以说：多利安人是以量取胜，而不是以质取胜。

三、黑暗时代

（一）黑暗时代早期经济

多利安人的入侵令希腊走入"黑暗时代"（Dark Age，约公元前1100—前800年），在这个时期，整个爱琴海地区陷入一片衰颓的景象，陶器的制作技术退化又粗糙，墓葬中没有贵重的陪葬品，大型的建筑几乎停摆，文字写作也日渐减少终至消失，官员或官僚系统也瓦解不见了。而且，人民的饮食内容又退回畜牧时代以肉类为主的状况，谷类的食物几乎不存在了。根据估计，在迈锡尼文明的核心地区伯罗奔尼撒半岛，人口几乎少了90%，许多迈锡尼的大城都消失得无影无踪。只有雅典逃过多利安人的直接冲击，但雅典城内的宫殿也跟着消失，仅剩下一些村庄取代原来的城市与宫殿组织。

虽然没有发达的城市生活，但在人口分散的乡村，仍进行一些经济活动，如耕种、制陶、纺织等。至少，古希腊语仍然是普遍沟通的语言。就是在这片残垣断壁的基础上，新的文化开始发芽生根。我们对于黑暗时代的了解多来自荷马的史诗以及约与荷马同时期的赫西俄德（Hesiod）的作品，但也多限于晚期。

虽说荷马的史诗主要是叙述迈锡尼时代的英雄故事，但实际上反映的是黑暗时代晚期的故事，因为荷马史诗主要成书于公元前8世纪（约相当黑暗时代的后期），在此之前，这部史诗还经过多人的集体创作与改编，因此早已脱离原来的史实面貌。在荷马史诗中,迈锡尼的政治是寡头的贵族式政治,但是也有自由人参与其中,人民生活也比较自由。但是我们根据线形文字A或B中的记载,迈锡尼的政治与社会毫无疑问是属于权力集中式的,类似中东的城邦政治与再分配的经济形态。

黑暗时代早期的社会组织比较松散,阶层间的位阶没有像迈锡尼社会那么大与严格。这是个小规模且独立自治的小单位世界。每个小单位的首领称为"basileus"(即荷马史诗中的"国王"),相当于部落的酋长,以抵御外侮为职责。在外敌不断的时代中,这并不是一项简单的任务。在酋长的身边,围绕着一群战士,有的来自酋长的家族,有的来自亲朋好友,有的甚至是来自他方的流浪战士。他们彼此之间的关系并不稳定,酋长必须靠慷慨的飨宴、礼物,以及善战的能力来维持他的地位。策略性的婚姻联盟、体能竞赛的成功,也有助于提升酋长的地位与声望。

在黑暗时代早期,各地方所产的剩余物资都通过征税、贡赋等形式与渠道流入中央的酋长口袋。然后再由酋长做统筹分配,或是通过酬劳、(工匠)原料、济助等方式分配给各部落的成员,至于分配后的剩余物资,则送到外地买卖。以黑暗时代人口简单,社会与经济组织也单纯的模式而言,这种再分配的形态非常适合。

从荷马史诗中我们也可以知道,黑暗时代也有商业,但是规模不大,例如当时的城市没有市集,该地的卫城(agora)也不是用来交易的,而是聚会或裁判的地方。在荷马史诗中,甚至没有专门的名词称呼"商人"[①]。

荷马史诗对商业的看法与后来的亚里士多德相似,他们都认为商业是不好的、卑鄙的行业,尤其是以赚钱为目的的商业行为。他们唯一能认同的商业行为,就是有助于家庭经济的自给自足。此外他们也都认为商业应该是外国人的行业。

---

① 在荷马史诗中,代理人或是旅客都具有商人的性质。真正的商人都是外国人,尤其是腓尼基人。

第4章 光荣属于希腊：古希腊

（二）黑暗时代晚期经济

1. 家庭经济

黑暗时代早期单纯的再分配形态，到了公元前9—前8世纪（亦即黑暗时代的晚期）逐渐转变。此时祭祀品开始增加，谷物也渐渐成为主食，更出现犁车以及铁制的犁头，显示人口与粮食生产都开始有了增加，私有财产的观念也跟着兴起。

在这一波经济变动中，一般小民的生活不再安定，因为他们不能再指望上层精英照顾他们的生活所需。他们必须为自己的日常所需打拼，并时时生活在社会与经济的压力下，以前他们只需要将剩余产品交给中央再分配即可，现在他们得为自己的剩余产品找寻出路，例如赫西俄德就记载他将剩余的产品运到港口输出海外。在此波新的经济转型中，小民往往不敌大人物的巧取豪夺，陷入债务的困境中，债务又导致土地与财产的丧失。这种情况在荷马与赫西俄德的诗作中都可见到，赫西俄德的《工作与时日》（*Works and Days*）就是教导面临这种变局的小民，如何勤奋工作来维持家计和生活。这种以家庭为经济单位的"家庭经济"，追求的是自给自足，例如自制工具来改善收成状况，像是《工作与时日》中就有教导如何制作犁车、杵臼、车子的内容。

过去在再分配的经济体下，中央与一般人民的关系比较密切；当人民收成不佳时，均可指望中央伸出援手。但是在家庭经济的年代，人民不能指望中央援助，于是改为寻求朋友与邻居的协助。邻居的感情与关系变得密切起来，因此《工作与时日》一再强调要加强与邻居的感情，包括公正、公平、分享与慷慨。此外，当一切要靠自己时，勤奋的工作伦理就产生了，像是赫西俄德也一再强调"工作、再工作"。

我们可以以赫西俄德的农场为例，一窥当时经济生活的运作模式。赫西俄德操作犁车，后面跟着他的女奴（可能是帮忙松土），还有一位壮年的男士帮他犁田。当农忙的时候，赫西俄德还得雇请一位短工或季节工，这位工人来自农村中没有财产的失业人口。如果一时忙不过来，赫西俄德会向邻居、好朋友寻求帮忙，所以他觉得邻居比亲戚更为重要。大体而言，赫西俄德的家庭单位约有8—12人（包括妻子、儿女、奴隶、雇佣工），农场的面积约15—20英亩（约6—8平方千米）。为了预防灾荒，赫西俄德农场里还有仓储设备。

仔细观察，整体家庭经济的财富基础是土地，土地可用来种植粮食作物、葡萄、橄榄、果树、蔬菜等，希腊的农夫也知道采取三轮耕或是二轮耕，让土地得以休养。同时土地也能用来饲养牛、猪、羊等动物，人们还妥善利用各类土地，例如树林边不适农耕的公共土地用来牧猪[①]。

赫西俄德的《工作与时日》描绘的是一般平民的家庭经济，约略同时的荷马史诗中反映的经济状况则多属贵族或是酋长的家庭经济情形。但不论何者，都可以归纳出"家庭"是个重要的经济单位，所有家庭成员仰赖着一家之长，由家长分配工作、监督工作、分配成果，由家长决定成员间的所得，家庭既是一个生产单位，也是一个消费单位。家庭越大，仰赖的成员越多，家庭有如企业，家长像是总经理。

2. 金属与奴隶

金属与奴隶是家庭中不能自己生产的，却是贵族家庭必备的。所以希腊武士贵族除了经营农业以获取财富外，还靠掠夺和战争取得财富。荷马史诗《伊利亚特》就是叙述如何通过战争取得财富与经济所需。获得经济所需的另一种方式，就是通过组织性的掠夺，一如《奥德赛》史诗所透露的。经由战争或掠夺得来的战利品都要拿来与大家分享，而且需遵守论功行赏的公正原则，不能让每个人应得的那一份被剥夺了，或短少了。

在荷马史诗中，那些战士努力通过战争彰显自己的德行，以赢得地位和荣誉。许多希腊的美德都是围绕战士的伦理而来。勇敢与善于打仗的特质被称为"好"（good, agathos）。相对的，懦弱、不会打仗的则称为"坏"（bad, kakos）。一位领袖尤其应该是英勇善战的。因此，一个"好人"应该尊敬神命，遵守约定和誓言，对朋友和其他战士忠诚。他必须是

[①] 在这个时期中，牛和猪的地位高于羊，牧猪的人，地位高于牧羊者。这时期希腊的纺织业尚未兴盛，因此羊的重要性低。

第4章 光荣属于希腊：古希腊

自律的，也是慷慨的，更要尊重妇女与老人，对乞丐和需要帮助的陌生人要伸出援手。这些也都是战士社会所讲究的伦理道德。荷马所描写的战士不只在战争中表现得非常勇猛，在对待敌人方面也非常暴力。他们打劫败者的财物，焚烧他们的村庄，也屠杀存活下来的人，连婴儿都不放过。他们更强暴妇女，还将她们卖为奴隶。

无论在战争或和平时，这些战士都强调竞争与赢得荣誉，他们期待赢得公众对其技术与成就的认同。对他们而言，因战争得到的财富远不如因战争而得到的荣誉与声望。这些声望的象征就是可以多得一份飨宴的肉，多分到一些战利品或者多分到一份有价值的礼物，包括土地在内。假如在分配战利品时，他们没有得到足以彰显英勇与声望的配额时，那将会视之为羞辱。例如在特洛伊战争中，阿伽门农（Agamemnon）羞辱阿喀琉斯（Achilles）的方式就是将原本分配给他的女奴收回来。这件事引起两人激烈争吵，终于导致悲剧的产生。通常被羞辱的人（不论是个人或家庭被羞辱）都会寻求报复，而这种报复的械斗往往导致希腊政治不稳定。

"交换"也是获取经济所需的方式。交换与贸易不同，市场交易的功能是以物品为主，而"交换"则是以社会关系为主。有时交换或交易不成，当事人很可能就会以掠夺的方式取得想要的物品，例如《伊利亚特》《奥德赛》的战士大多身兼商人事务，从事交易或掠夺的行为。

交换礼物或物品的原则与技术非常微妙，多少之间的拿捏也非常重要。在礼物交换中，当事成员期望能让公众认可他们的技术与成就，这也是非常紧要的，否则会破坏双方的关系，甚至引来灾难。给一件礼物，或是收一件礼物，有时不是立即的行为，可能会被期待很久，才会回收或偿还期待中的礼物或服务。总之，一件礼物一定附带着回报的义务。礼物与服务的交换，使得家庭经济更能达到自给自足的目的，也分享了地位和友谊。在荷马史诗中，有的英雄要花很长的路程与时间去与别人交换，为的就是得到家中没有的东西，也为了建立与拓展人际网络。

在荷马史诗中，一个人的社会地位根据他在家中的地位而定，尤其是他与其他家庭成员的关系，因此身份最低的未必是奴隶，而是家中的依赖人口。这种人被称为"thete"，他没有自己的财产，只好出卖他的服务给别人，而成为依赖人口。这种人非常危险，因为他不像奴隶，没有人会负责照顾他，经常成为社会混乱的根源之一。

荷马史诗中的黑暗时代，奴隶的待遇并不坏。他们与自由人一起工作，没有差别待遇。通常奴隶与农夫主人一起耕种。家庭中奴隶的地位也都不一样。除了执行主人交代的例行工作的一般奴隶外，还有享有特权的奴隶，他们能赢得主人的信任，而参与家庭经济的管理过程。有的奴隶甚至可以从主人那里得到一小片土地以自行耕种，他们甚至还可以购买自己的奴隶。

3. 妇女地位

家庭经济的发展，使得家庭的角色与功能开始提升，这有利于妇女地位的提高，因此黑暗时代的妇女，尤其是上层社会的妇女，仍有其地位与功能。由于婚姻联盟关系着贵族社会与政治地位的加强，因此妇女就显得非常重要了。此外，一如《奥德赛》中奥德赛经常远游、打仗或是旅游，妻子的治家能力就变得很重要了。奥德赛的夫人佩内洛普（Penelope）在丈夫远游的漫长岁月中，不仅得维持家务，还得应付那些想要取代奥德赛位置的男性追求者。在荷马的史诗中，妇女也常被当成战争的战利品，或是战胜者的奖励品，几乎所有的英雄都有情人或妾，不过他们却严格要求自己妻子守贞节。但是比起后来的城邦政治，这个时候的政治仍多在家族中运作并作决定，因此妇女还有参与的机会。等到了城邦时代，政治移到了户外，妇女又不得参与公共政治，妇女的功能与地位就开始大幅下降了。[1]

4. 殖民与贸易

昔日的学者多认为，人口增加导致土地不敷使用，于是希腊人开始往

---

[1] 在城邦时代，主要的决策中心从贵族之家移到议会或公共广场的卫城，贵族的影响力因而缩减许多，他们家中妇女的影响力也随之减弱。她们只能间接地通过先生、儿子或家人影响国家大事。

外寻求农业殖民地。但是新一代的学者则主张人口增加并未促使希腊人往外寻求农业殖民地，反而刺激了专业分工，从而增加生产，生产增加使希腊人有了向外贸易的能力与动力，因此他们向外寻找适宜贸易的据点。根据这种说法，希腊殖民运动是贸易与经济繁盛的产物，而非人口问题造成的。贸易的逐渐兴盛，刺激希腊社会与经济转变，终于使希腊人摆脱黑暗时代。

尽管新一代的学者认为，贸易是早期希腊人建立殖民地的主因，但是仍不能排除农业殖民的可能。例如赫西俄德的父亲就是为了摆脱贫穷而渡海，进而远走他乡。他在新的地区不仅选地耕种，也从事海外贸易，将多余的产品通过船只送往外地贩卖。即便赫西俄德，他虽然终身从事农业耕种，也从未出过海，但是他也将多余的产品送到港口，经由他人的船只运到外地去卖。他并没有直接将剩余的产品送到附近的城市去贩卖，这可能因为陆运不安全、成本高、利润低，亦可能是担心直接对城市人民贩卖乡村产品，会遭到压榨。

在这一波的希腊殖民运动中，人口增加的城邦如雅典等，并没有进行殖民运动，反倒是生产较多、经济较发达的城邦积极建立殖民地。其次，在这一波殖民运动中所建立的殖民地，多是可耕地不大，却适宜发展贸易据点或海洋贸易线的殖民地。这些希腊城邦希望用自己所产的原料，如铁、金、银等，换取海外产的奢侈品。贸易活络带动经济的繁盛，进而改变了社会与经济体制。新的经济发展使得原来的再分配模式无法维持，因为有钱的酋长或大人物变得贪婪，他们希望控制所有的物资，好为自己牟取更多的利润。新经济导致财富分配不均，打破了原有的近乎平等的社会位阶，转变成阶层式的社会组织。在新的社会组织下，既有的精英极力拉开他们与下层的距离，以合法化他们的方式，维持更多经济优势的地位。

在这一波的对外贸易中，希腊人最早的贸易对象是中东叙利亚北部的阿尔米纳（Al Mina）。这原本是腓尼基的港口城市，后来希腊人也活跃于当地。早期时，希腊人与腓尼基人一起做生意，他们对腓尼基的仰赖甚深。刚开始时，希腊人看上中东的铁和其他金属，从阿尔米纳进口铁、纺织品、奴隶等。后来希腊人更开始做起转口贸易，他们将从阿尔米纳购买来的铁以及其他物品运往其他地区，如意大利的伊特拉斯坎（Etruscans），希腊的铁甚至导致伊特拉斯坎的制铁技术大为精进。《奥德赛》中还记载希腊人将铁运到塞浦路斯以换取铜。考古数据甚至显示，希腊人用酒换取中欧的金属。随着希腊、中东、欧洲之间的贸易发展，出现了联结这些地区的贸易网。参与这个贸易网的商人不限于希腊人，腓尼基人也相当活跃，他们贩卖珠宝、牛羊牲畜、酒、谷物和奴隶。这些腓尼基人有时也会干起海盗的勾当，将商旅掳为奴隶贩卖。虽然希腊人喜欢腓尼基人提供的商品，却不信任这批腓尼基人。尽管希腊的部落酋长或国王刚开始时轻视商业，但是他们对埃及的象牙、伊特拉斯坎的青铜器、腓尼基的纺织品，以及西西里（Sicily）和黑海的奴隶有所需求，使希腊的海外贸易兴盛。

四、大希腊前奏曲：古风时期

（一）殖民运动兴盛

公元前800年左右，希腊地区开始进入古风时期。其经济复兴的动力可追溯到黑暗时代的晚期，分为外部与内部因素。外部因素源自希腊与中东的接触，中东地区的富庶，让希腊人接触到许多诱人的制成品，为了购买这些商品，希腊人加强生产，努力发展贸易。内部的因素，则来自希腊贵族为提高他们的政治与社会地位，对于奢侈品的需求日益增加。

天然条件也给希腊发展贸易提供了好机会，除了有爱琴海这个易于航行与往来的交通孔道，还有黑海得以沟通外界。通过这两个管道，希腊可与中东欧贸易，取得谷物、木材、金属、奴隶等资源，成为希腊经济复兴的原因之一。

在这段经济复兴的时期，希腊的人口开始增加了。为了寻找更好的经济机会，也为了解决人口过多的问题，更为寻找能够满足人口增加需要的土地等，希腊人遂采取殖民政策。公元前8世纪中叶，第一波殖民运动开始，主要集中于地中海西边的意大利。一个世纪后的第二波殖民运动则集中于爱琴海北部与黑海沿岸。当这两波殖民运动于公元前6世纪结束的时候，希腊人已经遍布地中海，从西边的西班牙到东边的中东沿岸，殖民地与母国之间、殖民地与殖民地之间都出现了贸易线，并联结成贸易网。

希腊人心目中的理想殖民地，应该是像《奥德赛》中描绘的那样："一切按时生长，宽阔的草地延展到灰暗的咸海岸边，湿润而柔软。葡萄藤不萎谢永远常青，土地平坦，各种庄稼按时生长。"这段话反映适合耕种与发展贸易的地方就是理想的殖民地。而希腊人通过殖民地与贸易港口，与其他地区如小亚细亚建立了直接的贸易关系。

公元前600年左右，希腊人在今日法国的南部建立了一个殖民地：马萨利亚（Massalia），即今日的马赛。马萨利亚很快就发展起来，因为它可以与附近的凯尔特人（The Celts）做生意。随着马萨利亚的发展，希腊人又于今日的西班牙沿岸建立了一连串的殖民地。但是希腊人在这里的殖民遭遇迦太基人（The Carthage）的竞争。位于突尼斯（Tunisia）的迦太基，原本是腓尼基人于公元前9世纪末建立的殖民地。迦太基视西西里、科西嘉（Corsica）、萨丁尼亚（Sardinia）与西班牙南部为其势力范围。迦太基甚至与意大利的伊特拉斯坎人合作将希腊人赶出意大利沿岸，当然也阻挡希腊人在此区建立殖民地，因而结束了希腊人的西向殖民运动。

希腊人往黑海沿岸发展，主要是受到当地丰厚的鱼虾与沃土吸引。许多爱奥尼亚（Ionia）的希腊人成功在此建立殖民地，其中最著名的是城邦米利都（Miletus），据说拥有70多个殖民地。在今日保加利亚与乌克兰的土地上，都有他们的足迹，包括后来的拜占庭（Byzantium）也是他们的殖民地。在这里没有任何可以与希腊人匹敌的对手，因此希腊人的殖民地几乎将整个黑海包围，而南欧与黑海地区的人也从希腊人手中得到地中海的货品，并输入地中海文明。

在这波殖民运动中，唯有斯巴达没有积极地参与。这是因为斯巴达位于伯罗奔尼撒半岛上，土地比较充裕，因此他们靠征服半岛上的邻居达到扩张，并解决人口问题。例如被斯巴达征服的麦森尼亚人（Messenians），沦为半奴隶，但斯巴达保证不拆散他们的家庭，不将他们卖到外地为奴，好让麦森尼亚人留下来为斯巴达人耕种。这种半奴隶称为"helots"，他们属于政府所有，而非个人。据说，斯巴达人将征服的土地分为9000份大小相同的土地，每一位斯巴达男子出生时都可以分到一份土地（虽每人分到的土地面积一样，但是实际上仍有肥沃贫瘠之差），同时，政府将麦森尼亚的家庭配给斯巴达男子，由他们负责耕种。收成的一部分交给斯巴达主人，剩下来的则由麦森尼亚人自行处理，他们可以将剩余收成拿到市场去卖。斯巴达这种由半奴隶耕种的经济制度，在希腊世界中是很特别的。

为了维持斯巴达式的苦行生活，斯巴达禁止使用金银货币，坚持以铁为货币。当希腊其他地区都引进金银货币时，斯巴达仍使用铁币。但是斯巴达的盟友可以使用金银货币对外贸易，斯巴达本地的公民则不可以对外贸易。

（二）财富分配不均

希腊经济的复兴也导致财富分配不均。事实上，殖民运动反映出希腊本土城邦的财富分配不均，以至于有人必须往外移民。财富分配不均，也表现在价值观的改变。在荷马时代，好的价值是指个人的英勇善战，并不意味着财产或血统的世袭，而是个人行为的表现；但是到了古风时期，好的价值变成出身于有钱的家庭，或是古代英雄的后代，而且拥有土地财富。好的人（aristocrats）[①]的傲慢源于他们家世世代代控制土地，而且是质量优良的沃土。通过改良过的耕种技术，以及种植经济作物（如橄榄和葡萄），贵族变得越来越有钱。

压榨贫穷的小农亦是贵族利润的主要来源。有些小农向贵族租佃土地，然后将收成的一部分上缴给贵族。有的小农则将自己的土地抵押给贵族，然后将部分的收成上缴贵族以清还债务。实际上，无论哪种小农，都很容易变得更穷，或是身无分文；只要遇上天灾或是歉收，不只今年没得吃，来年的种子也没有了。于是，他们就成了债务人，甚至成为债奴，特

---

① "贵族"（aristocrat）一词即源自"好的人"。

别是那些以自己的劳力换取食物、衣服的"穷人"或所谓的"坏的人"。因此"坏的"或"坏的人"所指就由懦弱转变为"不是出身于有钱人家"的穷人。于是，价值观由荷马时代的个人表现转换成古风时代的"出身"与"血统"。土地阶级的人对于这些"穷人"或"坏的人"既鄙视，也不信任。

一般而言，拥有土地，而且土地财富足够让他们过悠闲日子的贵族，约占希腊全部人口的12%—20%。至于底层阶级，也就是没有足够土地维持生计的人，约占20%—30%。其余的50%左右的人则介于中间，既不穷，也不富有。有钱的人借着宗教聚餐、支持节庆中的合唱团和体育等公共活动，以及赞助战舰、战争税赋等活动展示他们的财富，而不像中古或近代欧洲的富豪借着豪宅、奢侈品消费来展现财富。此外，希腊富豪还有一项庞大的消费是花费在教育上，贵族在家中聘请老师教育自己的孩子。或许因为这样，有系统的公共教育很晚才出现在希腊。

（三）价值观

古风时期的价值观不太看重商业与劳力，他们也没有劳力市场的概念，为某人或某些人工作，被视为昭告贫穷的象征，显示他们不能维持一个独立、自给的家庭，会被社会所轻视。那些为工资工作的通常都是奴隶，这种情形源于城市的奴隶，他们有的在家中服侍主人，有的也会被主人出租出去，通常担任工匠的工作。这些奴隶可以保留收入的一部分，不少奴隶靠着所得剩余的储蓄而赎回自己的自由。为了让奴隶可以出租，许多主人会让奴隶学习一些技能，如制鞋、制造家具或轮子等物品，也因此在工作坊或工厂里，奴隶与自由人并肩工作。不过，自由工人的工作时间与制造项目都比较有弹性，他们可以选择工作半天或做自己想做的东西，而奴隶则必须整天工作，也没有选择的权利。这种奴隶的工作方式在希腊的价值观中是最卑微的。至于在矿场工作的奴隶，他们的待遇就相当差，比较像近代北美的奴隶。

在古风时期，家庭仍然是政治、社会与经济的基本单位。夫妻一同合作，一如现代企业或公司的合伙人。而婚姻上仍讲究规划、安排。孩子在很小的时候，父母就开始为他们寻找对象，然后订婚，例如雅典雄辩家德摩斯梯尼（Demosthenes，公元前384—前322年）的姊妹在5岁时就订婚了。一般而言，男子的结婚年龄在30岁，女子则在14—18岁之间（这与黑暗时代颇为相似）。那时，婴儿的死亡率非常高，通常5岁以前都是危险年龄，孩子在希腊被视为父母年老的安全保障，所以在雅典法律中有子女奉养老父母的条例。习俗上，女儿出嫁时都有嫁妆，没有嫁妆的女子很难嫁出去，不少没有能力负担嫁妆的父母因而弃养女婴。许多女婴被放置在瓶子、罐子里丢弃，这些瓶子、罐子就成为她们的棺木。有些人则会将她们捡回去抚养长大，然后卖掉作女奴或妓女。

古风时期的希腊人非常重视家风，尤其是家中妇女的贞节。为了维持贞节，妇女通常被隔离居住，尤其是有钱人家的妇女，隔离也成为妇女地位的象征之一。这是因为希腊属于一个小单位的社会，在这个社会中，大家天天都会面对面，每一个人都知道哪位丈夫有位红杏出墙的妻子。因此只要有点风吹草动，都会影响家庭的声望，称为"名誉政治"，亦即家中妇女的贞节是构成男主人荣誉的重要成分。然而在隔离区中，妇女可以有自己的社交活动、自己的社会网络，她们也可以批评自家男子在公共场所的表现。

五、光荣属于希腊

（一）农业与饮食

公元前5—前4世纪时，雅典的经济已经非常发达，经济活动包括农业、市场、制造业和金融业。古典时代的希腊经济与社会形态与古风时期相差不远，大多数的人仍然在田地里工作，经济单位也以家庭为中心。不过有些学者认为大部分的田地工作都是由奴隶负责，尤其是拥有许多土地的贵族。另有学者则认为古典时代的希腊农民以小自耕农为主，而非奴隶。希腊的农业产量不高，因为他们的轮耕技术不发达，大多数的农民仍然采取来年耕种的方式，就是让土地休耕一整年。生产力低，让很多农夫都陷于贫穷的边缘。尽管如此，希腊的农民还是很骄傲，因为只有公民才能拥有土地。

农业与希腊人的饮食生活关系密切。根据估算，雅典人的主要食物

第4章 光荣属于希腊：古希腊

为蜂蜜、橄榄油和酒。他们获取的卡路里中65%来自谷类食物，25%来自蔬菜，10%来自橄榄油和酒。希腊人主要的作物为小麦、大麦、豆类、葡萄、橄榄，他们所种植的蔬菜种类也非常多，如扁豆、芦笋、高丽菜、小黄瓜、莴苣、芹菜等，还有苹果、杏子、梨、枣子、无花果等多种水果，更有不少香料如大蒜、薄荷、西洋香菜。便宜的鱼，则是一般穷人的主食。

（二）战争频仍

古典时代的希腊虽然经济进步了许多，但是人民的负担仍然很重，主要是因为战争频仍，如公元前5世纪的波希战争和伯罗奔尼撒战争（公元前431—前404年）。以雅典为例，人民有一半的时间花在战争上，人口也因此减少许多，但是根据估计，此时雅典每人的消费额增加一倍左右，同时因战争进行，政府需努力开辟财源，各种因战争加抽的临时税和公共服务越来越多，像是法庭费用、租借矿场所得的费用、市场使用费、港口使用费等，赋税增加使人民的负担越来越重。

（三）货币需求与制造业

公元前5世纪时，希腊的银矿与橄榄油的产量减少，经济不景气的状况逐渐浮现，但是城邦的支出、人民的需要都不减反增，以至于人民得靠出口制成品以换取粮食和支付进口品的所需，这反而刺激制造业与贸易的兴隆。因为部分税收是以货币缴纳的，也带动了货币的需求。根据记载，当时有钱人对于现金货币的庞大需求，导致农业市场的货币交易活络，许多制成品也多来自专门的作坊。许多制造成品还出口到其他地方，例如今俄罗斯南部就出土了许多古希腊工匠所制造的精致成品。制造业的蓬勃发展使希腊城市进而成为生产中心。

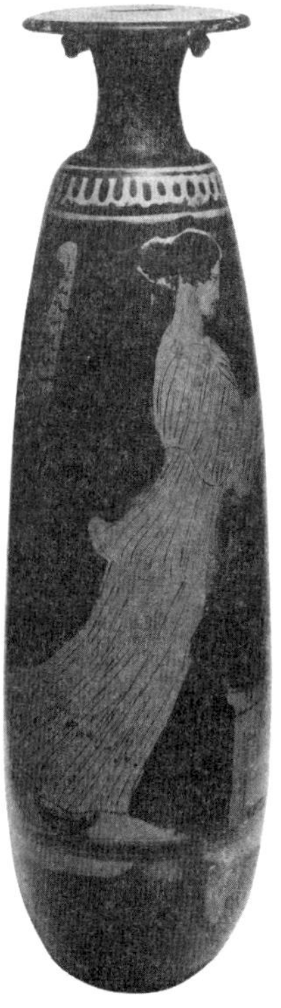

当时的作坊种类很多，资本额也很大，甚至有买卖作坊的生意出现，例如某位希腊人以40米纳购买一座香水作坊。在出土的遗迹中还有酒铺、酒馆或制鞋

图8 古典时期储存香水用的陶瓶

厂。根据当时的记载,由于市场够大,城市的制造业区还分隔成好几区,并依照所卖的货品命名,一些商人还有固定的摊位。政府还制定规范市场的法令,并有专门的官员负责执行,包括市场官、负责维持度量衡的官员,以及谷物监督官等。政府很少干涉谷物外商品的价格。

希腊技术工人的收入非常可观,一年大约700德拉克马(drachmas)①。制造业里有许多的奴隶与自由人一起工作,有些奴隶是为他们的主人工作,有的则是被主人租给工匠工作,这些有一技之长的奴隶租借费用相当可观。无论是与主人一起工作还是被出租工作的奴隶,拿的工资都与自由人、外国工人一样多,只是奴隶的工资要分一部分给主人。根据亚里士多德的著作,当时有不少富有的工匠。

在制造业中,室内的工作,如铁匠、厨师,通常受人管理,看人脸色,地位不高,被称为"banausic",字面的意思就是指"在火炉旁的工作"。这点我们可以从当时留下的记录发现,例如在诉讼法庭上,双方人士经常互指对方为室内工作者,以示轻视对方。希腊人甚至认为这种工作不利于心智活动,对身体也不好,因此做这种工作的人不应该有投票权。

在希腊,有技术与无技术工人的区分并不大,但是有些拥有专门技艺和经济上有成就的工匠,无论外国人还是本国的公民,他们的社会地位与身份仍然很高,他们在墓碑上甚至标明自己的专业,如石匠、木工等。这些墓碑显示希腊的工匠对自己职业与技艺的骄傲,显然与一般的文人、知识分子轻商的价值观不同。

(四)贸易兴盛

贸易对希腊人而言非常重要,因为没有一个希腊城邦可以自给自足,他们都需要外来的货品。雅典的贸易尤其引人注目,这是因为雅典具有良好的贸易条件。它位于希腊世界的中心,不仅拥有良好的港口,还是爱琴海最大的消费中心。雅典受到地理条件的限制,例如可耕地不多,迫使人

---

① 古希腊的银币名。

第 4 章　光荣属于希腊：古希腊

们为了获取粮食与更多的物资，遂致力于发展海上贸易，但是却不是远洋贸易，而是沿岸的海运贸易。通常都是在春夏进行。海上驾驶技术与船只技艺的进步，使得古典时代的船速是古风时期的两倍以上，载货量也可以达到250吨。除了天然环境有利于发展贸易外，雅典的制造业也很发达，货品的样式多，还拥有充足的银币（雅典产银），可以吸引许多的外国商人到雅典做生意，他们回航时也不怕没有货品可以携带。公元前5世纪时，雅典控制了爱琴海和黑海。

雅典出口自己生产的酒、油和漂亮的瓶子，再由别人如腓尼基人经营再出口贸易，出口到埃及、意大利等地。当然，雅典人也会直接将货品卖给意大利人，或直接与埃及进行贸易，他们换取埃及的粮食、纸草、象牙、玻璃、奴隶。靠着贸易，雅典人取得迦太基的纺织品，伊特鲁利亚（Etruria，即伊特拉斯坎）的青铜和靴子，西西里的猪、奶酪、粮食，腓尼基的紫色染料和椰枣，阿拉伯的香精，波斯的地毯，塞浦路斯的铜，西班牙的锡，色雷斯的铁与黄金。这时候甚至有来自中国的丝，是通过黑海北岸大草原区的斯基泰人（The Scythians）得来的。

图9　古典时期储存橄榄油的陶罐

公元前4世纪时，许多经营海上贸易的商人都是有钱的专业商人，他们从事定期的长程贸易，以贸易维持生计，同时从事借贷业务。由于海上贸易风险高，因此借贷利息也高，通常是12.5%—30%，比陆地贸易高3%左右。许多资本额不足或没有资本的人，也想靠贸易赚钱，于是就出现合伙贸易的情形。

为了方便商人的活动，雅典还设立了法庭，迅速地处理贸易纠纷，这类法庭对公民或非公民都能秉公处理，故而非常受外国商人的欢迎，尤其在海洋贸易保险纠纷方面。此外，海上贸易需要的资本非常庞大，借贷与利息这类问题在法庭案件中也相当普遍。

为了鼓励进口，雅典法律采取一些减少商人贸易成本的措施，譬如对于商人的不实控诉予以严厉的惩罚，对妨害商人贸易行为者亦予以重罚。

希腊的贸易发达，主要归功于其有较多的货币，尤其是雅典。希腊在公元前6世纪时，已经开始铸造银币。公元前5世纪左右，政府的税收都是银币，小额银币的使用量也大增。雅典的银币无论在质量还是重量方面都深受外国商人的信赖。为了铸造银币，雅典还大量进口木炭以熔化银矿。另外，雅典从塞浦路斯进口铜，从色雷斯进口黄金和铁，从腓尼基、不列颠进口锡，主要都是用来铸造货币，包括银币和铜币。雅典的银矿属于公共财产，由政府出租给私人采矿，成为政府一项重要的收入。雅典的银矿丰富，不仅自己用，还可以出口赚钱。希腊没有纸钞，但是有类似银行支票的东西，有学者以此认为古希腊也有类似信用买卖的现象。

除了有利于贸易的货币外，银行也有助于商业的发展。希腊银行的出现源于商业经济的活络。早在公元前5—前4世纪时，希腊已经出现银行业，包括兑换外国货币、借贷、转账和海洋保险等业务。有一种以船舶作为担保的海洋保险称为船舶抵押贷款（bottomry loans）。根据一份文件的记载，一位商人向银行贷款，从埃及运粮回到雅典。他以船只作为抵押。如果船只遭遇海难，他无须赔偿，但是如果他没有遵守契约，则要赔偿双倍的价钱。结果，当时雅典的粮价下跌，于是留守在雅典的经纪人就将这情形告诉在埃及采购粮食的商人，于是该商人就将粮食运到其他粮价高的地方去卖。连续两年，这位商人都没有回雅典。他赚了许多钱，却没有分给银行，也没有付利息。于是银行就告发商人，指控他违约。那位商人将粮食卖到其他的地方，又导致雅典粮食不足，于是遭到雅典人的控告，被判有罪。

希腊银行不仅兑换货币，办理借贷和存储，也提供转账的服务。根据一份文件，银行转账的作业流程如下：一个人存钱而且指明要将钱付给另外一个人，银行就先写下存款人的名字以及金额，然后在纸的边缘写下"要付给某某"。如果他知道要支付的人的长相（意即他认识对方的话），他就这样做，写下要付给谁。但是假如他不知道，就依照银行的惯例，在纸的边缘写下名字，以及这个人是谁，并指明这个人将会收到这笔钱。

由银行的存储和借贷作业可知，希腊的银行就像今日的银行一般，扮演资金供应的角色。在公元前4世纪时，银行变得非常重要，因为许多人希望隐藏他们的财富，将有形的变成无形的，为的是逃税或逃避公共服务。当时的剧本中就有这样的句子："一个人没有土地，却有看不见的金、银货币，那该怎么办？"

许多银行都与外贸的商人有商业往来的关系，银行也经常作海洋保险。银行不只借钱，还出借物件如床垫、披风和贵重的银碗等，显示希腊银行兼营当铺业务。

银行业从业人员的身份，除了公民，也有外国人、奴隶（包括被解放的奴隶）。在希腊史（雅典史）上有一位非常著名的银行家帕西翁（Pasion，约公元前430—前370年）。他原本是另一位银行家的奴隶，因为他工作勤奋，对银行业务的发展很有贡献，因此被解放为自由人。帕西翁被解放后，仍在银行业服务，在他的主人死后，帕西翁就继承了该家银行，他自己还经营制造盾牌的工厂。帕西翁曾捐了1000个盾牌、1艘船给雅典，雅典政府因而颁给他公民权。得到公民权后，帕西翁开始在雅典从事房地产事业，赚了更多的钱。帕西翁自己也拥有一名奴隶，作为他银行业的帮手，并继承他的银行。

六、霸权时代的经济贸易

要发展出一座城市，绝不是件简单的事业，其中最大的困难就是粮食。城市的人口众多，需要的粮食量非常庞大，不能单靠城市郊外的农产支撑，必须从外地调度粮食进城。例如雅典，因人口众多、可耕地少，以至于粮食生产不敷所用，多从外地进口，如西西里、塞浦路斯、色雷斯、埃及以及黑海北岸。雅典希望通过各种方法，包括贸易、外交和战争以满足粮食需求，因此粮食贸易对于雅典的政治、经济都有很大的影响。

一般而言，当雅典拥有海上霸权时，他们利用强大的军事力量强迫其他城邦以贡赋的方式将雅典所需要的物品运往雅典,甚至利用战争的方式达到此项目的。例如公元前482年雅典建立舰队,以战争的方式解决粮食问题,此种战争政策一直持续到公元前413年。雅典的强势也吸引了其他国家以粮食作为礼物送给雅典以维持友好关系,如埃及曾赠送过大批的粮食给雅典作为礼物。

公元前413年,雅典远征西西里失败,雅典霸权的没落严重影响到财政、粮食和木材的供应。公元前404年,雅典在伯罗奔尼撒战争中失败,仅剩下12艘船舰,雅典帝国等同瓦解。

在公元前415—前307年间,海上霸权走向没落的过程中,雅典的粮食问题逐渐浮现,对于粮食的需求更高。为了吸引外国商人运送粮食到雅典来,雅典制定以荣誉和特权鼓励进口贸易的政策。当时有许多外国的强人,如黑海沿岸的城邦国王,他们并非商人,对于粮食贸易的利润兴趣也不大,他们主要是看上雅典所颁给的荣誉和特权。这些特权包括免于财产之强制征收或掠夺(包括防止财产被海盗掠夺),免于某些义务,可以在雅典拥有土地和房宅,支付一些紧急税,在军队中与公民一起服役,甚至享有公民权(通常只有富有的银行家才能得到公民权)。早期,这些荣誉与特权仅提供给外国的商人,但是等到公元前290年以后,雅典对于外贸的需求越大时,这些特权与荣誉也提供给自己的公民。

所谓的"荣誉",包括公开唱名表扬;将名字刻在记功柱上;授予"好人""善人""有德行的人""雅典的朋友或兄弟""对雅典有利的人"等头衔;提供戏剧节表演的上座;赐予金、银象牙皇冠、青铜雕像等。其中不少头衔原本仅是用在雅典贵族身上的,现在为了解决粮食问题,也只好开放给外国人和有钱的粮食商人。

从以上的叙述,可以看出粮食与雅典的强弱互为因果,因此雅典对粮食问题颇为用心。但是情势发展、雅典势力的衰微都使得粮食问题无法有效地解决,导致雅典更加没落。

古希腊的经济思想

一、重要经济思想家

古希腊著名的经济思想家包括苏格拉底、柏拉图、色诺芬以及亚里士多德,其中亚里士多德对后世的影响最大,尤其在中古欧洲。至于苏格拉底,因为他没有留下亲笔的文字数据,我们都是通过他的弟子柏拉图和色诺芬来了解,但是这两人所记载的苏格拉底非常不一样:柏拉图笔下的苏格拉底比较精英化,歧视劳作;但是色诺芬笔下的苏格拉底却非常平易近人与平民化,不会轻视劳作,甚至称颂劳力。

(一)柏拉图

因为受到中东与埃及的影响,柏拉图(Plato,公元前427—前347年)的经济思想中道德的色彩比较浓厚,强调正义社会。正义不仅是平衡,也是中庸。基于中庸的原则,柏拉图反对过多的物欲,认为一旦生活舒服、丰饶,就会产生更多欲望,将有害社会和谐,而美德、节俭有助于维持社会和谐。在此脉络下,柏拉图的价值体系是建立在"限制消费"上的,而此一限制又影响了生产规模。对柏拉图而言"小就是美",他相信减少追求财富的动机,就是通往社会稳定的大道。

能实现"小就是美"的经济模式就是自给自足的农业,所以不难想象柏拉图心目中唯一适合绅士(即地方贵族,或是小贵族)的经济活动就是农业。而"限制消费"的主张,也可从柏拉图"轻视小规模的零售业""从事零售业的公民应该受罚"的观点看出端倪,他觉得零售业应该让外国人和奴隶去做。

柏拉图也知道贸易的重要性，尤其是海洋贸易。海洋贸易提供给城邦需要的原料和无法生产的东西。对柏拉图而言，通过进口贸易取得物品，比起通过战争取得物品更富有道德性。但柏拉图却不鼓励出口贸易，他认为出口是一味追求利润，必须加以限制，免得公民都去从事与出口业有关的事业，而忽略了其他的事业。由此可见柏拉图对于贸易的态度是矛盾的，他一方面承认贸易的重要性，另一方面又鄙视，主要原因似乎在于贸易之难于管理。此外，柏拉图对于刚兴起的货币经济接受度也不大，他认为钱币只是用来交换的媒介，本身并没有任何价值。

（二）色诺芬

色诺芬比较务实，他曾经带兵参与波斯的宫廷政变（公元前401年），但失败了。当时参与政变的希腊佣兵约有1万人左右，他们流散在两河流域，境遇非常悲惨，于是选出色诺芬为首领。色诺芬历经千辛万苦成功地将这些希腊残兵带回希腊，他将这段经历写成《远征记》（Anabasis）一书，后来成为亚历山大东征时随身携带的参考书，对亚历册大征服波斯颇有帮助。回到雅典后，色诺芬又陷入内乱的漩涡。他因为亲斯巴达的色彩，加上他反对苏格拉底的死刑，遭到放逐。后来因为他儿子在战争中为雅典牺牲而得以取消放逐令。

色诺芬所处的时代，正值雅典走向衰弱之时，大批的农民逃离乡村，加上城市过度发展，使得保守的土地贵族利益受到损害。所以色诺芬撰写《家庭经济》宣传农业，教导那些保守的土地贵族如何照料家庭产业。在当时的希腊语中，"家庭经理"通用的名词是"chrematismos"，色诺芬则采用文人使用的不通俗名词"oikonomikos"。色诺芬将管理艺术视为应用哲学的一部分，坚持以道德规范来经营经济，利用光荣的方式去创造剩余。色诺芬治家的原则，首要之务在维持正平衡（positive balance）和创造超过成本的剩余。他相信成功的家庭管理，可以荣耀神明，帮助有需要的朋友，有利于城邦与城市的发展，不仅能让个人感到快乐，也对社会有利。

第4章 光荣属于希腊：古希腊

在治家的具体主张方面，他提出：①家庭管理、农场管理，不是只有种地、播种等技术层面，还有技艺层面；②有效的管理，需要谨慎的资源计划，在这中间，家长是重要的推动者，但是妻子、奴隶、工人、仆从等都很重要，家长必须要予以有效的监督和公正的赏罚；③要用商人的精神经理家业，如策略性的精准投资。譬如，色诺芬建议"不要购买已经开发得很好的土地，而是买进那些因为主人的无能而荒芜的土地"。因为已经开发的土地价格昂贵，又没有再进步的空间。

另外，约公元前355年，色诺芬还写了一本小册子《雅典的收入》（Ways and Means, Poroi），主要目的在通过建立健全的财政基础，确保社会与政治的稳定。色诺芬希望在不伤及有钱人利益的基础上，开发新财源，如制造业和贸易，以增加雅典的城邦财源。强调不增加一般民众所负担的税，转而增加物品的税，或是增加课税的物品。另外就是让行政单位更自由化以吸引更多的外国人到雅典。让他们从事贸易与工业的活动。开放外国人经营这些行业，不会殃及雅典的社会秩序与稳定，因为他们不是雅典的公民。其次，借扩张硬件设施以扩张外贸，如在靠近港口的地方为远洋商人建立更多的旅社。色诺芬建议制造业者和政府都要有商人的精神。

比起柏拉图，色诺芬比较支持货币经济。他主张多开采银矿，铸造银币。他认为更多的银币可以增加更多的购买力，如此使得贸易可以更快速地发展，甚至可以刺激奢侈品制造业的兴起。例如，男性会花更多的钱在精密武器、骏马、豪宅和家业上，妇女则会花更多的钱购买珠宝和衣服。色诺芬认为有产者因为低生产力、高风险，而不愿意主动投资或接受挑战，因此政府就要带头主动投资，与凯恩斯（John Maynard Keynes, 1883—1946年）的经济主张颇有相通之处。

比起同时代的哲学家而言，色诺芬相对要开明许多。例如对于奴隶的看法，亚里士多德认为奴隶是天生的，也是没有理性的，也就因为他们天生缺乏理性，所以只能做奴隶。色诺芬则认为奴隶也有理性。他在《经济论》（Oeconomicus or Economics）中就曾说："对待奴隶要像对待自由人一样，当他们变成有钱人后，即将尊他们为绅士。"

(三)亚里士多德

亚里士多德多次谈论经济,但是其中矛盾的部分也不少,加上他经常将数学术语运用至经济理论中,因此产生很多暧昧不明的地方。基本可以说,亚里士多德反对赚钱,也反对自由经济,但是他却赞成私有财产制度。他认为柏拉图所说的财产共有制或是统一拥有的主张,是违背人性的,因为人性是多样化的。亚里士多德举出了许多理由来赞成私有财产制:

(1)私有财产是合于人性的,因此最能鼓励生产。假如财产由大家共有,每个人就不会去关心,相反的,人会积极地照顾自己的财产。

(2)柏拉图认为共有财产会带来社会和谐,只有财产变成大家共有的,才不会有人去妒忌他人的财产。亚里士多德则不以为然,他认为公有制只会带来更多的冲突,而且每个人都会抱怨他比别人做得多,却得到的少,会使所有的人皆怠惰行事。

(3)私有财产深深根植于人的天性中:每个人都会爱自己、爱钱和财产。亚里士多德因此认为每个人都会照顾自己的利益,这对整体的公共利益是有利的,他的这种主张与近代的亚当·斯密颇类似。

(4)公有制不存在于当时的人类社会中,所见之处皆是私有制度,此观点反映亚里士多德的学说主张中强调经验与现实的特质。

(5)私有财产制才能让人有修行美德的机会,因为他可以行善、做善事,而公有财产制将剥夺这种行善的机会。

亚里士多德在论经济时非常强调自然,似乎是最早提出经济自然规律的学者。他认为合乎人性的就是自然的、道德的,不合人性的则是非自然的,应予以反对。他主张人们为了过得比过去好而去获取利益,符合自然的人性。但是如果是为了无限制取得财富,就成了不自然的经济行为。他认为人总有些东西是足够的,有些东西是不足的,因此人们追求获取稀有品的交易行为是自然的,这种交易是为了达到自给自足的目的。在此脉络下,亚里士多德认为追求利润的商业行为是不自然的,他甚至谴责这种商业行为。这也显示亚里士多德将商业行为分为两种:一种是满足自然需要的自然贸易行为，另一种则是追求利润的非自然贸易行为，前者应该予以鼓励，后者则应该予以谴责或禁止。亚里士多德对商人的谴责足以显示：当时希腊有很多追逐利润的商人存在，多到足以引起哲学家的注意。

亚里士多德甚至认为使用钱币的贸易行为，也是不道德和不自然的，尤其是零售商和雇人工作的商人更是如此。但是亚里士多德仍认为贸易有一项优点：通过相互给予可以将城邦的人团结在一起；钱币也可作为价值的储藏库，以便将来买其他的东西。亚里士多德对货币经济的接受度并不高，一如柏拉图。例如，他认为钱币化的交易是危险的，意即刚开始时货币只是交易的工具，后来变成财富的象征，人们开始以赚钱为目的，而非仅为自给自足而进行交易。由此可知，亚里士多德赞成自给自足式的贸易行为，而非赚取利润的贸易行为，或是以财富为目的的商业行为。

尽管亚里士多德对贸易没有特别的好感，但是他仍注意到市场中的供需原则，并有详细的说明。事实上，早在亚里士多德之前，就已经有希腊哲学家对于供需议题提出系统的解释。他们指出：当一件物品的量达到某一个限制时，它就会变得"太多"，这对象的使用价值就会逐渐降低，最后变得"毫无价值"。亚里士多德更进一步指出：当一件物品变得较稀少时，它在人的主观上就会变得更有用与更有价值。他说："稀少的东西比较贵重，它比数量多的东西要贵重。于是，黄金是一件比铁要好的东西，虽然黄金没有什么用处。"

亚里士多德对后世的另一项重大影响，就是他对利息的看法。利息在希腊语中写作"tokos"，也有"子孙"的意思。这也就是说：利息是钱币生出来的孩子，钱生钱是不合乎自然的行为。因此亚里士多德认为有利息的借贷是不自然的，也是不道德的。

二、从经济问题看思想家们的对策

（一）资源匮乏

1. 资源是共有还是私有更好？

希腊本土资源匮乏，禁不起浪费与分散，因此希腊人强调节俭，并以公共福祉为优先。譬如柏拉图鼓吹公共财产，以共有的方式解决资源匮乏的问题，反对私人财产与货币经济，他似乎认为公共财产有助于资源的集中。柏拉图的弟子亚里士多德则反对公共财产，他认为共产制度等于每个人都没有财产，也就剥夺了个人训练自我、追求美德的机会。因此，他提出私人所有权但是公共使用的主张，也就是将一些有利于公共福祉的如森林、河流、工具（如牛、犁车等）开放，以借的形式让大家使用。

在资源有限的情况下，若要增加生产，就需要增加人手，也就是增加人口，但是当人口增加到某个程度后，就会产生副作用，因此只能节制人口的增长。基于此，无论柏拉图还是亚里士多德都主张城邦不宜过大，一如家庭不宜过大，但是也不能过小。亚里士多德曾说："如果城邦人口过少，就会因生产不足而导致贫穷，过度贫穷将有害于美德的追求与修养。相对的，如果人口过多，生产过于丰盛，人就会产生野心与贪婪，因而会远离美德。"因此，亚里士多德认为城邦的大小应该适中，这点柏拉图也认同，他们认为一个标准城邦大约应有500户人家、约2万—2.5万人，同时也能有利于城邦政治运作（在这种中等规模的城邦中，每个人可以经常面对面，有利于彼此认识与合作共事，遇到要选择民主官员时，也会知道该选择谁，才能选出正确的人来）。

面对匮乏的资源，柏拉图、亚里士多德强调不该要求大幅增加生产，而是要求人们节俭、乐知天命，要人们降低自己的欲望。他们并不想把饼做大以解决匮乏的问题，这大致体现在他们否定劳力、不主张竞争、反对急速经济成长的主张。

较早的赫西俄德则有不同的主张，他主张增加生产。首先，赫西俄德主张尽量地有效利用与分配匮乏的资源，包括有效地利用劳力、物资与时间，以增加生产。赫西俄德认为劳力与工作是非常重要的，他相信人们基本的物质需求会促使人们放弃休闲而去努力工作。此外，社会上对怠惰的鄙视，以及仿效他人的消费标准，都会加强物质需求的力量，使人们更加努力工作。其次，赫西俄德认为仿效他人的消费行为会带来竞争，他称之为"好的冲突"。这种发展可以纾解资源匮乏带来的基本问题，因为它会

第 4 章　光荣属于希腊：古希腊

促使人努力增加生产。赫西俄德是第一位提出经济成长、劳力与竞争概念的学者，这些概念正是近代经济思想所探讨的主要议题。

总之，面对资源匮乏的问题时，柏拉图、亚里士多德立论于古代资源、科技、工具有限，要追求经济成长自有其难处，要增加生产，只有靠彼此的合作。因此，亚里士多德主张将家庭经济的互助合作、伙伴情谊与友谊的精神，援引到公共经济的经营中。如此才会让城邦生产足够的物资以达到自给自足的目的。在交通不便的古代，平时或遇到急难时要靠外地接济，是一件很困难的事。因此，让自己经济独立是很重要的，也是一项理性的生存策略。

2. 增加生产：解决资源匮乏的好方法

柏拉图是西方经济思想史中第一个提出"分工"（division of labor）的人，他觉得专业分工是增加生产的途径之一。柏拉图认为人的本性是多样的，也是不公平的，因此解决之道就在于分工；分工也是合乎人性的。柏拉图借苏格拉底的话说："我们人都不是一样的，我们之间的人性有太多不同，不同的人性适合不同的职业。"因此每个人分工，生产不同的东西，借由对外交易换取所需。

色诺芬同样主张分工，但他认为分工的程度视产品的市场规模而定，因此小镇的分工状况不如大城市完备，因为大城市的每个制造部门需要的东西都很多。色诺芬还提出市场均衡的概念。他举例说明：当一个地区有太多铜匠时，铜就会变得比较便宜，而铜匠就要破产了，然后只好转入其他部门（转业）。这种情况不只发生在工业部门，农业部门也一样。色诺芬更提出："如果一件商品的供应量过多，价格就会下跌。"

除了分工可以增加生产外，也有希腊的哲学家认为人的需要也会促进生产。希腊哲学家德谟克利特（Democritus，约公元前460—前370年）不认为人的技艺（arts, technai）是天生的，更不是上天所赐的礼物，他认为"需求"才是技艺的源头。为了满足人类或社会的基本需求，人类才发明各种技术。他是第一位从世俗化以及功利化的角度看待人类经济活动之人，以后的希腊哲学家都遵循他的看法，他们认为人类的文明源于人类的需求。同样,他们也相信:人类的需求导致人类在道德与规范的社会中生活。这批哲学家认为个人会受到理性的自我利益的驱使而建立一个社会。因此,不同时代、不同地区的不同需要,会导致不同文化与不同社会的产生。

(二)资源分配

资源匮乏不仅产生生产力有限的问题,也带来分配的问题,如何有效地分配、尽量让分配公平,一直都是上古时代面对的经济问题。上古中东提出正义的原则,希腊人也同意正义的原则。另一方面,由于希腊人将经济置于伦理哲学中讨论,因此他们也会将一些伦理美德用到经济上,如正义就属于美德之一。正义,对希腊人而言就是遵守中庸之道,但是如何在不同的情况下调适中庸,就成为很大的问题。例如在买卖交易中,正确的"正义"应该是自愿的、契约的、私人的交易。亚里士多德认为"正义"就是"不太多,也不太少,位于太多、太少的中间",正义是每个人都认为公平的原则,因此它是一群人的共识。亚里士多德更将正义予以具体化,变成了"比例"。对古代人而言,正义不是均分、平等,因为他们都是阶层化的社会。因此古代人要求的公平、正义是有阶层的平等。

除了正义,希腊人强调的"荣誉"也有助于经济的分配。希腊人,尤其是雅典人非常喜爱荣誉。荣誉、名声可以规范一个人,特别是精英的行为,一个人可以通过荣誉取得社会地位与权势、权力。荣誉其实也是一种公共意见。为了取得同僚间的荣誉与地位,一位希腊精英会以公开的象征行为来向其他人竞争荣誉与地位,或是宣传自己的事迹,例如纪念碑、战利品,好使他的同僚不会忘记他的事迹与成就。荣誉还可以与朋友、家人、亲人分享,因而具有实质的用途,因此荣誉也意味着现实利益和利润的诱惑。一位外国人若得到了荣誉,就可以更加拓展他的人际关系,并得到更多的优惠,因此许多外国人也都希望能得到希腊的荣誉。

公共服务也是希腊有钱公民的义务,同时也是展现与博取荣誉的方式,包括提供军舰、戏剧表演活动、公共飨宴,以及提供三角鼎给竞赛夺标的胜者。通过公共服务,有钱的公民加强了他们的荣誉。这些公共服务可以减轻其他公民以及贫穷人家的负担，是有钱人为了拉拢穷人而提供的，但都有助于城邦财富的分配。不过，希腊人民也会限制贵族公共服务的机会、规模与次数，以免伤害到城邦所讲究的平等性。

（三）轻视农业以外的劳作与商业

希腊人又将美德中的"善"（the good）运用到经济上，认为经济的目的在于追求善，而且城邦的善要先于个人的善。希腊人坚持：善与美德都应该以城邦为导向。在城邦导向下，希腊哲学家的思想如柏拉图、亚里士多德都是属于国家主义（国家亦由精英所主导），也是为精英的利益发言。这种思想深深地影响了中古欧洲的经济思想。由于精英是劳心而非劳力的阶级，因此在精英主义或国家主义下，柏拉图著作中的苏格拉底鄙视劳力，认为那是不健康的，粗俗的。苏格拉底引用波斯王的说法："贵族的行业应该是农业与战争。"对他们而言，讲究个人创造力的商人，会破坏社会秩序和经济成长。

希腊人鄙视农业以外的劳作与商业，也是基于捍卫城邦民主的心态。首先，由于制造业的劳力需要花费很多时间在工作上，以至于没有时间参加民主的政治活动或公共活动，农业至少还有农闲的时候。于是，希腊人认为公民必须要有自由或休闲的时间以参加公共与政府事务。其次，希腊人相信一个人为另外一个人工作是不好的，这种工作应该交由外国人或奴隶做。尽管如此，希腊人还是同意"工作勤奋还是比怠惰要好"，因此希腊法律中有"如果有人讥笑或指责在市场工作的人，将要受罚"的条文出现。

轻视非农业的劳力也包括轻视商人、商业，事实上希腊人轻商的言论早在荷马时代就开始了。当时的人们认为从事非农业的工作是不高尚的，尤其是商业，除了靠经营农业取得财富外，就是靠战争与掠夺以增加财富、地位和声望。对他们而言，获取财富的目的在于荣誉与地位，远胜过利润，这种价值观一直持续到古典时代。

古典时代的哲学家指责职业商人的贸易与交易行为，传统的统治者也视商人为社会和谐与规范的威胁。希腊的知识分子也相当反对商业行为或有利于商业发展的行为，譬如柏拉图认为私有财产与货币经济都会腐化人的美德，因此上层阶级的精英不应该经营货币经济。

　　总而言之，古代希腊人歧视商人，主要的原因有四点：从农业社会价值看商业，因而认为商业是不劳而获的；商人的财富以当时的知识和工具，难以估算；商人的伦理尚未建立起来；商人难于管理，又难以课征税赋。

　　然而，随着大环境的改变，希腊人轻商的态度也开始转变了。公元前4世纪，希腊人面临日渐严重的财政问题、粮食问题，遂改变了他们鄙视追求利润的态度，进而导致社会与政治的改变。譬如雅典，不仅扩大了贸易行为，更增加了参与的人员，还给予这些人员荣誉、地位与特权，他们成为新兴的社会人士，进而改变了希腊轻商的价值观。这也就显示：希腊人对非土地财富的需求，迫使他们开放荣誉给非公民的人。希腊有钱人之所以没有将多余的钱拿来投资以赚更多钱，却拿来做公共服务以经营政治生涯，主要也是因为希腊（尤其是雅典）的经济很难预测，以至于使得"利润最大化"变得无意义。

第5章
伟大属于罗马：古罗马

一、从城邦到帝国

在建立城邦以前，古罗马的经济以畜牧业和种植业为主。随着城邦的建立，农业的比重越来越大。在罗马共和之前的300年间，罗马的农业都是以小农为主。这些农民住在城外的乡村中，耕种着自己的田地。这时候的罗马经济仍属于古代再分配型的经济形态。公元前3世纪中叶，罗马人征服了整个意大利半岛，罗马城成为半岛上的军事与政治中心。公元前3世纪下半叶，罗马的人口由3万人增加到4.5万人，公元前3世纪末期，更增加到9万人。

为了要养活庞大的人口，粮食成为首要问题。当时的罗马往地中海西边发展要比往东边发展方便许多，于是罗马通过水路往地中海西边寻找可以从事农业的殖民地。在往西的路途中，罗马碰到了腓尼基的殖民地迦太基。罗马遂与迦太基订立条约，答应不在北非与萨丁尼亚建立殖民地，也不在迦太基的领土内贸易，除非通过迦太基人。不过，罗马并没有遵守条约规定，公元前386年，他们在萨丁尼亚建立了一个殖民地。

罗马征服意大利后，无数的财富涌进，大规模的建筑工程在罗马展开。公元前302—前264年，罗马城出现许多神殿，还有铺设整齐的道路，另有为居民引进干净水的沟渠设备。为了迎接日渐膨胀的人口，罗马的沟渠也不断扩大。

意大利的农业面貌也因此而改变，罗马将征服来的意大利土地分给贫穷的农民，至于原居住在土地上的本土人士，则不是被赶走，就是沦为奴隶，甚至被杀害，大约有2万—3万名罗马人分到土地。在公元前334—前

263年间，更有7万名罗马人与拉丁人分配到土地。罗马的征服不仅造福穷苦的罗马人，更有利于富有的罗马贵族。许多贵族也分到大批的土地，并以奴隶为劳力大肆开垦。这种大规模使用奴隶耕种大片土地的趋势，在布匿战争（Punic Wars，公元前264—前241年、公元前218—前201年、公元前149—前146年）后更加普遍。罗马城日益膨胀的人口，为农业提供广大的市场，从而刺激专业化与商业化。许多上层贵族大量投资土地以增加利润，这种农业投资随着帝国的发展，越来越加强。

在这个阶段，罗马也发展出一些制造业。早在公元前3世纪，罗马就成为西地中海地区的陶器制造商和出口商。罗马的陶器远达伊比利亚半岛、科西嘉、萨丁尼亚、西西里与北非地区。罗马的青铜器相当有名，也发展出各式的家具、雕像、装饰品等，罗马经常用陶器和青铜器来换取粮食。

二、农业：当大庄园、大农场成为主流

（一）小农败下阵来

罗马的向外扩张开始于公元前3世纪，市场也随着罗马扩张的脚步拓展开来，农业逐渐专业化与市场化，刺激经济繁荣。特别是在与迦太基的三次布匿战争后，罗马版图大为扩张，涵盖伊比利亚半岛、马其顿、非洲、亚洲和北方高卢（Gaul）的部分地区，大批的资金以掠夺、贡赋、赔偿等方式涌进罗马。

在布匿战争以前，罗马的战争大部分都是在意大利半岛进行的，时间短，距离本土也近，因此当兵的农民尚能兼顾自己的田地。但是等到布匿战争的时候，罗马的战争开始在意大利半岛以外的地区进行，时间长且距离远，以至于他们无法照顾自己的田地。例如公元前218—前217年罗马与迦太基军事家汉尼拔（Hannibal，公元前247—前183年）间的战争，死于战场上的就有10万人之多。那些有幸回到家的战士，却发现他们的田地因为长时间的荒废而不堪耕种；有的田地则因为迦太基军队的来来往往而破坏殆尽。这些田地需要花很长的时间整修，不是一般小农所能负担的，于是他们只好廉价出售土地。有的田地则因为家人为了筹措生活费用，而让

给了有钱人家。

而农业市场化,并不利于一般的小农,因为种植经济作物需要大量的资本,小农无力负担,他们只能种植粮食作物,因为粮食作物需要的成本低、土地少。帝国扩张以后,罗马更是从其他地方取得廉价的粮食,即不再需要罗马农民自种的粮食。于是,许多罗马的农民变得无地、无粮可种了。此外,罗马政府没收一些荒废的土地,并将土地租给新兴的有钱人士,诸如因为贩卖军事用品而致富的人,或是一些想要寻找新投资机会的有钱人,那些残存下来的小农无法与这些人竞争。

(二)大农场、庄园与别墅

随着土地的兼并和小农的迁徙,罗马的农业由小农转变成大规模、资本密集的大农场耕作形态。大农场称为"latifundia"(单数为"latifundum"),是一种多元经营的经济单位,它结合农工商的经营方式。除了种植经济作物外,也种植城市人民需要的蔬菜、水果,经营畜牧业以生产羊毛。这种耕作方式有利于大地主、贵族、商人与政治人物,能加速财产和利润的积累,但却不利于小农。

大地主将大农场的土地生产所余,转而投资其他事业,如交通、纺织、手工业、矿业等,由于这些行业大多禁止贵族经营,于是这些元老与贵族出身的大地主就只能委派他人。这些经营者多半来自骑士阶层(equites)[①],许多骑士阶层也因经营有成而转变为地主、大农场的主人。

除了为市场而专业经营的大农场外,还有具有休闲娱乐功能的庄园。这些庄园不单是为了利润而存在,有着精致的花园、猎场、鱼池、鸟园等,多在罗马城或工作城市的附近,单纯供庄园主人休闲、炫耀用。越到晚期,庄园与大农场越难以区分。

早期的时候,罗马政府尚有规定限制大农场与庄园扩张,并极力阻

---

① 古罗马时期的骑士阶层与中古时的骑士阶层不同。中古的骑士阶层是骑着马打仗的武士阶级,而古罗马的骑士阶层是贡献马匹的商人,本身并不参与战争。当经济越来越蓬勃发展,这些商人经手的马匹交易量越来越多,骑士阶层在罗马政治社会中开始具有举足轻重的地位。贵族为寻求骑士阶层支持,双方的通婚变得频繁。

止贵族、地主、富商等侵占公有土地，但是随着战争的扩大与延长，法令逐渐成为废纸。政府为了筹措战争的军费，元老院鼓励贵族借款给政府，政府则以公有地为抵押，也鼓励有钱人租借公有地。当时许多农民远赴战场，导致许多土地荒废。于是，元老院鼓励转租给有能力耕种的人，以增加生产。几代下来，这些贵族、富商就将这些土地视为己有，不仅不再付租金，甚至公然宣称为私有财产。

大庄园、大农场的出现，也与土地的收购和兼并有关。那些因罗马发展而致富的贵族和有钱人，虽然将不少利润投资到海运、工业、矿业、商业，但是土地仍是他们最喜爱与最常投资的项目。尤其是罗马的元老们被禁止经营海外贸易，同时，土地还是最有声望与荣誉的财富形式。对那些非元老却非常有钱的骑士阶层来说，土地不但是最保险与安全的投资目标，更是政治与社会地位攀升道路上不可或缺的后盾。于是这些大人物开始在罗马近郊大肆收购土地，许多小农的自耕地换手改建成为大人物们的庄园与别墅。

（三）轮耕与配种

罗马人其实很早就知道采用轮耕种植方式，但那只是粗略的轮耕，并不精细，因此经常还是要让土地休耕两年，多多少少限制了农业的产量。特别是冬小麦非常耗费地力，因此两年轮种一次，大麦则是年年种，大麦与小麦间种植的是豆类植物。在肥料方面，仍以人和动物的粪便为主，亦有鸽子的鸟粪、泥灰土、榨橄榄油剩下的渣滓作为肥料的记录。有时候，他们会将作物种在橄榄树的周围，好让其吸收一些营养。除了轮耕外，罗马人已知道通过杂交配种提高作物产量，也从帝国各地搜集不同的作物，栽植至适合生长的地区，牲畜也是如此，例如羊的配种，以生产更多、更柔软的羊毛。

（四）橄榄与葡萄的种植

在罗马经济发展过程中，橄榄的种植值得注意。橄榄种植业第一个直接的产品是橄榄油，橄榄油可以用作料理、治病、香料制造、点灯等用途。军队的士兵也需要橄榄油，他们将橄榄油涂抹在四肢，让身体柔软、灵活，也将橄榄油涂在盔甲的联结处作为润滑剂使用。据后人估计，罗马人每年用掉的橄榄油超过2500万升，庞大的橄榄油需求刺激橄榄种植业与榨油业的大规模发展，许多农地因而改种橄榄，尤其沿着地中海的西班牙、北非、意大利与中东地区，都出现大大小小的橄榄园。① 不少地区在其他商品或行业赚了钱，都用来投资橄榄业。例如西班牙人从金属买卖中赚了许多钱，便将这些利润拿来发展橄榄种植，让西班牙人的橄榄油销售至罗马与莱茵区。

橄榄业的资金，有不少是来自贵族与有钱人，他们希望能从广大的群众市场中赚取利润。这些投资不少是属于长期的，包括土地、劳力与榨油的工具。政府对这种投资并未特别反对，反而鼓励地方发展橄榄业。为了要种植橄榄，许多地方还在高地或荒地建立起灌溉系统，北非与西班牙的许多荒地就在这种情况下开发来种植橄榄。市面上还出现了不少教导如何种植橄榄的手册，有助于相关知识的传播。

由于橄榄油需要装在瓶子和罐子里，还刺激了陶瓷业的发展，许多种植橄榄的地区，也成为陶瓷业发达的地方，拥有数百座窑场。罗马生产的巨大双耳罐非常好用，即便在海上经历狂风暴雨和海水的颠簸，都不会坏。此外，橄榄园又成为城市的集中地，进而带动罗马的城市发展。不少橄榄从业者通过输出橄榄油赚取了庞大的利润，他们将剩余的财富投入公共活动与公共建筑的赞助中，这些从业者也就成为地方的精英。

除了橄榄，葡萄的种植也很重要，葡萄主要是制成酒。摘下来的葡萄，通常不只榨一次，而是榨四次之多。每一次榨的酒都有不同的用途和食用方式，例如最后一榨所酿出的劣酒，是供给奴隶喝的。

三、具有"工匠精神"的罗马人

罗马人传统上重视农业，对制造业的兴趣不大，直到帝国时代制造业

---

① 罗马四通八达的交通网脉及有力的军队，保障帝国境内交通的稳定，无论短程或长程的运输都相当便利，成为发展橄榄业的一大助力。

才出现转型的迹象,其中最重要的就是水力的利用。1世纪时罗马人开始用水力来磨麦和其他谷物,此时的水力磨粉机由16个齿轮组合而成,设在山坡上,利用水下冲的动力来转动,一个小时可以磨碎300千克的麦子,罗马地区就有好几个这种水力磨粉机。同时,罗马人也知道利用空气和蒸汽的动力,打造出压榨机,使得榨油、榨葡萄变得更有效率。在罗马人的书(如老普林尼的著作)中更记载了使用机械的收割机,但是这些科技产品并没有被广泛使用,流传度也不广。

图10 公元前1世纪所建的罗马桥
位于今西班牙,仍可让人步行通过。

一些制造业,如制造玻璃和造船,仍旧使用人力多于机器。有一部讽刺剧,描述一位发明人以打不破的玻璃向罗马皇帝提比略(Tiberius,公元14—37年在位)请赏。皇帝询问他是否曾告诉其他人,他回答:"没有。"皇帝便趁机将他杀了,足以见罗马人对于太新鲜的科技没有兴趣,甚至不想让新技术改变现状。又如大型的矿场,也多采用人力而非机器。至于其他的行业,由于罗马被解放的奴隶很多,这些被解放的奴隶又多是工匠,因此制造业的劳力来源不会出现匮乏的情形,也没有使用机器的动机。

罗马军人对制造业发展贡献很大，因为罗马的军人中有许多工匠、工程师，以及拥有各式技艺的人。因此在有罗马驻军的地方，制造业都有一定的水平。同时罗马驻军在公共工程和国防工程上的技术也很优良，许多边疆地区的开发都仰赖这些军人，他们每到一地，就开始建造道路、桥梁、神庙、运河、公共建筑和澡堂等。即使当罗马帝国不在了，这些道路，以及残留下来的一些桥梁，到今天都还在使用。譬如公元104年建造的横跨多瑙河的桥梁，长1127.7米，宽10.6—12.2米。桥梁承载量非常大，许多载着沉重东西的车辆都可以通过，直到今日仍在使用。许多地区建造的道路，可以让两辆马车舒服、轻松地并行行驶。我们从一些墓葬的浮雕中可以看出，当时罗马人已经使用机械化的起重机，将巨大的石头吊到建筑物的顶端。罗马人还发明了非常牢固的水泥，能将碎砖、小石头等紧密地黏在一起。

罗马人倾向于发展区域性的、小规模的制造业，而不是大型制造业。譬如伊特拉斯坎地区以青铜业、铁业和纺织业为主，意大利中部则以制造武器为主。罗马人不太喜欢投资在日常器物用品的制造业上，他们喜欢合资包工程，如建筑道路、公共建筑等。或者，他们会合伙成立机构以进口奢侈品，因为在罗马的上层社会中，奢侈品的需求量很大。随着贸易的成长，罗马人开始经营运输业，包括陆运与海运。这些机构也为底层人士创造了就业机会，如搬运工、码头工人、仓库管理人，以及修路工人等。

四、市场经济实验：公共财务系统

罗马的贸易主要以内需市场为主，但对外也远达印度、非洲和中国（此时正逢汉朝）。由于西部的制造业不发达，以至于西部日益仰赖东部，对东部的入超情况也日益严重。意大利也变得越来越仰赖从帝国其他地区进口货品，特别是帝国东部。帝国东部因为继承古文明的传统，以至于工匠技术远超过西部，西部的制造品因此而丧失竞争力，甚至西部还得从东部进口有技术的奴隶，故东部无论人口还是城市都比西部要繁盛与进步。

（一）中间商

罗马对于贸易的需求日益急切，贸易的机会也越来越多，尤其是帝国扩张、城市兴起、人口激增后对粮食贸易的需求日益增加。但是罗马的有钱人和贵族却不喜欢与贸易或商业沾上边，认为商业有损他们的地位与尊严。当然另一方面也是因为商业的风险太大，上层人士不想冒此风险，通常都由中间阶层或下层人士经营。他们与地主签约，帮他们买卖东西，或是出口剩余的产品，这些商人被称为"negotiator"，有中间商的意涵在内，与一般的商人很难分辨[①]开来。

除了生意往来之外，当庄园或农场缺乏工人时，中间商会帮忙寻找人手，例如在葡萄与橄榄收获季，找寻采收、榨油和酿酒的人手，他们在各地、各港口都设有基地，并进行各式货品的买卖生意。有的中间商多角经营，有的则专营一种，例如在某些中间商的墓碑上会铭记油商或酒商的字样。除了做生意外，这些中间商也承包收税的工作或经营借贷业。由于中间商的人脉广，消息灵通，许多商人都得仰赖中间商的协助，像是请中间商与船家打交道，帮忙租赁固定的船位以载运货品等。

（二）奢侈品大集合

不少中间商的贸易内容以奢侈品为主，例如银、象牙（雕刻品、家具的原料）、黄金、宝石和宗教物品等。

图11　银制对杯

约制成于公元前1世纪—公元1世纪之间，上方刻有精致浮雕，推测由专供皇室、贵族物品的作坊制作，展现当时已具有的高超的工艺技术。

---

① 这些中间商或商人大多是有钱的解放奴隶或是骑士阶层的人。

第5章 伟大属于罗马：古罗马

实际上罗马人原来很少使用银制品，直到灭了迦太基，取得西班牙产银地后，才开始大量使用。银制品算是上乘的奢侈品，例如罗马贵族会馈赠银盘给有力人士，期望获得青睐，取得升迁机会。除了西南欧，罗马与西北欧间也有贸易往来，例如从波罗的海地区进口珍贵的兽皮和琥珀，从不列颠进口牡蛎以满足罗马人的口腹之欲。

东方的香料和丝织品也是重要的贸易项目，香料贸易主要是走地中海经红海至印度。在一本1世纪出版的书中，详细记载着往印度的东方航线，包括港口、风向以及适合航行的时间。这位不知名的作者建议：从红海到印度，4月到10月吹西南季风，10月到4月则吹东北季风，因此，如果要从红海到印度，最好在7月出发，11月回来。那些东方来的货物先到红海边的非洲港口下货，再从陆运集中运到埃及的亚历山大港，最后运到罗马，并由罗马分散到各地。这条海线，不仅缩短了路程，更让罗马不必仰赖阿拉伯地区的陆地贸易线，通过这条海上贸易线，罗马成为地中海世界香料的最大转运站。大约在公元166年左右，罗马商人又与中国建立联系，并曾到达长安。不过，罗马毕竟没有发展出与中国的直接贸易线，都是通过"亚洲人"进行的，以奢侈品交易为主。

罗马商人主要从中国进口丝织品，也从印度进口比较次级的丝织品。东方贸易与大量涌进的东方奢侈品，引起一些罗马人的反感，他们认为与东方贸易使罗马共和美德沦丧，因为有了丰富的物资和各式外来商品后，许多罗马贵族开始举行盛大且铺张的宴会，例如穿着东方来的华丽衣服，以展现他们的财富和权势。这种夸张的行为激起一些罗马人聚集抗议，认为这是"反对国家的疾病"。但不是所有的东方货品都遭到抗议，例如东方来的焚香，就是宗教仪式所需要的用品，有些香料也是防腐和料理所必需的物品。

（三）粮食贸易

一般而言，城市中也有农民居住，而农民的耕地分布在城郊，再以农民生产的粮食供应城市人口[①]，若有足够的粮食，城市就有扩充的机会。

---

① 在中东或希腊城市中，农民的人口均占一半以上，以供应城市粮食。

不过随着城市的扩充，农地亦会往远地迁移，拉长农民往返的时间，耕种的时间亦会相对减少，冲击单一农民的农地产量。当城市扩充超出农民往返路程时，农民就必须移居城外，如此却产生农民对城市认同之困难，并危及农民供应城市粮食之意愿。于是，城市就得花更多的成本和人力来控制农民，或是调度、购买粮食。①

当城市人口庞大，需要的粮食数量惊人，非本地或邻近地区可以满足，必须要从远方调度，此种粮食调度有助于刺激贸易，尤其是海洋贸易。以罗马城为例，罗马城在共和晚期、帝国初期，也就是公元前1世纪—2世纪，约有100万人口，如何供应如此庞大人口所需的粮食，就是一大问题。再加上意大利地区最大的经济效益不在种植小麦，而是种植经济作物橄榄，因此罗马城所需要的粮食势必得从各地方调过来。好在地中海的海运四通八达，沿岸各地皆仰赖海运相通，加上海运成本远低于陆运、河运，地中海就成为罗马人的移动式粮仓。为了降低运送粮食所需要的成本，罗马首先清除了地中海的海盗，又在陆地上广建交通网，好让粮食可以迅速运到所需要的地方，并立即反映市场需求。

为了筹措购买粮食所需要的庞大资金，罗马发展出市场经济才需要的公共财务系统，包括银行、信贷、转汇等业务。银行、小型商业街与市场店铺等也提供市场经济所需要的信息交流，以降低交易成本。贸易所需的信息，除了由银行、店铺提供外，商人也可以通过公共的官方渠道，以及私人建立的网络得到，如此一来便大幅降低了贸易所需的交易成本。至于贸易所需的资金，虽然银行是提供筹措资金的公共渠道，但是罗马人的资金来源仍以私人渠道为主，如主仆、家族、朋友等。这些人士同时担任罗马经济扩张中所需要的经理、代理人，他们在社会上的道德名声是这行最重要的吃饭工具。

---

① 古希腊即为一例。希腊一方面耕地不足，另一方面因为城市扩张，必须另建农业殖民地作为自己的粮仓，在古代的交通状况下，此种调度亦颇为有限，因此希腊的城市发展颇受限制。

五、国际性货币与跨国银行的首次出现

早在公元前5世纪，罗马人就逐渐以"青铜币"取代"以物易物"，不过这时的青铜币没有固定的制作流程与形状，每次交易后都得重新度量一下，也未全面取代以物易物，仍会使用牛或羊作为交易媒介。

公元前289年，基于财政理由，尤其是用于支付士兵庞大的费用，政府在朱诺莫内塔神庙（Temple of Juno Moneta）设立铸币厂，并以专业机构监督铸币，"钱"以及"铸"两字的词源即是从"Moneta"演变而来。

罗马人以"阿斯"（asses，单数为as）称呼青铜币，这种青铜所制的货币非常重，因此又被称为"笨重的青铜"（aes grave）。随着时间的演变，青铜币的重量越来越轻，终于成为整个共和时期通用的货币，币值也更加齐全，如有1磅、1/2磅、1/3磅、1/4磅、1/6磅。

罗马不断往外扩张，与各地间贸易更为频繁，罗马人开始铸造银币以回应交易需求，银币被称作"第纳尔"（denarius），早期1第纳尔可以兑换10阿斯，之后也发展出小单位的银币，如赛斯特斯（sestertius），相当1/4的第纳尔。除了青铜币、银币外，布匿战争后，罗马还铸造了金币，金币主要用于支付给军队，不少军队长官如安东尼（Mark Antony，公元前83—前30年）为了减少开支，或是应付庞大开支，还贬抑币值（即降低货币中的金银成分）。如此多元、多种的货币应用状况各有不同，直到屋大维（公元前27年—公元14年在位）才逐渐固定下来，如金币、银币主要支付给军队和官僚，其他则用于民间。理论上，只有皇帝才有铸币权，但实际上不少单位、地方都可以铸币，只需要在货币上印铸皇帝的肖像即可。为了让货币更为通用、标准一致，罗马广场的四周都有发行通用货币的地方性银行

图12　公元前1世纪的"第纳尔"

正面为屋大维的头像。

机构①，方便市民兑换及量测检验，这些银行皆受到政府管辖，具有公信力。除了地方性的银行提供兑换服务，亦有国际性的银行分布于罗马统治的各殖民地。尽管罗马有公定的货币，但是各地区仍喜欢沿用原本的货币，如中东喜欢用他们原来的金币或银币，希腊也仍然使用旧有的货币，于是就要靠国际性的银行来兑换不同种类的货币。

2—3世纪以后，罗马皇帝基于财政理由，经常贬抑币值，罗马的币制因而大坏。戴克里先（Diocletian，284—305年在位）、君士坦丁（Constantine，306—337年在位）为了重振帝国和经济，都曾改革币制，但是成效都不大，不能持久。

六、城市扩张及其挑战

（一）都市发展

罗马经济发展的过程中有一项很大的特点，就是都市化的发展。所谓都市化，就是指都市的人口需达到数万人、数十万人，甚至百万人以上；都市的运作规模、复杂程度、人口密集的程度都远超过城市。古代中东大约只有一个巴比伦可以相比拟，其他的城市，人口数量都在数千人或数万人之间，而埃及则以行政城市居多。至于罗马时代，除了罗马城以外，还有其他人口众多的都市，不过大部分位于帝国的东部，如埃及的亚历山大城约有40万人、叙利亚的安提阿（Antioch）约有15万人。

罗马帝国内最大的都市要算罗马城。其实，意大利与希腊发展农业与城市的时间差不多：希腊约在公元前6500—前6000年间，意大利则在公元前5600—前4600年间。罗马建城的时间与希腊城市复兴的时间也差不多，都在公元前750年左右。罗马城在公元前500年左右开始扩张，当时罗马城人口约为15万人，到了公元前150年，罗马的人口增加到30万人，相当于

---

① 银行除了提供兑换货币的服务，也发展出信用和借贷业。借贷业的利息都很高，因此利润非常惊人，借贷对象不仅止于钱币，像是请客的盘子、衣服都有。地方性的银行亦提供现金调度，许多公民因此向银行借钱缴税，结果越借越多，最终成为债奴。

古巴比伦极盛时期（公元前1700年）的人口。帝国与军事的扩张也带动了罗马城的人口增长，在屋大维的年代，罗马城的人口就达到100万人左右，在罗马极盛时期（约公元200年），人口也一直维持在80万—100万人左右。之后，欧洲再也没有这么多人口的都市。一直要到近代，才再次出现了如此众多人口的都市。[①]

罗马人对于城市与都市的态度与希腊人不同。希腊人，包括雅典人在内，对于都市都没有正面或积极的态度。他们鄙视城市、批评城市，却赞扬乡村，且鼓励人往乡村分散、居住。当都市人口膨胀时，他们想到的解决方案不是更新、扩充都市，而是移民，以将多余的人口迁移或殖民到其他地区，进而建立殖民地或新的城市。希腊人的都市观表现在亚里士多德和柏拉图的作品中。他们一再强调城市的人口不可以太多，他们认为：如果城市人口过多，将会引起安全与治安问题。他们也从政治和沟通的角度批评城市扩张的问题。事实上，希腊城邦之运作也不适合过大的城市。希腊城邦要求直接沟通、直接参与，因此过多的人口将不利于公共集会之进行，或是沟通共识之产生，同时希腊强调的家庭组织、家庭经济、家庭价值等均不利于都市之发展。

罗马人则歌颂都市，喜欢居住在都市里，并经常更新都市，扩充设备以容纳更多的人。同时，罗马人经常设法解决都市人口过剩的问题，而不是用移民或是维持都市的规模等方式来解决都市问题。因此，都市成为检验罗马经济的一项重要指标，包括经济行为与经济结构的困境。

在罗马时代，无论是城市或都市，它们的结构都大致相同，都有庙宇、市场、竞技场、市政厅、剧院、澡堂等公共建筑物。因此，都市成为罗马化的重镇，都市罗马化的成功转化成罗马文明的一统性。

（二）都市问题

罗马都市的问题，不仅各地差不多，也与近代都市的诸多问题雷同，例如流民与治安的问题。为此，屋大维特别成立了一个类似于今日

[①] 例如伦敦在1810—1820年间的人口为130万人。

警察机构的组织,专门维持治安、打击犯罪。为了维持白天都市的安全与安宁,奥古斯都还限制重型车辆进入都市,于是晚上反而成为交通繁忙、嘈杂的时刻,罗马人的失眠问题因而变得非常严重。不少罗马贵族在书信与文集中都提到,如果要好好睡一觉,就得离开罗马城,到他们的庄园里去。

除了要解决治安问题,还有贫穷与流民的问题,屋大维特别规定由政府提供免费的粮食给贫穷的百姓,据估计当时一年大约有20万名穷人可以领到免费的粮食,但是僧多粥少,营养不良与饿死街头的人还是不少。软骨病(一种因营养不良引起的疾病)乃是罗马小孩的流行病。

除了流民、治安问题外,罗马都市的扩张带来了其他重要的问题,但也提供了不少经济机会。首先就是要喂饱这么多的人口,还要满足他们的房舍问题。每位皇帝为了加强罗马人民对他的印象,也为了政治宣传,于是建造了许多建筑物,这又刺激了原物料的进口,例如埃及、希腊、小亚细亚来的大理石,不列颠、西班牙、东南欧来的矿产。为了娱乐罗马人民,北非的珍禽猛兽不断被运送到竞技场。大量的葡萄酒、谷物、橄榄油也从各地调度过来,初期从西西里、埃及进口,后来甚至远从中东进口。这些粮食先被储存在台伯河口的奥斯蒂亚(Ostia)港,然后再运到罗马。

罗马定期分配给城市公民粮食[①]大约始于公元前123年,当时的粮食来自西西里、非洲北部和萨丁尼亚,这些地区以当地所产的粮食上缴给罗马政府。当时分配的方式,是定期将粮食以低价的公定价格卖给罗马公民。这是当时的护民官格拉古(Gaius Gracchus,公元前154—前121年)的德政,但是遭到许多贵族反对,他们希望由自己分粮食给自己的部属或奴隶,以增加自身的政治声望。等到公元前58年,罗马政府更是免费供应固定额度的粮食给城市公民。

屋大维上台后,先废除了这项救济,但是迫于形势又恢复了,还设

---

① 发展都市最大的困境在于粮食的供应,罗马亦不例外,这也是古代城市无法真正城市化的原因之一。以希腊城市为例,城市中的农民人口约占75%,但是城市所需粮食中仍有20%—40%必须仰赖外来。

置专门的官员来管理,并且将埃及的粮食也纳入救济贫穷公民的行列。根据现在学者的估计,当时的罗马约有100万人,每人每年需要200千克的粮食,于是罗马每年需要进口1.2亿到4亿千克的粮食才够用。到了后来,有些皇帝为了收买人心,或是显示自己的慷慨,还将猪肉、油加入免费分配的行列。

(三)贫富与城乡差距

在罗马都市中,贫富悬殊不仅表现在财富分配上,也表现在社会生活中,罗马富人通常不与穷人来往,比希腊人还要在乎富人与穷人间的分界。罗马富人除了在都市进行政治与经济生活外,也在郊区建立自己的庄园。

城乡差距表现在都市人对乡村人的歧视上,都市人称乡村人为"乡巴佬"。罗马的行政机构与官员多居住于都市,于是乡村反而比较能保持原有的文化特色与自由。我们通常所谓的"罗马化"或是"罗马的一统性"其实仅限于都市。也就是说:罗马文化的一统性并不如传统史家所想象的那般彻底。即使在都市中,罗马化的成果也不是普遍成功的。罗马化成功与否的因素包括:地方与罗马的距离远近、地方精英与罗马的关系、地方是否有罗马驻军与大量移民、地方的城市化程度,以及罗马行政长官的努力与否。一般而言,罗马化在西部比较成功,因为在那里没有什么可以与罗马竞争的本土文化,因此西班牙罗马化程度比较深;至于古文明地区的东部,罗马化差异性就很大了,而且大部分的本土文化都被保留下来了。

(四)罗马晚期城市化的崩解

罗马城的发展虽然有过光辉的一页,但最终还是无法有效解决城市化的问题。

1. 面包政策吸引了无数的乡村移民,带来庞大的失业人口压力。针对此,罗马虽未采取殖民、外移之人口政策,但也没有全力发展制造业,以创造就业机会、消化人口,而是继续发展传统的制造业,如制陶业等劳力密集、低利润的产业,一如希腊的雅典。这种方式导致城市的经济结构一直无法突破,科技也没有办法突破,可从罗马城市多非制造、科技与研发中心,非生产中心得到验证。①

2. 罗马城市之贸易、商业仍以区域与自给自足之零售商、市集为主,并非以远程贸易为发展的目标。这种小规模贸易仅能满足自己的需要,无法带动整体经济的发展。这足以显示:罗马经济仍以自给自足之经济形态为主,这使得罗马无法更进一步发展商业和制造业,亦即经济结构难以突破。虽然罗马也有远程贸易,如与中国的贸易,但多属奢侈品贸易,且占总体经济之比例甚微,无法产生结构性之功能。这是因为远程贸易、奢侈品贸易所需资本过大,因此多集中于少数人手中,对于整体财富之成长帮助不大。此外,奢侈品贸易的对象多限于高级精英,对中下层人士的好处并不多。

3. 罗马城市扩张所需成本多源自募款、贡赋、榨取乡村等。这种现象与罗马化、公民制度相关。罗马为实现罗马化,经常在新征服地区建立罗马化城市,或鼓励旧城市更新。但因为经费庞大,罗马便鼓励地方精英、富豪加入,并以官职、议员、包税、公民权等利益诱使他们投入建设城市的运动,尤其是经济原本就较富裕的中东与北非。如此一来,地方精英间也彼此竞争,相互炫耀财富、权势,因而纷纷出钱出力以投入建城运动。此一政策在罗马盛期颇发挥功效,致使罗马城市日益繁荣与规模化,但是在3—4世纪之时,罗马经济陷入困境,无法突破,地方精英的财富也随之缩水。于是,地方城市无以为继,遂开始出现衰微的现象。此时,罗马政府乃采取强制政策,不准议员退职或辞职,许多地方议员纷纷逃跑,地方城市的维持也就不了了之。总而言之,罗马晚期的经济衰微影响城市发展,城市的衰微与荒废更加速经济的恶化,两者形成恶性循环。

4. 罗马城市多建在原本之部落或农业中心,例如阿尔卑斯山以北的北

---

① 相比之下,中古欧洲的城市多为制造业与研发中心,制造业、科技与研发带动专业分工与贸易发展。因此中古欧洲的城市可以自我成长,无须仰赖乡村,且可与乡村产生良好的互动关系。

欧地区。在欧洲,罗马建立的大大小小城市有300多个,但多非商业、制造业中心,而是原本的部落中心,或是农业聚居的地方。罗马将这些地方接收以后,改为行政与驻军重镇。行政与驻军等力量也有加速地方城市发展之功效。但是这些城市既非商业城,也不是制造业城,且多仰赖农业,亦即城乡分工尚未建立起来,因此容易受到经济波动的影响,且无法自立。只要碰到帝国式微、农业经济不景气,城市就退回原来的村落形态,或消失了。但是,罗马建设的遗迹仍足以供后人使用。许多近代欧洲的城市,甚至中古的城市,都建立在罗马城的遗址上。一旦经济条件许可,欧洲城市就能很快兴起,这些多拜罗马之赐。

罗马式微后,在中东与北非留下来的城市,多是原本的商业、制造业中心。至于西部的城市,因无法建立强大的自给基础,因此容易受到政治的波及。这是因为大多数城市的建立、运作与维护多依赖帝国的行政与军事力量。因此,一旦行政、军事衰微后,城市亦随之不保。反倒是中东与北非的城市,原本就有悠久的传统且自成体系,拥有强大的自我发展能力,因此不受帝国衰微影响。帝国晚期,东方重于西方,就是缘于此。于是,戴克里先、君士坦丁等罗马皇帝只好移居东部,以东部的财富支持帝国的运作。

罗马城市之发展犹如罗马经济发展的缩影。罗马的大多数城市因农业经济、人口增长与集中而出现,亦依赖农业经济的维持与成长。中间虽有制造业与商业贸易,但均不占重要比例与地位,其效益和对整体经济发展之贡献有限。因此,当农业经济、总体经济崩解时,城市亦随之衰微。事实上,罗马农业经济,一如上古其他地区的农业经济,多是仰赖强大的组织与制度化的行政体系支撑、维持与运作。农业经济也通常较需要强大之行政体系,以强调稳定、安全和秩序。当行政组织崩解时,农业经济即开始衰微。

罗马帝国的城市化失败,原因在于经济无法突破、无法转型以摆脱农业经济的限制。这显示:罗马城市,尤其是西部的欧洲城市,无法建立并发展成为制造业、科技、信息交流与贸易的中心,进而达成与农村之互赖与分工的经济体系。事实上,罗马城也一直过深、过重地依赖乡村,无法独立并转而带动农村的成长,一如中古与近代的欧洲经济体系。

七、市集还是百货公司?

　　罗马的市集,类似于现在的百货公司,构造非常复杂,有三四层楼高,同样的商品都聚集在同一区贩卖,还有许多酒吧、酒馆、旅馆、快餐小摊(贩卖便宜的冷食)。尽管来这些场所的以下层人士居多,但仍有些上层社会的人士会到这里,特别是贵族的年轻子弟,他们为了摆脱父亲的权威控制,经常流连于这些场所,甚至在这里搞破坏秩序的阴谋,于是引来官方的注意,皇帝提比略乃限制快餐摊提供饮食的量,甚至包括面包和蛋糕的量。又像是尼禄(Nero,公元54—68年在位)甚至规定酒馆只能卖蔬菜和干豆,目的都在减少聚众的机会。

　　从庞贝城(Pompeii)出土的遗址中,可以发现外食的快餐摊、酒吧和酒馆,可以坐着吃,也可以站着吃。酒吧内的屋顶上经常挂着香肠、蔬菜、火腿以及其他食物。顾客在酒馆饮食,也赌博、掷骰子。餐馆、酒吧内烟雾弥漫,让人难以睁开眼睛。一位主教就记载他最后选择在屋外吃饭,只因为受不了屋内的烟雾和味道。

八、罗马人的家族观

　　一如古代近东与希腊的家庭,罗马的家庭也是由父母、孩子、奴隶等成员组成,是一个血缘单位,也是一个生产、消费的经济单位。家务往往由妇女、奴隶完成,父亲与儿子是家中的决策者。父亲被称为"paterfamilias",权力非常大,包括孩子的财产与婚姻权,甚至有权决定孩子生死。例如一位元老将政治理念不同的儿子杀了,又如父亲若觉得家里的人口太多,或是不喜欢新生婴儿,就可以将他们遗弃。进入帝国时代,屋大维首开先例,开始限制父亲的权力,于是出现杀死儿子的父亲会被判死刑的案例。不过父亲仍有权力遗弃婴儿,就算皇帝几度诏令禁止,成效仍然不大。

第5章 伟大属于罗马：古罗马

假如一位父亲没有留下遗言就去世了，他的儿子与女儿可以平分遗产，如果其中一位儿子死了，他的孩子可以分产。由于婴儿的死亡率很高，有的家庭就会面临绝嗣的危机，他们可以收养小孩，以解决该问题。

罗马人一如其他古代人，将婚姻当成联盟、家庭企业一般经营。对许多罗马人而言，婚姻的目的不过在于生育孩子。尤其是公民的婚姻，目的不过在于创造新的公民，因此与一位不孕的妻子离婚是正当的行为。情妇与妾在罗马贵族中也非常流行。譬如恺撒就有许多情妇，以至于当时的人戏称他是为了要生非常多的小孩，还有人嘲讽说："恺撒是所有女人的丈夫，也是每一位男人的妻子。"

老夫少妻，在罗马也很常见，譬如老加图（Marcus Porcius Cato，公元前234—前149年）在很老的时候要再婚。于是他问他的秘书："你的女儿是否有对象？"秘书回答："没有。"秘书请老加图为自己的女儿介绍对象，老加图就将自己介绍给秘书。秘书先是非常惊讶，因为他认为老加图的年纪太大了。但是当他弄清楚老加图是认真的时候，也就欣然同意了。另一位罗马贵族小普林尼（Pliny the Young，公元61—113年）也是在40岁时娶了一位十来岁的少女，他对这位小太太也非常满意。

在罗马，一般女孩订婚的年龄为12岁，有时候更早，许多小孩还在婴儿时就定亲了，例如屋大维的女儿，在两岁时就跟安东尼订婚了。罗马的父亲也会为女儿准备一份嫁妆，作为未来生活的保障。嫁妆可以是块土地，也可以是分期付款的现金，嫁妆的多寡通常符合父亲的社会地位，"罗马法"允许在婚后10个月内付清嫁妆。婚戒是戴在新娘的左手中指的，因为那根手指被认为可以直接与心脏相通。

妇女不能算是罗马公民，因为她们没有投票权，也没有参与政治的权利。但是皇家或是权贵之家的妇女，都能通过她们的个性与私人权力渠道，发挥重要的影响力。屋大维的妻子莉维亚（Livia）即为一例，屋大维的许多政治决定都受到她的影响。莉维亚在慈善事业中也非常活跃，她赞助许多建筑、庆典以及宗教。罗马皇帝埃拉伽巴努斯（Elagabalus，公元218—222年在位）甚至让他的母亲在元老院中拥有一席之地，还特别修订女性的礼仪和官方服饰。

在家中,妈妈要负责女儿的教育,许多贵族与有钱人家的女儿都可以得到非常完善的教育。教育的主要内容与目的在培养女儿们的管家能力,如屋大维要他的女儿学习纺织的技术。罗马人所期望的女德,如同一个墓志铭所说的:她擅长纺织羊毛,恪守虔诚、中庸、温顺、节俭、贞节的美德,喜欢待在家里。至于儿子的教育,上层社会人士的小孩通常会接受高等教育,贫穷的小孩则没有受教育的机会,而且有钱人家多喜欢让希腊奴隶担任小孩的家庭老师。但也有一些人认为让希腊奴隶教小孩会有不少后遗症,像是老师不敢太严厉地督促学生、对罗马历史和传统传授不足,因此有些罗马贵族喜欢自己教育小孩。例如老加图特别为儿子写了一本《罗马史》,还教孩子拳击、摔跤和游泳等课程,他尤其强调孩子的道德教育。罗马也有学校,但是效果不是很好,因为老师的地位不如孩子的家庭,因此不是不敢管教小孩,就是受到小孩的欺负。

九、奴隶:一个被遗忘的群体

罗马的奴隶市场非常活络,政府对于奴隶市场定有严格的规范。奴隶贩子必须诚实地标出奴隶的优缺点,如是否曾经逃亡等,挂在待出售的奴隶脖子上。奴隶的价格也是有很大差距,通常身怀技术的奴隶售价高,例如有文献显示一位贵族花70万赛斯特斯买了位号称是语言学家的奴隶;另一位贵族则抱怨他花2万赛斯特斯,却买了一个白痴。这些贵族在奴隶市场上竞价,相互竞争以炫耀自己的财富与权势,这种消费行为在经济人类学上称之为"炫耀型的消费"(conspicuous consumption)。

(一)奴隶从哪来?

大部分的奴隶来源是战俘,尤其是帝国初期时,奴隶人数随着帝国扩张而大幅增加。譬如,罗马在征服迦太基以后,将6万名左右的迦太基人降为奴隶。高卢的维尼蒂部落(Veneti)在公元前56年叛乱,恺撒将他们征服后,杀光了主要的首领,将剩余的部落人民全数送去当奴隶。征服犹太人后,大约也有将近10万人沦为奴隶,其中17岁以上的奴隶更被送往埃及竞技场去格斗。

除了战俘外，许多海盗和盗匪也掳掠行人、水手、商人当奴隶。海盗尤其凶猛，他们将掳掠到的整船人，包括船长、摇桨手（一艘船往往有100—200多位摇桨手）、旅客全数送到奴隶市场。有一回，年轻的恺撒也被海盗俘虏了，他警告他们一定会报复，但海盗还是决定要勒索一笔庞大的赎金。尽管海盗非常善待恺撒，但恺撒心意已决，当他被赎回后，立即率兵平服海盗，然后将他们全数钉上十字架。

除了战俘、掳掠外，不少人因为受不了税负或经济的逼迫而自卖为奴。譬如，罗马共和时代的苏拉（Sulla，公元前138—前78年）因为战争而加重亚洲的税负，当时有许多人家缴不出税来，只好先将儿子、家人卖为奴隶，最后再把自己卖为奴。一些父亲将不想要的孩子卖为奴。奴隶的小孩因为奴隶主负担不起，或是想赚钱，也会被送到奴隶市场。罪犯也是奴隶的主要来源之一，不过罪犯奴隶通常是被送到工作环境最艰辛的矿场、采石工厂，或是去修筑公共工程。

（二）公共奴隶和私人奴隶

奴隶可分为公共奴隶和私人奴隶。

公共奴隶属于国家或城市所有。他们大都在神庙、澡堂等公共建筑内工作，有些帮政府机构处理文书行政、建设、娱乐、粮仓、道路修筑等各式杂事。公共奴隶中有一部分为皇家奴隶，他们是在皇宫里服务的，包括皇家的供水等工程。

私人奴隶，则更为常见。几乎每位贵族都有私人奴隶，尤其他们的庄园中更是奴隶成群。① 例如一位城市的长官，家里拥有400多位奴隶，最后这位长官却被奴隶暗杀了。在罗马的文献记载中，还有妻子与奴隶联手杀死先生的事。有的贵族对待奴隶非常苛刻和暴虐，有位贵族经常将他不喜欢的奴隶丢到河里喂鱼。

---

① 屋大维曾经禁止进口过多的奴隶，以免妨害罗马人的工作机会，但成效不彰。加上罗马人对奴隶的依赖越来越重，许多商船和战舰都需要大批的奴隶摇桨手，矿场对奴隶的需求量也非常大。

在家庭里服务的奴隶生活远比在工厂、矿场工作的奴隶要轻松许多。许多家庭奴隶都是受过教育或技艺训练的,这类的奴隶市场价格相当高,尤其是来自希腊的奴隶。他们可以担任秘书、家庭教师、医生或记账人员。拥有技术的奴隶则在作坊里工作,理论上他们的工资属于主人所有,但是一般主人会留点钱给奴隶存起来,好让他们赎回自己的自由。奴隶也会组织自己的工会,但是他们的工会并不带有职业工会的性质,而是互助、联谊,奴隶期望工会提供一些节庆飨宴,或是死后可以得到有尊严的葬礼和埋骨之所。

(三)奴隶们的生活

奴隶的家庭经常无法维持完整性,也没有拥有财产的权利,奴隶的财产自动转为他的主人所有。

不过,罗马人也经常大方地解放奴隶,以至于在罗马城中,这种被解放的自由人特别多。不过,不是所有的奴隶都是被善意解放的,许多年老体弱的奴隶被解放,原因是主人想减少负担。然而这些被解放的奴隶却成为社会问题,为此屋大维曾下令限制解放的人数,但是成效不彰。

奴隶的解放通常是经过公开的仪式,必须在官方见证下进行。仪式过程中主人会用一根柳条碰触奴隶的身体,并宣布这位奴隶不再是他的财产。但也有私下解放的,就是邀请奴隶到饭桌上吃一顿饭。这些奴隶虽然被解放了,但仍维持与过去主人的良好关系,或成为昔日主人的部属。有的解放的奴隶改姓主人的姓,死后则葬在主人家的墓园中。被解放后的奴隶可以有很多的机会,尤其是希腊奴隶。他们在被解放后通常会担任公职,负责重要的事务,如财政、铸币等工作,甚至可以做到很高的官。

十、轻商文化:罗马社会经济崩溃的真实原因

整个罗马流行的文化价值观属于土地贵族的价值系统,这些土地贵族觉得商人阶级是国家与社会的威胁,认为商人的成功是因为他们的奸诈,而不像贵族是以行为、理想和道德价值取胜。我们在许多罗马的书中发现当时的知识分子极力褒扬农业所象征的价值体系,如正直、勤俭等,并以

不同程度的敌视态度对待商业，这种"重农轻商"的态度较不利于商业与制造业的发展。

例如著名的元老西塞罗（Marcus Tullius Cicero，公元前106—前43年）承袭希腊哲学家的态度，将职业分成两类，主张适合贵族与绅士的职业是医生、建筑师、老师，相对的，出劳力的工作则适合乡野之人。出劳力的人包括奴隶、所有的商人和制造业者。从这个例子可以得知阻碍罗马制造业、商业发展的一大因素就是罗马贵族的轻商文化，这样的价值观也影响着政府的官员，尤其是事务官，对于商业和制造业的管理，仅强调维持秩序，不太看重规划与创意。

同时，对于贵族而言，财富不是用来投资的，而是用来让生涯规划更上一层楼，展现个人的社会地位，例如用财富满足部属的要求或是资助公共工程等。罗马的贵族们还认为尊贵的财富必须来自经营庄园、战利品，而不是来自制造业的财富。他们认为管理经济，目的不在于营利。

尽管罗马的贵族无论在嘴上或是笔下都鄙视商业，但是仍有不少贵族投资商业，如银行与海运，又或是经营远程贸易。不过贵族们多委任奴隶或代理人经营，像是老加图，他通过商业投资赚了不少钱。

十一、罗马经济的成就与限制

古代经济发展的顶峰应为1—2世纪，亦即罗马统治的年代。罗马的贵族表面上轻商（含轻视劳力的制造业），但是有不少贵族参与实际的商业行动。尽管如此，罗马的法律仍然保证企业拥有相当的自由度，并保障商业行为的合法性。"罗马法"对于契约和财产权都有严格的规范和保障，对于商业纠纷也能提供快速、方便的处理通道。跟随着罗马军团的脚步，地中海和中东地区也受"罗马法"的影响，更有利于商业的进行。

罗马的和平与统一刺激人口的急速增长，据估计，罗马帝国总人口约6000万人至1亿人左右，对于经济发展来说是一大利好，如市场的扩张、劳力的供应等。同时经济的繁荣有助于工资的提升，据估计，1世纪罗马城的一位工匠，其工资约相当于19世纪50年代英国工厂工人的薪资，也约相当于1929年意大利工厂工人的薪资,甚至比今日亚洲、非洲和拉丁美洲许多地区的城市居民或农民的经济状况都要好许多。

然而到了公元2世纪末(约相当于罗马皇帝奥里略在位时),罗马经济已然开始出现诸多衰疲的现象,如地方工人的缺乏以及通货膨胀等问题。这些病症到了公元3世纪时更为严重,特别是通货膨胀的问题。为了防止通货膨胀的持续恶化,罗马皇帝戴克里先采取固定工资与物价的政策,同时大力整顿官僚政府和财政体系,但仍无法解决基本的经济问题——农业与商业。

在农业部门方面,罗马经济的基础与繁荣全仰赖农业剩余财富的多寡。通过税收,罗马政府将农村的剩余财富征收与集中起来,以供应城市、军队、官员之所需。因此,如何有效地鼓励农村多生产以及有效地征收农村的剩余财富,就成为罗马政府的一大议题。此外,征收来的农村剩余财富还得仰赖商人和便捷的交通设施分配到帝国各地。然而,日耳曼的侵扰导致交通受阻,不仅影响农业剩余产品分配的进行,还严重干扰了商业的进行。当然,政府官员的腐败和低效率也加速恶化此问题。到了古罗马末期,盗匪横行,得不到足够补给、纪律崩溃的军队亦加入盗匪行列。

当收到的粮食不足,以及通货膨胀时,政府遂采取加税的措施,以至于税越来越重,农村的负担也日益沉重。根据古代的习惯,贵族多免税,于是许多大地主与庄园主人都免税,而税的重担都落在了一般中小自耕农的身上。于是许多自耕农遂逃离村庄,或放弃农业而避居城市,成为城市的无产游民,以至于城市的需求日益庞大,更加深了农业部门的负担。早先的时候,罗马的税是以货币的形式缴纳的。但是当通货膨胀日益严重时,亦即粮价、物价日益高企时,政府的收入尚不足以应付军队和官员的需要(亦即无法购买到足够的粮食与必需品),故戴克里先时改采实物征收制。实物征收制虽然解决了官粮、军粮的问题,却不利于货币经济和市场经济的进行。许多农民被迫改种政府征收的粮食作物,为的是应付缴税的义务,但如此一来,就无法为市场耕种,市场因

第5章 伟大属于罗马：古罗马

而萎缩。

由于税过重，非一般小农所能负担，于是许多小农不是放弃土地逃跑，就是将土地与自身的自由献给大户人家，逃避税赋劳役以求自保。当市场运作日益萎缩，城市又沦为无产阶级的地盘（不再是制造业或商业的重镇）时，许多贵族或大地主开始从城市退回自己的庄园，并努力经营自家的庄园，好成为自给自足的经济单位。贵族的大庄园因而吸纳了众多的投靠者，包括昔日的农民、工匠、商人等，于是庄园内遂发展出金属、制衣等小型制造业，为的是满足庄园内部之所需，而不是为了外面的市场而生产。

当戴克里先发现固定物价与薪资的措施失败后，遂决定采取更激烈的手段以满足政府和军队的需求。他于公元332年下令将耕种者绑在土地上，同时规定所有的职业世袭，以确保"业各有人"，甚至连市政府的行政人员都是世袭的。最后的结果就是：罗马的市场经济崩溃，罗马重回以物易物的交易经济。经济严重萎缩导致人口减少，城镇和都市消失，仅存的人都躲到庄园中，庄园遂成为政治与经济的中心和单位，古典时代亦随之结束。

这些小型的市集或地方市场因强调地区的经济需求，而发展出独特的地区文化、意识，以至于到了帝国晚期，强烈的地方意识与地方利益取代了大一统的帝国意识，因而危害到大一统帝国的整体性。同时，地方市集或小型市场的售货量不大，利润不高，因此不能进一步刺激商品的专业化和量产，又不利于大型市场（如区域或国际市场）的发展，于是罗马的商业经济一直无法起飞，整体经济也就持续衰退，经济衰退当然就影响到了政治的发展。

不少学者将古典经济的崩溃归之于科技的因素，也就是古代罗马人无法在科技上求得突破，以至于无法刺激经济的起死回生。其实，古代的科学相当发达，如希腊人的哲学和数学等，而罗马人的工程技术亦非常先进，但多限于公共方面如筑路、修桥、建设拱型建筑等，日常的科技却无法突破。这是因为古代人包括罗马人在内，对于讲究技术的工艺或工匠不重视，一如中国古代士大夫将日常的发明鄙之为"雕虫小技"而不屑为之，以至于不愿投入发明日常省力工具的行列。另一方面，由于古代精英或贵族不屑于与出劳力的人为伍，也不屑于过问劳力事业，因此不能指望他们发明什么可以减轻工人或奴隶负担的工具或技术了，同时他们也不知道日常经济生产所需的工具或技术应该如何。于是当他们被迫投入发明日常生产工具时，却不知从何着手，也不能发展出适宜的工具。由于缺乏工具与生产技术的突破，古代的经济与生产无法维持增长。

罗马早期人口增长有利于经济发展，然而到了公元250—400年间，黑死病致使罗马人口缩减了20%，人口的缩减意味着生产力的减少与市场的紧缩。更糟的是，罗马帝国基于边防的理由，不断地增加兵额，兵多意味着增加不事生产的人口，故亦不利于经济的发展。总之，罗马晚期生产力下降的原因，除了人口锐减外，不事生产的兵多也是一项重要的因素。

罗马晚期的庄园经济也不利于科技的发展。罗马的贵族一直仰赖奴隶的劳力，并没有意愿去发展省力的技术或工具，不少罗马的农业工具能从共和时代用到帝国晚年。从3世纪开始，越来越多的罗马贵族提早从政坛退出，回到自己的庄园养老，甚至更多贵族不再过问政事，只专心经营自己的庄园。他们对于私人事业的关爱逐渐高过对国家应尽的责任，以至于帝国日益无人闻问。很多学者将罗马帝国晚期的贵族比拟为中国晚清的高官，晚清的高官长期文质化，寄情山水文墨，退出商业，使他们丧失了处理问题与危机的灵敏头脑，因此当中国官员骤然遇到东来的洋商时，竟不知该如何是好。

最后，庄园的蓬勃发展，再加上城市的重税与日益萎缩的经济机会，促使越来越多的城市居民转进乡村，终于导致城市文明的消失，而代之以乡村文化，这又好像回到了古代迈锡尼文明之后的黑暗时代。

尽管罗马帝国崩溃了，但东西方仍有不同的命运和发展。在东方，即东罗马帝国或拜占庭帝国，仍保留完整的官僚和军队体系，因此它能利用强大的行政和军事力量维持市场经济所需的稳定秩序，同时它也能够以官僚和军队的庞大需求刺激经济的再起，故而罗马帝国晚年已经将行政和军事重心移往东部,当帝国沦亡时,东部勉强还能维持,相比之下西部就无法维持运行了。

根据粮食贸易与市场经济的关系,近日学者对于"古罗马是否已经进入市场经济阶段"提出不同的看法。这项问题也涉及"奴隶在古罗马的经济中扮演的角色",以及"古罗马为什么没有发展出像近现代的工业革命"等一连串相关的问题。

昔日学者认为古罗马经济不是市场经济,主要原因是罗马工人多属奴隶,以至于劳力市场不发达。但是晚近史家,尤其是经济史家,认为罗马的奴隶所占劳力市场的比例没有想象中的高。罗马的劳力市场仍以自由工人为主,而且许多自由工人多源于被解放的奴隶。在罗马,解放奴隶是常见的事。解放的奴隶多可以从事工艺、银行、贸易等行业,并享受与一般公民同样的待遇。为了分享奴隶赚钱的成果,罗马主人多鼓励奴隶从事职业训练,故而罗马奴隶的技术水准都不太差。同时,表现良好的奴隶获得解放的机会较多,因此罗马的奴隶遂有增加生产的诱因。这与昔日传统学者认为奴隶是导致罗马生产力低落、技术低落,乃至经济不发达的说法全然不同。

传统史家又认为罗马因为奴隶的劳力多且便宜,因此没有发展、研发科技的诱因,乃至经济无法突破。但是根据晚近罗马考古经济学家与经济史家的研究与观察,罗马的科技其实非常发达,新科技的传播速度也非常快速。罗马为了应付庞大的市场需要,很早就有专业化、标准化的出现,专业化表现在罗马帝国各地区生产分工的现象上,例如意大利生产橄榄油,其他地区生产粮食、酒,以追求最高的经济效益;标准化则表现在装运粮食、酒、油所需要的陶罐或日常生活的用品与器皿上。

最后加上罗马重视教育,以至于罗马具备发展市场经济所需的一切东风,因此罗马的经济应该属于市场经济的形态。罗马经济的发展成就不输给欧洲近代早期的先进国家如荷兰、英国、法国。但是罗马毕竟没有工业革命,或许是因为他们不像英国,没有便宜的煤、铁等天然能源。

古代经济综论

古代人在经济资源匮乏的情况下努力发展经济，从满足生存需要的"面包"阶段，到追求品质与感官享受的"蛋糕"阶段。在这段艰辛的过程中，人类发挥了极大的组织力量，由聚落村庄到城镇、国家，甚至达到更大单位的帝国。通过帝国的殖民与战争，许多科技新知可以交流与传播，进而有利于经济的发展。

一、帝国组织发展的影响

帝国组织发展的过程（从萨尔贡的阿卡德帝国至罗马帝国）中充满了战争与征服；战争促进科技与生产技术的进步，亦有利于经济的发展，帝国政府所组织的远征军或商队对于科技的传播亦贡献良多。他们不仅将科技散播到极远的地区，同时又带回所需的原料、资源，对于经济的发展贡献颇多。中央政府所制定的法律亦对上古的社会经济发展大有帮助，如维持秩序，促进贸易成长、区域分工专业化和劳力分工等。

许多有利于经济发展的发想并非出于政府的规划或资助。上古人士很早就有"利润最大化"的概念，特别是在农业部门，在埃及的亚历山大图书馆中就保留了不少这类的作品。这些农业论著，有不少是写给大地主及其庄园经营者看的，目的在于教导他们如何增加土地的收成。

每个上古的政府组织都非常注意增加农业生产，并采取各种适应气候与地形的方法。以地中海区域为例，由于特殊的气候和地形，数千年来最适宜的耕种方式为旱耕或干耕法。至于中东或两河流域、埃及则采取密集式的灌溉法,灌溉农业需要高度组织与训练有素的劳力。由于灌溉耕种法成本过高,因此必须在使用率高的地区方才适用,至于人烟稀少、耕地分布疏阔的非洲、西班牙等地则不适宜。

无论哪种耕种法,均属于高度的劳力密集,亦即每个生产单位都需要密集的劳力,因此并非单独作业的个人或私人产业(中小型的自耕农)所能负担的。因此,基于利润、剩余产品、赋税等目的,农田的规模越来越大,最后出现了庄园制,即由大地主采取廉价劳力部队(如雇农与奴隶)的密集耕种方式。这种大单位、大地主、大庄园式的农业生产方式在越是肥沃的地区就越是流行。上古中东神殿、宫殿的农业生产,也是属于大单位的耕作方式。

二、造成地中海地区贸易繁盛的原因

若从同构型强的地理环境条件来看,地中海地区其实并不利于贸易的发展,尤其是到了公元前5世纪,几乎所有的地区都种植地中海三宝(谷物、橄榄与葡萄),产品单一。同时,地中海地区受到山、河、沙漠等地理分割,单一地区显得又小又独立,以至于市场不大,也难于仰赖外来的资助,因此各地皆尽力发展自给自足的经济形态。

从上述这些论点来看,地中海区每个小区生产的东西都极为相似,因此可交易的物品不多,但若更为仔细、深入地探究,其实每个小区皆有其差异,有的地区土地比较肥、比较平坦,雨水的分布与气候条件也都恰到好处,于是这些地区的产量不只能满足自己的需要,还有剩余;但是较贫瘠的地区,生产量甚至不够自己食用,必须要仰赖进口,这一多一少的情形就有赖于贸易交换。另外像雅典、罗马等大城市,由于人口过多,当地作物产量无法支撑所有人口,以至于他们需要大量进口谷物、橄榄油和葡萄酒。

除此以外,每个地区的制成品无论在样式、技术上都不尽相同,以至于产品差异性相当大,譬如陶器的样式就有很多种,即使是双耳陶罐,花样也非常多。又如，尽管每个地区都种植小麦，但小麦的品种也有很多种类，不同小麦的用途也不一样，有的适合做高级面包，有的适合做一般的面包，有的仅适合做啤酒。更何况，每个地区的人，他们的口味和品位也都不同，许多人不一定喜欢本地产品，反而喜好外国进口品。在这种情形下，地中海的贸易就变得非常重要而且繁盛。

地中海地区的实际发展显示出贸易的重要性，甚至让不少古代的思想家相信贸易是人类的天性。例如，柏拉图曾说："几乎没有一个国家不需要贸易。"亚里士多德也曾经说过："交易是人类的自然天性。"基督教早期的教士更说："上帝让地上充满了东西，但是他给每个地区一些特别的东西，于是基于需要的动机，我们彼此沟通、彼此分享，将我们丰富的东西给别人，再从别人那里接收我们缺乏的东西。"

考古资料也证明，地中海地区的贸易史源远流长。早在石器时代地中海地区就已有贸易的进行，到了苏美尔城邦时代，更是出现了有组织的贸易商队和贸易行为。城邦政府不仅支持大规模的商队，还派遣远征军。远征军除了进行经济掠夺外，也进行和平与自愿式的贸易活动，因此有时候掠夺和贸易是很难区分的。

早在公元前3000年左右，地中海东岸就已经出现专门从事地中海、埃及和两河流域转口贸易的民族，腓尼基人最为著名。腓尼基人应是最早的专业商人，他们甚至从事波斯湾、印度、红海间的转口贸易。有很长一段时间，腓尼基人成为埃及王室的特权商人或商业代理人。在他们贸易的项目中，最值钱的是塞浦路斯的铜、黎凡特的香柏木。为了便利商业的进行，腓尼基人还发展出许多商业与工艺技术，如紫色的染料，"腓尼基"（Phoenicia）之名便来自希腊文的"紫色染料之国"。

腓尼基人亦采取城邦之制，其中最有名的城邦为西顿和泰尔。繁忙的商业活动也促使腓尼基人发明简单的拼音文字。此外，他们还广建殖民地，遍及地中海沿岸，从北非、萨丁尼亚到西班牙，其中尤以位于北非的迦太基最为重要。腓尼基人还远渡大西洋到不列颠群岛的康沃尔（Cornwall）以取得锡矿。

第5章　伟大属于罗马：古罗马

地中海地区还有一群专业商人，就是希腊人。希腊人不同于腓尼基人，他们是从农耕民族转而行商的。早在迈锡尼时代，希腊人就活跃于爱琴海，从东地中海到西西里的海面上，都有他们的身影。后来经过黑暗时代，到了公元前8世纪，爱琴海俨然成为希腊人的内陆海。人口压力迫使希腊人发展有组织且大规模的殖民事业。当时，从黑海到今日法国南部的马赛均被称为"大希腊"（Magna Graecia）。希腊人通过殖民地将更多的民族拉入希腊的市场体系，甚至许多仍停留在新石器时代的"野蛮人"也加入了希腊市场，从而开始希腊化。

经济日益复杂，利润也随之增加，吸引了更多的人想要加入，于是就刺激了银行、保险、股份公司等金融机构的出现。这些活动都是因海上贸易而发展起来的，这是因为海上贸易需要的资金庞大、人手众多，风险也大。为了分配工作、筹集资金、分担风险，早在上古亚述时代就已经发展出两地分工的合伙关系，一方在产地负责收购与留守，另一方到远方去经营贸易。往后的"罗马法"对于合伙的损失分担、利润分配亦有详细的规定。

货币的出现，除了因经济的繁荣发展外，也彰显当时科技的进步。在金属货币出现以前，古人多用其他的实物充当货币，以作为价值的标准，更是交易的媒介。通常这些交易的媒介如麦、布料等物品并不出现在实际的交易行为中，而是以交易的货品换算成这些实物媒介。这种交易媒介与方式便于商业的进行，譬如可以使得来自不同地区的更多人士加入市场的运作，从而刺激经济的发展，终使古代经济摆脱孤立的基本生活维持经济（subsistence economy）。

公元前7世纪，小亚细亚出现了金属货币。金属货币不仅可以提升商人的声望，还有利润可图，于是很快地，政府就开始将铸币权收归国有。官方的货币上更铸有君主的肖像，不仅保证货币的公信力，更在彰显铸造者的荣耀。当时的货币其实属于金银混合的琥珀金（或称洋银），由于这两个金属的混合比例很难拿捏，于是出现纯金的货币，但市面上通行的还是银币。

为了搭乘海洋贸易的顺风船，古代人士对于船只也作了许多改善，例如雅典的战船是三层桨座，需要的划桨手更多，战船也跑得更快，是当时先进的科技之一，雅典因其财富和先进的战船得以抗衡波斯的霸权。尽管雅典进口贸易有逆差现象，但是可以经由船运和金融服务而得以弥平。总之，雅典赖其经济优势得以建设雅典，如推动大型的公共工程和建设巨型的公共建筑，最终造就了雅典文化的黄金时代。

不过，希腊城邦内部的纷争消耗了希腊的经济力，以至于不能抵抗亚历山大的入侵。相对的，亚历山大的东征适时地解决了希腊世界的问题：当时希腊世界正面临土地荒等经济与文化的困境，东征得以另辟新天地。亚历山大去世后，泛希腊世界仍维持了文化与经济的一统性：希腊语成为从印度到大希腊区的通用语言。例如，亚历山大港成为罗马兴起以前最大的都市，人口约50万人。亚历山大港得益于它的国际性进口贸易：除了传统的埃及出口品，如麦、纸草、亚麻、玻璃外，尚有四方进口的外国货，如非洲的大象、象牙、鸵鸟羽毛，阿拉伯和波斯的地毯，波罗的海的琥珀，印度的棉和中国的丝等。

第6章
退化的欧洲：中古欧洲的经济与社会发展

有关"中古"（medieval）的断代在史学上有不少争议。早期的史学家将中古溯至476年西罗马帝国的灭亡，晚近的史学家则将中古起始自6世纪，以罗马皇帝查士丁尼（Justinian，527—565年在位）的去世为起始点，因为查士丁尼是最后一位一心想要光复与统一罗马的皇帝，也是最后一位会讲拉丁语的罗马皇帝。

而中古欧洲的黑暗状况，昔日的史学家认为在罗马时代，居住于莱茵河、多瑙河以外地区的日耳曼等"蛮族"，都是不知耕种和没有文明的"野蛮人"，加上罗马沦亡后的大肆破坏，一直要到8—9世纪，欧洲才算复兴，因此在此之前的欧洲都属于"黑暗"的时代。但是近代考古学知识显示：这些"蛮族"在罗马时代就有农耕、工艺、贸易、城市等文明现象，只是没有罗马那么精致与发达。因此，真正的"黑暗"只有西罗马帝国刚刚灭亡的那一两百年的光阴。

而本书所指的中古，乃是泛指西罗马帝国灭亡后到1500年左右的文艺复兴时代盛期。书中提到的"中古欧洲"，其版图与现今的欧洲版图也有差距[①]，以至于方位的涵盖面亦有所不同。

10世纪以前的中古早期，现今的欧洲西部、南部统称为"西方基督世界"（Western Christendom）或"拉丁基督区"（Latin Christendom），即后来所谓的"拉丁欧洲"（Latin Europe），以别于10世纪以后陆续加入的东正

---

① 例如"欧洲北部"或"欧洲西北部"包括今日的不列颠群岛、斯堪的那维亚半岛（Scandinavia Peninsula）、低地国家（Low Countries）、德国以及法国中部和北部地区。"欧洲南部"则涵盖今日的法国南部、伊比利亚半岛和意大利等地。

教与非基督教信仰区（如波兰、俄罗斯和东南欧等地）。即使如此，在早期的"西方基督世界"里，地域的差异性也很大，区域间的疆界亦在不断地变动。

一、"黑暗时代"：当帝国退化为部落

自16世纪以来，欧洲的中古时代便以一个"黑暗时代"的形象存在于传统史学著作中。所谓"黑暗时代"意味着：自人之初开始为了生存与"面包"而与自然环境奋斗，然后经过披荆斩棘的惨淡经营，终于进入到了享受"蛋糕"的文明时期。为了享受"蛋糕"，人们必须加强组织，以分工合作的方式集众人之力，使用精良的工具，在管理与科技下，将"面包"的阶段提升到"蛋糕"的阶层。于是，到了享受"蛋糕"的时候，生产与经济生活乃有了更高阶层的目的——追求与经营精致的物质与精神生活。

然而，天不遂人愿，正当中古人们信心满满地享受文明成果时，却遭到人谋不臧、战乱等原因，好似晴天霹雳，于是人类好不容易积累了数百年、数千年的经验、知识与成就突然中断。人类再度回到追求"面包"时期的与天相争时代，竟日得为维持生命而奋斗；当所有的先进工具与技术随着文明而去的时候，人类只得重新拿起老祖宗的简单工具如耙子、铲子来耕地。相对应的，人类的生产与社会组织又由文明期复杂、精致的城邦、国家和都市回到了上古的乡村和村庄等单纯的组织单位。

但是中古欧洲毕竟没有完全退回到上古原点，因为两个时代在类似的轮廓下却有许多相异之处，我们将在后文逐一提及。

二、农具、庄园和马的重新发现

（一）土质、气候促进农具改良

中古欧洲以农业经济为主，但农业并非一直顺利发展，在此过程中，中古欧洲的农民从一开始就面临远比古希腊、古罗马农民更为困难与棘手的问题。

首先，古希腊与古罗马农民所耕种的土地多位于欧洲南边的地中海地

第6章 退化的欧洲：中古欧洲的经济与社会发展

区，此地区是已经数百年长期种植过的熟土①，农民积累了相当的经验，对当地的气候与土质都已知之甚详。但是，中古欧洲早期的日耳曼农民却大不相同，他们所耕种的土地绝大部分位于欧洲中北部地区，是属于人烟稀少的蛮荒地区或是等待开垦的处女地。

其次，两个区域的气候环境和土质大相径庭，例如位于欧洲南部意大利的土地多属干土，土壤没那么湿重，因此用耙子、铲子、锄头等简单工具就可以了。而且南部气候相对干燥，雪水没那么多，因此野草问题不太严重。

然而欧洲中北部就不是如此，因为环境多水（包括雨水、雪水和沼泽等），土壤非常湿重，必须先将水抽干，接着又要挖凿沟渠以便排水，然后还要再费力地翻耕，有时单靠人力或简单的工具还不行，还得发明些锐利的工具才可以。肥沃腐质多是欧洲中北部土质的一大特色，比起南部的土地更适宜农作物生长，但相对也适合杂草生长，因此中北部的野草长得快，容易蔓延，土不仅要翻得彻底，更要翻得深。两相比较下，欧洲中北部的气候与土地都不那么好处理，同时过去南部惯用的农具或技术在中北部也不一定管用，因此要在欧洲中北部发展农业，必须要有更精进的知识、劳力、工具与技术。

为了突破环境的困境，农民逐渐发展出锐利的农具，例如7世纪以后广为流行的铁制犁刀、犁套和轮子等，或是利用兽力操作重型犁车来犁田，才能翻得更深，同时也能节省更多的人力。实际上最早使用重型犁车的是东欧斯拉夫人，当时此地还不算是"欧洲"的地盘。中古时期，欧洲中北部的人们把重型犁车加以改良，并大肆传播，重型犁车并非来自他们的发明，这种勇于向外"借来"的能力，若加以整合或融合，即能造就更新的生产工具与生产方式。

（二）团结力量大

中古的重型犁车远比古罗马时代的犁具更为沉重，无法以单人或单匹

---

① "熟土"指已经开垦过的土地，曾被翻动过，质地疏松，更适合作物的生长。

牲畜之力操作。由于牛的力气不及马匹，且牛队较难管理，因此重型犁车通常用马队来拉，操作与管理马队就成为一门重要的技术与学问。同时，这种改良过的重型犁车造价较高，并非农民个人所能负担，因此农民必须集资合作，轮流或共同使用农具与马匹。生产工具的改良意外地将农民们绑在一起，故此时少有独门独户的农家，多是集体居住、集体耕作的村庄（village）与庄园（manor）。

（三）有效管理

在管理方面，中古农民有不少突破。首先是善待作为生产伙伴兼工具的马匹。人类使用马的历史极为悠久，但是古代人主要将马用于打仗或交通运输上，古罗马人虽知将马力用在生产方面，如耕田或推磨等，却是拿马当牛来用（战马除外），因此在马耕田或载货前并没有任何保护措施，随随便便拿一根普通绳子套住马的口与肚子，然后就让它们拉重物。罗马人也较不注重马的健康与营养，以致马的消耗量很大，如此不仅不能发挥马的经济效益，反而因马的早逝而增加成本。

图13 马匹犁田的情景

第6章 退化的欧洲：中古欧洲的经济与社会发展

相反，中古农民却重新发现马的用途，马匹除了是重要的作战与交通工具，同时也扮演生产工具的角色。为了善用马力，中古农民对马极尽照顾之责，如此不仅提高马的生产力，也大大增加马的使用年限，从而减少生产流程中的耗材成本。首先，中古农民为所有的马（不限战马）配上马蹄铁以及各式马具，如头套、马辔、马鞍，主要是减少马的身体与重物的直接接触，以免马因此而受伤，特别是拉犁的口齿、载货的马背以及走长程的马足、马蹄等是重点的保护部位。其次是加入较营养的燕麦和裸麦于马的饲料中以改善马的营养，最后则是注重马的健康与卫生。总之，如何养马、照顾马、使用马成为一门中古欧洲农民最重视的学问。

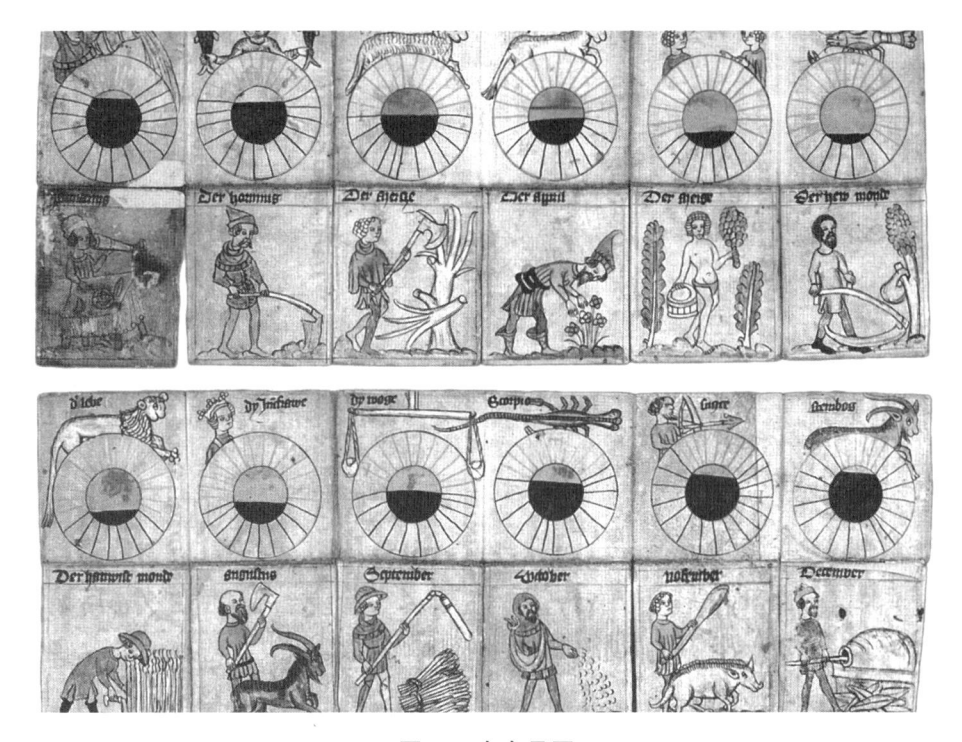

图14　中古月历

以图像的方式提醒人们每个月该做的农事。

除了马匹的保养与照顾外，中古农民对于土地的管理也相当重视。为了使土地能永续经营，恢复地力是土地管理重要的一环，中古农民采用的是轮种法。轮种法因地区、土壤的性质不同而分为二轮（二田）或三轮

（三田）两种。二轮种多分布于南部地区，因为该地区缺水、地贫，经不起密集式的精耕。二轮种乃是将土地分为两大块轮流使用，一块于秋天种植冬麦，另一块则闲置，偶尔锄锄草，或放牧牛羊；牛羊不仅可以吃草，其粪便亦有利于地力的重生。三轮种则多行于欧洲西部、北部，因为此地区水较多、地较肥沃，适宜密集耕种。三轮种将土地分为三块使用，第一块于春天种植，包括比较不伤地力的燕麦或有利于土壤肥沃的豆类，第二块于秋天种植冬麦，第三块则闲置，来年再依序轮流更换。三轮种最大的好处在于分散因天灾、虫害、植物病害而造成的饥馑风险，好使年年都有作物可吃。

以上是大致的情形，但每个地区其轮种或轮休的土地面积并非一成不变，而是常有机动性的变化。例如有的地区第一块春种的地比种冬麦的第二块地要大，这是因为冬麦较难种，比较需要看天吃饭，风险大，产量又不多，故一般农民不愿多投资于此。

种种迹象显示，中古欧洲的农民其实已具备相当的管理知识与追求利润的资本主义头脑。

（四）多元产出

除了传统的麦类栽植外，农民开始引进和改良其他作物，使作物更加多元，一方面能减少单一作物病虫害风险，还可以在不同的生长季节，种植不同作物。又或是简单地在房子的周围种植蔬菜、水果，饲养家禽，这样不仅能"地尽其利"，也可以使人体营养摄取来源更多元，特别是植物性和动物性的蛋白质方面的提升，对于体质与劳力的强化有相当的帮助。

然而，村庄或庄园的多元化生产固然能够分散风险，并达到自给自足的目的，但是付出的代价却是生产量降低，亦即每种作物的生产量都不高，无法达到专业化生产下的量产结果，以至于市场经济不发达。

而在庄园或村庄四周的土地，以及闲置的轮休土地上放牧牛、羊、马，则是常见的土地多元利用方式之一，特别是养羊的方式和上古粗放式的放养有很大的不同。

上古的粗放式养羊方式，费人力且需要较宽阔的空间，人和羊还得四

第6章 退化的欧洲：中古欧洲的经济与社会发展

处行走，既不符合经济效益，亦不适合作为农耕社会的经济副业。为因应农耕生活，中古农村采取安全、精致的围篱圈地放牧法，这种放牧法所需空间不大，而且可以集中管理与照顾，节省不少劳力，甚至连小孩都可担当照顾羊群的工作。但是这种精致的畜牧业不适合独立的小户农家，因为农家个人的土地面积有限，无法施行圈地饲养法。于是为了饲养利润丰厚的羊，中古时期的农家们必须集体居住，集众人之地养羊，以至于中古的草原地或放牧地都是村庄或庄园共有的，从而加紧了中古欧洲农村的集体化发展。

图15　牧羊人与剪羊毛的情景

养羊的主要产出物为羊毛，羊毛为农村带来极大的收益，使羊成为中古农村的主要动物，也是促进中古纺织业兴起的主要助力。在中古欧洲的村庄间非常流行养羊，特别是英国与欧陆的佛兰德斯（Flanders），在庄园中就有一部分的土地是供农民放牧用的公用地，但是后来因为羊毛的利润实在太诱人，以致庄园领主不仅鼓励养羊，甚至为了养自己的羊而侵占庄园的公共放牧地，导致贵族与农民经常因公共放牧地发生冲突，甚至引发农村暴动。等到15—16世纪，欧洲纺织业起飞，羊毛价格更是急速攀升，不少贵族强占公共用地乃至农民的耕地，以放牧自己的羊，这就是有名的圈地运动。这次圈地运动长达数个世纪，在这期间许多农民被迫离乡背井，或流落都市成为无产阶级工人，或漂洋过海移民至新大陆美洲继续务农。欧洲的农民人数因而锐减，工业时代开始。

（五）铁的利用

冶铁、锻铁和铸铁等技术的突破，亦是促成中古农村革命的一项因素。古希腊、古罗马时代即已盛行用铁，但铁多用在兵器或日用器皿类，至于铁制的工具，相形之下就少了许多。然而到中古时代，欧洲却大大不同了。铁多用来制作生产工具（如犁田的犁车、伐木的锯子和木匠的工具等），而很少拿来制作烹调的锅、壶等日用品类。中古欧洲无论在军事、制造业或农业方面都需要铁，由于铁的需求量大且质量因功能不同而有所区别与要求，以至于中古欧洲的铁匠在炼铁过程中研发出不少先进的技术与相关的科技知识，例如首先将水力、风力使用在动力或能源上的就是冶铁业，原始的鼓风炉即为一例。现今留存下来的许多中古文献仍可显示，铁匠在任何地方、任何村庄或庄园都非常受到民间与官府的重视和尊敬。

（六）村庄与庄园制度

中古农业经济因工作环境的需要，而发展出特殊的居住、生产、社会、政治与司法制度，即村庄与庄园两种不同的耕作制度。

大体而言，中古时期例行的农事如犁田、种地或收成等工作都是以村庄为单位的，因此村庄是中古耕作生产的基本单位，不过在村庄里仍以户（household）[①]作为耕种的工作单位或工作小组。庄园既是一个大于村庄且较复杂的经济单位，也是一个司法的单位，亦即农民纳税、力役、司法和政治管辖的单位。此外，庄园的生产流程与管理都较一般的村庄有组织与规划。以下我们就深入探讨村庄、庄园两者的真实面貌。

---

① 一般而言，中古的家户通常是两代到三代的大家庭制，包括祖父母、父母、子女，以及未婚的叔伯姑姑，或寡嫂孤侄，以及协助家务的一两位佣仆。事实上，中古的家户乃是结合血缘、婚姻与住所的一种组织，与今日纯粹论血缘的家庭组织不同。

第6章 退化的欧洲：中古欧洲的经济与社会发展

村庄的形成与日耳曼人的习性和早期的战乱背景相关。日耳曼人早在上古时代就喜欢群居，通常是同属一个家族或部落的成员居住在一起，这些聚落硬件结构简便，易于流动迁徙。基于此种传统，当日耳曼人入侵罗马并落地生根、发展农业的时候，他们很自然地就沿用这种聚落的形态，后来更演变成村庄，村庄的组织与结构都远比聚落要繁杂，以至于很难放弃或重建，从而限制了农民的移动性。另一方面，在战乱频仍的时代，聚众而居也有自卫与保护的功能，因而吸引了不少农民自发组成村庄，村庄是农民为了共同的利益而逐渐发展出来的社会组织，并非经过人为的事先规划与设计。当然也有一些村庄的组成乃是出于有心人士的鼓吹与发动。

通常大部分的村庄农舍位于村子的中央，每户人家围绕着水塘或青草地比邻而居，农舍的外围四周则围绕着耕地。耕地分成一条条的，每条长度约相当于一辆牛车或马车一天能犁的分量，因为要牛队或马队转弯是一件很困难的工作，所以直接将耕地规划为长条状，耕作起来比较便利。

村庄大小不一，可由十数家到上百家不等。到了9—11世纪城堡与大庄园盛行后，中古村庄组织更是普遍，而且多是围绕着具有安定力的城堡与庄园豪宅。此外，教区（parishes）的发展亦有助于推广村庄组织，因为教区石制的教堂对农民而言是安全、安心的象征，因此许多村庄多围绕教区的教堂建立，不少拥有圣徒圣物的教堂更是村庄聚集的中心。这种村庄的景观，一直到近代欧洲都还可以看到。

当村庄越来越具规模，都市却因长期不振而市场萎缩时，许多工匠如铁匠、鞋匠、木工、细木工和桶匠等遂陆续进驻村庄。相对的，当村民（以农民为主体）无法通过市场机制取得所需的工具时，更欢迎工匠入驻村庄。由此可知，中古村庄经济或庄园经济的发展乃是市场经济萎缩的产物，时人无法通过市场机制或贸易经济满足所需的时候，只好自己生产各式所需物品。无论如何，有了工匠的帮忙，村庄农民的工具、住宅等也日益精进，生活质量得以大幅改进，经济活动也开始活跃起来。不少稍具规模的庄园，还将这些制造业组织起来，成立工作小组，在固定的场所集体工作以便于管理和增加生产量，特别是由妇女组成的纺织队伍。譬如查理大帝（Charles the Great，公元768—814年在位）为了吸引妇女为他纺织，特别指示管家要为妇女提供良好的工作环境，包括羊毛、亚麻、染料等原料，以及梳子、肥皂、器物罐、油等生活所需。此外，妇女作坊还须有暖气、客厅，好使她们能在舒适的空间中努力工作。

总之，村庄不仅是中古百姓的经济与社会活动中心，也是宗教的活动中心。村庄中不仅有华贵壮丽的城堡或庄园主人的豪宅，还有农民居住的小屋以及耕种的田地，村庄中不仅有农民组织，也有工匠的行会组织，更有宗教的教会组织。值得一提的是，相对于上古存有不少桃花源式的孤立村庄，中古则鲜有真正遗世索居的孤立村庄存在。中古村庄与村庄间通过市集、市场或教会等网络彼此交流、整合，颇有助于中古欧洲的共识与认同的形成以及大一统中古欧洲文化的形成。

村庄对于中古经济与政治的发展颇有贡献。中古盛期至近代早期的村庄不仅成为自给自足的经济单位，还发展出小型的手工制造业与商业，村庄与村庄间的交易行为（市集）日益频繁，许多村庄因而发展成都市，或是刺激邻近的都市兴起，都市又转而加速村庄经济的活络。因此，欧洲经济的复苏乃至兴盛中，村庄实扮演重要的角色，村庄经济还有助于欧洲整合型市场的发展，即由村庄市场发展成都会市场，再至区域与国际市场，村庄是连接各阶层间的枢纽。甚至18世纪工业革命前后，村庄仍是制造业作坊生产的中心。

在政治管理方面，由于中古缺乏强而有力的中央组织，故中古的村庄多采取自治的模式。一般而言，村民每年集会一次，讨论土地重新分配的事宜，决定一年的作物和轮种的方式以及农具的使用方式等。村庄的重型农具（如犁车）与土地均是共有的，为了维持土地使用的公平性，村民通常一年或数年就会重新分配耕地，使每户或个人的耕地分布零散，致使土地与劳力的使用效率大打折扣，为历代史家与农业经济学者所诟病。

此外，即使附属于庄园的村庄，大部分的农业事宜也多由村民自行决定，贵族甚少干预，只有当事情摆不平时，庄园领主方才会插手仲裁。当然，村民其实很不喜欢庄园领主插手，因此为了避免让庄园领主有插手控

第6章 退化的欧洲：中古欧洲的经济与社会发展

制的机会，村民多会以协调、和解或妥协的方式自行解决争端。在利益、安全与自治的考虑下，村庄内部的凝聚力变得相当强，往往构成庄园领主权限或地主剥削的牵制力量，迫使贵族在司法管辖、租税与力役要求方面都不敢太过造次。因此，中古农民与贵族间的关系比较相安无事，不像后来工业社会中资本家与工人间的关系那么紧张。

另一方面，经过数百年的尝试与实践，欧洲的农民养成了彼此合作、自我节制与自治的习性，这种经验又影响了制造业、商业部门，成为后来公司与行会的源头，合作、节制、自治等精神对于后来的民主发展也有很大的贡献。然而，这种中古的村庄精神也有缺点，那就是抹煞了个人独特的个性。为了维持团体的和谐，中古社会非常不鼓励个人个性的发展，任何"特立独行"的思想或行为在中古社会都会受到严重的打压与排斥。

中古欧洲的庄园主要由庄园领主和农民构成。8世纪中叶以后欧洲逐渐发展出庄园制度，并有区域性的差异存在。一直到11世纪，欧洲也只有西部部分地区比较盛行，当这些地区的庄园制度不再盛行后，东欧地区方才开始发展庄园制度（约从15世纪开始）。大体而言，农业经济比较发达的英格兰西南部、法国北部、日耳曼西部等地区，庄园制度既发展早，也较为盛行；而意大利南部等古老农业区则较不盛行庄园制度。不过这些农业发达的地区，庄园制度或农奴制度也崩解得早，如法国、日耳曼西部、西班牙等地区。到1200年时，农奴已不再是农民的主要组成分子，英格兰的农奴在1300年时已很少见。

契约式的封建关系将领主与农民维系在一起。庄园领主对于农奴具有保护与照顾的义务，而农奴则对庄园领主有尽租税、力役、顺从和效忠之责。中古早期时，农民还有自由农与农奴之分，自由农拥有自己的土地与工具，仅以劳力换取庄园领主的保护，有的还有余力向庄园领主承租土地耕种，法律上是自由人地位；农奴的土地与工具俱被视为庄园领主的财产，除了力役外，也有许多人身限制。然而随着岁月的流逝，自由农与农奴间的区别日益模糊，很多自由农实质上都沦为半自由的农奴。

庄园领主则通常属于贵族、教士、修道院、国王或大地主阶级，但不是所有庄园的土地都属于庄园领主私人所有。庄园的居民必须对领主尽一些经济义务，如协助耕种或缴纳地租（tallage），同时还得受庄园领主的司法管辖与控制。有些庄园领主可以拥有一个以上的村庄，作为他经济来源和司法管辖的领域。

中古农奴的出现实与其时代背景相关，古罗马时代的农业生产力主要依靠奴隶，奴隶则大部分靠征服与扩张而来，有不少奴隶来自日耳曼。但是等到日耳曼人入侵后，奴隶的取得变得越来越困难，于是欧洲的农业生产力只得仰赖一般的自由农，原来在土地上耕种的奴隶也趁机取得自由，成为自由农或半自由农。另一方面，时局的动荡不安，又促使好不容易抬头的自由农为了寻找保护与安全，不得不携带自身的劳力、土地和自由转而投靠强人旗下，如教会、修道院、日耳曼军事强人或原罗马帝国的贵族后裔。相对的，这些强人急需农民的劳力以生产粮食，因此在双方各有所求的情况下，农民仍可以保留一些权益，而不至于完全沦入昔日奴隶的地位，遂演变出半自由的农奴。

中古农奴以租税和力役的义务关系而附庸在地主、领主、贵族之下，或是被绑在土地之上，这些束缚或附庸关系严重限制农奴的人身自由，但是比起古代的奴隶，中古农奴仍拥有一些人性的尊严，譬如农奴不是庄园领主的私人财产，因此庄园领主不能任意地贩卖农奴，也不能任意拆散农奴的家庭。农奴的生活也较罗马奴隶要有保障，至少农奴的耕地可以世袭，领主不可以任意收回，农奴的待遇和权益更受到宗教伦理的保障，农奴在尽完对领主的税赋责任后，就可以自由处理剩下的粮食或劳力。

根据一份900年左右的文件记录，我们大概可以窥测庄园形成的动机和运作的情形。根据记载，有14户人家基于安全或宗教的理由而将其土地献给一位修道院院长的庄园，条件是每人每周必须为庄园领主工作一天，由此可知，庄园制度是建立在双方的协议上，而非强取豪夺或征服上。

庄园领主有如历代的大地主，会将多余的土地出租给农民耕种，通过收取农民的租税与力役服务作为经济来源。他们通常不会将所有的土地都放租出去，而会保留一部分作为自己的领地（demesne，又称"私地""直属地"),这块领地往往与农奴的耕地混在一起,不是完整的一区。农民在耕种完自己的耕地后,有义务为领主耕种领地,通常是一周三天,遇到播种与收成时则延长工作时间。一周三天是当时公定的协议,虽非成文法却具有习惯法的效力,庄园领主不能要求额外的服务,如有额外的劳力需求,则必须出资雇长工或短工。这种雇农在庄园中非常普遍,其工资则视经济是否景气、劳力市场的供需而波动。在劳力市场不景气或土地市场紧缩(即土地荒导致土地价格上扬)的时候,雇农的收入甚至高于自耕农的收益,因此自耕农与雇农交错为业经常成为中古家庭改善经济的一种策略。

除此以外,如果领地上刚好有农民需要的水源、木材、牧地等设施,农民使用时则需付费。不少精明的庄园领主还会另辟财源,要求农奴付费使用如用水力或风力发动以磨麦的轧磨机(即"磨坊"、水车或风车)、简单机器操作的榨葡萄机、烤炉等器具和工具,或要求购买庄园领主经营的铁与盐,以从中抽取利润。对于这些额外的"付费服务",农民通常采取消极或阳奉阴违的态度。如果庄园领主采取高压的强制性措施或是抽取高额的利润,例如将农民自制的手工轧磨机没收以强迫使用主人的机器轧磨机时,就会遭到农民强烈的抗争行为,甚至演变成农民暴动。因此机器与手工轧磨机之争就成了中古农民争取权益与自由的象征。①

除了以上帮忙耕种地主的领地和缴纳租税外,农奴尚有其他的义务。如在收成的时候和一些特殊的节日里,农民必须以部分收成或实物赠送给地主,如复活节送蛋、圣诞节送鸡等。此外,当庄园领主举办婚丧节庆的筵席,或大兴土木时,农民也得出点力役,但这些亦有所限制,通常一年不能超过40天。

领主最重要的工作是关注庄园"劳力与地租"的永续发展,所以领主会以各式补偿税维系庄园。譬如,在庄园制度下土地的承租是世袭的,但

---

① 最后缺乏经济效益的手工轧磨机或碾磨机多不敌机器轧磨机(以水力或风力驱动),但仍可从这种演变过程中窥见农民与领主间的微妙关系。

是当父死子承时，儿子或女儿必须缴纳遗产税（heriot）给地主，以象征重新续约。另外，由于农奴对于主人有尽力役之责，所以农奴女儿若出嫁会被视为主人劳力的损失，因此农奴嫁女儿时必须纳税给主人。当然基于劳力的需要以及封建的束缚，农奴不能随意离开庄园或村庄，必须得到庄园领主的同意或以付费方式换取迁徙的权利。

在司法权限与人身控制方面，庄园领主拥有组织庄园法庭的权利，以处理农奴间的争执、惩罚顽劣或行为不端的农民，或是强迫农民尽应尽却未尽的庄园义务等。由于庄园法庭亦有维持社会秩序的功能，因此上法庭的农奴必须缴纳法庭税。有的庄园领主因拥有过多的村庄，还会在所属的村庄中设立代理人（bailiff，即"村庄管理人"或"领地法官"）监督庄园法庭、耕种情形以及租税和力役安排等。最后，农奴还得缴纳地租，理论上地租并没有固定的税额，庄园领主可以片面制定税额，但是习俗惯例与农民的集体力量会限制地租的税额，致使庄园领主不敢任意摊派或提高地租的税额。简而言之，庄园有如小型王国，庄园领主即该"国"之领袖，他几乎拥有司法、军事、政治、安全、经济与社会等各项功能和权限。

尽管没有类似近代国家的宪法或法律来限制与规范庄园领主的权力，但他们也不能肆意妄为，毕竟在中古庄园制度下，保障农民权益的就是习俗、习惯或惯例，任何过去没听说过的、没有先例的，现在与未来也都不能施行；过去的旧例为何，现在与未来也只能遵例办理。当庄园领主要更改旧例或开创先例时，就必须面对农民强大的集体反对力量，这种集体的反对力量往往促使庄园领主知难而退。另一方面，中古农民也常借口庄园领主未尽保护、照顾之责，或是破坏习俗惯例而大举起义之旗，于是在农民暴动的压力下，庄园领主也只好随时倾听农民的意见。因此，农民在中古政治或公共领域中，绝不像传统史家所说的乃是一个"没有声音"或完全遭到漠视与压榨的阶层。

（七）制度的崩解

1. 中古农业革命

中古欧洲早期经过长期的战乱后，人口一直都没有增加的迹象，甚至

第6章 退化的欧洲：中古欧洲的经济与社会发展

到了7世纪初，人口仍没有回升，还呈现下降的趋势。直到8世纪中叶后，欧洲人口方才开始逐渐增长。

经过长时间的恢复，终于熬过早期战乱与重建时期，进入11世纪后，欧洲的秩序已大致稳定，经济前景日益向好，从而刺激了人口的增长。人口的大幅增加又转而刺激经济的蓬勃发展，尤其是粮食市场。人们努力开发各种新生地，10世纪下半叶到12世纪的这段时期，几乎所有的地区都有农村或殖民地开发的痕迹，例如日耳曼人的移垦区延伸到了易北河（Elbe River）以东的斯拉夫人活动区，北极附近的冰岛和格陵兰也出现了斯堪的那维亚诺曼人的殖民地。今日荷兰、比利时低地国一带的沿海地区更因当地人发展出一套填海的技术，而出现了人造的海埔新生地。不少地区的开发如法国北部与塞纳—马恩省河盆地等，甚至达到饱和的极限。

10世纪下半叶到12世纪这段时期，欧洲农地不仅大幅增加，农业生产也持续增加，以至于有多余的粮食足以释放过多的农业人口从事其他行业，如制造业、商业和文化业等，不仅能养活日渐增长的人口以及各行各业的人，甚至还有余产可以从事贸易，终至商业振兴进而带动制造业的蓬勃发展。这段时期农业科技与技术亦突飞猛进，其积累的技术与知识对于后来的商业与制造业的起飞颇有帮助。因此，有些史家将这一段期间的农业发展称为"农业革命"，这段时期农业更为商业化、市场化[①]，更为专业、多元。

11世纪开始，欧洲人口的激增导致粮食市场热络以及粮食价格大幅上扬，于是无论是庄园领主还是农民都希望能抢搭这股风潮，希望快速积累财富或改善自身的经济与社会地位。这时，墨守成规的庄园制度就成了严重的绊脚石。刚开始时，不少庄园领主积极地在自己的领地上种植经济作物以换取现金，以致急需廉价的劳力。庄园领主为了增加自己领地的生

---

① 中古欧洲的农业经济绝非传统史家所认为的"以物易物"的自然经济，货币在农村中并未完全消失，例如农民所缴纳的庄园税中有部分必须是钱币形式，且随着乡村手工业的发展和粮食生产的增加，货币与市场经济逐渐振兴，此时的农业革命更为加速农业经济市场化与商业化的脚步和幅度。

产，却又不愿增加成本，于是加强对农民的经济压榨，如增加农民力役的时间并提高租税或地租的税额。相对的，农民则希望减少经济要求，并提高雇农的工资，至少能维持惯例与现状，即所谓的"古代权利"（ancient rights）或"领地权利"（demesne rights）。在无法达成共识与协议时，领主与农民间的冲突在所难免，甚至往往以激烈的暴动形式收场。

农民的消极抗议和激烈的叛乱，促使领主认识到束缚劳力或强制性劳力缺乏经济效益，且难于管理。另一方面，人口的增加致使农村的劳力市场因供过于求而工资低廉。相对的，土地价格却因开发极限和人口增加而大幅上扬，以至于许多农民宁可租地耕种或转任领取固定工资的雇农。这种情形对于拥有土地却缺乏劳力的领主而言实为利多的机会，于是许多领主遂将领地分租出去以坐收租金，或是雇农耕作生产。就这样，昔日的庄园领主逐渐放弃农奴制而改采工资雇农的方式，许多力役也换算成金钱缴纳。当一切的交易都可以通过金钱的媒介达成时，领主也就不一定需要整日待在庄园里监督农耕的生产事宜，或是亲自监督仆役是否玩忽职守。因此，不少这类的领主在取得大笔现金后，遂雇用经纪人代为经理庄园财产，自己本身则离开庄园退出农业生产行列，另行转换活动跑道，如政治或企业经营，成为新一批的政治与都会精英。

2. 自由村庄诞生

农民面对新兴都市的吸引力，加上到处都有新地开垦，处处都有需要劳力的大好经济机会下，可以向外寻找更好的工作。于是为了留住农民的劳力，也为了鼓励耕种，这些领主只得大幅改善工作环境，诸如大幅降低租税、放宽人身限制和提高工资等。例如在12世纪中叶，法国北部兴起了许多"自由村庄"（free village），这是领主为了招募农民开垦新地而成立的"自由村庄"，建立在领主与村民同意的特许状基础上，一如中古城市的自由特许状。

在"自由村庄"的特许状中，领主同意将村舍与土地租佃给村民。当领主坐收租金后，他就不得再征收其他的税，亦即凡是村民以其劳力或牲畜生产的产品，领主均不得另外征税。领主既无法强制村民做非自愿性的

第6章 退化的欧洲：中古欧洲的经济与社会发展

工作，也不能强迫村民购买领主销售的产品，如酒等，不能禁止村民购买市集或市场上的商品。村民在完成租税义务后，且没有涉及任何犯罪行为时，可以自由离开村庄。村民还可以自由使用一些天然资源，如木材等。特许状对于村民使用公共牧地与豢养牲畜都有所承诺与保障。最后，在司法方面，领主也不可以任意裁决，必须尊重公开审判的原则。值得注意的是，昔日的村庄协议是建立在习俗惯例之上的，但是新的"自由村庄"却是建立在具有成文法效力的特许状之上，对于领主和村民都具有更进一步的制约力量。

"自由村庄"的出现，给予农民更多的独立空间以及财产权的保障，农民的生产意愿因而大幅提高，导致生产激增。在新的财产权制下，农民对于自己生产的产品、自身的劳力更能自由地运用。在此之前的领主税多以实物、劳力为主，以至于领主对于农民之成品、财产、劳力控制至严，包括耕种的继承权、遗产税、赋役等，在领主强力的控制下，农民没有完整的财产权，对于自己的产品也无法掌控与处置，故生产意愿不高，市场亦无由开展。然而，"自由村庄"在特权、契约的保护下，农民对于自己的财产、劳力均可完全处置、拥有与使用，因此生产意愿高。

一如庄园领主，中古欧洲农民也希望尽量利用这大好的经济环境，在这过程中他们也同样感受到村庄或庄园制度的局限性。中古农村或村庄中原本即有贫富的阶层化现象。那些体健力强的农民，以及原本就拥有自己的土地与工具的农民，或是善于经营如奶酪、烘焙和酿酒等副业的农民，或是拥有手艺的农民，都是村庄中的富农。这些富农在平时就享有较多的资源分配与经济优势，现又逢经济景气，更能利用既有的经济优势赚取丰厚的利润。不少法国与意大利的农民趁着粮价上扬的时候，努力生产粮食作物以换取金钱，购买更先进的生产工具与更多的土地，接着再将土地予以重新分配，进行更有效益的管理，例如将部分土地改为生产葡萄、橄榄等经济作物，另一部分作为放牧羊群用。有的家庭则趁着工资大幅提升的机会，鼓励部分家庭成员投入雇农的市场，或是投入新兴都市的经济活动，使家庭与个人的财富都呈现高度增长的趋势。

然而,就在这个时候,这批具有强烈经济意图的农民却发现原来的村庄与庄园制度限制过多。除了力役、迁徙限制等封建束缚外,中古村庄所讲究的公平、和谐与集体主义,也在阻碍农民追求经济福祉。当他们积累了不少的财富后,更是对于自己经济与社会地位的落差感到不满,于是极力鼓吹废除庄园制度、农奴制度,并致力于追求自由与平等的社会地位。总而言之,这些略有资财,且拥有强烈经济企图心的富农与中农,他们往往又联合新兴都市中具有相同处境的不满分子如工匠和商人等,企图改变中古的庄园制度与封建秩序。

至于其他无以自立的贫农,庄园制度对他们而言仍具有保障与安全的功能,一如该制度初形成之时。在13—14世纪的抗争运动中,他们均属于弱势族群,无法发挥力挽狂澜的作用,因此对于庄园和农奴制度崩解的趋势并未发挥反制的作用。

终于,在经济效益、经济福祉与农民集体的抗争与骚动的作用下,西欧盛行了一两百年的庄园制度和农奴制度自然无法维系。当庄园与农奴制度崩解后,不仅昔日的农奴因享受到被解放后的好处而不愿再走回头路,即便是过去的庄园领主与贵族也有被解放的感觉,从而也享受了被解放的许多利益。于是,无论是领主或农民无一再留恋过去的庄园制度,终于导致庄园制度、农奴制度在完成历史阶段性的任务后一去不复返。

3. 农垦运动大爆发

导致中古庄园制度崩溃的原因尚有殖民的农垦运动。13世纪以后欧洲人口激增,耕地不足,迫使农民觅地开垦,许多工商、政界人士亦提供各式规划、资本、技术和组织,以协助农民开垦新地,并给予各式鼓励,这些新垦地大部分都是以"自由村庄"的面貌出现的。"自由村庄"的兴起亦有助于地方君主、公侯势力之兴起。因为只有地方大君主、公侯拥有强大的财力支持向外开垦,这些公侯、伯爵(领主型的诸侯)提供资金、工具,并保障安全,以招募专业的农民到新的土地上进行农业耕作。这些君主与开垦农民订立特许契约,遵照自由村庄的模式,诸如保障继承权、财产权,给予独立自主的经营权等,作为农民的生产诱因,农民亦转而支持

第6章 退化的欧洲:中古欧洲的经济与社会发展

公侯的政治势力。①新的殖民小区都是采取有规划的村庄建筑,并实施三轮制,许多村庄的规划一如城市,有整齐的街道与空间规划,像是卫生设施、公共集会场所、活动所用之地等。

部分城市也开始推广类似的农垦运动,主要以生产足够的农产品为考量,在城市周围的空地上招募垦殖,确保供应城市所需的麦、蔬菜、水果、肉类以及城市制造业所需的原料如染料、羊毛等,不少乡村的工匠基于市场与生产等考虑,开始移居附近的城市。于是乡村不再是自给自足的经济体,乡村提供城市所需的粮食、原料与市场,而城市则把工具、信息、制造品提供给乡村,逐渐出现城乡分工的情形。

新的村庄施行新契约,庄园主人同意开放自由管理与经营,并将劳役改为租税,且提供继承权等,即沿袭自由契约、自由权等模式。不少庄园主人开始移往城市,不再居住于庄园中,也不再经营领地,而是将领地租给农民,改为坐收租金,农民则以个人或集体的形式承租土地。无论哪一种情况,庄园主人都放弃了行政与司法权。庄园制度于此破坏。

此波的农垦运动还带动了制造业与商业的蓬勃发展,新小区的成立更带来广大的商机,如建筑业与家装业等。新的农垦运动则带动冶铁、生产工具的制造业,科技也随之进步,因为农垦运动需要更有利的工具,欧洲整体经济也因此更繁盛,甚至出现新的面貌与结构。

在新一波的农业经济中,畜牧、家畜业比例大幅降低,因为大部分的土地移作种植用,不再有足够的空地饲养牛、羊等牲畜。农民也没有过多的闲暇时间照顾鸡、鸭、鹅等家禽,因此,肉类的产量降低了。但是不少具有经济价值的牲畜如绵羊等则改以专业化生产,而不只作为农家的副业。欧洲农民的肉类食品因而减少,蔬菜、水果类的食物比例则开始增长。

还有一个有趣的现象是马耕取代牛耕后,牛沦为食用肉品的来源之

---

① 后来的君主、国家,如普鲁士等国,都是支持殖民运动的大赞助者,他们亦从殖民运动中建立权力。大型政治单位因而出现,终至近代国家组织的出现。

一,牛肉的食用量开始增加,马肉的食用量则大幅递减。当蔬菜、水果需求量增加后,农民开始用心照顾自家的花园、果园等农艺产品。这些农艺产品多为市场生产,不少农家甚至改为专心经营蔬菜水果的生产。

除了蔬菜水果外,因为纺织的兴盛,亚麻、染料等植物之生产量也开始激增。这些原本俱属于园艺类、花园生产的作物,现在则有取代既有粮食作物的趋势。不少村庄甚至放弃粮食生产,改为生产经济作物与制造原料。

4. 庄园制崩溃后的社会

农民、工匠与商人摆脱庄园束缚后,其劳力遂可自由流动,以支持不同地区、不同生产部门的需要,终使欧洲的经济生活更加多姿多彩并充满活力。另一方面,当庄园领主以金钱雇请他人代为管理庄园后,就不用再固守庄园,这对于后来欧洲的政治、社会与文化发展也有深远的影响。

除了农工游走于各地劳力市场之外,庄园领主也可以离开庄园四处游走,如朝圣、观光旅游、游学,甚至参加十字军走出欧洲。这些活动不仅扩大了中古精英的见识与视野,更进而扩张了欧洲人的活动空间以及提升自身的文化素养。昔日的庄园领主在取得行动自由后,不少人选择以新兴的都会或宫廷作为他们活动的舞台,从而刺激并加速都市与宫廷生活的兴起。转换舞台后的领主,所关心的不再是经营庄园的琐碎事宜,而是如何以手上的大笔现金,以及无穷的精力从事其他的创作或改善生活质量,特别是精神生活层面,精致的宫廷生活与骑士文学就是此种背景下的产物。

总而言之,中古盛期的灿烂文明与王国政治的长足进展,都与庄园制度的崩解、领主和农奴的解放相关。无怪乎中古精致的生活、文化与世俗文学,还有奢华的宫廷文化,都是从最早摆脱庄园束缚的法国和英国开始的,而这两国也成为欧洲最早的两个王国组织。

5. 另一波新危机

中古盛期繁荣的经济气象一直维持到14世纪中叶,黑死病等疾病导致欧洲人口锐减,粮食因供过于求而价格大跌。接着欧洲经济陷入危机,粮价不断下滑,工资上涨,制成品价格也不断攀升,农业经济危机导致整个经济的衰颓。另一方面,因人口锐减以至于劳力工资上扬,尤其是制造业的工资更是节节高升,以至于制成品价格居高不下,农村亦深受其害。粮价与市场利润因不敷制成品所需,以至于农村萧条。

农村萧条的受害者不只限于农民,地主、贵族等依赖土地财富者俱受其害。贵族地主因为租金下跌、工资昂贵而获利萎缩,甚至赔本。许多地主贵族因而放弃耕种,让土地荒芜,于是再度产生土地重整的现象。许多贫瘠的土地被放弃,地主集中全力耕种沃土,贫瘠的土地则沦为牧场、林地。农民开始往肥沃土地、精华地区迁移,边疆与边缘地区遭到遗弃,致使人口更为集中,对于往后都市、市场经济的发展颇为有利。农民除移居外,也转业、转战都市的制造业,这使得制造业、商业因人手多而开始分工专业化。

农村经济的日益恶化,除市场萎缩外,农村秩序的破坏亦为其因:不少依赖土地经济之骑士、贵族沦为盗贼,以掠夺弥补所得,维持生计,以至于乡村秩序大坏,乡村变得更不利于人居与生产。此时有不少贵族的叛变,便是因为受到经济的刺激。相对的,贵族的叛变反有利于君权的扩张。君主趁机收拢民心,消灭叛乱的贵族,进而扩张君权,不少城堡就在这波变动中被铲除了。日耳曼地区的残破与动乱,就是源于此波的经济危机,无须等到宗教战争、三十年战争。

三、以"抢夺"为主的商业

(一)中古早期的掠夺与礼物经济

5世纪西罗马帝国灭亡后,许多商业机制如生产、供需市场、货币、交通等也在帝国沦亡与战乱纷扰下中断,一时间正常的商业行为无以进行。为了满足交换物品的需要,中古早期遂改行其他的交换经济,即所谓的"掠夺与礼物经济"（economy of pillage and gift）①。掠夺经济并不是始于中古欧洲，其实远在上古时代，当游牧民族无法通过正常渠道取得农耕产品时，就往往诉之暴力的掠夺方式。掠夺的项目多是游牧社会需要却又无法生产的农耕产品，如粮食作物、工艺制品，特别是精美的服饰、金银首饰等足以象征社会地位的奢侈品，还有就是提供奴隶来源的农耕社会成员。一旦游牧与农耕社会建立起正常的交换货品机制，如馈赠礼物、朝贡贸易以及一般的商业通道后，掠夺经济便退居幕后，并被其他经济行为取代。

不同于上古游牧民族所行的掠夺经济，中古欧洲经营掠夺经济的"蛮族"并非游牧民族，这些"蛮族"多以务农和战争为业。他们本来就具有生产农耕产品的技术。因为他们居住的欧洲北部（阿尔卑斯山以北）富有铁矿和可供燃烧的木材，因此"蛮族"很早就知道制铁，如农业需要的铁制工具，以及战争和掠夺需要的武器等，"蛮族"也利用这些铁器与其他人进行交易，换取所需的物品。

只是在离乡背井的迁徙过程中，"蛮族"丧失了土地与生产工具，到了新环境又缺乏正常交易渠道，便改采体制外的掠夺方式取得所需。事实上，中古"蛮族"掠夺的主要项目亦与上古游牧民族不同，中古"蛮族"以土地和贵重的奢侈品为主。掠夺所得的土地和奢侈品也多由"蛮族"的国王和骑士等武士瓜分，并非由全体人民分享。一如上古人士，一旦正常的商业机制建立起来后，掠夺经济便功成身退，因此中古欧洲的掠夺经济即盛行于初期，当时一切秩序尚在混沌状态。

在中古早期的礼物经济中，值得注意的则是西方的日耳曼王国领袖与东方拜占庭帝国间的礼物往来。日耳曼诸侯国王与达官贵人早在入主西方前，便已熟悉并仰赖古罗马的文物与奢侈品，如金银首饰、先进的工艺成品与贵重钱币等货品。这些贵重货品随着西罗马帝国的沦亡而缺货，西

---

① 在经济学上，掠夺与礼物经济尚有财富转移、财富集中与交换物品的作用，亦即将民间少额的财富集中至几个强权的手里，颇有"税"的意涵与作用在内。

第6章 退化的欧洲：中古欧洲的经济与社会发展

方不能通过正常的商业渠道满足需要，只好靠外交礼物的方式取得。拜占庭亦顺势以这些贵重货品作为外交工具，借以消融西方"蛮族"向东的攻势，或是用以分化西方各"蛮族"以达到"以夷制夷"的目的。除了官方代表外，尚有民间的朝圣客、学者、观光客、传教士等均扮演了昔日东西贸易商人的角色，因此西方人士未曾在东西贸易中缺席过。在这段时期，除外交的礼物交易外，东西方的贸易仍持续维持罗马帝国时代的地中海贸易，贸易的商品仍为传统的地中海商品，包括橄榄油、葡萄酒、纸草、香料、金属、奴隶。

通过这种礼物的交易，东西方之间虽缺乏正常的贸易渠道，却仍能达到"互通有无"的目的。近代的考古学家在许多中古早期的墓葬中发现不少来自东方的贵重物品，即证明东西双方并未因西罗马帝国的沦亡而中断往来。

总而言之，"掠夺与礼物经济"之所以盛行于中古早期，在于古罗马的商业网络崩溃，新的网络又尚未建立，再加上交易媒介货币又不足，致使中古早期的"蛮族"国王、贵族、武士以及教会人士等无法通过和平及正常渠道满足其物欲之需求，特别是土地、武器、钱币、高级日用品、金银装饰品等足以彰显其社会地位的奢侈品。这些物品在他们建立自己的政治权力中心、尊贵地位的过程中尤为重要，于是当正常的市场经济与商业行为尚未发展完备时，他们只得以其他经济方式满足所需，并补足商业贸易之所不足。

在掠夺与礼物的经济运作下，先是国王以掠夺、贡物和礼物的方式从邻近地区的部落、邻国、都市等地取得贵重的领针、戒指、杯子、盔甲和钱币等。然后，国王再将这些贵重物品按照功绩等标准分送给下属的侍卫、武士和随从等人。事实上，这种馈赠或赏赐相当于下属对国王服务与效忠的酬劳或回报。这种情形使得"掠夺与礼物经济"的行为更具社会与政治意涵。事实上，早在日耳曼民族尚未入侵罗马帝国前，他们在自己的部落中就已经施行这种礼物经济，酋长借着馈赠礼物而彰显他的经济与社会地位。甚至到了中古时代，层层的封建附庸关系中就有一部分是建立在物品的赏赐与交换上，而分配的方式、数量与贵重程度则与社会关系、权力关系相关。在这种社会中，直接贸易的分量与受重视程度都不及礼物经济。

大体而言，在"掠夺与礼物经济"的运作下，散在各处的民间财物以掠夺的方式向上集中到领袖阶层如国王或诸侯手中，然后再以赏赐、礼物、捐献或酬劳等方式再分配出去。在分配的流程中，奢侈品几乎只有在上层社会中流通，而一般性物品则会再往下渗透到下层的农民与工匠。

从"再分配"的角度来看，"掠夺与礼物经济"和古代社会的宫殿及神庙经济颇有异曲同工之效，都是正常商业尚未发达前的一种货物集中与再分配的行为，借以达到"货物畅通""互通有无"的目的。古代的宫殿或神庙主要靠贡物、捐献与租税等方式取得下层的物质，然后以赏赐、酬劳或薪资等方式再分配到社会各阶层。中古早期的欧洲尚未建立起一套收取捐献或租税的正常机制，因此只得靠强制性的掠夺方式取得货品（包括土地在内）。除了掠夺外，贡物、捐献与租税行为仍在进行，只是由于权力分散，而导致货品无法高度集中在一个政治中心的手中。譬如，捐献仍大行于教会体制中，但是世俗领袖所能分享到的却非常有限。于是，"蛮族"出身的世俗领袖只得仰赖掠夺取得并集中民间物资。

当货品集中到国王或诸侯手中后，他们再以赏赐、馈赠或捐献的方式分配出去。通过这些再分配的过程，国王与诸侯建立了与其下属间的隶属封建关系，也建立了与教会的友好关系。取得赏赐、礼物与捐献的人士或机构则再以礼物、酬劳等方式分配给下层为其服务的农民和工匠等人士。如此一来，货品虽然无法通过市场机制达到"畅其流"的目的，却能通过其他的经济行为达到此一目的。

（二）钱币问题

除了掠夺与礼物经济外，中古的商业行为仍时断时续地进行着，从未完全中断过，即便是远程贸易也未曾断绝。虽说中古的村庄与庄园均属自给自足的经济单位，但是仍有些天然资源如制造工具所需的铁、铜，以及民生用品盐等，必须靠对外交易方能取得。然而一如农业经济，中古欧洲在发展商业与贸易的过程中却是问题重重，最先要面对的就是钱币问题，

第6章 退化的欧洲：中古欧洲的经济与社会发展

这是发展商业与贸易所需的媒介。

昔日史家一再强调中古欧洲又回到远古"以物易物"的原始交易行为，然而中古欧洲的情况与远古时代其实大不相同。在远古时代，先民施行"以物易物"的交易行为是在缺乏货币观念的情况下，但是中古欧洲早期的人士一直都有货币的观念，并继承了不少古典的经济货币知识，他们之所以会退回到"以物易物"的自然经济状态，乃是受限于现实环境而不得已的无奈之举。此时的欧洲缺乏铸币所需的金银等贵重金属，所以没有办法铸造足够的流通市场的钱币。

在这种缺乏钱币的情况下，中古早期日耳曼人多以奴隶来换取他们所需要的货品。许多战俘或掠夺来的人民都被当成奴隶的来源，当时奴隶买卖的范围非常广，奴隶甚至成为交易的货币单位。当时许多商人都以奴隶来支付东方的奢侈品，以供应贵族、国王或教士的需要。而当伊斯兰人征服西班牙时，更是提供了成千上万的奴隶。查理大帝与维京人的入侵都造就了无数的奴隶，等到战争结束后，欧洲人又往东欧开发奴隶来源，也就是斯拉夫人，据说"斯拉夫人"的"slave"就是源于"奴隶"。尽管教会人士谴责将信徒卖给非基督徒的行为，但是他们并没有谴责奴隶制度本身。

除了奴隶外，欧洲人也曾经用其他的物品如衣服、布、麦等做过交易的媒介，尽管在这种状况下，钱币也未曾在欧洲消失过。中古农民一直都需要货币购买工具、日用品，更需要钱币以缴付租税，因此中古农民想尽办法赚取钱币。[1]原料、民生必需品和钱币的需求，促使农民努力增产，有更多的余粮或手工产品以对外交易换取所需。事实上，钱币在中古农民收入中也占了一部分，但是大部分的钱币却是以租税的形式流入地主的手中，庄园领主非常重视钱币，因此庄园领主会限制农民在市场上贩卖土地、工具或部分的财物，但不会限制农民贩卖粮食以换取钱币。无怪乎在

---

[1] 钱币的需求是导致乡村中放贷业盛行的原因之一，拥有钱币的村民以放利的方式将钱币借贷给有需求的村民。此外，村民对于领主所贡献的方物亦是以等值的钱币来计算，足见钱币或货币的观念从未在中古乡村消失过。

加洛琳王朝时代（Carolingian Dynasty），法兰克君主花了不少精力在货币政策上，在钱币金属成分的选择上做了不少尝试，最后选择银作为钱币金属的原料。①中古早期的欧洲人士虽致力于提升货币经济②，但却遭遇天然环境的限制，那就是欧洲本土缺乏金银等贵重金属③，所以无法铸造足够的货币量。

值得注意的是，尽管欧洲一直受困于缺乏铸币的金银原料，但从未发展出纸币的观念，主政者只想着如何铸造更多的钱币以解决钱币荒，而不是如何以纸币取代钱币或补钱币之不足。④

为了应付极度缺乏贵重金属的事实，只好一再降低钱币中的金银贵重金属成分，以至于中古早期的钱币质地非常单薄，交易的人只要轻轻地用手一掰，就可以掰下所需的分量，当时的人们就是靠着这些残缺不全的"银屑"进行商业与贸易行为，我们至今还可以发现许多当年残留下来的钱币，亦有使用市面流通量大的布料、粮食谷物等物品作为货币的代

---

① 加洛林王朝原本采用黄金作为铸币的原料，但是因为金币价值非凡，反而成为民众收藏品，不利于流通。后来改以银（多自中东进口）作为铸币原料，才得以流通市面，其中查理大帝发行了纯银铸造的银币，称之为"denarius"（后来法币旦尼尔的前身），不过此种银币最初只有一种单位，并没有比它大或比它小的货币单位，以致民间换算找零困难，经过陆续贬值后，原来的银币因银成分日低而成为小单位的货币，即旦尼尔（denier）。

② 尽管钱币严重不足，中古早期的货币亦有等级差值之分，但大多是用作登记账簿的单位，称之为"账目货币"（money of account），实则为虚拟的货币，市面上流通的实体货币仅是小单位的银币（即含银量低的银币），这显示中古欧洲的人们具有货币观念。

③ 中古欧洲的钱币原料非金即银，铜只是拿来"稀释"金银币用的，通常被贬值的钱币中才掺杂多量的铜，但却不是铜币。一般而言，含银量低的银币和铜币，乃是民间小额贸易用的钱币。所以中古欧洲所讨论的货币乃是指金银铸造的钱币，而非纸币或铜币。

④ 12世纪以后，曾有小部分先进且经济繁荣的地区，如意大利的一些城邦曾发展出纸币，但仅是辅佐钱币的替代品，未有成规模的流通。不过这个概念被当时的欧洲银行家引用，发展出存储、转账、支票等业务，这种银行存储模式作业使货币更为流通。

第6章 退化的欧洲：中古欧洲的经济与社会发展

用品。

中古欧洲历代政权及修道院等教会组织，无不为钱币不足而苦恼，因为币值长期处于不稳定的状态，只能靠着到处寻找矿苗或稀释钱币中的金属成分，好让定量的银能多铸些钱，尽管如此，仍不能解决钱币流通不足的问题。为增加钱币的流通量以便于商业贸易的进行，君主一方面以优厚的利润鼓励民间将手上的金银饰器送到铸币所当原料，另一方面则通过贬值钱币达到目的。采用此类的货币政策，同时有变相加税的效果，因为钱币贬值后，人民需缴纳的实质税额会相对增加。

自13世纪以后，欧洲各王朝政府无不在强化与扩张中央政权，急需用钱，却又不能任意增税，唯恐引起民间暴动，因此不少政府只好采取贬值币值，乃至压榨财团等更激进的手段。例如1307年，法王腓力四世（Philip IV, the Fair, 1285—1314年在位）突然查抄圣殿骑士团（the Knights Templar）①，并以异端的罪名没收他们所有的财产，还将其首领送上火刑柱，就是为了从圣殿骑士团手中得到庞大的钱币与金银金属。这次查抄圣殿骑士团的事件中，腓力四世不仅得到无数的土地与贵重的金银动产，还得到至少20万以上的里佛（livre，法国货币）。

除了铸币原料不足，造成中古欧洲钱币荒的另一项原因是钱币被民间收藏起来，藏在床底、屋顶等秘密地方，以至于钱币未在市面上流通。例如法王路易九世（Louis IX，1226—1270年在位）因率领十字军东征，而自非洲与东方取得不少贵重金属与货币，从而铸造了"经典良币"。路易九世还收回了诸侯领主的铸币权，从而增加中央钱币的价值，因而使其成为

---

① 圣殿骑士团成立于1119年，本是一个基督教骑士组成的宗教-军事团体，其宗旨在于保护巴勒斯坦与叙利亚的十字军王国以及前往朝圣的基督徒的安全；该团体接受严格的修道院规定的生活规范，如禁欲、安贫、朴直等。由于该组织散处欧洲各地，并在各地都设有分处或支部（但以法国为其总部所在），且接受许多善男信女的捐献，以及各地政权所赐予的司法和经济特权，以致圣殿骑士逐渐成为庞大的经济组织，特别是在银行金融业方面，故拥有数量庞大的各式货币。许多欧洲的君主、主教和贵族等权贵都成为该组织的债务人，终遭法国君主的猜忌与觊觎。

民间收藏的对象。欧洲对东方贸易的庞大入超也是导致欧洲钱币不足的一项重要因素。虽然欧洲通过与东方（中东的伊斯兰世界与拜占庭帝国）的贸易取得不少货币，但有更多的货币却又回流到东方。

　　直到12世纪银行业兴起后，民间收藏的钱币方才吸收到银行，然后再通过银行的转账、投资等事业而回流到市场上。其实，银行的本业不在于吸收民间的货币，而是在于货币的兑换与转换，这是因为中古欧洲拥有货币权的机构与组织相当多，以至于市面上货币非常繁杂，需要专业人士来协助兑换与转换的事宜。早先的时候，欧洲人士带着不同的钱币到银行去换取所需的货币，或要求协助将手上的钱币转移到其他的地点，并换成当地适用的货币。后来，银行嫌这种实体的货币兑换或转移的作业太麻烦，因此将存储、借兑或转账的业务改为纸面或账面作业，亦即银行收进实体钱币，出去的却是记有账目的薄纸。然后银行将收进的笨重钱币转借他人或再投资。由于转借或再投资都有利可图，于是吸引不少小民将家中所藏的钱币存进银行以赚取利息或分红。民间钱币通过银行作业而再投入市场的流通行列，虽然缓解了部分的钱币荒，但仍然跟不上市场日增的钱币需求量。

　　一直要到14世纪中叶以后，欧洲的钱币荒问题方才出现大转机，主要是因为葡萄牙人开拓了西非沿岸的贸易线，再加上日耳曼地区发现几个银矿。等到西班牙从中南美洲运进大量的黄金与白银后，欧洲的货币更是得以稳健发展，而金银双元或双本位制亦得以普遍施行。

　　大体而言，银币用于欧洲市场的流通，而国际贸易则用金币。当然，致使14世纪以后欧洲货币经济越来越规律化和正常化的原因非常复杂，铸币原料的充分供应仅是一端而已，包括中央政权的稳固、民间经济秩序与经济伦理的建立以及银行业的发展等，都是促使欧洲货币经济朝正常化发展的关键。

四、城市的兴起

（一）城市百种

　　古罗马的许多城市并未因为经济衰退而消失殆尽，这些城市从行政城市转化成主教城市，这些主教城市以其教会法庭、教堂、宗教传说和圣徒圣物等传奇仍活跃于中古早期。

过去罗马的军营遗址，到了中古盛期大都复兴，并发展成为城市，例如英国的约克城（York）、法国的波尔多（Bordeaux）、日耳曼的科隆（Cologne）等。除了由罗马古城、遗址发展出来的城市外，有些中古城市则是由防御堡垒发展出来的。当9世纪维京人入侵时，欧洲人建立了许多堡垒或城堡，周遭的农民相继进入堡垒中寻求安全。这些堡垒后来就成为"boroughs""burgh"，也就是后来"市民"阶级的由来。早期"市民"（bourgeoisie）是指"在城墙里居住与工作的人"。接着农民而来的则是商人，这些商人原先是做与防御设施相关的贸易，后来他们又发现城堡中有他们的潜在顾客。初期这些商人多居住在城堡的郊外，等到他们的交易越来越活络后，他们就在原先活动范围周围建立新的城墙。商业不断扩张，城墙、城市[①]越来越往外发展和扩张。

此外，因应贸易与长程贸易的发展，也出现不少商业城市。意大利的许多城市如威尼斯（Venice）、比萨（Pisa）、热那亚（Genoa）原本是渔业小港，但因位于地中海海运的要道上，再加上与君士坦丁堡和东方的贸易，遂成为繁荣的城市、都市。

等到欧洲的秩序稳定、恢复和平后，又出现了许多城市。譬如欧洲北部、西北部等农业盛行的地区也出现了不少商业城镇，如根特（Ghent）、布鲁日（Bruges）等。另外，还有一些城市是在12世纪开始建立基础，如吕贝克（Lübeck）、柏林和慕尼黑。这些新城市都是因为农业的剩余产品与人口的激增所出现，因为城市需要乡村剩余的粮食与人口的供应。

即便是新兴的城镇，其规模也不一定比村庄大，城镇与村庄也有些微的不同，城镇主要经济来源并非以土地产出为主，通常城镇职业较村庄多元化，城市人口的背景也非常多元。早期的许多城镇中也有以种植和畜牧

---

① 这些城市的标准配备包括城墙，城墙内有市场、铸币厂，以及解决纠纷的法庭。

为业的市民，他们通常与城外的村民共享公共用地，有些商人在积累财富以后，乃会转而投资于城外的公共用地上，如购买森林、水塘或捕鱼伐木的权利等，然而市场经济方才是城市经济的主角。

早期城市的发展主要得益于来自乡村的工匠与商人。许多乡村已经发展出长子继承制，于是许多无土地的次子与幼子就只好改习工艺或是商业，这些年轻人开始往城镇集中，使得城镇增加许多工商的功能。此外，战争与饥荒也会迫使不少人到城镇去寻找经济机会，他们就提供了城市工商业所需的劳力。例如在西班牙等地，基督教势力兴起，赶走了不少非基督徒如穆斯林或犹太人，这些人只好往城市集中，他们带着技术与野心到城市打拼，也为城市的工商业增添了许多生力军。

中古城市居民为了自身的利益、地位而努力地争取自由，中古的"自由"（liberty）实指特殊的权益。他们要求的自由权包括居住与贸易的特权，为了达到这两项目的，他们也要求个人的自由。终于，他们争取到了：只要一个人在城市里居住一年零一天，还被这个城市接纳，那他就得到了自由权。许多中古的农奴就靠着这一条规定而得到了自由，最终导致中古农奴制度的解体。有了自由权，就代表有机会拥有公民权[①]，更意味着可以在城市中买卖土地。

一些城市还发展出商业法，以处理交易、债务、破产、契约等商业纠纷，并慢慢发展成只有城市的法庭才能处理市民的诉讼问题，即司法独立权，约莫在12—13世纪时，城市终于得到想要的自由与地位。

（二）行会

城市中最重要的组织就是行会（guild），早期只有商人行会，后来工匠也成立自己的行会。早在10世纪时，那些与外国做生意的商人就组织行会，以集体的力量保障自身的权益。行会不仅可以保障安全，还可以分摊风险，比起单打独斗的个人行为要有利许多。工匠的行会则有权决定物品

[①] 实际上城市中拥有公民权的人数非常少，不到10%，而且公民是不用纳税的，由外国人或外地人纳税。

第6章 退化的欧洲：中古欧洲的经济与社会发展

的价格、质量，以及每位工匠师傅能够拥有的学徒与日工（journeymen）①的数目。

（三）妇女

妇女在城市中也相当活跃，许多家庭的户主是妇女，尤其当男性家长去世以后更是如此。不少行业更以女性成员为主，像是刺绣、丝织、羊毛纺织业等，甚至有些行业的妇女还自行组建行会，以14世纪的法兰克福（Frankfurt）为例，该城33%的行业皆由妇女从事，40%的行业则是男性，剩余的行业则男女各半。当男性工匠去世后，他的妻子可以继续他在行会中的会员资格，但当那位寡妇嫁给行会之外的人员时，她就丧失了会员资格。不过，妇女的薪资都低于男性，因为一般人认为妇女根本不需要这份薪水。比起工匠的行会，商人行会开放给妇女的机会就没那么多了。

（四）城市面貌

城市的日常生活是非常具有活力的。每天清晨，城门口就聚集一大群人等着城门开门。当城门打开后，守卫的人开始对进城的人逐一检查，看他们带来的货品质量好不好，不好的就退回去。若货品通过就要抽税，这就是关税，一部分的关税上缴给领主，另一部分则交给城市委员会作为公共支出（例如用于城墙维修等）所用。进城的农民与商人推着车子到处寻找贩卖的机会，面对城门的大道两旁，尤其是靠近城门的地方，最适合作为市场，因为人来人往，商机无限。

当然不只限于城门周边，整个城市都是交易场所。一般而言，商人或

---

① 中古的工人体系分为三个阶段：依序是师傅（masters）、日工（journeyman）与学徒（apprentice）。一位想学习技艺的工人必须由学徒做起，学徒也是工人的学习阶段。当一位学徒学成，经过检验而拿到执照后，就可以升为日工。日工拿的薪资是日薪，因此被称为"日工"，"journey"源自法文的"日"字"journée"。日工不能单独开业，必须跟着一位师傅或是雇主工作一段期间，又经过行会的考试认证，方能成为师傅。每一个行业对于学徒与日工训练期的要求不一而论，有长有短，建筑工人就需要很长的训练期。等到中古晚期、近代早期时，因为工人市场竞争激烈，于是日工的训练期被拉长了。有的行业的日工甚至终身没有希望转成师傅，导致师傅与日工间的关系非常紧张。

工匠会居住于二至三楼的楼房，一楼是做买卖和做工的地方，大门通常开向街道，沿街的一面墙还有窗户，以展示着他们的工作状况与产品，家眷们则住在楼上。

随着城市不断扩张，居住质量也受到影响。由于城里的空间有限，当店面或家庭要扩大时，通常是往上加盖而非平面延伸。加盖的部分有时盖得歪歪斜斜，容易把天空遮蔽，遮住了新鲜的空气与日光，再加上早期的房子多为木造或草制的，因此很容易发生火灾，后来才改为石头或砖块。又像是饲养猪、牛、马、鸡等，导致空气非常难闻，地上也非常脏乱，各种家庭垃圾，包括人或动物的排泄物不经处理就堆放于家门口。城市的官员经常要下令，限期将门前的粪便、垃圾清除，尤其在节庆或有大人物来访的时候。尽管城市的生活质量有如此恶劣的一面，但是仍有许多人要涌进城里，因为城市生活象征着地位与机会，许多农民挤进城里为的是改善法律的地位与权益。

（五）多元的经济活动

就城市的经济生活而言，尽管城市生产的单位一如村庄，也是以家户为单位，但是经济活动却相当多元。从事手工业的人家尤其不少，如酿酒和面包烘焙等食品加工业、纺织业和皮革业等，而且规模都远较村庄为大，经营方式也复杂，所需的资本与技术更远非村庄式的经营所能比拟。城市的迅速扩张也导致房地产市场的活络。为了抢占商机，以及应付日益增加的资金需求，借贷业在大城市里也很流行。早期的时候，经营借贷的多是犹太人和意大利商人，但自12—13世纪欧洲商业开始繁荣以后，不少欧洲西北部的商人也加入借贷业的行列。除了现金交易外，不少城市也发展出信用经营与合伙经营等方式，金融业也随之发展起来。除了制造业、商业、借贷业外，医生、律师等专业也逐渐在城市中兴起，从而使得城市生活更加多元化，进而带动欧洲整体商业与经济的发展。

五、远程贸易：长程贸易与海上贸易

远程贸易包括陆路的长程贸易和海上贸易。陆路的长程贸易包括了几

第6章 退化的欧洲：中古欧洲的经济与社会发展

个城市间进行的交易行为，例如意大利半岛的伦巴底（Lombard）和托斯卡纳（Tuscan）的商人在法国、英国和佛兰德斯之间的城镇、市集进行贸易，其中尤以佛兰德斯与英国的贸易最为兴盛。佛兰德斯控制了北欧的服装制造业，如布鲁日、根特都是纺织大城。连意大利商人都得到佛兰德斯来采买绣帷、挂毯或丝绒（法兰绒）、宽幅的布匹等各式纺织品。

佛兰德斯的兴起和其优越的地理位置有关，佛兰德斯与英国间仅隔着英伦海峡，英国早从罗马帝国以来就以生产优质的羊毛著称。这是因为英国的天气寒冷，当地的羊为了适应气候而有柔软、保暖、纤维长的羊毛，以英国羊毛做出的衣服特别柔软又保暖，深受欧洲人喜爱，而佛兰德斯正是英国羊毛重要的出口目的地。英国为了抢占市场，大量地繁殖绵羊，羊的数量从两倍到三倍，不断增加，到12世纪时约有600万只左右，一年可以生产3万—5万袋羊毛，生产量相当可观，羊毛成为中古英国最重要的经济产品。羊毛的输出也使得英国出现一些大港口，如林肯（Lincoln）和布里斯托尔（Bristol）等。13世纪时，羊毛的制造城与港口城市出现不少因羊毛业致富的人家，羊毛业的发展也为英国的经济奠定了基础。

在海洋的远程贸易方面，欧洲与东方的贸易从未因日耳曼人的入侵而中断过，地中海仍然维持了昔日东西贸易枢纽的地位，地中海沿岸的意大利港口城市更从未放弃与中东拜占庭、巴勒斯坦和叙利亚以及非洲接触的机会。中东的奢侈品如丝、染料、香料、香水、橄榄油、酒和纸草等仍陆续不断流入欧洲的教会和富豪之家。譬如11世纪晚期的威尼斯独占了中东往西方的贸易，威尼斯船只载着当地所产的盐（威尼斯周围有许多潟湖，故盛产盐），以及来自北非的香料、胡椒，还有中东来的丝和紫色织布，航行到北欧和西欧交易。到了13世纪时，威尼斯的陆上商队又从克里米亚买进奴隶，从元朝手中买进中国的丝织品，然后贩卖给西方。当时，威尼斯从各方贸易中赚进不少的利润，大为兴盛。

由于东西贸易有利可图，参与东西贸易的成员日益繁杂，其中包括叙利亚人、摩尔人、犹太人、斯拉夫人、维京人、日耳曼人和意大利人等。

中古早期,犹太人在东西贸易中非常活跃。[1]他们主要是通过东西两边的犹太人小区进行国际贸易,他们还将东方的簿记、契约和其他商业知识与技术引进西方。斯拉夫人和维京人也开发出拜占庭往北,经黑海北岸以及俄罗斯西部、北部的一些大水道到波罗的海,然后再分散到北欧、西欧的贸易线。在犹太人与斯拉夫人的东西贸易货品中,奴隶占了相当重要的地位,他们将奴隶卖给中东以换取西方所需的奢侈品。

地中海贸易的兴盛也刺激其北的陆路贸易蓬勃发展。早期的时候,欧洲的农业与制造业都不足以支持处于萌芽期的农业经济,以至于法国农业新兴地区颇为仰赖意大利南部的进口货,如工具、服饰和香料等。偏偏此时南北的交通非常不顺畅,许多地区几乎没有道路可言,于是多由小本商人以骡子挑货,风尘仆仆地奔波,极其艰辛,运货量又极为有限。不过沿着这条人走出来的商路却出现了为数可观的市集小镇。大约在12—13世纪时,这些小本的杂货商人不再时时地南北奔波,而是联合起来选定几个重点城市,每年不同季节轮流举行大型的市集,其中最重要的市集城市为法国南部的香槟(Champagne)。

香槟正好位于南北陆路贸易线,于是北方的羊毛与木材等原料运到此地,交换来自南方意大利的东方香料、工艺成品以及奢侈品。因此,在香槟市集中以来自北方佛兰德斯的弗莱芒人(Flemings)和南方意大利诸城邦的商人最多。在香槟市集中,除了羊毛、各式纺织品、香料等货品外,钱币也是一项重要的交易项目。由于欧洲缺乏统一的政治组织,以至于币制极为混乱且流通量不足,香槟市集中乃充斥着欧洲各地的钱币,还有来自东方的外国钱币。因此,兑换钱币就成为香槟市集中一项重要的交易行为,许多远地的商人甚至特别携带货币到此来兑换。此外,为了应付日益庞大的交易量,香槟市集还出现了大单位的货币如里佛、苏(sou)等。

---

[1] 犹太人在欧洲经济与东西贸易的重量级地位,招致11、12世纪新兴的欧洲商人,尤其是意大利商人的忌妒,终于导致欧洲反犹太的声浪与行动。例如,意大利商人与银行家极力将犹太人塑造成高利贷的放贷人,从而导致"善良的基督徒"的贫穷。

第6章 退化的欧洲：中古欧洲的经济与社会发展

里佛和苏本来只是纸上作业的账目货币单位，因为当时市面上的交易量还用不到这种大单位的货币，至12—13世纪交易量扩大，才成为实际上流通的货币。总而言之，欧洲的经济借着南北货物与货币的交换而更进一步整合，颇有助于欧洲整合型市场与经济的形成。

除了地中海的贸易圈外，阿尔卑斯山以北的欧洲也因人口持续增长与开发而逐渐形成另一个新兴的贸易圈。这个贸易圈主要是靠河港间联系而形成，亦即沿着大小河道发展出无数河港型的商业市集。这是因为绝大多数的罗马道路因战乱与年久失修而湮灭，加上中古欧洲缺乏强而有力的中央政权，也欠缺财力修筑新的道路，以至于贸易多靠河道进行。此外，大部分欧洲地区的河流不是流向大西洋就是流向北方的波罗的海，遂导致北欧的波罗的海贸易圈与北部大西洋沿岸的贸易圈的形成。

通过北部的波罗的海与大西洋，东欧的粮食、木材、琥珀、蜂蜜和蜡等森林产品，东北亚的貂皮等珍贵兽皮，东方的奢侈品（通过俄罗斯大水道①而来），斯堪的那维亚半岛的木材和鱼产品，英格兰的羊毛与粮食，以及低地区佛兰德斯的工业产品等来自四方的货品，均得以在大西洋沿岸和波罗的海沿岸集中交流与再分散。甚至不少欧洲内陆的产品也必须通过大西洋与波罗的海贸易线达到交换的目的。当北方荒地开垦日多，带动经济的发展，加上北方贸易圈日益繁荣后，欧洲商人的注意力日益往北迁徙，南方的意大利商人也不得不顺应时势往西或往北发展，终于导致欧洲经济重心的北移。

到了14世纪初，意大利商人开发出由地中海经直布罗陀海峡出大西洋的海洋贸易线，以取代昂贵的阿尔卑斯陆路贸易线。这条出大西洋的海洋贸易线不仅大幅增加运货量，而且还可以通过大西洋联结北欧的贸易圈，更促进了西欧、北欧的经济繁荣与沿岸港口都市的兴起。此外，由于海洋

---

① 俄罗斯大水道，又称瓦伦吉安通往希腊的大道（Trade route from the Varangians to the Greeks），由黑海经第聂伯河（Dnieper）、西德维纳河（W. Dvina）、伊尔门湖（Lake Ilmen）、拉多加湖（Lake Ladoga）、涅瓦河（Neva）、芬兰湾到波罗的海。

贸易所需技术水准远比陆路贸易要先进许多（如船只的建造与舰队的管理等），而且交易量也大，因而刺激了商业知识与技术的"大跃进"，许多合资企业与信贷贸易的观念与技术都是在这个时候逐渐发展出来的。

由于远程贸易所需的成本极高，包括陆路的盗匪等安全风险、海上的船难风险以及船只和劳力的成本，于是，进行远程贸易的商人多采取合伙与分摊的方式。譬如，有一群人将他们的资本投入资助远程贸易，当船只或商队带着货品归来，再贩卖完时，投资的人就开始分摊利润。如果不幸途中有灾难发生，货品回不来时，投资人也只损失资金而已。

六、中古盛期的商业革命

（一）繁荣景象

我们前面所叙述的许多革命性的改变，都出现于12世纪下半叶，在历史上被称为"商业革命"（Commercial Revolution）。造成商业革命的主要原因是欧洲的复兴带动了商业的繁荣，但是导致商业繁荣的主要原因却与钱币有关。12世纪60年代，欧洲发现了几个银矿，分别分布在日耳曼、波希米亚、意大利北部、法国北部，以及英国的西部。银矿的开采，使得欧洲人可以大量铸币，进而大幅增加了商业所需的通货量。

这时的货品更是丰富，产品也来自世界各地，包括东方的糖（取代蜂蜜）、香料，莱茵区、勃艮第（Burgundy）和波尔多的酒，佛兰德斯和托斯卡纳的上等羊毛纺织品，俄罗斯与爱尔兰的皮草，君士坦丁堡乃至中国的丝。几乎欧洲各地都被卷入这场商业往来中。来往的货品除了高级奢侈品、日用品外，还有丰富家庭摆设的帷幕、银盘，甚至包括骑士阶层所需要的武器和盔甲。

不只商业范围扩大、商品种类繁多，进行商业所需的组织也发生很大的改变。譬如，经商由个人行为扩展至团体的组织行为，也就是前面所叙述的由一位商人包办所有的事务发展到团体的合伙制。在合伙的组织中，由一位或数位商人坐镇在固定的店面，周旋于顾客买卖中，另一群人则行走外地或海外以调度商品。坐镇在商店的商人还负责规划与组织进出口贸

第6章 退化的欧洲：中古欧洲的经济与社会发展

易，有的商店甚至在外地或国外设立分号，由总店派遣的经理负责，他们在总店负责人的建议下，执行买卖货品，包括取得当地的产品。

各个部门成员间的商业通信来往越来越频繁与复杂，这促使了信差业务的兴起，出现定期、定点的邮差。当商业的运作越来越复杂时，商业记录、会计等也越来越专业化，因为商人不只要和厂商、顾客打交道，还得和合股人、投资人、官员、雇员、其他商号打交道。每一次打交道后进出的财务都需要专业的记录与算计，使复杂的簿记系统应运而生。

新形态的商业工具出现，例如以汇票、支票取代实体货币交易。汇票、支票的基础是商人的信用，于是商人讲究声誉的伦理就出现了，商人要注意自身的声望、信用，也有人通过行善博取声望和社会地位。商业的繁忙，连带使交通出现变革，新的道路、桥梁、关卡纷纷出现，各地方也相继增设为商人服务的旅馆、酒店和医院。

商业革命对于后来欧洲社会的发展，也带来很大的影响，就是商人阶级的兴起。在刚开始时，商人的人数其实很少，仅占人品的10%，但是后续的影响力却非比寻常。新的财富形式也随商业革命出现，土地不再是唯一的财富形式。随着东西方商业交流频繁，文化层面的影响也逐渐加深，欧洲人开始注重起餐桌礼节，上层人士不再用手抓东西来吃，也不再用袖口或衣服来擦嘴，而是用刀叉吃饭，用餐巾擦嘴。

当然，国王等政治人物也注意到了新兴商人，于是开始向他们抽税，通过这些税收，国王可以建立强大的政府组织。国王还在商人阶级中发现人才，国王与这些新人才的合作，终于削弱了传统贵族的势力。当国王打败了贵族的势力，并建立新的政府组织，我们就称之为"近代"[1]的诞生。商业的蓬勃发展，也为中古的农奴提供了其他的机会，让他们摆脱了封建的束缚，最后终于导致中古封建制度、农奴制度的解体。但是这些发展都是很缓慢的，也不是商业革命时代的人所能预料的。

---

[1] 近代的断代，一如中古的断代，颇富争议。传统的说法为1500年，相当于文艺复兴的中期或盛期。

图16 吕贝克霍尔斯坦门

上方刻有汉萨同盟的格言"对内和谐，对外和平（CONCORDIA DOMI FORIS PAX）"。

此时除了商业革命重镇意大利，尚有欧洲北部的汉萨同盟（Hanseatic League）。汉萨同盟的成立可以追溯到瑞典哥得兰（Gotland）的日耳曼商人组织，哥得兰素以海盗窝著称，而海盗与商人身份经常重叠在一起。这些日耳曼商人将古日耳曼的武士集团组织引用到商人组织上。接着，日耳曼的萨克森国王狮子亨利（Henry the Lion，1142—1180年在位）鼓励这个商人组织搬到1159年新成立的吕贝克城，并给予诸多特权，一如南方的香槟市集。吕贝克首先与日耳曼北部的汉堡（Hamburg）结盟，互相保证安全，并给予对方优惠的商业条件，甚至包括独占性的商业特权。到了13世纪，许多日耳曼北部、波罗的海沿岸的城市如科隆、但泽（Danzig）、里加（Riga，今日拉脱维亚首都）都相继加入汉萨同盟，但同盟中最重要的城市仍是吕贝克。汉萨同盟拥有自己的议会、法庭、税收、军队与舰队。

第6章 退化的欧洲：中古欧洲的经济与社会发展

从13—16世纪，汉萨同盟掌握了从诺夫哥罗德（Novgorod，位于俄罗斯北部）到吕贝克、汉堡、布鲁日、伦敦的商业大权，并利用分店和海运将手伸入日耳曼南部、意大利、法国、西班牙、葡萄牙等地。汉萨同盟将北欧的产品与原料如皮草、蜡、铜、鱼、谷物、木材和酒运到南部，以交换欧洲西部城市的制成品，主要为衣服、盐等。

同时，汉萨同盟在各地取得关税，有的地方甚至是免税的优惠。他们在许多地区还取得当地市集贸易的特权。汉萨同盟的商人被称为"factor"，他们的商号则被称为"factory"，这就是"工厂"一词的由来。汉萨同盟发展出最重要的商业技术就是商业登录系统（business register），他们要求所有的商人将其契约、债务都予以公开登录，并受到当局的保障。据说这种登录对于后来信用经济的兴起有很大的贡献。商业登录涉及资本、风险的计算、机会的追求等，对于后来的资本主义兴起也颇有帮助。

总而言之，在传统的认知中，中古乃是一个黑暗时代，也是一个文明的断层时代，人类又回到文明初期的原点，因此中古欧洲无论是经济或科技发展均远不及古罗马时代，更遑论近代的工业革命了。然而现代史家经过仔细检验后发现，中古其实并不是一个经济落后或停滞的时代，真正属于经济落后的时期应该只有中古早期的那两三百年，而且造成当时经济落后的因素除了日耳曼人入侵所带来的战乱与破坏外，就是延续3世纪以后罗马经济长期不振与衰颓的趋势而来的。经过早期的衰颓、奋斗与试验后，从10世纪开始，欧洲的经济呈现稳定的发展，有时它的农业生产还超越了罗马帝国时代。即便在此之前，中古欧洲的生产状况与生活质量，不少时候还高于现在第三世界的许多地区。中古欧洲人士之所以会有如此的成就，靠的经济策略就是远比上古先民更严密与更严谨的团体战、组织战，最后终于创下了傲人的战绩。

等到11—12世纪以后，中古欧洲甚至出现了所谓的"农业革命"，接着则是中古盛期的商业革命，这段时期不少地区与年份的经济增长率甚至不亚于工业革命前后时期的英国。不仅如此，中古欧洲人在生产工具、作物改良以及人力和土地的管理上都有相当的突破，远非古罗马人所能比拟。

（二）走向衰微

在中古盛期，王权与国家因为有教皇的牵制，权力不太大，以至于地方人士或民间有很大的自由发展空间。但是到了13世纪末14世纪初，一切都开始发生转变，当王权不再受到教权牵制的时候，国王开始以国家之名压榨、夺取民间的财富，以至于民间不再有发展的财力与空间。另一方面，国王并没有将夺取来的财富用在国家建设上，而是用在了战争上。战争经费就像一个无底洞，驱使国王一而再、再而三地压榨民众，终于导致了灾难年代的降临。

以上述的香槟市集为例，它是造成中古经济繁盛的一项主要因素。香槟市集原是一个自由贸易区，来自欧洲各地的货物在此交易、转运。但是到了法王腓力四世时，开始向香槟市集的商人征税，并且大肆打击重要的财团如圣殿骑士团和犹太商人。后来，他又因与低地区佛兰德斯的弗莱芒人开战，而禁止佛兰德斯的商人到香槟做生意。弗莱芒人是香槟市集的最大伙伴与成员，香槟市集因而没落，中古经济的繁荣景象不再。长年的英法战争等使得此条贸易线处于危险状态，商人因而改走尼德兰低地区往东南经勃艮第、日内瓦，再到地中海。日内瓦因而在国际市场上兴起，成为重要的国际票据交换市场。日耳曼的货币马克也开始出现在国际记账系统上。日内瓦的兴起，也是因为它比较靠近佛罗伦萨在西欧的商业网络。这个商业网还包括法国的里昂。在这个网络中，通行的除了商人，还有各式票据，包括支票与信用往来。

不过香槟市集的没落却也带来了好的影响，意大利商人被迫走出直布罗陀海峡，沿着大西洋沿岸往北到低地区的荷兰做生意，从而发展出大西洋沿岸的海运贸易。这对后来欧洲的商业经济有很大的影响，使欧洲的经济版图由地中海转往大西洋。

为了应付战争需求，法王腓力四世又开始征收经常税。在中古，基于私人财产的神圣性，以及国王有保护私人财产的责任，国王不太向人民

第6章 退化的欧洲：中古欧洲的经济与社会发展

抽税。国王的收入大多是靠国王土地的租税、封建税以及关税。遇到战争时则临时增加封建税，或是要求他的附庸多付津贴补助，这些都不算是经常税，但是现在腓力四世开始向人民征收经常税，或称为王税，包括财产税。随着他与各方的战争（包括英法百年战争）加剧，人民税的负担越来越重，留在民间的资本越来越少，以至于人民丧失增加生产、改善生产的诱因与财力，民间的经济因而出现下滑的现象，诸如人口锐减、人民的健康与抵抗力日益减弱，终于无法抵挡黑死病的侵袭。黑死病来袭时，正是欧洲经济跌到谷底的时候。

腓力四世对于法国乃至整个欧洲经济的破坏，不只限于他对商人的掠夺、征税，还包括了贬抑货币。为了减轻财政负担，腓力四世降低货币中的金银成分，或是铸造劣质的货币，导致通货膨胀，更使市场因货币秩序大坏而瘫痪。除此之外，战争造成的破坏，包括军人掠夺民间财物，都给欧洲造成极大的灾难。

为了征税，腓力四世还与教皇发生争执。由于战争花费太过庞大，一般人民已经负担不起，于是腓力四世想到向教士征税，这就引起教皇的严厉反弹。当时的教皇卜尼法斯八世（Boniface VIII，1294—1303年在任）遂提出教权高于王权的理论。卜尼法斯八世的顽固与坚持促使法国军队进攻意大利并监禁教皇。当年老的卜尼法斯八世不堪法国的长期拘禁和折磨而去世后，罗马教廷展开新教皇的选举。法王为了争取有利人选的当选，遂派兵包围罗马教廷，迫使枢机主教团选出一位法国候选人克雷芒五世（Pope Clement V，1305—1314年在任）担任教皇。法国此举导致罗马市民的暴动，法王乃借机将教皇与教廷迁往阿维尼翁（Avignon），阿维尼翁虽然不位于法国领土之内，却位于神圣罗马帝国之内，与法国隔隆河相望，且深受法国文化影响，因此很容易遭到法王的掌控。这就揭开了欧洲史上著名的东西教会大分裂时代（the Great Schism，1378—1417年）。

英国的情况也不遑多让。英国开始征收人头税，这给一般农民、工人造成极大的负担与伤害。国王对羊毛、盐等原料抽重税（进口税），也不利于制造业的发展（因为佛兰德斯产羊毛质量较佳，故英国羊毛纺织业的原料多由此地进口而来）。黑死病后，工人人数大减，以致工资大幅上升。为了维持黑死病后的工人薪资，政府乃采取非常不利于工人的限制最高工资法案，许多工人遂流入黑市，政府又加紧取缔，更增添了许多经济上的干涉政策，如限制工人转业。结果是黑市工人日益猖獗，对于有钱的贵族或制造商有利，对于一般的厂家却非常不利，更导致财富分配严重不均，经济因而严重衰竭。

中古农业经济对近代经济的贡献

尽管中古晚期农业经济面临诸多瓶颈,但它对于近代早期的经济仍有很大的贡献:

1. 农业生产所余,可满足市场需要。

2. 农业生产效率大幅提升,可以养活更多的人,也让更多的人可以从事其他行业,如商业或制造业。

3. 农业经济部门为提升产量,而做了许多经营、技术、工具、资金之变革,后均移转至制造业或商业部门,如资金的筹措与积累。当时在农业部门就已经出现合股、分散风险、多角经营、追求利润、再投资、专业生产等现象,后来这些现象都移转到制造业或商业部门。在工具方面,出现马力、水力、风力之利用。在技术方面,出现烘焙技术、酿酒技术、纺织、食品加工业,还有器皿、建筑等。这些工具、技术多出现于12—13世纪的农业革命期间。

4. 14世纪中叶以后的农业危机亦有利于工商业发展。农业危机产生了大批的失业人口,他们移往都市,被迫转业,以至于制造业与商业部门之人手增加,得以兴盛。农业危机出现大批中小农,如佃农(cottagers),他们无法自足,必须仰赖副业维生。这情形为手工业提供优质的劳力来源。此批佃农拥有自己的工具,如纺纱机、织布机,为早期的企业家节省不少成本,如工资、技术等成本。早期手工业的工具、劳力多来自乡村,对早期制造业的发展颇有帮助,而手工业发展又导致工业革命。

5. 农业专业生产：经济作物提供制造业所需之原料，如羊毛、染料、食品、麻、丝等。

6. 农业市场化、专业化后出现新的观念，有助于日后资本主义的兴起，如合作、纪律、财产、利润、风险、资本主义等。

第7章
中古欧洲的经济思想

一、经济思想溯源
(一)犹太教

犹太教(Judaism)的经济思想主要表现在《圣经·旧约》中。一如古希腊,犹太教对贸易也持怀疑的态度,《圣经·旧约》中有不少篇幅是反对、谴责财富积累的,对商人持怀疑的态度。但是天主教《圣经·德训篇》(*Ecclesiasticus*)中告诉商人不要对营利及事业的成功感到羞耻。

在工作方面,相对于古希腊、古罗马歧视劳力工作,犹太教是肯定工作的。根据《创世记》,亚当与夏娃在伊甸园中扮演的角色就是为上帝工作的仆人,执行上帝交付给他们的工作。犹太人视工作为人类的神圣使命,后来的中古欧洲人士也遵守工作的伦理,要求做上帝的一位负责任的仆人。

犹太教不反对收取利息[①],但是禁止对自己人收取利息,只能向外邦人收取,同时规定每7年要取消利息,50年要归还被抵押或赔偿的土地(无法确定这项法律是否有确实的执行)。受到犹太教的影响,中古时期

---

① 中古基督教反对利息的教义源自犹太教。在希伯来文中,利息称为"nesch",意为"蛇咬"。就是指利息就像被蛇咬一口,刚开始时没有什么疼痛的感觉,但是过一阵子后,就会要人命。在现实生活中,刚开始跟人家借钱出利息,因为可以立即解决急难问题,因此非常诱人,于是有了下一次、再下一次的借贷,但是当利息积累数量过于庞大时,就会给人致命的一击。因此,在犹太教与基督教的经典中,利息被描绘成在伊甸园中引诱夏娃的那条蛇,而蛇也成为放贷利息行业的徽章。基督教后来更将利息引申为撒旦的诱惑,意即刚开始时非常诱人,但后果不堪设想。

欧洲放利息的人士因而被视为不正义的人，因为他们拿走了穷人睡觉时需要的斗篷。

犹太人认为财富是上帝给信徒的一种回报，但是他们反对追求个人的财富，唯恐其会让信徒远离宗教信仰，例如犹大王国就指责北方的以色列王国因为追求财富而导致腐败，最终遭到亡国的命运。

（二）罗马法

1. 利息是一种窃盗行为？

"罗马法"大概完成于1—3世纪，重视"私人财产权以及自由原则"，认为任何事情不能违背自愿或自由的原则，如果一个人强迫或违背其他人的自由或自愿（例如窃盗和强盗的行为），都是违法的，是不被承认的。而任何合法、正当的行为或契约，必须在双方自由、自愿同意下产生。

最明显的例子就是强迫他人订立违背自由的利息契约。根据"罗马法"的解释，这种行为叫"盗窃"："如果一个人违背了另一个人的意愿而拿走他的东西，叫作盗窃，如果是用武力并违背了个人的自由与意愿，则是强盗。但是如果是在双方自由意志下同意的，那就没有问题了。"

不过中古欧洲人士认为没有一种利息会是在双方"自由同意下"产生的，一定都是贷方"强迫"借方签订利息的契约。因此，中古欧洲人士从"罗马法"延伸解释，这种违背自由意愿的"利息"是窃盗的行为。

2. 公平的价格

"罗马法"强调"公平价格"（拉丁文justum pretium，即英文just price），也就是买卖双方自由、自愿讨价还价后达成的价格，即任何自由达成、自动达成的价格都是"公平"的。根据"罗马法"记载："允许一方以比物品价值要少的价格买进，另一方以较多的价格卖出。"罗马帝国晚期的《狄奥多西法典》（*Theodosian Code*，438年）中也非常清楚地载明："任何经过自由、自愿协商后的价格，就是合法与公平的。任何强制、欺骗的价格都是非法的。"这部法典的精神在6—7世纪的欧洲延续，如巴伐利亚法律中提及："买方不可以在协议达成后因认为价格太高而又反悔。"

由于强调自由与自愿，强迫性的经济行为都遭到中古欧洲人士反对，最具代表性的例子为"独占性的行为"，即强迫顾客接受卖方所定的价格。另一项反对的行为就是投机，尤其是粮食的囤积居奇行为。这些都是利用需要或稀少，而迫使顾客接受卖方所操弄的价格。

（三）早期基督教

基督教刚建立的耶稣与使徒时代，耶稣与使徒们相信世界末日即将降临，并热切渴望最后大审判，因此他们主张人不应该拥有财富，应该过着极度节欲的生活，因为人不需要太多的身外之物，经济行为也随之变得不重要了。于是他们对于商人仍汲汲营营于物质生活非常不满，故有轻商之言论。例如圣保罗说："爱好金钱，是一切邪恶之根源。"

早期的教父[①]受到罗马斯多葛学派（Stoicism）的影响，鼓励放弃财产，过着出世的生活，以至于早期基督教中隐修的现象盛行。他们相信商人的行为一定会导致贪婪的罪，而贪婪的罪又伴随着欺骗、欺诈等行为。教父杰罗姆（Jerome，347—420年）宣称："在贸易行为中，一个人之所以有所得到，一定是靠牺牲了其他人而得到的。"所以他认为有钱人都是不公正的。

但是仍然有一些教会人士秉持相反的意见。譬如希腊的教父克雷芒（Clement of Alexandria，约150—215年）说："我们不能消灭有钱人，有钱人对我们的邻居而言是有利的。毕竟货物被称为'goods'，就是因为它们可以做'善事'。"

奥古斯丁（Augustine，354—430年）生活在经济非常繁荣的北非地区，在经济思想上有不少务实的想法。他认为货物的价格决定于需要，例如"人类支付一件物品的价格，或是为它贴上价值，是由人本身的需要决定，而不是由客观的标准或是物品在自然中的地位决定"，这就是后来所

---

① Church Fathers，指世纪初融通希腊学说与基督教信仰的学者，分为希腊教父与拉丁教父。

谓的"主观价值"（subjective value）。同时奥古斯丁也是第一位对商人持正面态度的教父，他指出商人进行的是一项对人们有利的服务——将物品运输到很远的地方，然后再卖给需要的消费者。这项行为根据基督教的原则，应该属于"值得付费的劳力"。因此商人也应该得到他的劳力和活动的补偿，况且贸易可以让人取得一些非常需要的东西，因此贸易的行为应该值得肯定。奥古斯丁认为一般人对于商人的偏见，应该是针对商人个人的错误行为，而不是商业这份职业的本身。这意味着"商业贸易的罪恶来自商人，而不是贸易的本身，因此只需要节制商人的贪婪即可"。

在财产方面，奥古斯丁也持比较肯定的态度。他认为财富是上帝的礼物，但不是最高的善，因此不能被视为目的，而只是一种手段或方式。奥古斯丁虽然认为不拥有财产固然是最好的，但不是每个人都可以做到，因此私人财产还是应该存在，后来中古学者据此称财产为"必要之恶"。奥古斯丁认为私有财产还有让人避免热爱财产或滥用财产的功能。但是，奥古斯丁又指出私有财产与公有财产之间存在着矛盾。在这两者中，他赞成的是公有财产，公有财产是天然的产物。而且，奥古斯丁认为公有财产是国家的产物，因此，国家有权拿走公有财产。

（四）伊斯兰教

伊斯兰教对中古欧洲经济思想有很重大的影响，尤其是伊斯兰黄金年代（750—1250年）的作品。这是因为在12—13世纪的时候，欧洲学者大量地通过阿拉伯文翻译亚里士多德等的古典作品，顺便也吸收了许多伊斯兰的思想。许多欧洲学生到伊斯兰世界去留学，他们甚至将伊斯兰的讲座风俗带回欧洲，成为欧洲大学的前身。

伊斯兰教的《古兰经》，一如基督教的《圣经》，也含有一些经济思想与主张。以《古兰经》为主的神学信仰对伊斯兰社会的经济思想产生重要的影响，例如强调公平正义、社会功利、公共福祉，认为经济行为的最终目的是让人得到来世的救赎。而伊斯兰教法学家的世俗倾向以及强调理性思辨，让伊斯兰教比较肯定经济生活和商人营利行为。最后，伊斯兰社会比较重视商业，更可能与穆罕默德（Muhammed，约570—632年）的商人身份①有关，因此伊斯兰教的经济思想比起基督教要人性化与世俗化一些。

伊斯兰教从很早的时候就开始主张信徒不一定得靠远离社会才能得到救赎，反而要积极地参与世俗的事务。他们认为商业行为带来的利润、财富可以帮助行善，增加知识和社会地位，只要不过度追求利润，或是毫无节制的贪婪，都对商业活动持肯定的态度。这些方面显示伊斯兰教比基督教更遵行了古希腊对中庸的要求。

伊斯兰社会非常尊敬商人，对利伯维尔场（古典自由主义）也非常支持。伊斯兰教认为从公共利益的角度而言，商人比官员、军人要有用多了。中古的时候，一些伊斯兰大臣和学者在写给君王的谏言书中，建议君主要建立公正与有效的治理。在这些谏言中，他们肯定商业的价值，认为商业能链接生产过剩和生产不足的地区，是符合公共利益与公共福祉的。但是为了社会好，还是应该限制商人投机与积累财富的行为。根据他们的看法，商人可以拿取正常的利益，但不可过分。

在市场方面，他们认为市场的起因在于人类的互助、相互需要，可以彼此互通有无。在不违背社会正义、家庭伦理的条件下，伊斯兰教支持完全自由的市场以及有限的私有财产，但也希望能控制与管理市场和价格。当匮乏严重威胁公共福祉，或物品的价格过于昂贵以至于威胁穷人时，政府应该出手控制价格。

实际上，尽管伊斯兰的哈里发经常利用各种策略鼓励市场，却也经常干涉商业法的订立与运作，尤其是取缔独占、垄断与强迫交易的行为。一些哈里发也经常借着操弄币制以增加财政收入，包括贬抑货币中的贵重金属成分。这项行为经常遭到学者专家的反对与谴责，认为是不道德、不正义的行为。另一方面，伊斯兰学者很早就观察到，有钱人会将好的金币收藏起来，以致市场上充斥着劣币，因而提出"劣币驱逐良币"的理论，而

---

① 在穆罕默德以前，商人与商业在阿拉伯与波斯社会中的地位并不高，也不太受到尊敬，这是因为阿拉伯的部落社会与波斯的琐罗亚斯德教（Zoroastrianism）都比较轻视商人。

这项理论在欧洲要到16世纪才被提出。

在价格方面，伊斯兰教学者也提出"公平价格"的主张。他们认为公平价格就是市场机制自由运作的结果，因此不同地点、时间的价格都不一样，后来又加上成本、风险、税的负担、市场的供需等因素。在此脉络下，伊斯兰的主政者反对固定物价，他们允许市场价格偶尔的波动。据说在穆罕默德时代，有一回麦地那的某种物质非常匮乏，以至于价格高涨，于是有人劝穆罕默德出手干涉物价，穆罕默德拒绝了。事实上，亚当·斯密的许多主张如"看不见的手"、供需论、分工等，都曾经在伊斯兰的作品中出现过。

伊斯兰经济思想的弹性也表现在价格制定上，例如伊斯兰教允许以信用标购的货品卖出时，价格可以比用现金标购的物品更高一些。这项规定鼓励了阿拉伯银行与商人的兴起。在伊斯兰世界中，非常流行支票[①]，而且支票可以周转，因此它算是实质上的货币。在伊斯兰的企业经营中，经营伙伴的关系也很普遍，就是一方出资，另一方担负实际经营的责任，利润则互相分享。这让很多没有资金，却有能力的人，可以参与商业与企业的经营。

伊斯兰的货币论，导致他们反对利息。他们继承了亚里士多德对钱的看法——钱不会生产出新的东西，因此不能要求增加利息。钱本身是无用的，就像普通的石头一般，与一般的商品不一样。钱币的存在，只是让交易顺利地进行，让大家知道物品的价值与等级而已，尤其是不同货物之间的兑换。根据伊斯兰学者的比喻，钱有如一面镜子，本身没有色彩，但是它可以反映出东西的色彩。

但是伊斯兰教对于利息的看法，也有宽松与人性的一面。他们认为如果买卖、借贷双方彼此同意，那利息就可以成立。其次，如果借来的钱是拿来投资生产用的话，那就称为投资、资金（capital，原始的意思是指

[①] 阿拉伯语称之为"sakk"或"ruq'a"，前者为"checkÝ"（即后来英文中支票的字源），后者为"note"之意。

第 7 章　中古欧洲的经济思想

"牛头"），这种也是合法的行为。最后，伊斯兰教很早就有"机会成本"（opportunity cost）的概念，他们认为："贷方如果将钱拿来自己投资，可以赚更多的钱，但是现在却因为借出去而丧失了投资赚钱的机会，因此可以取得补偿（即利息）。"

伊斯兰世界的经济思想家部分继承了古希腊的思想，进而影响后来的欧洲人，其中一位是阿威罗伊（Averroes, Ibn Rushd，1126—1198年）。他生于西班牙的科尔多瓦（Cordoba），死于摩洛哥的马拉喀什（Marrakesh），是阿拉伯世界有名的亚里士多德专家。阿威罗伊所处的12世纪，商业远比亚里士多德时代要繁杂，因此阿威罗伊对于钱和商业的看法就会与亚里士多德有差异。

根据亚里士多德的看法，钱币的功用有三种：交易、衡量价值、为未来的交易积累价值。阿威罗伊认为钱还有一个作用就是"购买力的储藏库，它可以在任何时候支付出去"。阿威罗伊视钱币的交易为理所当然的行为，并坚持经济运作不能没有钱，但是阿威罗伊认为钱的价值不能改变，因为它是衡量所有事物的标准。另外，如果钱是价值的仓库，那改变钱的价值会使某些人受到损失，因此是不公平的。如果一位君主改变了钱币中贵重金属的成分，那就是纯粹的利润，一如借贷中的利息，是不公正的。

13世纪，北非的伊斯兰世界出现了另一位经济思想家伊本-赫勒敦（Ibn -Khaldun，1332—1406年）。对文明兴衰有兴趣的他曾撰写一本文明史，认为文明兴衰具有循环性，经济的繁盛能使文明昌盛。

伊本-赫勒敦注意到分工对于生产力的影响，品位对于需要的影响，消费与资本积累间的选择以及利润对于生产的影响等。伊本-赫勒敦的主张在伊斯兰世界产生的影响力非常有限，但欧洲人却深受其影响。

（五）亚里士多德理论

中古欧洲依据亚里士多德的主张，而认为钱与其他对象不同，其他的对象都是属于可以贩卖的商品，但是钱是衡量的标准、一种交易的媒介，不是可以买卖的商品，当然也不能收取利润。

在亚里士多德的理论中，钱的交易与房子的交易是不一样的。当一个人将一栋房子或一匹马借给人家时，他仍可指望还回来的是同一栋房子与同一匹马。而借房子与马的人只是将这些东西借走用一用，或者赚取利润，因此房子与马的原主人可以要求赔偿或是支付使用金。但是，当一个人将面包或钱借给别人时，就不可能指望还回来的是原物。就好像面包借给别人，目的在于让人吃掉，借钱的目的也在于让人使用，使用钱乃是自然的行为。自然使用，是不应该要求对方支付额外的钱，况且，借钱还意味着将使用权暂时让渡给借方。在这段借出的期间内，钱的使用权属于借方所有，因此贷方没有理由要求额外付钱。当面包被吃掉时，面包的价值就完成了，一如借钱给别人使用，钱的价值也得到完成。因此，借钱又要求利息的话，是不自然的、不合理的，也是将钱卖了两次（一次是让人拥有面包或钱，一次则是让人吃掉或用掉）：一如面包，钱只能卖一次，无法卖两次。借钱给人家，不能一次要求别人为钱的本身或拥有钱而付钱，另一次又要求为了使用钱而付钱，因为钱的本质就是要使用它。拥有与使用是同一件事，同一件事就不能要求付两次的钱。

二、中古经济思想的特色和派别

中古早期受到教会的影响，带有浓厚的反商情结。譬如9世纪的查理大帝在一次宗教大会中规定教士不得从事任何会导致"可耻的获利"（shameful gain, turpe lucrum）的经济活动。同时，查理大帝一再扩大解释"可耻的获利"，除了诈骗、贪心、贪婪，不遵守政府规定的价格（无论买方、卖方均在其内）也在行列之中，因为当时的教会人士和官员、学者都认为：政府规定的固定价格和市场的一般价格（communis aestimatio），才是"公平价格"。他们相信政府规定的固定价格不会偏离市场价格太远，因此是可以接受的。早先的时候，"教会法"中的"公平价格"并没有包括政府规定的"固定价格"，现在则被纳入"教会法"中。至于市场价格，"教会法"与中古人士仍采用"罗马法"的原则：买卖双方自由与自愿的协议价格。

第 7 章　中古欧洲的经济思想

（一）博洛尼亚大学派

12世纪欧洲开始复兴，经济活动的频繁与活跃，带动了经济思想与经济法的研究。商业兴起后商人的地位、商业的功能为何？新兴的市场经济让当时欧洲界的知识分子既困惑，又好奇。他们很想知道，市场经济是怎么缘起的？是怎么运作的？市场经济的货币又是怎么回事？价格是如何制定的？如何达到公平价格？市场秩序为何？

为了解这些问题，他们运用各式的背景知识，再加上理性的思辨方法去探索这些问题，造成经济思想的蓬勃发展。此时由于阿拉伯人曾经占领过西班牙，以至于欧洲人可以接触到阿拉伯的知识，例如阿威罗伊的亚里士多德学。12世纪的知识复兴也造成大学的兴起。这些大学中对于经济思想与经济法最有贡献的，要属意大利的博洛尼亚大学（University of Bologna），该大学是中古时期著名的法学中心。

刚开始的时候，中古的法学家，尤其是博洛尼亚大学的法学教授，他们仍然承袭教会的观点，首先肯定制造业的劳力工作。他们观察到"工匠购买便宜的原料，再加工制造和运输货品，然后以较高的价格卖给顾客"，"便宜买进、较贵卖出"是合理的，因为工匠的原料支出和劳力需要补偿。他们更相信"便宜买进、较贵卖出"是人类的天性，因此是一项"自然律"[①]，适用于所有行业的人，包括商人在内。对中古人士而言，"自然律"是应该接受的，但是人为法、人为的行为是不能接受的。

后来这项对制造业的观察被引进了商业部门，有人开始主张：商人的运输也需要成本和劳力，他们也是出卖劳力和服务，因此也需要补偿。当中古人士承认商业活动也需要劳力，既然是劳力的一种，自然就不需那么仇商了。有些法律学者甚至认为在商人的酬劳中，还应该包括商人家庭的生活需要。还有的学者认为应该多给商人一点利润，好让他们有行善事的能力。

[①] 古希腊哲学家将"自然律"解释为合乎"人类本性"的法律；中古欧洲学者则解释为合乎"上帝律法"的"神圣法律"；18世纪的启蒙学者则解释为合乎理性思维的自然律规则。

（二）巴黎大学派

1. 威廉·欧塞尔

威廉·欧塞尔（William Auxerre，约1140—1231年）是一位士林哲学家。威廉·欧塞尔的理论建立在自然律的基础上，他认为利息是违反自然律、有罪的，因为当一个人将钱借给其他人时，他并没做任何事，他只是等到一段时间后收回他原来的钱，再加上利润，但是这个利润并不来自任何动作、工作或劳力，而是在经过一段时间后平白生出来的利润，因此利息可算是时间的买卖。然而，根据中古宗教的信仰，时间是属于上帝的，人怎可以贩卖上帝的时间呢？因此不能收取利息。

威廉·欧塞尔反对一切高于"公平价格"的价格，因为他认为"公平价格"属于"神圣的自然律"。此外，威廉比较重视私人财产的问题，他认为私人财产是不得已的、必要的恶，允许私人财产存在的条件就是：在必要的时候，必须将财产拿出来与需要的人分享。

2. 艾伯特

来自日耳曼骑士家庭的艾伯特（Albert the Great，1200—1280年）同意亚里士多德的分工说，认为分工是社会所必需的，随着分工而来的交换货品和服务也是必要的，这就是社会的"自然律"。但是他对商人的看法却与亚里士多德不同。艾伯特认为商人的功能在于将物品从丰盛的地区分配到缺乏的地区。他还主张：假如商人是有用的，那么他们从这些活动中得到利润也是合理的。合理的利润应该包括他们的支出与劳力，而支出包括运输、仓储、维护对象，还有承担风险。

在不同货品间的价格换算方面，艾伯特对于亚里士多德所提出的不同对象间的交易价格感到不解（例如"五双鞋子等于一栋房子"是如何决定的？），因而予以重新诠释。他认为不同对象的公正价格应该根据需要和劳力来定。艾伯特认为"交易的进行，就是在一件物品与另一件物品之间的价格比例，这个比例与需要有关，而需要就是导致交易进行的原因"。这也就是表示，一件物品的价格，以及花在该物品上的劳力，两者决定该物品的相对价格，而不同对象间的价格换算则根据两者的价格比例来兑换。艾伯特认为："当一件物品出售时，它的价格与当时市场贩卖这件物品所估算的价格相等时，这个价格就是公平价格。"

3. 阿奎纳

（1）价格问题。

阿奎纳（Thomas Aquinas，约1225—1274年）出身于意大利的贵族之家，他为了加入多明我会（Dominican Order）而不顾家人的反对并出逃。他的思想主要受到亚里士多德的影响，但他也知道中古欧洲的许多发展已不符合亚里士多德的立论，因此他希望将亚里士多德融入中古欧洲里，这也是中古欧洲所谓的"调和之学"。

阿奎纳接受亚里士多德"价格由需要和功能决定"的立论，但是他加入了当时中古所盛行的"价格估算应包含支出与劳力"，后来的一些学者称之为"生产理论"（production theory）。但也有一些学者根据阿奎纳的"劳动与支出"而称之为"劳动价值理论"（labor theory of value），并与马克思的劳动价值论相比拟，但是阿奎纳的"劳动与支出"用来决定价格，而不是经济的价值。

基本上，阿奎纳继承的是中古的"公平价格""公正价格""正义价格"的论点，也就是交易的公正性。在这点上，中古人士与罗马人看法不同，罗马人认为只要不诈骗，就可以算是值得支付的价格，中古人士则认为必须是经过谈判以后产生的共识才行。

阿奎纳同意价格是买卖双方协商产生的，但是无论协议或共识都需要信息，因此这项说法又引出卖方是否应该提供该物品的信息，或提供到什么程度。阿奎纳允许卖方可以隐藏一些信息，从而允许讨价还价的存在。他还主张："所谓适合的价格，应该是现在的、当时的，而不是未来的价格。市场就足以保护消费，并消除强制行为。"例如，如果一位商人将价钱抬高到超过正常的价格，他或许可以用这个高价格卖出，但也可能因卖不出去而受到损失。然而，假如在饥荒或其他急难的时候，商人仍抬高价格的话，他就是小偷，因为在这个时候，财产应该变成公共所有。除了市场可以保护消费者外，商人间彼此的竞争也有保护消费者的功效。

值得注意的是阿奎纳讨论价格问题时，也注意到供需对于价格的影响。他说："当一个地方货品的供应非常丰富时，价格就会低下来，反之亦然。"他认为商人很自然地会在东西多的地方买进，然后运到缺乏的地方去卖，以赚取利润。阿奎纳主张这也是商人最重要的功能——将多的东西卖给少的地方。

（2）钱币与利息问题。

阿奎纳接受亚里士多德"钱币是一个交易的媒介，衡量价值的计算单位"，但是他修正亚里士多德钱币是不变的、稳定的说法，由于当时阿奎纳观察到市场中价格会波动，因此他认为："钱币的购买力会波动。"不过他强调"钱币的正式性质应该是不变的，因此如果一个人因为钱币的波动而收取利息的话，那就是违反自然法。"阿奎纳也继承亚里士多德所说的："钱是纯粹消费的，它会在交易中消失，意即钱不会自我生产或制造，钱是拿来用的。"由此阿奎纳得到一个结论："钱的使用就相当于所有权。于是当一个人对一项借款收取利息时，他其实是收了两次钱，一次是钱本身，另一次则是钱的使用，但都是同一份钱。"

阿奎纳对钱和利息的看法并不一致，有时候也会受到现实考虑的影响。譬如根据中古的利息定义，"所有高出本金的钱均叫作利息，不论何种形式，包括合伙追求利润的行为也是如此"。但是利润中的"风险论"使得合伙逐渐合法化。早在11世纪时已经有神学家尝试将合伙踢出利息行为之外，但还得不到大众的赞同。到了13世纪，欧洲合伙做生意的情形非常普遍，人们不得不正视这个问题。如当时流行的海洋贸易的合伙行为最受争议。在这种合伙行为中，有一方只负责出资，但不做任何事，等货品回航后分享利润。过去这种没有付出劳力而得到的钱就叫作利息。但阿奎纳有了新的诠释："出钱的人并没有将钱的所有权转让给合伙人，出钱的人仍然持有钱的所有权。因此他担负了钱币的风险，所以他有权从资金中赚得利润。"承担风险将合伙出资的行为合理化，这种合理的利润或利息，不应该被鄙视。

阿奎纳对于合伙风险的看法，也显示他逐渐偏离了亚里士多德的立论基础。对亚里士多德而言，钱不会生产，不会产生新的钱。但是阿奎纳却同意将钱拿来投资，从而再增加钱。这也意味着阿奎纳开始有条件地认同钱是可以生钱的。

（3）私人财产。

阿奎纳认为假如要让一个人行使自由权的话，私人财产是必要的，是社会和平与秩序的保障。阿奎纳甚至主张："私人财产是自然的，不是由政府或社会创造出来的。"根据他的说法，当亚当夏娃堕落以后，也就是当人类开始堕落以后，私人财产就变得重要起来，因为它是维持人类生存所必须。又因为人会注意、小心照顾自己的而不是他人的财产。假如财产权不确定，到最后所有的人就会以暴力抢夺或霸占财产，也会以暴力来决定财产的归属，因此私人财产的确定可以维持社会的和平，每个人一定会尽心尽力照顾自身的财产，更能有效地使用财产，能使整体经济更有效率、更公平，物品的交易也会更顺畅。尽管阿奎纳同意私人财产的存在，但是他认为私人财产的需要是符合公共利益的，所以应该与他人分享，通过将多余的财产分给需要的人，或是以买卖的方式与他人分享，能增进社会福祉。

艾伯特与阿奎纳皆属自愿贫穷的托钵修士，但他们了解并不是所有的人都像他们一样，自愿过贫穷的生活。假设所有的人都贫穷的话，谁来支持他们或供养他们这些托钵修士？因此他们不会要求所有的人都放弃财产，他们只要求财产必须用在公正与慈善的事业上，唯有这样，财产才是有利的。

（三）方济会派

阿奎纳的私人财产说，其实是为了捍卫多明我会的财产论立场。当时多明我会与另一个强调"完全贫穷"的方济会（The Franciscans），因为对财产的看法不同而争论不休。方济会反对财产的存在，他们强调："他们所使用的只是借用一点能够维持生命的资源而已，而不是真正的私人财产。"多明我会的修士如阿奎纳出来辩驳："所有的使用"都意味着控制、拥有和主导，因此就是财产。

方济会修士坚持,在人类的自然状态,也就是在自然和神圣的状况下,所有的资源都是公用的,因此没有私人财产的存在,每一个人都可以从公共的仓库中取走自己需要的东西。为了反对方济会的说法,教皇约翰二十二世(Pope John XXII,1316—1334年在任)特别颁布了一道著名的敕令:"上帝统治地球,反映在人类管理自己的财产和对象上。"这项敕令显示教会也承认财产权的立论基础是人类的天性,是由神圣的法律所创造的。

方济会修士对于中古经济思想的最大贡献,是他们确立了"公平价格"的定义——生产支出必须加上商人的勤奋、劳力和风险,这项定义取代了早期市场公共价格即为公平价格的定义。此外,方济会的一些神学家强调商业是一种互惠的行为。例如一个人向另一个人买了一匹马,显示对买马的人而言,他需要马更甚于钱,而卖马的人则需要钱,因此买卖马的行为是对双方有利的。接着又有方济会的学者将这种互惠的观念引进到国际贸易中,从而鼓励国际贸易的进展。然而在国际贸易中,风险尤其明显,也就更应该被加入商人的利润中。风险与商人利润、商品价格之间的关系就更密切了。

(四)告解手册

除了大学法学家、神学家讨论经济问题外,中古的许多经济看法也出现在当时的告解手册中。这些手册是教导教士在信徒告解时可以提供哪些建议,这是因应教会1215年规定信徒一定要去教会告解悔过而产生的。因为经济建议对于一般小民非常重要,然而教士对于一般小民的经济行为并不了解,故在这些告解手册中,有相当多的篇幅提供经济相关的建议。例如在一本告解的小册子《忏悔大全》(*Summa Confessorum*)中,作者托马斯(Thomas of Chobham,约1160—1235年)列举各行各业可能的危险行为,其中商人的危险行为包括利息与贪婪,但他还是为商人说了几句好话:"商人将商品自产地运出贩卖,因此商人可以要求购买者支付他们的劳力价值、交通费用以及花在购买这些物品的资本上。假如商人有加工改良这些物品,更可以要求改良的价值。"不过托马斯也警告:"商人如果欺骗消费者，并要求超过公正价格以外的价格时，就算是有罪了。"

托马斯在小册子中也谈到利息的问题。首先，他认为当钱借出去以后，钱的所有权就转移到借方的手上，因此利息涉及贷方从属于别人的对象中赚取利润。其次，收利息的人贩卖的是时间，而时间是属于上帝的。再次，为了分享利润而借钱，是有罪的行为，除非贷方也分享同样比例的损失与支出。托马斯并没有提出机会成本的概念，因此不允许收取补偿机会成本的利息。但是，他允许如果借方延宕还钱的时间，贷方可以要求补偿金。

（五）货币论

钱币的出现与军事和社会转型有关。一般而言，社会动乱或是受到外敌骚扰时，为了抵御外敌、消除内敌以及对外扩张，需要招募士兵，即雇佣兵。由于士兵需经常行进，无法携带巨型的实物，如谷物、布匹等，于是当局开始将金银等贵重金属铸造成固定单位的钱币，让士兵购买日常所需，并在钱币上盖上印章，以昭告信用。例如小亚细亚地区最早出现货币的吕底亚地区，约于公元前600年铸造金银钱币，以支付给雇佣兵。至于社会稳定、经济发达的中东地区反倒很晚才出现铸币，如腓尼基人，这是因为古代贸易主要是靠信用运作，而不是货币，故欧洲中古货币的兴起，也与战争、军事有关。

中古讨论货币的经济思想家不少，其中一位是尼科尔（Nicole Oresme，1320—1382年），他是法王查理五世（Charles V，1364—1380年在位）的顾问。他也继承亚里士多德对钱的看法，认为钱源于交易，并反对非自然的用钱。他也反对贬抑钱币中的贵重金属成分，认为那将有损钱币的信用，更认为降低钱币中的成色（即贵重金属的成分）比收取利息更糟。当时民间流行将钱币的边缘剪下来，好再溶解以铸造伪币，或是贩卖被剪下来的钱币（官方与民间都有剪币的行为）。尼科尔认为这些做法都会造成币值的混乱，他引述亚里士多德的说法，认为币值应该保持稳定。

尼科尔还讨论在铸币中的金银成分比例应直接反映金属在自然界的多

寡。譬如黄金在自然界的存量比银子要少，因此黄金的价值要比银子高，故而钱币含金的成分高，币值也应较高。

尼科尔主张"钱币是为公共服务的，因此它的价值应由君主决定"，君主可以为了公共的利益改变币值（金银成分所占多寡），但应该努力维持人民对于钱币的信心，钱币不该只是一种盖有图章的贵重金属。

（六）工资的问题

中古早期神学家与教会不太注重工人问题，因为当时工人多由行会负责管理，不仅管理他们的劳作、工资，也管理他们的道德伦理，因此无须神学家或教会来烦恼。

中古晚期的学者、教会人士开始将注意力转移到工人身上。在工人问题中，最重要的就是如何计算工资，即合理、公平的工资为何。刚开始时，神学家维持传统的看法，即合理的工资应该包括劳力与支出，这也是他们对于商人工资或酬劳的看法。首先，中古的学者认为造成价格与工资不同的原因在"需要"（need）与劳力。有的东西需要花比较长的训练期、较长的时间或较多的心力来制造，例如医生、律师、建筑师等，因此他们需要的工资就比较昂贵。阿奎纳就用这种"不同工不同酬"的原则解释亚里士多德的难题。

其次，中古的神学家将市场"公平价格"的观念引进工人薪资的决定中。他们认为一如市场对于商品的公定价格（由买卖双方自由、自愿议价的结果），也应有一个"公平工资"，市场价格会有一个自适应的机制。例如，如果工资太低，低于标准工资（或公平工资、公定工资）一半以上，就没有人会去做。这是援引中古晚期所谓的"价格律"，意即如果一件商品的价格低于公平价格的一半以上，将没有人会卖东西，相对亦然。

接着，学者又注意到工人也有"供需"的现象，就是当工人多的时候，工资就变低了，于是有学者提出"工资视市场而定"的原则。

以上的叙述显示：中古的士林哲学家在讨论经济与道德时，也视外界、大环境经济的发展而定。当商业市场刚形成时，价格与物价实为一项令人困惑的问题。当商业日益繁荣后，商人的功能与角色就面临重新定位与转型的问题。一些商业行为与运作也让学者与教会人士对于商业有了更进一步的观察与认识，因而产生不同的观点。随着经济社会的发展，一些新的经济议题开始进入神学家与教会的讨论范畴，如货币与工资的问题。

从"利息"看中古经济思想的改变

一、利息问题从哪里来？

利息问题并不始于中古，早在上古便困扰着当时的君主与学者。在上古时代，农业社会多为小规模且封闭的村庄社会，在这个小型的社会中，彼此不是家人、亲戚，就是朋友或邻居。当亲朋好友有紧急事故，急需钱的时候，其他人在道义上本来就应该伸出援手，予以救急，不应要求额外的报酬。中国人说朋友有通财之义，也没说要收取利息。

在农业经济中，农民有急需是在青黄不接的时候，也就是当去年的粮食吃完了，今年还未收获的时候。农民通常会在这个时候急需要钱，但金额不会太多，多是小额的急难款项，因此他们借贷的钱，也都不是大笔的金额，收的利息也有限，干脆就算了。无论如何，在这个急难的时候，如果还收他们的利息，就不符合济贫的道德原则，反而有趁火打劫的意味，故而在很多古老的宗教里（如基督教、犹太教），不收利息的借贷都是慈善行为的一种。

此外，在农业经济中，家是基本单位。家庭经济通常要自给自足，不外借于人，只有家计经营不善时才会需要向外借款。为了鼓励自给自足，古代的人都反对向外借贷，因此也不鼓励与借贷相关的利息。事实上，耶稣基督反对利息，反映的就是农业经济与农业社会的传统，这个观念也持续影响着中古时期欧洲。

最早的利息贷款产生于两河流域的神殿中。上古的两河流域属于神殿经济，神殿是最大的生产与分配中心，拥有广大的良田，可以生产庞大的剩余谷物与其他作物，还可以喂养成千上万的绵羊与山羊，产出的毛可以作为纺织的原料，因此神殿也可以生产剩余的纺织品。然而，由于两河流域不产木材、石头、金属（包括当作货币使用的银子），这些东西都必须靠外来。于是神殿与当地的商人合作，由神殿预先支付给商人各式多余的物品，让商人拿到外地、远地去贩卖，以换取需要的对象与利润。这些行为可以是私人或是神殿人员在神殿的名义下运作的。无论如何，等到商人回来以后，神殿再与商人分享利润，这就是利息的由来。

二、借贷与债务

看天吃饭的农民多半会经历青黄不接的时刻，也因此而发展出互助的机制：在这个小规模的社会中，所有的人都彼此了解，因此谁的信用好、谁的信用差，大家都很清楚。信用好的人，就可以用他的名誉或信用作为担保，向其他人或小店主人（零售业的小商人）周转所需的物品以应付急用。等到他的手头宽松，也就是收成的时候，再清偿债务，通常是还给债主货币或是实物。这些债务都属于消费型的债务，而不是作为生产的资本或是商业资金。

有时候，某位信用卓著的人，他的信用还可以当成通货，在这个小型的村庄或人际网络中流转。其他的人会将这位有信用人的借据或类似本票的纸张，或是代币，或是其他以资代表的小型信物，当作支票来支付给其他的人，例如A给B，B再给C等。大约流转一段时间后再向原主兑换成现金或实物。这种信用也用于一般的交易中，也就是所谓的信用经济。不过在这个小型的社会与经济中，资金来往的数量，包括债务，都不是很大。

贵族、地主、豪强也会利用农业经济的债务问题，他们提供农民借款，但条件异常严苛，他们算准农民在此急难之际，为了生存什么条件都会接受。这些条件除了高额的利息外，尚包括"将农民的土地或房子抵押给地主或贵族"。在抵押期间内，所有因房子或土地而生产的财物都属于债主所有，当抵押到期后，农民没有办法赎回自己的房子与土地，反而欠了更多的利息。原本的自由农就变成了债务人,甚至成为债奴。有的时候,农民甚至得将自己以及妻子或儿女抵押给贵族或地主。贵族或地主借口还债而将欠债的农民或他的妻子、小孩送到奴隶市场,卖到远方去。

债奴成为上古时代非常严重的社会与经济问题。首先是自由人、公民人数的减少,以至于政府的收入、当兵的人数都大为减少。因为自由人或公民都有缴税与当兵的义务,而且军人的武器与行军的粮食都得自备。当自由人、公民减少,国家的税收也随之减少,兵额也就发生问题,军事力量就开始瓦解了。公民、自由人人数的减少不仅危及社会体制、经济发展,也危害政治体制。譬如,雅典的民主就是建立在公民参政的权利与义务上,当公民人数大幅缩减,参政的人数就跟着减少,如此一来,民主就不能施行了。从两河流域的苏美尔人到罗马帝国都面临着严重的债务后遗症。罗马帝国晚期甚至因此凑不出足够的兵力,只好找日耳曼人当雇佣兵,终遭亡国的命运。

古代的政府,从苏美尔人开始到罗马政府,都知道债务问题的严重性,故皆有"取消债务"的政策。例如苏美尔君主每隔一段期间就要宣布取消债务(clean slates),让所有的债务归零,让所有的债奴都恢复到自由人的身份,并回到自己的家,这就是所谓的"颁布正义",在苏美尔文件中,也称为"宣布自由"(declaration of freedom, amargi,原意是指"回到母亲那儿去"),即第2章提及的《汉谟拉比法典》就是两河流域历史上最著名的"颁布正义"例子。

通常这些放高利贷的贵族、地主、豪强都是为政府收税、管理行政的高官,他们平常靠这些工作已经赚了很多钱,再加上那些债务的本金早已收回来了,因此他们也不敢违背正义的法令。于是,尽管上古中东有"颁布正义"的传统,却不见有人因此而发动叛乱。

有的政府如雅典和罗马则禁止抵押,尤其是那种将自身作为借款的抵押担保的情形,但是债务问题在现实中仍存在,无法有效解决。例如罗马贵族趁农民当兵时,将钱借贷给他们急需要用钱的家人,然后再将他们的家人转卖为奴。雅典也是一样,政府为了解决问题,甚至得动用公家的钱将那些被卖到外地的债奴赎回来。或许希腊民主政治的式微以及罗马帝国的沦亡，都与债务问题大有关联，似乎在整个上古世界中，只有中国能有效解决农村经济引起的债务问题，也因此当上古帝国都消失后，独留中国存在。罗马帝国的沦亡教训，是欧洲中古早期人士特别反对利息问题的原因之一，后者决定用激烈的手段对付利息问题。

另一项影响中古人士利息态度的因素则是基督教反对利息的立场。中古欧洲早期的债务问题并不严重，因为大多数的农民都是农奴或奴隶，法律上本就没有自己的财产与身份，所以不能拿自身当作任何抵押，也就没人愿意借钱给他们。此外，在中古的农奴制度下，领主有维持农奴温饱的责任，因此化解了不少青黄不接的问题。况且，中古早期都属于非常小规模的社群或村庄，平日发展出来的互助与信用经济就足够解决救急问题。

一直要到10—11世纪，欧洲经济开始发展，货币经济开始兴盛以后，当农民逐渐摆脱封建束缚以及农奴的身份（至少实质上不再是农奴）时，利息与债务的问题才开始严重起来。加上这个时候，商业开始发达，在商业需要资金的情况下，利息的问题再度浮现。许多神学家（士林哲学家）、政治家、商人开始发展出各式理论，为利息解套或让利息合法化。中古晚期起，当货币与市场经济兴起后，所有的买卖都需要以货币解决，但是市面上的货币却非常缺乏，于是利息的问题更严重。

三、规避利息之名的权宜之计

早期基督教为了反对与禁止利息，甚至不惜采取激烈的手段。4世纪时，米兰的主教安布罗斯（St. Ambrose，374—397年在任），后来成为米兰的保护神，他就曾主张："如有任何人收取利息，他就犯了强盗罪，他必须处以死刑。"这成为中古利息问题中非常权威的观点，经常被其他神学家和教会人士引用，作为利息问题的基本态度。

又如许多主教禁止为收利息的人行使圣礼，好让他们得不到救赎。另外还将收利息（尤其是收取高利贷）的人以异端处置，用火刑伺候，并将他们的尸体丢到乱葬岗，任由野兽啃食尸体。

中古基督教认为收利息是贪婪的行为,缺少教义所要求的慈悲与悲悯的伦理。教会最早公开反对利息,源于325年的尼西亚会议(Council of Nicaea),但仅禁止教士收取利息。5世纪时,教皇利奥一世(Leo I,440—461年在任)又将这项禁令延伸到俗人身上。789年,查理大帝也下令所有的人都禁止收取利息。以后教会也多次开会颁布禁止利息的规定。11世纪时,教会甚至将利息比拟为窃盗的行为,即贷方偷取了借方的东西。在1139年的第二次拉特兰会议(the Second Council of Lateran)中,就明确规定禁止利息,后来又将利息定义为"收高过本金的钱"。在12世纪末,教皇乌尔班三世(Urban Ⅲ,1185—1187年在任)再度将利息定义为违反正义的行为,收取利息和付利息的人都是不正义的。

尽管中古教会反对收取利息,但是利息仍然存在,只是以不同的形式存在而已,通常是礼物的形态。有时候借贷双方订立契约时,契约中所列举的款项通常比实际借出的钱要多,也就是借钱的人(即债务人)拿到的钱数比契约中所列举的要少,两者间的差额就是利息。有时候,契约中载明借方在还钱时要多付一些钱作为酬劳或谢款,其实就是利息。有时候契约中载明多久还钱,如果超时,借方就要付赔偿金,通常契约中的时间都会比实际还钱的时间要短,为的就是收取利息。还有一种方式就是合伙的关系,这就是贷款人以出资人的身份与借款人合伙,出资贷款的人不负经营的责任与工作,而是等到事成后收取利润,意即将利息隐入利润的名目下。

在基督教中,收利息的有罪,付利息的也有罪。尤其是收利息的人,因为违反教义所以没有办法得到救赎。救赎却又是中古人士至为关心的人生大事,因此许多以收利息放贷为业的人,在临死前会将利息偿还给借方,或是捐给教会。绝大部分的教会人士,会一边谴责这种遭到污染的捐献,一边还是收取了这种捐献。完成清偿、捐献以后,收取利息的人就会在忏悔后,获得教会施行临终涂油礼,让自己的灵魂得到救赎。第二种偿还利息的方式,就是在生前利用放款赚来的利息大做好事,包括支持文艺事业与慈善事业,许多意大利的银行家就是采取这种方式以清除因利息带来的罪恶,好让自己死后可以得到救赎,这种清偿的方式称为"购买天堂"。第三种偿还利息的行为,就是在临死前或遗嘱中注明将利息偿还给当事人,有时候偿还的金额占遗产的12%,偿还的对象通常是出利息最多的人。

由于利息问题非常敏感,再加上如果没利息,许多人不愿借钱给他人。于是许多基督徒宁可或只好向犹太人借钱。因为犹太教义允许他们收取利息,但限于外邦人;基督徒即为外邦人,因此不产生利息的问题。大部分的基督社会限制犹太人的经济活动,例如不得经商、买地务农等,因此犹太人只能将钱存起来。于是,犹太人有足够的钱借给基督邻居等人,反正这些基督兄弟通常借的都是小钱,况且许多犹太人的本金来自有钱的基督徒。虽然,犹太人解决了基督徒借钱与利息的问题,但自己反而成为基督徒痛恨的目标,犹太人往往被基督徒视为吸血鬼。

随着中古欧洲经济的复兴,借贷的行为日渐普遍,遂产生理论与实际偏离的现象。这是因为一方面经济起飞造成经济机会大增,许多人想要抓住经济机会改善生存环境,却苦于没有钱,于是就向他人借钱。另一方面,当经济起飞时,许多经济行为都需要用钱来解决,但是市面上钱不够,于是需要用钱,而没钱的人,只好向有钱的人借钱。借钱就产生利息的问题,甚至连教会自己都成为收取利息的贷方,加上许多神学家或是教士都是出身于商人之家,例如出身威尼斯的教皇保罗二世(Paul Ⅱ,1464—1471年在任)更是商人出身,受过完整的商人训练。这些神学家亲眼见到或是亲身经历过利息的问题,知道利息问题的重要性与迫切性,教会中的神学家就开始为利息问题解套,好让利息合法化。这些神学家或是学者利用新兴的经济行为,修正过去的理论,或是对过去的理论,尤其是钱的性质,做重新解释,好使利息合法化。

第一,13世纪下半叶以后,一些神学家通过合伙关系来合理化利息的问题。此时兴起"机会成本"的理论,就是借钱给别人的人,如果将借出去的钱用来投资其他事业的话,自己就会赚取利润,但现在却因将钱借给别人,而赚不到那个利润了,因而有所损失,所以借出钱的人可以要求一些补偿,就是利息。这种用来投资的钱称为"资本",与一般消费借贷的钱不同,因此处理的方式也不同,这个观念可能受到拜占庭的影响,在拜占庭收利息是合法的。当时欧洲经济开始复兴,商业逐渐兴盛,于是有许多人想借钱投资,这种商业借款与早期农业社会中的消费借款不同。欧洲的神学家倾向于将商业借款看成合伙关系,即贷款人与借款人是合伙人,彼此分享利润与损失。在合伙关系中,要求利润分享是合理的,因为在商业经营中有风险的存在。到了14世纪,这种借贷或合伙行为更是普遍与必要的,因为在当时的经济发展下,到处都有人(包括教会人士与组织在内)需要借钱,这种商业借款有风险存在,因此借款都要求利息。

第二,在"贩卖时间"方面,中古欧洲人原本认为时间是属于上帝的,所以不能贩卖,以至于利息成了违反自然律的行为。但是到了15世纪,情况开始改变,机械钟的发明,使得欧洲人开始认为时间应该属于个人,是个人可以支配的。

第三,原本反对利息的另一项基础是"钱不是商品,所以是不可替换,也不可贩卖的"。譬如种一块地,过一段时间就可以期待成果,但是这种状况不能应用到钱币上。不过经过实际观察,钱币的确会因为时间而改变,不同的时间,钱币价值不一样,这显示钱币亦是属于商品的一种,因此可以买卖,在不同的时间,价值也不相同。于是借钱收取利息有了理由,因为不同时间的钱币是不一样的,借出去的钱与还回来的钱中间就有了差距,需要予以补偿。况且在这段时期,贷方还与时间较劲,赌上了他未来的物品价格(钱的价格)。

此外,在出售信用或借钱给他人的这段时期,所有东西的价格都会改变,而且经常是越来越贵。在此状况下,借钱给人的那一方反而受到损失了,因此他可以要求合理的赔偿。相对的,在这段时期,如果物价没有改变,那贷方多收钱,就是利息,是不正义的。提出这种主张的是阿奎纳的学生贾尔斯(Giles of Lessines,?—1304年)。

第四,亚里士多德认为钱是不会"生子"的,只是一个媒介而已,但在13—14世纪的中古人士开始认为钱应该是有价值的,而且可以"产子"

（增值）。钱既然是有价值的商品，那它的价值何来？13—14世纪的中古人士认为钱币的价值来自时间与劳力，通过时间、劳力或勤奋可以让钱变得丰饶。这种强调劳力与勤奋的看法反映当时中古欧洲人士改变传统对"贫穷"的看法，在此之前认为贫穷是对上帝虔诚的表现，但在13—14世纪经历黑死病的灾难后，经济复兴需要劳力，于是人们不再默许游手好闲的懒人存在。这时候的中古人士认为只要是身体力强的青壮年都应该去工作，他们更认为一个人之所以贫穷，是自身不工作、不努力的后果。中古人士也开始对穷人采取敌视的态度，尤其是身体强壮的乞丐。欧洲强调勤奋的工作伦理于是就这样建立起来了。

13—14世纪时，一些欧洲人士反对利息的理由就是：利息这项利润来自不工作，它不是因为工作而得到的利润。他们将利息与妓女相提并论，认为两者得到的利润都不是经过汗水而来的。此时的欧洲人认为利润的真正来源是劳动，劳动的观念慢慢侵入到"不孕"的钱币观念中。但是刚开始时，认为"钱币可以因为劳动而生子"的人多不敢公开地挑战"不孕钱币"的主流权威。后来，越来越多的人开始接受"钱币也可以因为劳动而怀孕生子"的观念。另一方面，士林哲学家又将劳力定位为企业与生意所需要的脑力劳动，而不是一般的体力劳动。

士林哲学家威廉·欧塞尔就将劳动与利息的问题结合在一起。他认为：有些放利息的人，他的钱来自原本因经营商业或努力工作而赚来的利润，虽然他将这部分的利润用在不合法的利息经营上，但是他后来又将放利息所得的利润再度投入生意的经营，他认为这种经营利息的行为不应该是有罪的，他因工作勤奋而赚取的利润，只是收取"合理数量"的回报而已。在当时的确有不少人将他们在其他地方所赚来的钱，或者说将辛苦勤奋赚来的钱拿去放利息。无论如何，根据威廉·欧塞尔的说法，钱币不是"不孕"的，而是会"怀孕结果"的，无论它所产生的后果是好的还是坏的，钱都是会生产的。既然钱币是可以"生子"的，那借钱者就可以收取利息，不论他人对利息的看法是好或是坏，是赞成或不赞成。

另有一位法国的神学家奥多尼斯（Gerald Odonis，约死于1349年的黑死病）从借出钱的人的立场来看利息问题。他以一位放贷者的角色说话："我不是贩卖你的努力,而是停止了我自己的努力,而这个对你有利,却不利于我。因为我们两个人不能同时使用这个钱。"这也意味着钱是可以"生子结果"的,不论是源自贷方还是借方的努力与工作。奥多尼斯主张："由于钱是很稀少的,所以任何时候借钱出去,都可以要求损失的赔偿。"

第五,收取利息在最初被认定为贪婪的行为,而贪婪是基督教七宗罪之一,但到了15—16世纪,人文学者在研究人性后发现"贪婪"其实为人类的本性之一,人文学者还认为贪婪可以鞭策人努力往前,也就是说与贪婪挂钩的利息被除罪了。

第六,中古人士也通过"罗马法"的"interesse"观念接受了利息（interest）的合法性。"interesse"原意是"居中",后来演变为"差距"（两者间的差距）的意思,到了"罗马法"中,"interesse"变成"赔偿两者差距"的意思。中古的学者将"interesse"予以重新诠释:"interesse"不是利润,而是避免损失。借钱给别人的人可以要求"interesse",不是为了赚取利润,而是为了避免损失。对这些中古学者而言,收取"interesse"是恢复"正义的平衡",也就是恢复借贷双方间的平衡状态,减少借贷前后差距的意思。而且从此以后源自"interesse"的"interest"就取代了原来利息的本字"usury"。

事实上,中古晚期以后,所有的借贷契约都会标明"如有毁损或是拖延都要赔偿",通常是50%。到后来,甚至要求预先支付赔偿金或保证金,以防止日后收不到钱,这些契约或借贷会事先收取其他物品当作担保,如土地或珠宝等,这些都是实质上的利息。

在这段时期,钱币的问题又逐渐与财产的问题结合在一起。钱被视为贷方的财产,"借出钱"意即将钱的使用权借给他人,当然可以要求借方付费。15世纪的神学家更进一步表示:"借钱给人家,是剥夺了钱的原有者的使用权,以及用钱赚取利润的机会,因此是造成贷方的损失。所以贷方有理由要求赔偿。利息就是用来赔偿这项损失的。"

第七，13—14世纪出现的一些商业组织与行为，也迫使中古人士改变对利息的看法。首先是银行的出现促成取消利息的禁止令。银行源于货币的兑换与买卖，但是后来逐渐在汇兑的台面下发展出借贷行为，并收取利息（他们称之为"interest"）。由于银行具有良好的信用，于是许多富贵人家将金银细软、钱币等存放在银行中。银行与银行之间以及与客户之间都互有往来，一位客户的钱可以存在不同的银行里，不同银行间还可以彼此交换、汇兑。每隔一段期间后，银行家会无条件地送些小礼物给客户，这礼物也被视为具有"利息"的意涵，除了存储作业外，银行也会贷款给别人，当然是收取利息的。

这些银行都是以商人的姿态营业，而且他们的确是多元经营的商人，除了银行业外，他们也经营商业与制造业，他们通常用顾客存进来的钱或收来的利息再经营其他的企业，这批银行商人在当时被视为值得尊敬的脑力工作者。当时的教会人士或俗人多半不会谴责银行商人收取的是不当的利息（usury），这些商人也强调他们收取的是合法的利息（interest）。就这样，其他借钱放利息的人，也学会称自己收的是合法的"interest"，而不是非法的"usury"。

商人将收取来的利息，或将他人的存款用来投资到其他企业，也导致"资本"概念的兴起。钱，不再只是媒介、商品，而且还是资金。如果钱是资金，那只要经过很好的处理，便得以成长。除了存储与保管业务外，当时的欧洲市场还出现一些以钱赚钱或钱生钱的行业。例如小额汇兑，就以一种货币交换成另一种货币。由于欧洲没有统一的货币，各地的货币都不一样，因此需要汇兑的作业。通常是由专门的人员负责汇兑业务，并酌收酬劳，也就是利润。有些专家认为这是一种货币交易或买卖。如果这属于货币交易，显然货币的性质不再局限于媒介，而是一种商品。当然，中古早期的一些神学家谴责这种货币交易或汇兑业务，认为它也是属于一种"非自然"的利息，但是后来仍挡不了时代的潮流，而接受了现实。这些神学家先将汇兑解释成"以物易物"，然后才进一步变成"钱的贸易"或"汇兑"。当钱变成商品时，钱的贸易就可以收取利润，一如其他的商品，而不再是"利息"了，一些神学家甚至允许汇兑的商人收取"努力"与工作的利润，并将这项利润视为合法的"利息"（interest）。

当时商业界还出现了汇票（bill of exchange），就是同意将债务在某一段时间之后于国外支付。但是在签发汇票时，银行或商人都会预先收取一笔"利息"。汇票在当时的欧洲是非常重要与必要的工具，因为没有哪位商人胆敢带着一身的钱币行走遥远的路，因为路上的治安非常不好。然而，这项汇票的交易不仅涉及利息的问题，还涉及贩卖时间的问题。在当时还有一种假的汇票交易，被称为"干交易"（dry exchange），就是在双方的支票契约中，规定在另外一地换取另一种货币，而且先收了钱，但是整项交易行为其实是在原地进行，有点像今日的外汇买卖或套利的行为。无论哪一种汇票，都是当时商界非常重要的工具。尤其是15世纪的意大利商人，他们就是通过汇票与英国的羊毛商人进行交易。因此，汇票的必要性迫使教会与学者改变了对"利息"的态度，由反对到赞成。

最后一项导致教会与学者改变对利息的态度的原因，则是公共借贷与慈善借贷。在14世纪早期，意大利的佛罗伦萨政府因为非常需要钱，因此发行一种基金，称为"mons"，类似今日的公债。佛罗伦萨政府还强迫公民购买这种公债，为了鼓励公民购买，政府会付给购买者一些"利息"（interest）。这种公债被视为商人的牺牲，因为他们原本可以运用到商业上以赚取利润的钱，现在被迫拿去购买公债，且因购买公债而丧失了赚取利润的机会，因此他们的牺牲必须要有所补偿，政府提供的"利息"就是一种补偿，因此是合法的"利息"。

除了公债以外，还有一些修士、慈善家为了帮助穷人渡过难关，还创办了小额贷款。为了永续经营，这类的贷款都收有微薄的利息，大约5%左右。这种小额贷款其实是针对犹太人的，为了防止穷人向犹太人借款，因此有基督教的小额贷款。这种小额的贷款，因为是为了公共利益，也被称为"mons"，它们的利息当然也被合法化了。

15世纪后半叶，世俗法庭兴起，许多利息的案件涌进了世俗法庭，这些法庭对于利息的案件采取远比教会更务实的态度。对于乡村利息问题，世俗法庭依传统采取反对态度,对于新兴都市的利息问题则比较宽松。这是因为都市的借贷多为商业借贷而非消费借贷。但是仍有一些法庭不仅遵照教会的路线,甚至采取更严格的态度。不过,绝大部分教会的态度已经逐渐倾向于只要不收取高额的利息即可,收取一般利息的人则不会受到惩罚。

教会态度的转变,也因为这时教会本身深深地涉入借贷事业中,他们不仅是贷方,也是借方。相对的,世俗的君主则是最大的借方,他们不断地向别人借钱,以应付日益庞大的政府与战争支出,例如法王腓力四世与英王爱德华三世(Edward Ⅲ,1327—1377年在位),不过这两位君主都采取激烈极端的手段来对待他们的债权人以取消自身的债务,像是腓力四世拘捕圣殿骑士团,又或是爱德华三世直接宣布破产,导致借钱给他的意大利银行跟着倒闭。

到了16世纪,此时的人们非常重视物质追求,商业行为频繁,使利息问题更为严重,许多宗教家、世俗人士都投入这项议题。在宗教界中,无论是传统的天主教徒还是新兴的新教徒(如路德派),都努力地尝试解决这项问题,因为他们的教区中不乏商业都市,教徒中也不乏商业人士。于是在16世纪20年代,路德派就召开会议讨论各项世俗问题,利息也是其中之一。路德派教士决定对日常世俗的商业行为予以让步,只管教徒的性灵生活,至于世俗生活则由世俗长官管理,商业生活属于世俗生活的一部分,因此应该由世俗长官管理。他们还建议世俗长官应该允许借贷的利息,因为它是商业行为中重要的一环,而且对他人也没害处。1545年,英国的亨利八世(Henry Ⅷ,1509—1547年在位)颁布法令承认利息,并规定在10%之内的利息都是合法的利息。在这项法令中,完全没有提及上帝或自然法的法律问题。

至于天主教,正式解决利息问题是在第五次拉特兰会议(the Fifth Council of Lateran)。在这次会议中,出自美第奇(Medici)家族的教皇利奥十世(Leo X,1513—1521年在任)给予公共的"montes"以祝福。虽然在1464年,教会曾经同意个人的公共债务利息,1515年是教皇首次公开允许从借款中收取利息。然而在这篇敕令中,教皇却谴责"usury"只是从使用一种不会"怀孕"的东西中收取利润,这种利润并不是经过劳力、成本或风险而得到的,而是肯定了"interest"的收取,进而否定免费借钱这件事。其次,利奥十世建议时间是可以贩卖的,而利润也是可以制造的,只要它牵涉到劳力、成本与风险。只要通过这三项,原本"不孕"的钱也可以是"多子"的。此外,利奥十世还否定借钱就是意味着将钱的使用权转移给借方,从而分开所有权与使用权。教皇谴责完全懒惰的借钱,也就是将借来的钱用在无用的、没有利润的地方。总之,教皇在禁止一种利息(usury)的同时,却肯定了另一种利息(interest)。

第8章
西欧的崛起：文艺复兴时代的经济与社会

一、王权兴起与经济发展

14世纪中叶，当黑死病暴发时，欧洲已经陷入一片愁云惨雾的境地。除了经济衰退外，政治纷争不已，政治的动乱更加速了经济的衰退，而造成这项危机的主要原因是王权的兴起。在中古盛期，王权因为有宗教（教皇）的牵制，因此权力不太大，以至于地方人士或民间有很大的自由发展空间，民间的活力让中古盛期呈现一片繁荣的景象。

但到了13世纪末、14世纪初，情况开始有了转变，此时王权不再受到教权牵制，国王开始以国家之名压榨、掠夺民间的财富，以至于民间不再有发展财力的空间。另一方面，国王并没有将掠夺来的财富用在国家建设上，而是用在战争上，战争经费像是一个无底洞，驱使国王一而再，再而三地压榨民间，终于导致了灾难年代的降临。

二、经济版图的改变

一直要到15世纪将近的时候，欧洲经济才有再度复兴的迹象，意大利地区尤其明显。此时制造业产品和贸易交易量不断增加，意大利制造业发展出各种奢侈品，如丝织业、玻璃业、金饰宝石业等。接着，越来越多的新兴制造业加入生产的部门，如印刷业、矿业、冶金业、棉麻纺织业等，相继成为15世纪欧洲最繁盛的产业。

新复兴的经济促使欧洲经济版图大幅地改变，南部的威尼斯继续维持它的商业王国地位，但北方波罗的海沿岸的日耳曼汉萨同盟却开始式微了。①

大西洋沿岸的欧洲西北部地区成为新的经济中心，这地区以低地区的佛兰德斯为中心，并扩及英国和法国西北部，往南沿大西洋岸边走海运亦可与西班牙、葡萄牙相连，走陆路则可经法国南部越过阿尔卑斯山与意大利相接。另有一条陆路可通往日耳曼，或沿着莱茵河也可以到日耳曼地区，不过自从香槟市集没落后，经法国往南的陆路贸易线远不如大西洋的海上贸易线。②

交通的便利使得佛兰德斯的安特卫普（Antwerp）成为当时最大的港口与贸易中心。英国的布料，日耳曼的白银、铜等冶金产品和棉麻混纺（fustian），还有葡萄牙的香料以及西班牙的贵重金属和货币，都在安特卫普集散。其中葡萄牙的香料更成为当地投机客炒作的对象。当香料还没抵达时，许多人就集中在港口打赌香料到的时间与香料的重量，并组织乐透奖券。商业贸易的繁盛使得安特卫普也成为货币市场的中心，各式的票据在此交流，包括支票、本票和信用等。商业与投机的繁盛又带动借贷业的发展，许多中间商游走市场，为需要借贷和放贷的人士牵线。

直到16世纪中发生"八十年战争"（Eighty Years' War，1568—1648年），该地区动乱不断因而没落，继而兴起的是荷兰的阿姆斯特丹（Amsterdam）。

---

① 15世纪中，汉萨同盟开始式微，一方面因为它是属于小单位的政治、军事和经济联盟，不敌新起的大单位国家组织如西班牙和法国。另一方面，大西洋沿岸兴起的海线和远洋贸易也夺走了汉萨同盟的商机。因此在这波文艺复兴运动中，北方的日耳曼无法赞助大规模的文化运动，在这波文化竞赛中败下阵来，从此不再掌握欧洲文化的主导权。

② 香槟市集在"法国国王不当的征税"与"英法百年战争"之后没落。战争使得此条贸易线处于危险状态，商人因而改走低地国经勃艮第、日内瓦，再到地中海。日内瓦因而在国际市场上兴起，成为重要的国际票据交换市场。马克也开始出现在国际记账系统上。日内瓦的兴起，也因为它比较靠近佛罗伦萨在西欧的商业网络，这个商业网还包括法国里昂。在这个网络中，商人靠着各式票据（包括支票与信用）交易。

三、意大利经济的复苏与繁荣

意大利位于经济发达的地中海东部、地中海西部和经济落后的欧洲北部（此处指阿尔卑斯山以北地区）之间，因此可以发展转口贸易。[①]这个地区成为地中海贸易区，不仅包括意大利地区、西班牙、葡萄牙、中东、北非还扩及法国南部和日耳曼南部。重要的商业重镇包括意大利的那不勒斯、热那亚、佛罗伦萨、威尼斯，法国南部的阿维尼翁、马赛，以及日耳曼南部的奥格斯堡（Augsburg）。

图17 威尼斯人打造的大型有桨帆船

这地区贸易的兴起，除了有绝佳的位置外，还有意大利交通革命和埃及亚历山大港的开放等优势存在，像是拥有大批舰队、商队的意大利威尼斯研发出能载运更多货物的有桨帆船（galley），更建立了一支强大的舰队横行地中海一带。威尼斯的有桨帆船其实是将古代的地中海帆船加以改良，减少划桨船员的人数，以增加载货的空间。经过近百年的不断改良，

[①] 尤其是北意大利，因为地理位置适中，贸易繁盛，又转而刺激制造业发达，进而成为航运、金融中心，佛罗伦萨、威尼斯最具代表性。

到了15世纪时威尼斯的帆船已经可以载货250吨,并发展出定期航线,大约每年有45艘帆船定期航行到佛兰德斯、黑海、埃及的亚历山大港、叙利亚的贝鲁特和巴勒斯坦等地。后来这一带更出现了柯克船(Cog)①,这种船原本是10世纪以来航行于北海、波罗的海的船只,船身用木头制成,因吃水浅、船底平,航行速度较快,加上不需要很多的船员,因而成本较低。总之,早在欧洲发展出欧美航线前,欧洲西岸和南部地中海沿岸就相当繁忙了,且海运远比内陆的河运要便宜,也安全许多(内陆多盗匪),因此深受欧洲商人的喜爱。

1453年君士坦丁堡的陷落也没有影响意大利与东方的贸易,因为早在土耳其人攻击君士坦丁堡前,意大利沿地中海的城市便已和土耳其订好商业条约。例如土耳其承诺给予威尼斯商人关税优惠,并有权在后来的伊斯坦布尔(Istanbul)设立经销商和代理商。

匈牙利人与拜占庭间的贸易也早被土耳其人接收,匈牙利拥有银和铜矿,是制造武器的重要原料,能制造出大口径的大炮,但因拜占庭财政衰微,没有办法购买匈牙利人的武器,于是匈牙利人就将大炮的技术卖给土耳其人。土耳其人之所以能攻下君士坦丁堡,就是得力于匈牙利人的大炮技术。

土耳其灭拜占庭,并没有中断东方制造业发展。苏丹非常鼓励拜占庭留下来的奢侈品工业,如丝织业、棉纺织、玻璃、瓷器等制造业的发展。伊斯坦布尔人口也没有锐减,而且依旧是多民族的都市,有土耳其人、希腊人、欧洲人和犹太人等。总之,欧洲人与土耳其的贸易并没有因为拜占庭的灭亡而衰微,反而在土耳其人的支持下更加兴旺。

意大利与土耳其的经贸往来,也表现在双方制成品的相互仿冒上,例如意大利的丝织品就是仿冒土耳其的绸缎花样。为了要做成与土耳其间的生意,意大利商人采用了不少土耳其的样式,借鉴了土耳其的特点。书籍的往来贸易,也是意大利与土耳其贸易的重点之一,意大利为欧洲知识

---

① 由于柯克船航行风险大,故发展出海洋保险,由众多人分摊风险。我们所知最早的海洋保险案例于1382年出现。

分子购买东方的希腊书籍，尤其是古代的作品，而土耳其也购买欧洲的书籍，包括科学和通俗作品。

土耳其人本就是一支商业民族，在他们极力维护伊斯坦布尔商业的状况下，意大利东西贸易的中继地位得以维持，直到哥伦布发现新航路，由葡萄牙垄断东方来的香料，意大利的贸易地位才走向衰微。

四、羊毛与兵工厂：制造业的兴起

兴旺的东西贸易带动欧洲制造业改变，最显而易见的例子就是羊毛业。为了应付庞大的订单，羊毛成衣业开始专业化，首先是资本和劳力分离，接着工人团体又被区分成技术工人和无技术工人，或高阶技术和低阶技术的工人。除了制造流程分工专业化外，尚有专人负责企划、寻找工人、提供工具与原料，并与乡村工人签订契约，工人则在家里生产，这些工人也有合伙或集体工作的情形。

另一个例子是威尼斯负责造船和制造军火的兵工厂，平时有1000名左右的工人，可说是当时最大的"工厂"。其内部工人技术不仅分割精细，管理组织也是阶层式的，最底层的是纯出劳力的无技术工人。经过如此精细的分工和管理后，16世纪的威尼斯兵工厂能于两个月内制造并装备100艘的大型帆船对抗土耳其人的入侵。

五、消费主义之滥觞：消费经济的出现

意大利地区早期的奢侈品多是进口的，即使是本地制造的，产量也非常有限，因为只有贵族买得起，市场相当有限。但是到了14世纪下半叶以后，许多从事工商业赚了些钱的人，开始追求奢侈品，以彰显自身的地位和财富，不少银行家，如美第奇家族的成员希望能将自己打扮得像位公侯。即使是各国的国王君主，也在奢侈品上争相竞争，以显示自己的地位、国势胜过他人。

由于市场潜力很大，因此许多制造业者乃找寻类似却便宜的材质，以制造类似的次级产品，满足中间阶级的购买需求，例如以粗重的毛料、

棉纺织品改制成较薄、花色鲜艳、多样、看起来类似丝织品的衣衫。市场上也出现各式仿冒品，来满足消费者的需求，不论是丝织品，还是看似宝石、兽皮的仿冒品，样样皆有。同时，贩卖各式非日用品的商店街开始出现，供应各式消费者挑选。这些消费者非常清楚自己想要的东西是什么，对于采购也很有主见。他们不再只是购买日用品而已，而是购买更多的消费品，好让自己生活更加舒适和美观，消费主义的时代因此降临了！

图18　威尼斯的药店

药店卖的东西多且杂，包括药、糖、香料、酒、糖浆、化妆品，甚至还有纸与墨水。当时药店卖的是只能少量买、稀少、珍贵的东西，例如昂贵的糖或香料等。

　　城市中的贵族、精英们不能接受比他们下层的人穿着跟他们一样，更不能胜过他们，也害怕城市的财富都被消耗在这些奢侈的消费品上。因此各城市开始制定禁奢法案（Sumptuary Act），限制市民的服饰规格，尤其是妇女的服装打扮。如果想要穿着漂亮、豪华一点，就要多付一笔税金。尽管禁奢法案的内容甚至包括婚丧节庆，仍挡不住人们对奢侈品的追求。于是，禁奢法案的规格一再放宽，项目也越来越多，最后终于不了了之。

许多以制造奢侈品著名的城市更是面临两难：一方面限制本城的人购买奢侈品，另一方面又鼓励制造奢侈品、到其他城市挖墙脚或剽窃商业机密，并鼓励外人到自己的城市购买奢侈品。无论如何，中古晚期到近代早期的文艺复兴时代就是一个商业鼎盛、消费盛行的物质时代。这种情形都表现在当时的画作中，除了人物穿着时髦外，旁边陪衬的装饰品等对象更是当时昂贵的奢侈品、流行品或是进口品，如土耳其的地毯、意大利或北欧的挂毯、天然矿石研磨而成的昂贵颜料等。

六、教皇与美第奇家族：银行业的兴起

制造业和贸易的发达导致银行业的兴起，当时欧洲市场流通的货币不下百种，不少人手上同时拥有不同种类的货币，甚至连佛罗伦萨的羊毛纺织工人拿到的薪资也是不同种类的货币。因此必须要有专门的人来估算各货币间的兑换率，并提供商人不同的货币。银行家因为拥有众多的货币，一方面负责兑换，另一方面也从事借贷业（其实是买卖货币）。为了方便长程贸易，也提供兑换券和支票，同时也发行信用券，避免商人旅途中携带过多货币招致风险，这些做法类似于今日流通的虚拟货币。当然这些服务并非免费提供，银行家都要从中收取服务费，随着商业发达，银行家的利润也就越来越可观。

欧洲银行业最伟大的银行家几乎都是意大利人，他们除了做货币生意外，更贷款给权贵之家，教皇①也是他们的大客户，这些银行家还成了罗马教廷的财政顾问或财政官员。政治贷款虽然能换取不少商业特权，或是分得一些战争利益，但是风险极高，经常得冒着国王君主赖账的风险，佛罗伦萨的巴第（Bardi）银行即因此而破产。

由于当时的制造业不比今日繁荣复杂，因此需要贷款或能贷得起巨款

---

① 教皇英诺森三世（Innocent Ⅲ，1198—1216年在位）为了让教会财产流入教皇手中，于是规定全欧洲的教区都要缴税，教会的房产也要缴税。为了解决这项问题，意大利商人就帮忙向地方主教、修道院收税，并转运至罗马。意大利中部托斯卡纳地区的西纳（Siena）商人首先经手此项业务。

的人实在不多。一般民间多是小额贷款，他们向家人、邻居或犹太人借贷一下即可，中古基督教一再反对这类的小额或紧急借贷的收取利息行为。不过这类的小额贷款有其现实上的需要，于是教会一方面严加谴责利息，另一方面却又经常开后门，私底下允许5%以内的利息。15世纪时，由于需要借贷的工匠越来越多，导致低利不足以满足市场的需求，于是政府提高对利息的限制，尽可能维持在20%之内，但市面上的利息仍是波动不已，往往超出政府的控制范围，政府被迫一再地出面公告，禁止利息超过20%。

总之，在早期市场的限制下，大型的银行家只好以政治领袖和教皇为贷款的主要对象。在制造业方面，美第奇家族因得到教皇支持，得以开采意大利的明矾和铁矿。明矾是欧洲各地羊毛纺织业所需的原料，享有独占利益的美第奇家族，从中获得庞大利润。在制造业、商业和金融业的互相作用下，他们曾缔造了美第奇银行王国、佛罗伦萨的美第奇王朝，却因为各分店经营不善、过度赞助文艺复兴运动、负责人的奢华无度等因素而于16世纪末开始没落。

七、城市兴起与乡村生活的改变

15—16世纪经济的蓬勃发展导致城市[①]的兴起，并进而带动乡村生活的改变，许多城市的商人、工匠赚了钱之后就到乡村买土地置产，而乡村农民眼见城市经济开始活络，也转往城市寻找更好的工作机会。城市的政府为了确保城市的粮食来源，不仅加紧治理乡村，还积极协助乡村改善农业设施，如灌溉水利系统，同时也会协助农民拓垦荒地、改良耕作技术。总之，政治、经济和社会的新发展将乡村和城市居民更为紧密地联系起来。

例如原本流行于城市的货币经济和市场观念，也开始在乡村流行。农民开始发展经济作物，以市场取向决定耕种的作物，这使得乡村的农业开

---

① 以今日的观点来看，当时的城市人口并不多，绝大部分的人仍居住在乡村，最大的城市如巴黎、威尼斯和佛罗伦萨也不过10万人左右，至于次一点的伦敦、米兰和热那亚则约5万人。

始受到市场经济循环的影响，出现景气或不景气的循环现象，一些地区甚至出现货币买卖和企业经营的现象。

资本与现金货币经济兴起以后，中古的阶层制度难以维持。例如中古农民对领主有缴纳封建税和提供力役的义务；农民对领主有服务的义务，而领主对他们则有照顾的义务。当货币经济兴起后，农民对领主的一切义务或力役都是换算成现金给付，地主亦将土地收回而改以租金的方式租给农民使用，或是雇用农民为自己的土地工作，于是农民摆脱农奴身份而成了佃农或是领取固定薪资的雇农。就这样，农民获得迁徙和转业的自由，从此不再被绑在土地上，只要缴纳力役税就行了。但是相对的，地主也不再有照顾农民的义务，农民从此得自行负责，天灾、饥馑与市场不景气的时候，都不能再指望得到领主的纾困与救济。总之，农民为自由所付出的代价是生活的安全与保障、世袭的土地使用权以及免费使用部分土地（即公有土地）的权利。

八、城市与文艺复兴运动

市场与资本经济使城市产生剧烈的变化，原本盛行于城市的行会组织已经无法控制其下的成员，再加上此时经济变动剧烈，总有人起，也有人落，成功攀上变动浪潮的工匠或商人开始想要控制城市政府的统治权。因此有不少城市发生"革命"，有钱的工匠和商人联手推翻昔日贵族的司法权和行政权，从而掌控城市政府。佛罗伦萨就是一个最好的例子，拥有财富的商人和银行家成为城邦的实际领导者，例如著名的美第奇家族就是由领薪水的日工爬升到银行家，再到佛罗伦萨的统治者。

由于城市居民特别是工匠和商人越来越有权势，因此出现了"城市居民"（bourgeoisie）这一特殊名词。早期的时候，"bourgeoisie"专指居住在城市的人，是一种地缘的名词，但到了后来却成为职业与经济相关的名词——中产阶级或资产阶级。这些新兴的城市权贵人士为了展现自己的财富，也为了展现自己的兴趣、声望而寻觅艺术家为他们画肖像，从而造就了文艺复兴的艺术成就，艺术家也因此而成为另类人才与一股社会势力。

新兴的城市权贵人士为了展现他们的求知欲和品位不亚于昔日的贵

族，鼎力支持精致艺术以及学术发展，于是许多私人的图书馆和学院开始兴起，最为有名的就是佛罗伦萨美第奇家族的图书馆和为美第奇家族仿雅典柏拉图学院所设的柏拉图学院（Platonic Academy，又称Neoplatonic Florentine Academy）。美第奇家族的图书馆规模和藏书甚至胜过不少著名的修道院，从而吸引许多知名学者前往，而柏拉图学院更专门从拜占庭聘请知名的希腊学者，将许多希腊古典著作翻译成拉丁文，使得该学院成为文艺复兴时代古典复兴与研究的重镇。柏拉图学院还发展出一套简易的书写字体，取代修道院的花字体而成为法律公证人、代书和公务员的通用文体。

从文艺复兴的故乡"佛罗伦萨"看当时的经济特色

佛罗伦萨之所以能成为文艺复兴的故乡,主要是因为它的经济实力雄厚,因而带动城市的文化、政治发展。

根据记载,1472年佛罗伦萨虽只有5万—10万人左右,却有270家毛纺织厂、84家橱柜厂商、54家凿石工厂(石工)、44家金饰加工厂与33家银行。佛罗伦萨的货币金佛罗林(Florin)通行于欧洲,是当时最有信用的通货硬币,相当于今日的美元。佛罗伦萨的市政则由富商、教会等少数极有钱的人主持,到处都是大金融家与商人资助的金碧辉煌的建筑、豪宅、教堂、宫殿,向世人夸耀该城市的富庶与繁荣。当时的佛罗伦萨不只生产奢侈品,奢侈品的消费力也是名闻天下,这些奢侈品除金银首饰外,还包括雕塑精品、珍版书籍等。

实际上佛罗伦萨先天的经济条件并不好,因此佛罗伦萨的经济到底如何起飞的问题引发了不少史家争论。传统史家认为佛罗伦萨经济起飞的动力来自借贷利息的利润:乡村的大地主因为急需货币、现金而向城市商人借贷,让城市商人得以积累财富,进而发展制造业、银行业等。亦有史家认为:城乡的冲突促使城市居民必须寻求独立的财富,因而努力发展制造业与金融业。今日史家则认为日渐增加的都市人口使城市的商业活动日渐活跃,因而有经济起飞的情形出现。现在我们试着从文化传统、地理条件等各种角度一窥佛罗伦萨经济起飞的原因。

一、文化传统

佛罗伦萨在某些文化传统方面,是有益于经济的发展的。佛罗伦萨人有许多大人物自己就是商人出身。即使对于零售商,也不会轻视,只要是用自己的手做出来的东西就值得尊重。佛罗伦萨人对于贫穷的观念,也不像其他地区的中古人士,他们多半视贫穷为宗教上的祝福,是神圣的,不应追求金钱利润。佛罗伦萨人则认为人应该要勤奋、要做事,他们将贫穷与罪恶联系在一起。

在宗教上,教会承认商业、制造业等经济活动的重要性,但是仍然对于他们可能带来的贪婪和物质主义抱持怀疑与反对。为了解决其间的冲突与矛盾,教会通过忏悔与告解将佛罗伦萨人从宗教的焦虑中解放出来。在这方面,人文学者也出了一把力,因为他们将贪婪视为人性的一部分,而且在最主要的罪恶中,贪婪不再是第一位,反而是经济活动的一项动力(例如在但丁的《神曲》中,将掠夺、浪费、利息、欺骗、偷窃和仿冒视为主要罪恶,不同于中古人士将贪婪视为最主要的罪恶)。

佛罗伦萨人也改变了花钱的态度。14世纪的人认为"花费太多会引人注目,是件非常危险的事",但是15世纪的佛罗伦萨人开始鼓励消费,此时佛罗伦萨的人文学者受到古希腊、古罗马的影响,也开始强调财富的积极意义。在亚里士多德的《经济学》(*Economics*)影响下,人文学家肯定世俗的生活,认为人应该在积极的生活中修行美德。另一方面,他们也认为财富对个人而言是善的、好的,因为只要适当地使用财富,它就可以让人参与公民生活,从而使人得到荣耀与名声(亦是人文学家所强调的美德之一)。

针对于此,人文学家提出适合有钱人的美德,即庄严、华丽。他们认为适当地展现与运用财富,可以彰显个人的尊严,有助于公共的集体利益还有公民道德的提升。最能展现庄严与财富的成果就是修筑豪宅,因此意大利的著名银行家、商人、工匠在赚了钱、积累财富后,无不广建豪宅,而豪宅的建筑又刺激周边经济的发展。为了让豪宅显得有文化,这批有钱人又多以艺术品、书籍装潢,尤其是绘画,因而带动意大利艺术业的蓬勃发展。这使得意大利成为欧洲文艺的中心。

这些人文学家甚至鼓励有钱人盖豪宅以彰显个人、公民与城邦的尊严、尊贵与荣耀。总之，15世纪的佛罗伦萨人强调财富对个人、国家和社会秩序而言都是正向的，于是鼓励人追求华丽与财富。

二、地理条件

佛罗伦萨由于土地贫瘠，不适宜发展农业，加上不靠海，无法成为地中海海运的枢纽，但却具有不少有利于发展制造业的条件。此时制造业以纺织业为主，最需要的资源是水力，佛罗伦萨附近山区的阿诺河（Arno），因山区地形高低差，水力强盛，不论是冲洗纺织业的毛料，或使用水力推动的纺纱转轮来纺纱，又或是水力推动的漂洗磨坊将布料洗软都很方便。强大的水力还可以洗涤皮革，并提供发展玻璃、磨坊等其他制造业所需要的水力。

佛罗伦萨所在的托斯卡纳地区又生产纺织业所需要的染料，如番红花、靛青、洋茜、海石蕊以及固定颜色的明矾。这些不仅供应于佛罗伦萨的纺织业，还吸引其他地区的人到此采购，故有利于贸易的进行。托斯卡纳地区还产铁，可以发展冶铁业和军火工业，它的土质适合发展优质的瓷器、骨瓷等工业。此外，佛罗伦萨所产的硅土质量上乘，适合发展玻璃、眼镜业。

三、生产条件

至于产业界需要的资金，佛罗伦萨也不缺乏。早期的制造业所需资金并不庞大，通过合伙、借贷等关系就可以了，佛罗伦萨的制造业者就是靠着合伙投资来取得资金，除了一般民众的合伙经营外，许多有钱人家也加入投资行列。早期公共借贷与合伙行为并不发达，多是通过家族、亲朋好友等私人关系，尽管如此，佛罗伦萨仍发展起复杂的金融财务系统，银行业享有盛名。早在香槟市集的年代，托斯卡纳的卢加（Lucca）商人就带着自制的布料、衣服，以及从拜占庭输入的丝织品到香槟做生意，顺便经营兑换货币的生意，后来更提升到银行业。

为了增加生产，佛罗伦萨的纺织业在工具与技术方面都做了不少的研发，例如水力推动的纺纱轮。他们还不断地寻找新的原料，如生丝、棉花和亚麻。商人则帮忙寻找销售制成品的国外市场。从前欧洲从中东进口需要的衣服和布料，现在佛罗伦萨则将自己生产的纺织品卖到中东，还被当地视为奢侈品与精品。当佛罗伦萨人忙着生产时，商人就帮他们进口粮食谷物，这使得佛罗伦萨的工匠和工人可以专心、专业地生产纺织品，一些史家甚至认为14世纪20年代为佛罗伦萨"工业化时代"的开始。

佛罗伦萨纺织业的生产方式多为家庭工业（puttingout），虽说是"家庭工业"，但是大部分的人不是在家里工作，而是在家庭之外的小型作坊，或是一些工匠的作坊中工作。虽然没有工厂，但是不少家庭工业者或是合伙人集中生产形成小型的作坊。这些合伙的工人都有自己的账务，若碰到金钱纠纷，就以账簿记的为准。至于工人需要的工具，则由商人通过信用贷款购买，或是工人自行向银行、当铺贷款购买。总之，在这种家庭工业的操作系统下，一旦当工人与商人或商户订定契约后，商人或商户就让工人自己供应工具、设备、产地，并自行决定工作节奏，这样可以为商人省下经营管理的费用。

当生意越来越兴隆后，不少农家被吸引投入生产，使得生产工人不虞匮乏，同时蓬勃的工作机会吸引不少外来的移民加入，其中不乏原本就担任织工的移民。佛罗伦萨城也制定政策，积极地吸引外来的技术工人，也相当于引进外来技术。在织工队伍中，不少是女性织工和小孩，这些妇女工人部分来自修道院，一些则是家庭主妇，其参与工作的目的在于贴补家用。一般来说妇女工人的薪资会低于男性工人。

在佛罗伦萨不断的研发下，出现一种毛料精品，人们称之为"rascia"。该产品以轻薄、优质著称，这产品受到国际市场的欢迎，在英国被称为"rash"。"rascia"最初是降低成本的投机产品，没想到大受欢迎，于是被加以改良成为高级产品。后来佛罗伦萨厂商更善用"rascia"的"轻薄"特色，制造成窗帘、布幔、挂毯和一般毯子等多样化商品。

当国际市场竞争越来越激烈时,纺织业不再成为佛罗伦萨的独门生意后,佛罗伦萨厂商尝试以降低成本来因应,像是"rascia"的原料本来是高级的佛兰德斯、英国羊毛(英国因为要发展自身的羊毛纺织业,也不愿意将羊毛卖给佛罗伦萨)改成西班牙羊毛,最后干脆用自己本地生产的羊毛。在纺织业的每一个流程中,都可以看到厂商降低成本的决心与尝试。

不过,由于佛罗伦萨的纺织厂都是小规模与分散经营,因此等到其他地方的纺织业在16—17世纪兴起后,就无力与他们竞争,因而败阵下来。撑得比较久的是丝织业,但最终命运也相似,因为佛罗伦萨丝织业的组织不够严谨,规模也不够,很难与组织严谨、规模大的英国和低地区纺织业抗衡。

值得注意的是,当佛罗伦萨的毛纺织业衰颓时,新兴的丝织业却不能接收他们的工人,因为两者的工作内容、技术都不能转换。这就激起毛纺织业中低阶的无技术或半技术工人的动乱,包括织工、染料工人、裁缝师,还有一些与纺织业无关的工匠加入叛乱的行动。最著名的是1378年的梳毛工(Ciompi)[①]叛乱,这些工人争取设立自己的行会,并让行会加入政府的部门。但是1382年,高层的工匠和政府官员又取得胜利,并肃清主要的叛乱分子。他们的胜利使得佛罗伦萨的政治变得更加寡头化,即由少数精英把持政权。

四、丝织业与其他产业

丝织业的原料、工具和技术源自拜占庭和中东,后来当佛罗伦萨的丝织业起来后,佛罗伦萨人就在城市的郊区大种桑树。不仅有钱人家种,甚至政府还规定一个农家要种多少株桑树。1443年,佛罗伦萨甚至立法禁止生丝出口。16世纪时,佛罗伦萨政府更是规定某些路边、河边都得种植桑树,这使得佛罗伦萨发展丝织业不虞原料的匮乏。后来中东反而要靠佛罗

---

① "Ciompi"在佛罗伦萨的社会中指的是没有加入行会的穷苦工人,主要是指来自乡村的纺织工人。他们也没有参政权,但却得支付昂贵的税金,因而心生不满,希望能争取到一些政治代表权。

伦萨供应丝产品，为了要打开和维持中东的市场，佛罗伦萨在花样与成品的设计上尽量模仿，以迎合中东的口味和样式。

佛罗伦萨在发展丝织业的过程中，也得利于邻近城邦的帮助。与佛罗伦萨同位于托斯卡纳的路加城邦，原以丝织业著名，但是因为该城邦发生政治动乱，迫使许多织工移民到佛罗伦萨。14世纪，意大利历经财富再分配而出现许多有钱人，包括佛罗伦萨在内。这些有钱人讲究衣着，视衣服为品质与身份的象征。除了毛料外，他们更想要丝织的衣服。他们对于丝绸的爱好，遂构成丝织业的广大市场。另一方面，毛纺织正好不景气，于是许多资金改投进丝织业。1427年，两者的厂家比例为4∶1（丝织业为1），但是投资比例则为1∶2，丝织业的投资金额高于毛纺织。

丝织业的织工利用行会组织彰显和确定自己的地位和财富。有的成员不止参加一个行会，以至于行会人员多有重叠，其中不少是地方上成功的企业家。织工的行会为了表示他们的成功与财富，兴建了一座非常气派的建筑，作为行会所在。织工的身份地位比较高，源于他们技术水准的要求高于毛纺织。尽管丝织产品的长短、价值差别很大，但是精品丝织产品的材料与技术都非常精良，例如他们将金线、银线织进丝绸中，以增加产品的质感与奢华感。丝织品的设计水平也比较高级。在设计上，织工得不断地翻新样式，因为有钱人的口味瞬息万变。毛纺织也是如此，例如原本很受欢迎的"rascia"，虽然畅销了一阵子，但很快就丧失了市场魅力。

除了毛纺织、丝织业外，佛罗伦萨的亚麻和棉花的混纺产品，以及棉麻混纺"fustian"也非常有名。这项产品可以制成内衣、夏天的薄衫、桌布、毛巾、围巾、手帕、床单等。后来，佛罗伦萨的厂商又将亚麻与丝混合，生产比较便宜的丝织品。佛罗伦萨还在托斯卡纳发展棉纺织，他们从中东进口棉花，制成缝线、衬里、面纱。

除了纺织业，佛罗伦萨的水晶玻璃、眼镜等产品也非常著名与畅销，佛罗伦萨的玻璃制造厂商甚至知道如何将水晶石融化以制造玻璃器皿。这些产品不只在工匠的作坊生产，修女院、修道院也都成为生产中心，譬如

第8章 西欧的崛起：文艺复兴时代的经济与社会

有家修道院生产的眼镜远近驰名，还远销到欧洲北部与中东地区。

艺术产业更是佛罗伦萨的强项，刺激当地艺术业发展的不是外国的需要，而是来自本地市场的诱因。不像北方的有钱人，佛罗伦萨的有钱人不买钻石或装饰用的盘子，而是购买艺术品、服饰或是盖豪宅，因而刺激了佛罗伦萨艺术产业的发展。

佛罗伦萨的画匠就像当地的工匠一样，只为城市市场生产与服务，他们不受市集的影响，因此没有展示中心。他们的产品也没有多到需要中间商，或是可以成为投机的对象，主要的顾客是本地人士，他们接受委托要求，而不是为公共市场或无名顾客绘画。许多佛罗伦萨的艺术家会到国外去，但是在接受邀请的情形下出国作画，他们主要都是靠传统赞助者的人脉工作。

虽说佛罗伦萨的绘画不是为无名的公共市场生产，而是为有钱人与宗教团体或个人而画，但是由于数量众多，这行业也开始出现专业化以及讲究效率的生产现象。在艺术家的团队或工作坊里，有人专门画脸、植物或动物等。在一些现存的画中，尤其是某些宗教功能的绘画，还出现标准化的现象，人物有着共同的表情或是采取相同画法等。

佛罗伦萨的艺术家希望更进一步地塑造他们特殊的身份。他们希望能给别人一些有知识、有文化的印象，因此他们不仅画画，也写书，探讨如何画画，他们也努力让自己的画更增添一些知识和文化的气息。在他们的努力下，艺术家的确成为一个非常特别，且拥有文化地位的族群。

1434—1443年间，教皇为避难而暂时住在佛罗伦萨，这刺激了该地的书籍产业，如手抄本、印刷本，以及专门向海外购书的行业。后来在佛罗伦萨发生的文艺复兴以及人文主义，更是刺激了当地的文化事业。佛罗伦萨出现第一家印刷厂是在1465年，第一本印刷书则出现在1471年。

从这些制造业的发展来看，佛罗伦萨的工匠对于市场的需求非常具有弹性，他们能够满足市场的需要，同时还能刺激新市场的出现，亦即具有自我满足和成长的能力。佛罗伦萨的工匠也努力使自己的产品更加完美，为了达到此目标，他们改善了技术和工具。追根究底，都是因为佛罗伦萨拥有非常优质、有创意的人力资源。

五、技术传承与工商组织

一如其他欧洲城市，佛罗伦萨的工匠、工人、商人都有行会组织。技术传承是行会组织最重要的任务，一般而言，佛罗伦萨小孩的父亲会寻找一位师傅，请他帮忙训练小孩，师傅若同意，就会教授小孩技术，并支付一点薪水给小孩的父亲。佛罗伦萨的人民非常重视技术的教导与传递。这些小孩刚成为学徒时，都是由打杂的帮手开始。

以商业部门为例，佛罗伦萨的小孩（多来自工匠的家庭）通常在7岁的时候就开始上基础的算盘小学（abacus school），以学会基本的算数、记账技巧以及阅读和书写能力，好成为良好的阅读者、写作者和记账人员。这种情形在佛罗伦萨非常普遍，一些人士甚至认为如果没有这种基本技巧，什么事也做不成。这种基本教育通常维持到11岁或13岁，然后就开始进入职场工作，接受实务训练。在职场训练期间，许多年轻人会被调到其他地区甚至国外工作以建立人脉。这些人脉就是日后工作中提供信息的最佳渠道，即便是大人物、大企业家的小孩，也需要经过这种过程。

在这种训练下，绝大部分的佛罗伦萨人都会读写，更有利于商业与金融业的进行，譬如金融业的汇票、支票都是以文字进行交易的，做生意也需要文字。读写的普遍，是佛罗伦萨记账习惯盛行的一项原因。几乎所有的佛罗伦萨人都会记账，甚至连艺术家、工匠、工人都有记账的习惯，而且是复式簿记。14世纪下半叶，该地区已发展出高度标准化的记账方式。15世纪时已普遍采用阿拉伯数字记账。这些文字与数字的技术和知识，正是佛罗伦萨的银行业能够独步欧洲的一项重要原因，当时的外国人以"佛罗伦萨人，人手一支笔"描述佛罗伦萨的记账风气。

在佛罗伦萨，小孩可以继承父亲的职业，也可以选择自己要走的路，譬如一位零售商的小孩可以选择当丝织业的织工或是画家，甚至有的虽然学了某种技艺，但仍可以改变职业，例如一位在金饰师傅手下学习技艺之人改行做了雕刻家。这种情况使得佛罗伦萨的社会充满流动性，不会僵

第8章 西欧的崛起：文艺复兴时代的经济与社会

化，有利于经济社会的发展，也能使不同职业领域之间互相交流、交换技艺。因此在这种情形下，经常可以看到佛罗伦萨的艺术家不受家庭传统或行会的集体主义束缚，此方面的流动性与其他欧洲或意大利城市大不相同，算是佛罗伦萨的一大特色之一。

其次，佛罗伦萨的行会具有维持司法公平性的功能，能够排解成员间，或是与非行会成员间的纠纷，行会也会保障成员的财产权利。这使得行会成员可以放心地去经营自己的事业。当他们到外地做生意时，也不怕家乡的财产受到损失或被侵占。

相较于其他地区行会，佛罗伦萨的行会不太控制工人，再加上是工人自己组成的行会，故不受投资厂商的控制，在生产过程中可以拥有比较多的自由决定权。除了纺织工人的行会组织外，还有染料工人也要求筹组自己的独立性行会。染料工人在当时算是比较激进的工人，他们彼此间也较为团结。从现今留下来的织工行会资料来看，当时行会主要解决工人所遇到的制造与人事问题，多半是从规定条例中提供答案，很少有创意性的解答。

此外，工匠间会出现一些互助团体，好在同行有难的时候彼此照顾，还有同行的孤儿寡妇会协助筹措、借贷嫁妆。平日节庆的时候，大家一起共同飨宴。临终的时候，则帮忙处理丧事，协助丧葬。

除了行会与互助团体的组织外，佛罗伦萨的工匠也靠联姻和合伙关系连成一片。涉及合伙的人数，从两人到多人都有。合伙的资金可以是现金，也可以是股票或是票据。不只工匠与工匠结成合伙关系，工匠也与工人或贵族建立合伙关系。靠着合伙关系，工匠可以扩张事业的潜力，并得到一些保护，包括工人的要挟。一般的合伙关系仅维持三到五年。有的合伙只为了做某一件生意或企划案。

合伙关系不仅存在于工匠、工人间，也存在于商人之间。佛罗伦萨人称合伙契约为"compagnia"。合伙契约有很多种类。有一种是出资而不做事的合伙人，称为"睡觉的伙伴"（sleeping partner），他只负责出资，并不参与实际的营运，而且留守在家乡，另一方则负责到海外采购与销售。

这种机构通过职员、合伙和代理人到国外做生意。这种合伙契约内容都非常详尽，包括每个人出资的比例、利润的分摊、合伙的期限、做生意的地点、活动方式以及经营的责任和权责。这种契约会限制合伙人在契约有效期间不得参与其他的生意活动，也禁止中途退出资金，因而较具有稳定性。有的契约规定中途可以增加资金，有的契约还会规定一小部分的利润（通常为1%—2%）充当慈善捐献。

六、商业

佛罗伦萨的商业也非常繁荣，活动的范围不限于欧洲，还包括中东在内。在国际市场上，佛罗伦萨的商人与银行家经常是重叠的，也就是商人兼银行家或是银行家兼商人。商人在佛罗伦萨非常受到尊重，不少国王、贵族，他们自己就是商人。商业的传统也非常悠久，商业活动自然兴旺。

13世纪的下半叶，佛罗伦萨的商人与银行家在中东的市场就非常活跃，当时在东方活动的商人还包括威尼斯、巴塞罗那、马赛、西西里、热那亚等地的商人，足以见东西贸易的繁荣。佛罗伦萨商人会将北欧的优质羊毛和意大利南部的谷物卖到中东，然后从中东进口生丝、棉花、兽皮、香料、奴隶等货品。

佛罗伦萨的银行家贷款给战争中需要钱的君主，帮助欧亚两地的货币转账以及兑换，甚至连威尼斯商人都仰赖佛罗伦萨银行家的国际转账和汇兑作业。当土耳其攻陷了君士坦丁堡后，佛罗伦萨人立即到该地寻找商业机会，并在当地建立据点。土耳其日益需要西方的衣服，因而为佛罗伦萨提供了很大的商机与市场，除了佛罗伦萨外，法国等西方商人也都涌到中东抢攻土耳其的市场。

以罗马为例，从1452—1462年间，罗马的商品中约有1/4以上来自佛罗伦萨，罗马成为佛罗伦萨制造业的主要出口地区。佛罗伦萨的艺术家几乎垄断罗马的艺术市场，一直要到16世纪，他们才丧失了优势。

20世纪的经济史学家鲁沃尔（Raymond de Roover，1904—1972年）认为13世纪发生过一次商业革命，即经营商业的方式与组织发生改变。那就是前述的合伙关系,这种关系也代表佛罗伦萨人以组织的方式经营他们的制造业与商业。合伙契约的出现,显示佛罗伦萨人的贸易行为由投机冒险转化到计划和组织经营。通过合伙组织,商人可以筹组贸易所需要的资金,并且有数年的保证期限。同时在这些组织中还拥有相当的弹性以调度资金、时间和经营,以应付商场上的挑战。

不同地区的组织,彼此间建立起相互依赖的网络关系。他们彼此交换支票好让货币可以流转。组织与组织间的关系其实相当复杂,但彼此都努力营建信任体系,如共同汇率、交换信息。由于他们所受的训练、经历都差不多,因此能够建立起共通的商业文化和社会关系。有时他们会合伙做一些冒险的生意,亦即共同分担风险。有时他们共同合作以取得某地、某国的某些特权。除了公司组织外,佛罗伦萨的商人于1308年组织类似商人的行会,此一行会性质与功能,一如制造业的工匠行会。

佛罗伦萨商人之所以能够大无畏地经营商业,得力于其健全的保险制度。为了减少运输过程所带来的风险,佛罗伦萨商人倾向订定保险契约,例如佛罗伦萨人拥有欧洲最复杂的海事保险。中间商将愿意参与保险的人集合起来,一起订定保险契约,商人可以将他的货物投保任何金额,通过保险,佛罗伦萨商人有到任何地方做生意的保障。

不过,佛罗伦萨人并不像威尼斯人或热那亚人在国外建立殖民地,佛罗伦萨人建立的是类似会馆的"naztione"(即"nation")。这些来自佛罗伦萨的商人共同处理一些商务或司法的事务和问题,还有彼此间的纠纷,并共同应对当地政府以取得一些特权和地位。

佛罗伦萨商人在日耳曼、欧洲西北部、波罗的海等地都有生意往来,但是之后就逐渐衰落了。到了17世纪中叶,阿姆斯特丹成为粮食转运站,将波罗的海地区的粮食卖到西欧,从而兴起,夺去意大利的贸易机会,佛罗伦萨也随之衰落。

七、金融银行业

佛罗伦萨的金融银行业非常有名,最为一般学者熟知的就是美第奇家族。通过银行间的汇票，一位佛罗伦萨的商人可以将钱转到伦敦，而汇票可以拿来买卖或交换，或是当作信用使用。

佛罗伦萨人并不是意大利地区最早的银行家，最早的是伦巴底人，因此日后的意大利银行家多被称为"伦巴底人"。早期的伦巴底人在香槟市集兑换货币、典当货品以及借贷。大部分的伦巴底人经营的都是小型当铺或借贷业，后来的佛罗伦萨人则经营较具规模与组织的银行业。此外由于佛罗伦萨的银行在欧洲各地都设有分行，在转账方面非常方便，故而大受欢迎。在14—15世纪的国际货币市场上，佛罗伦萨一直占有优势，顾客群不仅包括商人，还有旅游家和朝圣者等各式人物。

佛罗伦萨的货币金佛罗林是促进金融业发达的主因。金佛罗林首次铸造于1252年，为了稳定金佛罗林的价值与名声，佛罗伦萨规定它的重量为3.5克，纯度几近24克拉。金佛罗林非常受欢迎，几乎所有的人都收藏与接受金佛罗林，官员、教士、律师等人的薪水多用金佛罗林支付，甚至连工人手上都握有金佛罗林。

佛罗伦萨银行业之所以蓬勃发展，源于当时繁盛的贸易交易，这些都需靠着资金周转，货币交换需求大增。由于当时部分区域经济制度不周全，以至于商人常会出现手上货币太少，又或者太多的现象，因此需要银行家帮忙周转、调度或是提供信用服务。尤其是土地贵族更是需要货币周转，偏偏手上经常货币不足，遂有借贷的需求。政府的税收制度也缺乏效率或不健全，都需要银行家为其收集或转运税款。另有一些人手头有点现金，进而希望能靠现金的存储而赚点利息，总之这个时候是银行业兴起的大好机会。

而文艺复兴时期，几乎没有一位银行家是专营银行业的，都身兼贸易商、制造商多种身份，例如他们不仅在英国从事银行业，也进口中东的香料，西班牙的胭脂，佛罗伦萨的丝织品和眼镜，西地中海区的酒、水果干和其他农产品至英国贩卖。同时他们还将英国的羊毛输出到佛兰德斯，成为英国羊毛的最大出口商。

14世纪时，英国在苏格兰、韦尔斯以及欧洲大陆作战，英国国王急需

第8章 西欧的崛起：文艺复兴时代的经济与社会

要大笔的金钱，因而给予佛罗伦萨的银行家很大的机会。由于贷款过于庞大，英国国王遂允许巴尔第银行固定向地方官吏收钱。为了借更多的钱，英国以关税做抵押，由于英国是岛国，关税非常稳定，因此巴尔第不怕收不到钱，还可以拿到现金。除此而外，佛罗伦萨商人还可以将奢侈品卖给英国贵族以收取现金，这也有助于让他们的国际贸易维持供需、支付的平衡。

尽管贷款给国王的利润与特权非常丰厚，但是风险也高。1340年，英国国王爱德华三世拒绝还款，还将来自佛罗伦萨包括巴尔第在内的银行赶出英国，并没收他们在英国的资产，导致巴尔第等银行破产。到了16世纪，英国不再靠银行家帮忙理财，而是建立自己的理财官僚系统，成为近代的财务国家（fiscal states）。

巴尔第银行的客户几乎遍布欧洲，包括教皇、法国国王、英国国王、那不勒斯国王、塞浦路斯武士集团。像这种活跃于国际金融市场的大银行，所做的贸易或银行业大都与佛罗伦萨本地没有太大关联，因此当14世纪40年代他们破产时，佛罗伦萨本地并未受到波及。

除此了上述这种活跃于国际的银行外，也有以佛罗伦萨本地为服务对象的地方性银行。在这类的地方性银行中，还出现公共存储银行[①]，以解决不断扩张的公共财务问题，同时为了集中民间资金，政府也发行嫁妆等各式基金。

除了正规的银行外，当铺以及孤儿院、医院等慈善机构，都具有银行的存储与借贷的性质。存储、借贷，是14—15世纪佛罗伦萨人生活的一部分，几乎每个人都有过借贷的经验，从工匠到贵族，甚至包括小店主、农民、工人在内，都曾经借贷过。以艺术家为例，他们为有钱人作画，工作完成后才会拿到酬劳，在这过程中就必须靠向银行借钱，或是向当铺典当物品以维持生活所需。米开朗琪罗、达·芬奇都是当铺的熟客，他们手上

---

① 公共存储银行最早并不是在佛罗伦萨成立的，巴塞罗那早在1401年已有开设。

有些东西都是经常进出当铺的。另外，比较低阶的经济小民，他们所需要的通常不是长期的借款，而是短期应付急需的借款，通常是现金，这时当铺就是最好的选择。

一般而言，银行或当铺的利率通常是20%—50%不等。不过当铺收取利息的行为经常遭到教会的谴责，不少当铺主人受不了良心的谴责，或是害怕死后不能得到救赎，在临终时会要求他的遗嘱执行人将他的部分所得（号称"违法所得"）送还给受害人，这部分归还的金额常占当铺主人所得的12%。

14世纪末，托钵修士（如方济会）更是激烈地反对利息，他们在布道中严厉地谴责利息。1394年时，已经有很多行会在他们的会章中规定不得收取利息。政府也开始正视这项问题，规定收取利息的罚金。基督教世界的这种情形给予犹太人很大的机会，犹太人的当铺业为一般小民、穷人家解决了不少问题，因为这些人通常没有时间，也没有金钱到邻近的城市里去典当物品。城市居民也跟着跑到乡村来借钱，乡村借贷业甚至引起当局者的注意，足见借贷业在乡村仍然很流行。

城市居民对于借贷业的依赖，尤其是低阶的小民对现金的需求，促使不少城市居民也要求行政与教会当局开放借贷业。当局也了解到如果完全没有借贷业，城市商业将瘫痪，进而造成社会危机，因此他们开始干涉信用市场，希望能使信用市场更规律化、系统化。于是他们允许犹太人来弥补此一空缺，教皇也允许城市当局与犹太人订立借贷契约。一些城市给予犹太人特权状，允许他们拥有从事借贷业的独占权，但也同时限制利率在20%之内，并要求他们支付一笔款项给政府，还可以贷款给政府。犹太人的当铺与银行也接受基督徒付利息的存款。

此外，慈善机构也充当借贷角色，许多佛罗伦萨人会将他们的珠宝、现金存放在这些慈善机构中。工匠和其他中间阶层的人也会将一些贵重物品存放在慈善机构，以作为女儿未来的嫁妆或是财产的存储，他们也通过慈善机构做些财产转让的行为。这些慈善机构又会贷款给一般民众，他们会收取利息，也会支付利息，这都是合法的，但限制在5%。一些托钵修士

第8章 西欧的崛起：文艺复兴时代的经济与社会

为了鼓励信徒赞助慈善机构，也为了维持慈善机构的持续经营，是允许他们支付5%利息的。

通过慈善机构和犹太银行与当铺，教会人士逐渐舒缓对利息的看法，而且开始正式面对城市中的利息与经济活动的关系，尤其是公共债务。当时不少城市政府因为财务困难，而向人民借钱，并允许支付利息。这项困难与纾困的办法，让教会人士开始接受利息的问题。再加上一些反对利息之激进教士的去世，新一代的教士对利息的看法[①]比较务实，使得借贷问题终于得到解决的机会。

[①] 昔日史家认为喀尔文首先承认利息（他认为利息是必要之恶），其实早在1515年，天主教就开放利息，而且与后来喀尔文设定的利率相同，都是5%，5%的利息其实在慈善机构与政府债务中已经施行了一段时间。

第9章
商业革命：群星闪耀之时

17世纪是个破旧立新的世纪，有各式各样的战争，如宗教战争、商业战争和殖民战争等，但也有不少新建设包括科学、商业与殖民发展。如果没有17世纪的重商主义与商业战争，就不会有18—19世纪的自由经济主义，自由经济主义的开山大师亚当·斯密，就是有鉴于国家对于经济控制过度，不仅导致经济畸形发展，还引来一堆战争，因此提出将政治归政治、经济归经济的自由经济论。直到20世纪第一次世界大战后，自由经济主义才逐渐让出点位置给计划经济，我们现在大部分施行的应属于自由经济与计划经济的混合物。因此，在追本溯源、探讨近代世界的形成时，我们也不能忽略17世纪的重商主义。另一方面，殖民经济、殖民战争又是后来帝国主义的前身。

17世纪的物质进步，除了表现在物质与自然知识爆炸的科学革命外，就是物质生活中的商业扩张了。商业扩张进而引发商业革命与重商主义，也制造殖民问题与国际纠纷。17世纪的商业革命，实指资本主义经济的兴起，以及从城邦或城镇经济转变成以国家为经济单位的经济发展。这种转变至少可以追溯到14世纪，而且也不终结于17世纪，这种经济形态将一直持续到19世纪机械化的工业革命时代。我们先来看看造成商业革命[①]的原因与背景。

---

① 学者认为在12—13世纪也发生过商业革命，只是当时的核心区在意大利，但是本章提及近代早期（17世纪）商业革命主要发生地在荷兰、法国与英国，显示商业版图往西移至大西洋沿岸。经过此波商业革命后，欧洲经济再度重整与分工，西欧以商业、手工业为主，中、东欧则为农业与原料生产区。尽管在历史上，我们以"革命"来形容，但这些商业现象并非在短时间内形成，是长期发展与演变的结果，只是到了17世纪，所有昔日的改变都变得比较明显和普及化。当然这种转型也不止于17世纪，之后仍不断地进行，继续发生改变。

一、商业革命：小冰河期的赠礼

（一）气候恶化与人口增加

15—16世纪时，欧洲与大西洋的温度有上升的趋势，但到了17世纪却忽然下降，有些地区的最低温甚至创下冰河期以来最低纪录。不仅是冬季严寒，夏季也比以前要潮湿，夏季的风暴更比往常来得多。我们无法确知是什么因素造成这种反常现象，却知道对于当时的农业生长季有很大的影响，许多地方的农业不是歉收就是遭到天然灾害的严重打击。但是17世纪全欧洲的农业总生产量却是惊人的，至少能养活日渐增加的人口，并能支持长期战争的消耗，甚至还可以支持商业的发展。一如当时的商业与手工业，造成17世纪农业繁荣的因素，并非源于生产工具的机械化，而是因为新土地或昔日受到遗弃的荒土被改良开发，这可以从当时市面上出现的小册子、书籍得知，有不少教导农民如何改善土壤、如何轮种、如何分配土地以增加生产的书册。

说到人口的增长，虽然以今天的观点来看，17世纪仍是一个非常落后、不安全的世纪，卫生环境差，疫疾也多，战争更多，因此死亡率高，不过17世纪的人口还是呈现持续增长。根据估计，1600年时欧洲人口约为9000万人，到了1700年时，欧洲人口就增加到1亿1800万人左右，100年中增加了2800万人左右。

但要注意的是，欧洲各地人口增长的情形并不完全相同，大体而言，旧日的经济与文化中心如意大利、西班牙、葡萄牙等环地中海地区的人口增长较为迟缓，而英国、法国、德国与俄国等地区人口增长幅度大，显现了欧洲文化、经济重心的重新调整。

表1　1650—1800年欧洲人口数量

	1650年	1700年	1750年	1800年
欧　　洲	—	1亿1800万人	1亿4000万人	1亿9000万人
荷　　兰	190万人	190万人	190万人	210万人
英　　国	560万人	540万人	610万人	920万人
法　　国	2100万人	2140万人	2500万人	2900万人
德　　国	1000万人	1500万人	1700万人	2450万人
意大利	1130万人	1320万人	1530万人	1780万人
西班牙	710万人	750万人	910万人	1500万人
爱尔兰	180万人	280万人	320万人	530万人

虽说在17—18世纪期间，欧洲的总人口数大幅增加，但并不是呈现直线增加，而是间断的，中间仍有减少的情形发生。以英国为例，1600年时人口数为410万人，1650年增至560万人，1700年时反跌至540万人。其间的差距除了因1650年的疫疾外，就是英国中上阶层的家庭有意识地采取节育措施，例如晚婚、不婚、禁欲、延长哺乳时间等方法，为的是维持家族财产的完整性。实际上，英国上层家庭在采取节育前，曾有过一段人口暴增的时光，导致贵族人口增加，职位与头衔却没有增加的情况，以至于许多家庭变穷了，还有更多的高级失业人口。经过这惨痛的经验后，英国的贵族决定采取节育的措施，好维持经济与生活的稳定。在节育的过程中，许多贵族家庭因而绝嗣了，但却使财产更为集中，权力跟着也集中起来，进而保住了贵族的整体权力结构。到了下一个世纪，当中产家庭也面临同样的人口增加所造成的困境后，他们也采取了同样的政策，以维持整体的利益。

虽说英国的全国总人口数没有明显增加，但是像伦敦这种大都会，人口倒是增加了一倍以上。好战的法国在17世纪中也曾有过人口膨胀的情形，后则因战争而减少，最后仅以小幅坐收，约为2000万人，大约增加200万人。俄国则有1000万人左右，多为领土扩张的结果。此外就城乡差距而言，都市人口的成长反而不如乡村地区，内地地区不如沿海地区。这种情形则与17世纪的经济发展有关，亦即远洋贸易与家庭工业的兴起，使得人口往沿海与乡村地区集中。

尽管17世纪的人口有相当程度的增长，但是从事粮食直接生产的农民却减少了，这是因为部分人口转而从事商业、公务员、学术等专业领域，这些人不从事农业生产，他们通过货币换取粮食，也就是说每个务农人士必须承担更多农产量，于是迫使地主、农民等到处寻找荒地开垦，或是改良既有的农业经营方式，以增加生产量与使用的效率等。粮食供给大于需求也使得粮食价格攀升，例如低地区的佛兰德斯的粮价涨了三倍，巴黎的粮价更是涨了四倍，英国的物价指数也涨了两倍以上。

（二）物价革命

物价革命（Price Revolution）实际上就是物价飙涨，当然这仅是相对于16世纪或中古的物价而言，若以今日标准而言则算是相当平和了。物价节节高升，虽对某些人、某些族群造成致命性的灾难，如贵族、小农、雇农、工人等，但对某些族群或某些具有远瞻能力的人而言，却是向上攀升、追求利润的契机，如某些企业家、资本家、商人等。

造成17世纪物价革命的原因很多，但可以归纳为一句话：太多的人、太多的钱追逐太少的物资，亦即需求增加、供应不足。

1. 需求增加

首先，人口增加导致粮食与物品的需求增加，而农工的生产速度跟不上市场需求，遂导致物价攀升。后来即便生产能力逐渐跟上人口的增长，但是物价却无法下降，最多只能维持小幅上扬。促进消费市场急速扩张的因素中，欧洲近代早期国家与政府组织的扩大也是一项重要的因素。王室、宫廷、政府的膨胀，导致对于制服、假发、官服等服饰、奢侈品、军火、船只、纸张等办公用品与粮食物品的需求大增，每一样需求又可刺激多种行业的兴起与需求，于是刺激经济膨胀。经济起飞不仅表现在物价攀升，也刺激了更多的消费需要，如因经济景气赚了钱的地主、商人、工匠与农民。庞大的消费需求不是生产业或商业贸易能一时半会儿满足的，于是在供少需多的情况下，物价便直线上升。

2. 成本增加

以农业为例，开垦新土地、雇用工人、增加施肥、引进新作物等，增加了农业成本，因此农业产品的价格当然也就跟着增加。以商业货品而言，许多日用品、消费品多通过长程贸易（如海洋贸易等）取得，其中的风险、关卡、交通、仓储、人力费用亦增加，这皆会反映在物价上。

3. 货币经济的兴盛与劳力释放

早在美洲白银倾入欧洲前，欧洲各国王室为了应付日益膨胀的战争、行政等各项财务，而采取大量铸钱的策略，他们大量制造金属含量低的钱币，以至于钱不值钱，物价因而昂贵（钱贱物贵）。

其后又因美洲墨西哥、秘鲁等地银矿、金矿大量开采，这些贵重金属流入欧洲后，使得各国王室更有恃无恐地铸造货币，以至于通货膨胀。在此之前，欧洲各王室已经大量铸币，等到美洲的金银被大量开采后，欧洲王室更是加快铸造货币的速度。虽然17世纪时，商业发展与人口增长也增加了货币的需求量，但是仍抵不过王室的铸造量，因此通货膨胀乃为大势之所趋。

不过现在有些数据显示，中南美洲白银大量地倾入欧洲不是导致这波通货膨胀或物价革命的主因。白银在15世纪时大量输入欧洲，但是等到17世纪时，白银的进口开始减少，甚至有停滞的现象，以至于1660年左右欧洲的币值开始有稳定的现象。一直要等到18世纪60年代巴西等地的黄金大量倾销欧洲后，欧洲的币值方才再度波动不已。经过一段阵痛后，各国政府终于寻得铸币的合理成分（如银、镍、铜、锡等），以及发现黄金本位制，就是以固定的黄金比例的金币作为币值兑换的标准，方才终结了货币的乱象，进而使欧洲的货币政策逐渐步入正轨。虽说采用黄金本位制，但实际上仍以金银双本位为主，民间市集、地方经济仍以铜币为主，城市则以银为主，大资本额、大企业、贸易、外贸则以黄金为主。

在1660—1760年间，造成欧洲通货膨胀与物价波动的主要原因不是贵重金属，而是廉价的纸钞与铜币。为了应付日益庞大的财政负担与市场需求，欧洲各国政府无不努力地印行纸钞与铜币，民间银行或商人也努力地铸造铜币，这时并无储备金或准备金的概念，货币并无实质的担保品，仅以政府的信用或威信为担保，终至货币制度崩溃。例如英国政府的信用足（因为人民参与），因此货币比较稳定；法国人民对政府缺乏信心且意见多，因此法国政府的信用不足，以至于币值相对不稳。在这一波货币混乱时代（也是欧洲货币的尝试期），许多地区又回复到原始的"以物易物"的交易行为，特别是缺乏中央政府信用的德国、东欧等地。这些地区多是小额货币的盛行区域，所以通货膨胀的情形远比西欧严重，而西欧因远洋和长程贸易发达，有贵重金属支撑，所以所受影响没那么大。无论如何，小额货币的盛行导致中、东欧商业萎缩，退回农业经济体系，甚至政府的税收与地主的租佃都采取货币与实物并行的政策,以减少损失,中古的劳役制度更在部分地区开始复活了。在这波货币制度混乱期,东欧一带的地主加紧对农奴的人身控制,致使逐渐在西欧走入历史的农奴与庄园制度在东欧开始流行起来。

而在西欧地区,虽然经过货币混乱期,但终因有中央政府之强大公权力与威信,因此货币经济终于得以成功,再发达起来。在这些地区的货币经济下,人身劳役、人身自由等束缚得以易钱而代,遂致农奴、封建制度崩溃,商业得以稳定发展。

无论如何,近代早期货币量的增加虽有通货膨胀之虑,但对于商业发展未必不是好事一桩。以前货币紧缩时,商人往往没有现金可以雇用帮手,现在不但可以雇用帮手,还可以租店铺、货栈等。在农村方面,以前的佃农或农奴等对于地主必须尽劳役与贡方物的义务,因此地主对于农民的人身控制很紧,现在这些义务都可以用钱来解决,于是在"认钱不认人"的情况下,人身的控制也就松了许多,许多农民只要定期缴钱就好,然后以其释放出来的劳力进入贸易、工匠、工人等行业,这使得其他经济部门的人手与劳力供应变得比以前充裕多了。

当时很多农村解放出来的劳力投入商业或手工业的部门,因为这些部门的工资远胜于务农的代价。商业部门的人手多了以后,就开始出现分工的情形,于是有人专门出劳力,有的则升级为管理、规划、经营等专业负责人。以前许多商人必须身兼老板与工人双重身份,现在则可以专心规划投资与企业,这就促成了商业革命。

(三)消费市场大幅增长和扩张

首先是政府的扩编与官僚的兴起,以至宫廷、政府和王室的所需增加,如军火、船只、纸张、宫殿和宫廷建筑、都市建筑,以及粮食等必需品的增加。另一方面,宫廷、王室、官僚族群的人数增加,又刺激奢侈品的消费市场,如瓷器、丝织品、金饰、玻璃、香料、纺织品、马匹和马车等。这些消费品不仅大量增加,还多样化,遂带动其他行业的兴起,手工制造业就是在此情况下蓬勃发展。

在这些消费品中，香料中胡椒获利非常丰厚，胡椒原本由东方通过印度的古里（Calicut）经陆路到欧洲，由于陆路关卡多、运费昂贵，运输量又小，因此到欧洲顾客的手上时，价格居高不下。参与这条线的商人非常多元，包括欧洲人、埃及人、犹太人、波斯人、阿拉伯人等，他们将胡椒和其他奢侈品运到土耳其，再分散到各地。后来葡萄牙沿着非洲海岸发展出到印度洋的航线（1498年，达·伽马沿非洲航行到达印度），这条航线途中没有关卡，加上船运量较大，因此可以大幅降低胡椒的价格。葡萄牙人为了要独占香料贸易，于是派了几艘船舰到古里，强迫他们同意将货物只卖给葡萄牙人，古里被迫答应。从此，葡萄牙人独占香料的海上贸易，葡萄牙首都里斯本（Lisbon）取代威尼斯而成为新的香料贸易中心，威尼斯因而走向衰微。

（四）交通建设

1. 陆路交通进展

17世纪虽然兴起海上贸易，但是绝大多数的贸易仍属于陆上的内需贸易。不论是货物运输或是人力资源（乡村人口移往都市支持工商业）都仰赖便利的交通，交通条件的进步更能带动信息传播、技术交流，因此各国无不修筑公路，并加速驿站转运的速度，使其更为顺畅。然而，各国对于交通的功能考虑不同，财力和环境也不同，因此各国交通的状况也有所不同。

以荷兰为例，其交通建设重点在水运，因此陆路的状况最差。再以普鲁士为例，该国不希望人员过度频繁交流，因此对路况也不太在意，只要有路可行就好，因此普鲁士的交通网虽密布，但路况相当差，无论走或坐马车都相当不舒服。日耳曼人经常抱怨舟车劳顿，坊间甚至出现了一句谚语："训练一个人的耐心，除了婚姻外，就是旅游了。"但普鲁士的精英分子仍大量使用公路，走遍全国各地，这是普鲁士国王所没料到的，他原本希望借由不便的交通而将土地贵族（Junkers）留在家乡，以照顾地方的发展，免得地方空虚。

葡萄牙和西班牙为了便利皇室巡行地方及地方贵族前往中央供职而修

第9章 商业革命：群星闪耀之时

建皇家道路，然而这两国的道路建设以行政为主要考虑，一般人民难以使用，无法带动经济与文化的成长，也无法凝聚全国的人力与物力资源。西、葡两国在近代初期的没落，或许可从其交通概况窥知一二。

法国的道路网虽然重视行政（中央统筹交通主要为传递号令、方便税收、便利军队运输，以便掌控地方），但没有漠视经济。法国的交通建设与交通网之密集情形不亚于英国。譬如法国拥有最快捷的高速公路以及最宽阔的大马路。为发展交通，法国于18世纪40年代设立专门的学院以训练和培育交通人才，包括设计师、工程师、司机等。政府配给交通的经费也逐年呈直线增长。虽然其他国家也努力效仿法国，但是发展的速度及幅度都不如法国。促进法国交通建设[①]的功臣就是财政大臣柯柏尔（Jean-Baptiste Colbert，1619—1683年）。

柯柏尔尽力增加交通预算，但在战争压力下，仅能占全国支出的0.8%。过了一世纪以后，法国重新体认到交通建设的重要性，交通的支出才又逐年增长。法国的交通网不仅密布全国，且呈阶层化现象，有中央王家道路、省道、乡道等差别，不同阶层的道路，建筑与维修状况不同，但都相当便捷。由于法国道路设施稳定且成熟，因此可以准确地计算各地间的交通来往时间，从而发展出定期的交通往来班车（马车）时刻表，各地来往的时间也较昔日大幅缩减。例如1650年从巴黎到南部的图卢兹（Toulouse）尚需两周的时间，到了1782年仅需要一周的时间。而从巴黎到鲁汶（Rouven）60英里（约97千米）的距离，原本需要3天，到了1789年法国大革命时，仅仅需要36小时。

虽然法国道路修建完善，但其交通的经济效益并未最大化，那是因为法国人重视家乡和传统，经济亦多以地方经济为主，住在法国边界的人宁

[①] 交通建设是法国旧政府最大的成就，但也因交通建设太过成功，而使反政府人士利用交通网串联、运动、动员、传递各式不利于政府的谣言与小道消息。法国大革命时，法国交通路线使用率暴增，无论贵族、平民、市民、农民均加以利用交通设施，例如城市的饥民往乡下跑，贵族往国外或其他地区避难，乡村则利用交通进行暴乱。

可就近向邻国购买货品，也不愿使用方便的交通向远方的法国内地购买和交易货品。譬如邻近比利牛斯山的法国人民喜欢与西班牙交易，莱茵区、低地区的法国人民则喜欢与比利时、德意志交易。因此法国无法建立起国家经济体，许多的边疆资源也无法使用与集中。

能把道路交通功能发挥至最大的国家是英国，不同于欧陆国家以国家力量推动交通建设，英国主要以民间力量来进行。英国大量采用新兴的商人，利用他们的财力与能力来建设交通，因此英国的交通质量不如欧陆国家先进，也不够精密，但是却相当平民化，使用率高，经济效益也高，而且政府的负担又少。

2. 水路交通进展

在水运方面，荷兰的水运最为发达，主要交通工具为平底飞船（flyboat），类似中国的舢板船，这种船不仅快捷，运货与载客量都大，行动力也强。除了运人、运货外，还有人在飞船上开设商店，直接在水上做起贸易。

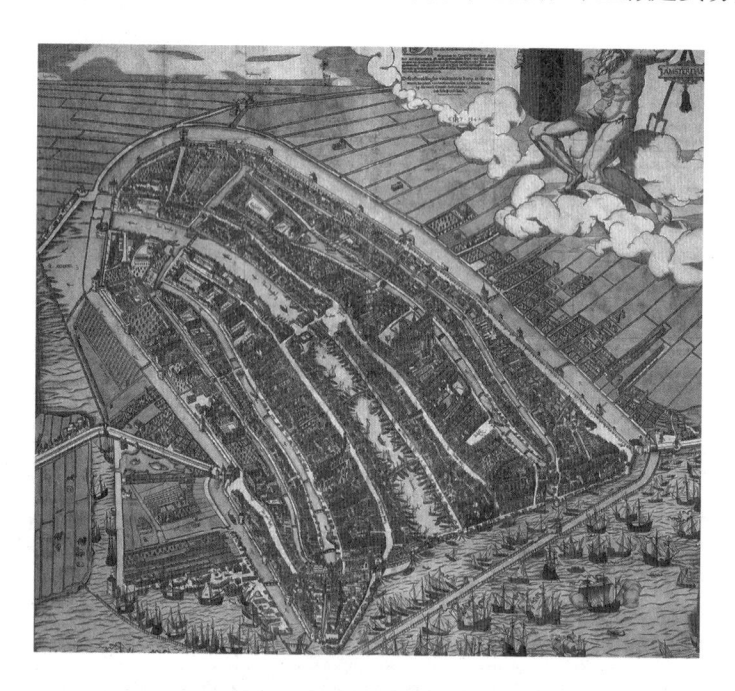

图19　16世纪的阿姆斯特丹鸟瞰图

阿姆斯特丹水路密布，多通过运河沟通各地。

第 9 章 商业革命：群星闪耀之时

　　由于荷兰的城市密集，且都以河流相通，因此不少人利用渡轮到邻近地区工作，定期渡轮时刻表应运而生。这使得家与工作场所分开，终至摆脱天然空间与时间的限制。渡轮的班次密集，来往快速，以至于时间易于掌握和分配，从而出现生活时刻表，人们按照生活状况制定自己的行程表。时间的分配带动了时间的区隔：无论工时、居家、休闲时间都可以自由安排。这使得荷兰成为最大的钟表市场，显示荷兰人时间观念的改变。由于船只的载货力大，且价格低廉，因此荷兰经济发展条件最佳、经济功能强大，转而刺激商业繁荣。

　　相对于荷兰水运的发展得益于天然环境，法国却受制于天然环境。法国的河流非常适合航运，但是每一条大河间的距离遥远，且不相连，因此必须靠人工的运河予以联结。于是法国致力于建造运河以联结主要的河道。1642年，法国进入运河时代，开始大量建造运河，钻研相关技术，并着手规划水运系统，将境内主要的河道相连。尽管水运交通多半较陆运交通费时，但仍有不少法国商人喜欢使用水运载货或旅游，因为较为舒适、便宜，又可载运较重、较多的货物和器具。但整体而言，法国水运之使用率仍不及陆运频繁，且运河耗资庞大，成本远高过陆运设施，以至于成本与收益不相称。到了路易十四（Louis XIV，1643—1715年在位）晚年，运河时代宣告终结。①

　　交通建设成为近代欧洲国家强盛、进步的象征，有助于提升国家的荣耀与国际声望，各国无不致力发展。在国际竞争下，各国的交通建设大幅成长。但交通建设之成效，各国不尽相同，因而受制于科技、知识、财

---

　　① 法国运河成本过高，乃是因为天然地形的限制，且大河与大河间的距离过长，以致所需要运河的长度也长。这使得法国运河的建造非常困难，所需要的技术成本均高，远甚于英国。法国最有名的运河是隆科多运河（Canal du Midi，又称为Languedoc Canal），这条运河连接大西洋与地中海，长约150英里（约240千米），费时20年完成（1661—1681年），并动用了法国10万人的部队方告成功，修筑期间克服了无数艰难的山区地形（凿通山脉）。此一运河使大西洋与地中海的距离间缩短了2000英里（约3200千米）的路程，因此被视为法国荣耀与先进的象征。

力、劳力、天然环境等因素。各国为了解决此种限制，也有不同的对策。

（五）荷兰与远洋贸易的开发

1. 荷兰的优势

虽说15世纪末是由西班牙、葡萄牙人率先发现新的航线，但此时开发国际市场最有力的是荷兰人。荷兰是最早实行宗教宽容的国家，许多在其他地方受到压抑的新教徒、新潮人士和犹太人等，遂带着新技术、知识与资本迁移到荷兰定居，这使得荷兰成为当时最先进、最繁荣的地区。荷兰人更以强大的城市组织力与先进的科技打败中古的条顿骑士团，从而取得北欧波罗的海的海洋贸易霸权。

为了发展海洋贸易，荷兰人首先开发出快速的飞船。荷兰人引进北欧的铁与铜，还有东方的沥青与焦油来制造飞船，其特征在成本少（约是英国船只成本的20%）、易制造、载货量大、需要的人手少，并适合远洋航行，但是不能载运笨重的枪炮，且不够灵活，因此不适合海战。这也是后来荷兰打不过英国舰队、被迫让出海上霸权的原因之一。

除了造船术的改进外，荷兰人也发展出其他有利于大规模市场交易的技术，例如存放货物的货栈仓储制度、三角贸易圈、兑换不同货币的汇率制度、支票与信用等银行业务。首先就三角贸易而言，从前欧洲商人以进行双边贸易为主，也就是两地间一来一往的贸易，假设其中一地没有对方需要的货品时，往往在来回中会有一趟是空船，造成成本的损失，于是荷兰人出现三角贸易乃至多边贸易的构想，以降低空船概率，大为减少成本损失。

1609年，荷兰首先成立现代化的阿姆斯特丹银行，进行不同货币的兑换、票据交换、纸钞发行、借贷等业务。阿姆斯特丹银行的服务不仅快捷且有效，尤其是提供容易、快速的借贷服务。荷兰的保险业也非常发达，而且它的手续简单，担保也快。因此许多贸易公司、船只都在阿姆斯特丹注册、保险，甚至连英国船只都在该地投保，在英国与荷兰的战争中，英国船只、战舰纷纷在荷兰寻求保险。

此外，荷兰人也大大地扩大了贸易市场。从前，西班牙、葡萄牙发展的大西洋、太平洋贸易，并非全球性的贸易。现在荷兰进行的却是全球性的贸易，这当然得力于荷兰的地理位置：荷兰位于波罗的海与大西洋两条国际贸易线路之交会点。通过北欧的波罗的海航线，荷兰将东欧的粮食、俄国与北欧的原料运往英国、法国供其发展手工业，然后再将西欧的产品运销到北欧、俄国与东欧等地。许多东北亚货品如珍贵兽皮以及中国的诸多货品，也都经由俄国内部的交通线集中于波罗的海航线，再由荷兰人接手销往欧洲各地。甚至通过波罗的海与北大西洋航线，荷兰还可以与美洲做贸易。即使在亚洲，也有许多航线是由荷兰独占的，如日本与西方间的贸易。

图20　在出岛（荷兰商馆在日所在地）使用望远镜的荷兰人

荷兰人是江户幕府锁国政策实行期间唯一获日本容许在日经商的欧洲人，不少西方科技、文化也随之传入日本，以"兰学"指称。

最后，荷兰人的一些新观念也有助于资本主义的发展。例如荷兰人会将赚来的利润再投入商业或研发活动，而不是像英国人、意大利人或法国人一样转投资于土地、奢侈品或豪宅装潢上。欧洲人多将金币视为宝物而予以积累或珍藏，但是荷兰人却拿出来再投资。此外，为了筹集资金、减少风险,荷兰人也发展出互助式的小额投资(后来演变成股份公司、公债、股票等)、海难保险等制度。独占东方贸易的荷兰东印度公司(1602年成立),就是由该国人民一人一元开始集资成立。有人认为荷兰人会发展出这种合资的方式,源于他们自知资源不足,国土又小,故而采取这种集腋成裘的合作策略。同时荷兰也善用组织战,像是荷兰东印度公司将许多小公司集合起来,将葡萄牙在东方的贸易站、殖民地全数夺走(只剩下中国澳门),以至于能够以200万的人口建立一个庞大的殖民帝国。

2. 荷兰走向衰微的原因

1725年以后,荷兰贸易开始衰微,渔业崩溃,荷兰的黄金年代终告结束,其主要的一项原因是新兴国家的挑战。新兴的英国、法国开始体认到出口贸易、海洋贸易的重要性,采取重商主义,以立法确保国家贸易优势。例如英国的《航海条例》(the Navigation Act, 1651)规定英货只能用英船运输,来往英国港口与殖民地的船只,亦应以英船为主。英国政府还强迫工商业者发展出口贸易,本国贸易亦以减少进口为主。当时的主政者认为:"进口大于出口"意味着贫穷,"出口大于进口"则意味着财富。为了鼓励出口、减少进口,他们制定许多鼓励生产的法案与税赋。在这种情况下,荷兰少了贸易对象,贸易额顿减。

第二则是荷兰的人口问题。当其他欧洲国家开始城市化后,荷兰的人口反而没有增加,都市人口也随之减少。人口减少、城市化退步,导致许多产业没落、减少,尤其是都市市场的奢侈品、精品产业。

第三则是战争消耗太多荷兰的财富。英、法常以战争的手段抢夺荷兰的贸易、殖民地与市场,连年的战争(如1652—1654年、1665—1667年、1672—1674年、1780—1784年的英荷战争;1672—1678年的法荷战争)消耗了荷兰的财富,可见英、法两国以强大的国家组织向荷兰的商业霸权挑战,最终荷兰不敌而败。

第四则是荷兰过重的税负消耗民间太多的资本与财富。荷兰对于消费品抽高额的间接税,致使工资上涨,增加制造商的成本。

此外，其他国家科技进步，他们的造船技术更优于荷兰，以至于荷兰船业的载运量日减。最后，新兴的东欧国家如普鲁士、俄国、瑞典，开始与西方之英法建立直接的贸易渠道，不再需要依赖荷兰的中介。各国都发展出自己的贸易线、市场，从而夺去荷兰的转运市场。更糟的是，英、法等国也出现新的银行组织，夺取荷兰银行业的优势。

（六）资本化农业与"科学耕作"

近代早期欧洲农业的改变幅度与性质各地不一，大部分的地区仍是沿用祖先流传的耕作方式、作物与工具，耕作的目的不过在于维持自己或本地所需的物资，并不是为了拥有更广大或更远的市场和利润来生产。中古所盛行的无栅栏、共有、一条条的耕地及轮种的农作方式仍然是欧洲农业的一般情形，有些地区如北欧与东欧甚至还沿袭着原始的火耕粗放方式。然而，有些地区的乡村出现了明显的改变，大部分是在低地国的北边与英国，欧洲最先进的农业技术就是在这里开始出现的。

1. 低地国

低地国地区的农业一向就相当先进与精致化、专业化。因为这块地区的纺织业非常发达，市场的观念很早就渗透入农村。农民为了供应附近城市所需的大量粮食，也为了赚取更多的利润，以换取所需的制成品，于是开始专门种植粮食作物（不像其他地区农工兼营），然后拿到市场上换取货币或制成品。其次，这块地区比起法国等地算是比较晚开发出来的，因此比较不受庄园制度、农奴制度的干扰，可以自由发展出适当的农作模式。

荷兰农民生产的对象并不全是当地之所需，他们也为更远、更有前景的市场生产，例如荷兰酪农生产的奶酪产品甚至远销到西班牙或意大利。除了粮食作物外，荷兰农民还生产了许多消费性的经济作物，甚至包括当作股票炒作的郁金香，还有就是酿酒用的大麦、纺织用的亚麻、染料用的大青和菘蓝、洋茜。荷兰农民以非常精致与专业化的精神耕种，然后再以赚来的钱到市场上购买自己所需的便宜食物、日用品与工艺品，例如来自波罗的海的廉价裸麦。荷兰农民餐桌上的谷物大概有1/4以上是进口的。

为了增加产量与利润，荷兰农民引进了苜蓿、芜菁①等牧草，苜蓿、芜菁大多是冬作，不会妨害正常的农作进行，同时能作为牲畜的饲料，使牲畜的数量得以稳定成长，牲畜的粪便又成为农田的最佳肥料。这时荷兰甚至出现了专门搜集城市居民粪便与鸽子粪的行业，并以运河运送至各农村，以满足农村所需的庞大肥料市场，对于荷兰城市的卫生与整洁亦颇有帮助。牲畜、肥料、经济作物等专业与精致农作对于农村经济，乃至商业的发展都颇有贡献。另一方面，为了增加耕地，荷兰人民乃与海水争地，大量地使用水坝、防波堤先阻挡水的灌进，然后再以先进的抽水技术以制造海埔新生地。

尽管荷兰的农业技术、农业资本主义的精神非常发达，但对大部分的欧洲地区却没有产生火车头的作用，仅有英国与法国北部等邻近荷兰的地区受到一点影响，例如英国从荷兰引进苜蓿，法国则引进荷兰的农业资本方式（集资经营）。许多学者认为这是源于当时其他的欧洲地区并没有类似荷兰的需要或经济诱因以及荷兰的环境。

2. 英国

英国农业也是靠土地管理成功的案例之一。中古的庄园土地、无栅栏、开放式以及分散型的土地制度到了近代越来越显得没效率，而庄园制的共同经营与决策管理模式更阻碍农业进步。于是在羊毛利润的诱因下，15—16世纪的英国庄园主人开始将公用土地以篱笆圈起来养羊，后来甚至将零散的耕地也圈起来，好使分散的土地完整化，这就是所谓的"圈地"。

圈地的方式从强占、私下协商、购买，到通过法律流程都有。圈地虽然占用了农民的公用资源，并剥夺了农民饲养牲畜的权利，致使农民损失

---

① 17世纪苜蓿、芜菁等牧草的栽种，致使欧洲的牲畜量大为增加，进而改善了欧洲人的营养与体质。相较于此时，15—16世纪的欧洲人吃的肉很少，显示出牲畜产量不足，因为在牧草引进欧洲前，农民为了节省冬天的粮食和消耗，晚秋时就得宰杀牛羊。然而来年春天农作物又必须仰赖牲畜的粪便作为肥料，若无牲畜粪便，农民就只能靠轮种来恢复地力，可见牧草、牲畜、农作环环相扣的情形。

第9章 商业革命：群星闪耀之时

惨重，但却能使土地得到完整与有系统的使用，进而提升土地的生产量。1760—1780年代时，英国的圈地运动达到高潮，许多小农被迫离乡或是沦为雇农。到了18世纪时，英国的圈地运动大抵完成，1801年国会更是通过《圈地法案》（Enclosure Act），将圈地运动合法化，大单位的耕作土地、租地耕种的佃农与无地雇农已经成为英国农业的特色。

在这一两百年的圈地运动中，英国政府的态度曾经迟疑过，例如17世纪初政府曾反对进一步的圈地运动，但是圈地制度毕竟已在英国生根。许多欧洲大陆的国家也曾模仿过英国，却未成功，主要原因在于英国的政治制度与欧陆国家不同。英国贵族①很早就取得政治权力，并通过议会运作有效地操控立法。在贵族议会主导下，英国私有财产制的观念远胜过欧陆国家。欧陆国家在庄园制度下深受公有财产观念的影响，许多英国的庄园主人就是在"私有财产"的借口下将庄园里的公用土地圈围起来，强调土地的所有人有权自行决定如何处置土地、如何使用土地。

相对于法国，英国的农业掌握在贵族手中，出现"财团化"的经营模式，例如集中土地、资本化，这样一来可以提升土地效益，有助于增加产量，同时能进行耗时、耗钱的研发与实验工程。例如英国贵族、乡村士绅在圈地后即开始采用所谓的"科学耕作"，许多英国贵族还远赴荷兰取经，希望将先进的农业科技与作物引进到自己的农庄上实验、生产，像是他们引进荷兰的冬季牧草，这样就能取代传统的轮耕方式。在土地使用上，英国贵族除了规划水利、仓储、牲畜用地外，还设有专供实验用的区域，新的品种与耕作技术在这里实验成功后就进入耕地正式生产。

除了羊毛诱因外，英国也有着刺激农业资本化的因素，一如荷兰，英

---

① 英国贵族利用议会立法支持圈地，因为圈地有利于贵族利益。欧洲大陆的贵族就没这么幸运了，以法国为例，当贵族想要圈地时，法王就站在农民的一边，因为法王害怕圈地会增长贵族的权势、财富，进而威胁王权，法王宁可将土地标售给农民以增加自耕农的力量，导致法国的农业中小企业化。特别是在贵族不用缴税，或是齐头式税赋制度下（即有钱、没钱的税赋平等），法王当然了解自耕农才是支持政府税收的主要集团。

国地小、人多，尤其是伦敦地区人口增长迅速，以至于粮食价格上扬，有利于市场经济的热络发展。其次，英国天然的水运交通远比欧陆许多地区要便捷，因此农民不怕过剩生产无地销售，而且对于远地的市场行情也容易掌握，因此极易形成"为市场需要而生产"的资本主义。最后，当英国贵族努力增产时，劳力不足的问题浮现，以至于地主不得不厚待雇农，因此不少英国农夫宁可当雇农，也不愿当"自负盈亏"的中小自耕农。

3. 法国

至于流行中小农的法国，为了竞争与资本化，则采用集资经营的方式，称为农地承包制（fermage，英语的"farming"就是从这个单词演变出来的）。农地承包制源自中古晚期的租佃制，当时许多庄园主人将土地租佃给农民或者雇用工人耕作，从而由拥有行政、司法权的庄园主人成为坐收租金或专事生产的地主，许多农民因此成为独立的自耕农。随着土地私有越来越普遍，一些无力购买土地的农民遂向地主与自耕农租佃土地耕作，签订的租约有"copyholds""freeholds""life lease"等不同的种类，通常是长期、终身型的契约，甚至有家族沿袭的情形（但每换手一次就必须重新订约）。长期租约能使租佃双方获得保障，也比较有意愿进行长程的投资计划，有助于增加产量。

一般租约中，农民承担固定的租金，租金有的全以货币计算，也有货币与实物并行计算。至于牲畜、器具、种子、规划全由农民独立自行负担，相当接近自耕农形态（因为还保留了一些传统公用土地与习俗的限制）。另一种比较流行的租佃形式则类似合股制（sharecropping），即地主提供工具、部分原料和种子，但与佃农共同决定土地管理与生产形式，还共同分担风险，而佃农则将部分收成物交给地主。当然各地与各村庄的情况不尽相同，其中不乏地主欺压的事情。无论如何，一些小农为了承租更大片的土地，采取农地承包制，有时是整个庄园，有时则是几片不同地主的土地。在这片土地上，承租户自行规划、耕作，也雇用雇农，一切盈亏由承租户自行负担，地主纯粹只负责收租。由于利润全数归于自己，于是农民非常愿意增加生产，以赚取利润改善生活，或是转向投资土地再赚更多的利润。

4. 意大利

意大利地区集资租地与资本化经营的形式较欧洲其他地区开始得早且普遍。意大利的农作物从粮食作物到经济作物，甚至制造业原料通通都有，包括稻米、葡萄、橄榄、水果、番红花（用作红色染料）、糖、麻等。由于意大利的制造业发达，所以当地的农业必须支撑这些非农业人口所需的粮食，因此意大利的农作物很少销售到国际市场，大多是在本地消费。

早期当农业非常景气的时候，意大利的农民也采取了集资租地的经营方式，他们向贵族或教会、修道院租地耕作。然而随着城市的发达，兴起了一批中产阶级的城市商人，这些人以乡间的土地作为投资目标物，于是大部分的乡间土地逐渐转入城市商人之手，彼辈再将土地分割出租，致使乡间土地再度分割而不利于大单位的改良耕作，有时他们会抬高租金，造成农民无力租赁，无助于农业往科学耕作发展。其次，这批城市商人将来自乡间土地的租金再转进城市消费，却未再投资乡间，以至于乡间的剩余利润不断地单向流向城市，乡间的农业部门终因缺乏资金而枯竭。

到了17世纪中叶的时候，意大利乡间的土地多被城市投机客拥有，以至于自耕农数目急速下降，大部分的农民不是陷入永无止境的债务漩涡，就是成为靠劳力换取工资的雇农。农业部门的劳力市场因之竞争激烈，导致工资微薄，农民更无力集资租地耕作或改良耕作，增产的意愿随之低迷，陷入恶性循环之中。

除了资金与土地的流失外，意大利的农业生产始终跟不上人口增加的速度，导致农业无法产生足够的剩余送到市场赚取利润。譬如，1500年时意大利的人口为1050万人，到了17世纪开始时则增加到1310万人。人口多，不仅意味着食口多，也意味着劳力市场的竞争激烈，这对地主有利，却对农民非常不利，因为劳力过剩遂给予地主压榨农民的机会，农民所得大部分被地主抽走，以致农民日益贫穷，更加无力改良地力或耕作方式。

再加上意大利的城邦多、关卡多,农民需负担沉重的关税,更是无法积累资本。因此到了17—18世纪以后,意大利的农业技术水平已由先进转为落后。①

5. 西班牙

西班牙在中古以及进入近代的前夕,一直是欧洲农业非常发达的地区之一,这得拜赐于摩尔人(Moors,阿拉伯人的一支)先进的灌溉术和生产技术,当西班牙王室成功取代摩尔人的统治地位后,就毁弃摩尔人留下的灌溉系统。没了这套系统,多山、干燥的西班牙难以发展精致的农业,同时还赶走犹太资本家与摩尔的农业专家,使西班牙农业战力大失血。不过,在摩尔人留下的先进技术与资本经营的余荫下,西班牙的农业仍然撑了很长一段期间。

西班牙的土地非常集中,美洲金银的进口更加速了土地的集中化。拥有大片土地的贵族与修道院却不亲自经营土地,多是租佃给贫农耕种,租约的条件又多苛刻,致使佃农比中古的农奴好不到哪里去,根本无法积累资本。另一方面,贵族或教士又将农业利润拿到城市去购买官职、经营社会地位,却没有做改良农业的打算。一如意大利农业所面临的问题,西班牙土地被视为投机的商品、农业利润无法存留在乡村继续投资,终导致农业发展陷入枯竭的瓶颈中。

西班牙的农民不仅面临贵族、教士的压榨,还得面临牧羊人的不公平竞争。西班牙政府为了大笔的羊毛税而特别优惠牧羊人,西班牙的牧羊人不仅组织行会,政府还赐给他们自由使用公用土地的特权,于是他们将庄

---

① 不少学者认为,意大利的农业衰微与城邦政治有关,农业的衰微又转而加速意大利城邦的衰微。在意大利的城邦政治下,政权的基础是建立在城市的利益基础上,因此政府以照顾城市利益为第一考虑,并为了城市利益而不断牺牲乡间农民的利益,加上地主不断地移居,对于乡间的农业更是缺乏照顾与长期经营的规划,遂导致乡间农业落后。农业部门的落后与萎缩,转而造成城市制造业缺乏原料、资金,终至城市制造业与商业都无从突破而随之衰微。造成这种恶性循环的主要原因是"在近代早期,无论制造业的原料还是商业的货源多来自农村,因此一旦当农业部门萎缩,其他部门亦随之遭殃"。

园的公用土地变更成牧羊地,以致农民可使用的资源大为缩水。

西班牙的农业部门原本可以靠牧羊业繁荣,但是西班牙屡次对外的战争却破坏此线生机。西班牙的羊毛主要是供应低地区的羊毛纺织业,西班牙也相当满足于这个市场以致未开发新的市场。当西班牙卷入欧洲长期的战争,特别是八十年战争,西班牙运送羊毛的船只遂面临法国的海上封锁、海盗抢夺等损失以至于一蹶不振。这段时期,欧洲的毛织业也发生重大改变。为了降低成本、抢攻中低价位的市场,佛兰德斯等欧洲毛织业中心遂改用廉价的羊毛,大部分都是本地产的低质量的羊毛。因此,当战争结束后,西班牙高级的美丽诺羊毛(merino)再度回到欧洲羊毛市场时,却发现竞争不过低廉的羊毛,西班牙的传统羊毛市场走向衰微。

从以上的几个例子,我们可以看到近代早期农业的兴衰基本上与政府政策关系密切,同时地主参与农业经营的程度多寡也是关键因素。在政府的态度方面,未必需要政府采取如英国那般积极的农业政策,只要政府不支持城市或贵族利益(如法国),贵族就无法兼并土地,乡间的土地就不会全数沦为投机商品,乡村的剩余资本也就不会全数流向城市或其他经济部门,地主或农民就会有意愿长期投资或规划农业的经营。法国与西班牙就是一个明显的对比,这两国同样都经过长期战争的干扰,贵族势力也都相当庞大,但是法国的政府在土地问题上采取中立态度,至少不是倾向于贵族的利益,这就给法国农民提供了许多发展空间。因此,相较于西班牙农业的萎缩,法国农业不仅很快从战争中复兴起来,还更往前一大步。

(七)制造业之突破

商业革命的前提必须是要有大量的剩余物品可供市场运作,近代早期造成商业革命的剩余物品不仅来自农村的作物,同时也来自制造业的剩余产品,无论何方都必须符合为了利润与市场需要而生产的资本化原则。

早期制造业无法生产够多的剩余产品以供市场需求,主要是源于制造业部门人手不足以及受行会限制,以至于无法降低成本、大量生产。就在农业部门开始发生变化的时候,近代早期的欧洲制造业部门也同步发生变化，开始在资本化的影响下于经营管理和人手方面发生突破性的改变。

导致制造业部门突破的主要诱因也是人口爆炸、物价革命所带来的市场膨胀。农业资本化不仅释放部分劳力以支持制造业，更带动了乡村强大的消费需求。例如农业专业化、商业化后，许多原本农民自行生产的工具、日用品或制造品现都必须仰赖外来，农民利润的增加又加强了他们的购买能力以及消费胃口，于是制造业开始有增产的意愿与诱因。

除此以外，远洋贸易、都市和交通的发展改变了近代欧洲人的消费习惯和市场形态，均有助于制造业长足发展。都市发展所需的硬件设施与公共建设成为制造业广大的市场，特别是铁与其他金属工业。而各国的首善之区如伦敦、巴黎、维也纳等地，所流行的风尚与品位靠着近代兴起的出版业、印刷业及日渐便捷的交通，逐渐散播到各个角落。例如以广告或撰文介绍等方式，在报章杂志中刊登城市流行的餐具、家具、摆设、服饰等，然后由固定的邮递事业运送到其他城市与偏远地区，引发各地城市与乡村竞相模仿。为了满足一般市民与小民的期望，制造业大量生产，商人也大量进口，遂导致原本属于贵族的奢侈品成为一般商品，从而扩大该种商品与制成品的市场。当原来的真品太贵时，商人与制造商就想尽办法另寻替代品、仿冒品以满足中下阶层的市场需求，刺激另类制造业的发展以及原料的开发。例如，糖、可可、咖啡等曾经只由上层阶级独享，但随着远洋贸易的大量进口，糖不再是一粒一粒地在药店卖的稀有品，而成为家家必备的日用品；可可制成的巧克力也成为一般的消费品；城市中更是咖啡屋林立，处处咖啡香。不少原本从事远洋贸易的商人，因为积累庞大的资本而转型成企业家或银行家。葡萄牙等国还一度将中南美洲的垦殖园的大规模种植形式引进欧洲，以就近生产蔗糖、咖啡等作物，然而不太成功，最终欧洲人还是将大规模的垦殖事业于亚洲与美洲殖民地发展，欧洲则专注成为制造业的天堂。

又如欧洲的商人与制造业者为了满足城市中产阶级对于丝绸的喜好，遂从印度引进棉布开发成印花布以取代昂贵的丝绸。除了印花布，欧洲的制造商还尝试各种纺织原料的组合与混纺，如棉与麻、棉与毛等不同种类的混纺，降低成本，抢攻廉价市场，同时通过产品改良营造出华丽的贵族气息以抢攻中间市场。除了抢攻中低市场外，欧洲的商人与企业家也致力于开发上层市场。例如东印度公司将一些为中下阶层开发的商品送给英王查理二世（Charles Ⅱ，1660—1685年在位），希望国王爱用，此项商品就有机会在贵族间流行，其中一项就是印花布。

当平价消费品项目日增，各层阶级人士的胃口也更大，欲望也日多，于是这些欲望就驱使他们赚更多的钱。以制造业的工匠为例，他们为了追求生活质量与品位乃自动延长工作时间、多接订单，同时还全家积极投入生产行列。为了增加生产，许多工匠还想出各式节省劳力、动用天然能源的机器以取代纯手工的生产。基本上，工匠或早期的企业家使用机器的目的并不在改良产品的质量，主要的目的还是在提高生产的速度与产量，这是因为早期刺激制造业增产的并非高级市场，而是下层的廉价市场。①

值得注意的是近代早期的制造业突破与资本化经营的过程中，乡村扮演重要的推手角色，这是因为都市的限制多，并非早期小本企业家或资本家所能应付的。

首先，都市里的工匠受行会管制，必须遵守严格的制作章程，容易妨碍新技术与经营方式的进展，同时行会亦出手保障工资，使工资高居不下，不利于成本下降。在许多城市，尤其是法国，政府仰赖行会帮忙收税，因此政府多半支持行会，使行会受到相当的法律保障，致使企业家利益受损。加上城市提供的劳力有限，乡村拥有广大的农民而劳力充沛，于是许多企业家走出城市，到乡村寻找便宜工人，规避法规的限制。

其次，居住在都市（尤其是大都会）的人，身份多以官员和贵族为主，他们主要的消费项目为进口的奢侈品。而当时的贵族或官员以投资土地、官职或政府的借贷业和公债为主，对于制造业的投资兴趣缺乏，一些地区甚至禁止贵族转投资制造业与商业。因此，企业家要在城市找到合伙

---

① 即使到了工业革命的时候，欧洲人采用机器与工厂模式的主要目的仍不在于改善质量，而在于增加生产，以应付庞大的廉价市场的需要，特别是海外殖民地的奴隶市场。

的有钱人比较困难。新兴的城市中的确有许多刚从农村转进的无产阶级、失业人口、游民等"罗汉脚",但企业家却不能雇用,因为受限于行会。因此尽管城市中游手好闲的人很多,制造业却不能吸纳,对于城市制造业的发展并无帮助。

1. 农村手工业的发展

这种由城市出走到乡村的制造业称为"外移手工业"(puttingout system)或是"家庭副业"(cottage industry)或是"原始的工业"(proto-industry),是流行于近代早期的一种企业经营方式,亦即城乡分工、产销分离的生产方式。一般而言,来自城市的企业家在城市募得资金或信用,购买原料后,再将原料运送到乡村,由乡村的农民、工人负责制造生产。待乡村中的生产流程完毕后,企业家再到乡村搜集产品然后运回城市或其他市场销售。采用此种经营方式的企业家,虽然被称为"商业资本家"或是"商人制造家",但实际上多为工匠出身的商人,这批工匠商人因为成功地经营制造业而积累了不少的财富,从而产生更进一步的企图心。值得注意的是,这些工匠商人转行为企业商人或商人企业家后,他们就不再参与制造生产的流程,他们成为纯粹的企业经理人,包括筹资、寻找原料与工人、协调各生产流程以及寻找市场。

工匠商人对于制造业的原料、制作流程、工具都有一定程度的了解,对于市场也有相当程度的研究,然而他们的资本却又不足以让他们在城市设立大工厂或作坊,因此他们将生产的部分流程转移到乡村,利用当地廉价的劳力市场。相对于城市而言,乡村劳力较不具技术,所以工匠商人将生产流程重新分割与组合,每个步骤往往只要一两个动作、一把简单的工具就能轻松完成,降低训练工人的成本,甚至未经训练、无技术的农民也能立即站上生产线。当然,不是所有的流程都能予以简化,特别是在设计与接近尾声的完成阶段,于是企业家依照步骤的难度与复杂度适时引进半技术的工人与技术工人。至于参与家庭手工业的半技术与技术工人,其实多由乡村中的工匠师傅、日工与学徒分别担纲。就这样,无技术工人、半技术工人与熟练的工匠交互搭配,可以为企业家省下不少工人的成本,还可以就近使用乡村工匠原有的简单工具。随着资本的增加，企业家与乡村工匠也会逐步改进工具，并随时准备引进新工具和先进的生产技术，为的是赚更多的钱。

图21 农村中的家庭副业

多为不需高阶技术的手工业，以纺织业为多。

纺织业是最大宗的外移产业，但也不限于此，许多不需要太多技术或笨重与昂贵工具的产业，都有外移的现象，如首饰、玻璃、雕像与绘画等，不过多是小规模的、适合于中低价位的市场需求，而且参与流程的大半是乡村的工匠师傅。

早期的纺织业对于技术、工具与资本的要求不高，因为它的市场对象主要是都市中的中下阶层人士、乡村的广大农民以及海外殖民地的殖民者与奴隶，所以早期纺织业所面临的问题是如何增加产量以满足庞大的需要，价格却不能太贵，这就是早期的纺织业者不愿意在都市立业的原因，因为他们不需要工匠的"高阶技术"，更不需要工匠昂贵的工资。于是早期的纺织业者将产业转移到乡村，而对于乡村农民而言，纺织不仅熟悉，而且是传统的副业，因此要价远比城市的工匠便宜许多。同时农民不受行会与政府法规的保护，企业家对其更易于压榨剥削，不用担心受到行会或政府的制裁。

以英国为例，当时已开始发展羊毛的纺织与染色的专门工业，但是由于城镇的行会限制过多，特别是禁止非行会的人员从事纺织业，于是有些商人为了规避行会的限制，同时降低成本，乃往郊区发展，他们将工具如织布机、原料提供给愿意代工的农家，让他们在家里生产，然后再由商人去收取产品。

这些商人资本家从英国地主那儿买羊毛，商人的经理人再将收集来的羊毛送到邻近的乡村，交给农民在自己的小屋中纺纱、织布与染色。大部分的农民其实都是圈地运动中的失业者或受害者，为了生计，他们愿意接受任何低廉的工资。当农民完成工作后，经理人就会来收走半成品（有时是成品），然后运送到其他地方制成衣服再送到市场。基本上，这种生产方式早在中古时期就出现了，只是到了近代早期变得更灵活、更普遍、更有效，规模也更大。这样的变化也反映在英国进出口贸易的品项上，中古时期，英国本是最大的羊毛输出国，但到16世纪时，英国主要输出品从羊毛原料，转换成毛纺织的半成品（如没有染色的成衣、未织成衣服的羊毛布匹等），原料羊毛则仰赖进口。等到17世纪时，英国不仅输出半成品，还输出成品，成为欧洲主要的纺织输出口国之一。

而参与生产的农民，为了赚取更多的利润，尝试各种改良方式，例如添加日耳曼地区的亚麻进入棉中，以增加棉的硬度，改善欧洲棉较为脆弱的缺点。为了增加生产量，农民也改革生产工具，利用简单的机器原理、水和风等天然能源，提高工具运转的速度，开启18世纪工业革命风潮的飞梭、机器织布机的原型都是源于这个时候的改良风气。

使用水力的水车是最为常见的机器，但并不是所有地方皆有水力，只好使用木材，以木材燃烧产生的热源推动机器。而产煤的英国最为得天独厚，古早以来英国的农家就烧煤取暖，现在一些农家或企业家开始将便宜的煤当作机械的动力来源。可见机器与煤的使用并不始于工业革命，早在工业革命之前，农民就陆续将这些技术运用在制造业上，以

第9章 商业革命：群星闪耀之时

增加生产和追逐利润，只是工业革命后，机器与煤的使用更为密集与普遍。

这种资本主义经营方式的制造业不仅盛行于西欧，在中东欧也逐渐开展起来，但是他们经营的方式与西欧大不相同。在中东欧，出资、组织生产线、寻找市场的是昔日庄园制度下的贵族或地主，或是由贵族委派经理行之。这些地主或贵族因为控制了天然资源、土地、水力、木材、矿产等，因此当这波资本主义的风潮吹到当地时，他们很容易就将这些资源圈占起来建立自己的生产事业，还强迫庄园里的农奴加入新兴产业的工人队伍，成为最低廉的强制工人。

尽管中东欧的贵族和地主有不少的优势，但是这条资本主义之路还是走得非常艰辛。第一，就是这地区中古的传统力量和包袱非常大，诸如封建的遗俗以及行会的力量，因此阻碍新技术、新产业的发展。第二，由于使用的是强制工人，因此工作意愿与效率都低。第三，由于保留农奴制，农民的消费能力有限，缺乏转业意愿。第四，东欧地区缺乏强而有力的政府组织，无法在政策上加以保护。例如，无法对外来的竞争品抽高税以保护新兴的本土产业，也没办法如英法等国般以强大的国家力量开发原料与产品市场，或约束贵族、地主与企业家无限制的剥削；这里的国家反而对进口的原料与制成品抽高税，以至于民间无法积累资本。最后，中东欧的制造业终因市场萎缩、技术落伍、劳力缺乏而败下阵来。许多曾风光一时的工业中心如西里西亚（Silesia）、波希米亚等地都渐渐没落。

无论哪一地区的农村手工业都有其缺点，最大的麻烦就是不固定。首先是得配合农业生长季，例如农忙时，在乡村的纺织业就会因工人不足而停顿。然而，随着纺织业的利润越来越多，许多农村家庭不仅全家投入纺织行业，甚至越来越多的农家放弃耕地而专以纺织为业。其次，生产的产量与质量会因不同的地区、不同的工具而有落差，易导致产量与质量不好控制与估算。再次，乡村纺织业的生产流程过于分散、耗时费力。从纺纱、织布到染色或制成成衣，可能分散成数个村庄，甚至不同的地区，工匠商人或经理人往往得先将棉花或羊毛送到某个地区的某个村庄,当该地的农民纺完纱后,商人收集完成再将纱送到另一个地区去织成布,完成后再送到下一个地区去染色或制衣。当然也有的由农民将成品送到指定地点,路上时常车马拥挤,又有盗匪盛行。无论哪一种状况,都非常耗时,品管更是难以控制,纠纷也多。

因此,当纺织市场扩张到某一程度时,这种经营方式就不合时宜了,必须改弦更张,工作坊应运而生。工作坊是小型、原始的工厂,类似于今日的工作室。刚开始时,一些企业家为了集中管理、控制质量、减少错误与浪费,乃将几个生产的部分(生产线、生产队伍)集中在一个乡村中,或是紧邻的地区,亦即分成数个厂房管理经营。后来,有钱的企业家更是向地主租借土地建造大型厂房,好将所有的设备与人员都集中在一起工作。但是对于房子内的空间配置、生产线分配等都没有精心规划,只是让大家一起工作而已,所以这种生产方式还不能称为"工厂制度"。这批建立工作坊的企业家开始亲自参与生产线,而不再站在生产线之外,但是他们也逐渐退出市场销售的部门,于是产销分离的生产经营方式到此又发生进一步的转折与分工。

工作坊虽说在组织与管理方面不及后来的工厂,但是规模也不算小,有许多工作坊的人员数甚至高达数千人,超过后来的工厂。工作坊中尚有不少的女工与童工。有的产业如铁业、印刷业的厂房更是复杂,规模也大,有逐渐朝工厂化的规模与制度前进的迹象。在这段"前工业时代",除了私人的工作坊外,还有不少政府与都会的地方政府也设立工作坊,不过多是慈善性质,为一些孤儿、游民、乞丐、寡妇等弱势团体设立的,而且多是采取强制性的管理。

2. 造纸业、印刷业

中古欧洲大学兴起后,学者要著书,学生要看书,加上教会的布道要讲稿、救赎需要赦罪状,于是书商行业日渐兴起。早期的手抄本不仅错误多,且抄的速度也赶不上市场的需求,加上传统的莎草纸、羊皮纸或小牛皮纸所费不赀,光是一本《圣经》就需要300张的羊皮才能抄写完毕,足

第9章 商业革命：群星闪耀之时

见书籍成本之高。为了满足市场的需求，各式各样的材料，如麻、棉、金属等都曾经尝试过制成纸，最后发现木皮制的纸最为适用。

除了纸张的改良外，欧洲人开始尝试刻板活字，亦即在木章或金属上雕镂字母。然后再将一个个的字母印章编排，组合成句、段和书，印完一页书后，还可以将字母印章重新使用再编成另一页的书。据说在15世纪40年代时，欧洲市面上已经出现活字版印刷的加注版画、信件和书。后来被推为欧洲印刷术发明人的古腾堡（Johannes Gutenberg，约1398—1468年），其实仅是改良模子技术，他发明一种合金，将合金注入字母的模子中，能使模子在冷却过程中仍能保持形状而不会缩小或扭曲。

早期印刷业属于金匠工会，因为印刷所需的模板与刻字技巧和金匠技术密切相关，而金属模板与刻字耗资昂贵。至于纸业则与酿酒业合作，因为制造酒桶后剩下的木屑可制纸，这时纸的成本仍然很高。一家出版商必须投资印章、模板，然后买纸来印，大约要花掉一栋房子的钱。而且早期的欧洲学者认为印出来的书比不上手抄书，因为手抄书字体变化多，较为精美，所以印刷书销路并不如想象中的好。如果选不对书，譬如选印一些文学作品，或是古典书印得太多，这些书的市场有限，就肯定赔本。于是书商大多以印宗教书，特别是《圣经》为主。因为在欧洲别的书可以不买、不读，但《圣经》不可不读，因此必须买。①

印刷术的传播与风行也得利于文艺复兴运动。先是古腾堡的弟子将活字版印刷术由神圣罗马帝国的日耳曼地区传入意大利，很快就受到当地知

---

① 自古腾堡刊印第一本《圣经》后（约1455—1456年），各式版本的，大的、小的、图画多的、字多的、漂亮的、朴实的、英语的、德语的、捷克语的《圣经》充斥了欧洲市场。早在马丁·路德将整本《圣经》译成德意志语前（1522年），《圣经》就已经被译成各种语言了，只是不是整本翻译，而是拆开来翻译，如《旧约》《新约》《赞美诗》等。不过自从有了马丁·路德版后，该版《圣经》立刻成为欧洲最畅销的书，而且历久不衰，例如在1522—1547年间，该版《圣经》出了430版，销售了100多万部。而据估计，当时的日耳曼人口约1500万人，其中90%的人不识字，因此识字的人几乎人手一本《圣经》，许多出版商就只靠出版《圣经》赚钱。

识分子的喜爱。不仅早期人文学者的著作都由手抄本翻印成印刷版，如人文学之父佩脱拉克（Francesco Petrarca，1304—1374年）等人，后起的人文学者更是大量印刷自己的作品和古典著作、彼此间的酬庸唱作、互相辩论，更加刺激印刷业的兴起。人文学者不仅依赖印刷厂[①]出版作品，许多失业的人文学者更是加入印刷的行业，担任编辑或校稿的工作，以至于印刷术的水平与准确度大为提升，更加受到时人的信任与喜爱。因此大部分的出版商都位于意大利，威尼斯就是当时的出版业中心，而非古腾堡的故乡美因茨（Mainz）。

3. 冶铁业

近代早期正逢王权扩大时期，军火的庞大需求刺激了冶铁业的兴起。这时的欧洲，无论在挖铁、冶铁、锻铁、铸铁方面都有长足的进步。许多简单的机器与天然能源都逐渐被引用到冶铁业，例如用木材或煤燃烧的帮浦、汽缸、鼓风炉等，这些后来都成为工业革命后的常客。许多冶铁、炼钢的工厂还非常先进，不仅拥有机器，尚可容纳数千人以上的工人一起工作，颇有后来工业革命工厂制度的态势。在兵器方面，一些先进的火枪更成为各国军队的必备品，这些都会刺激军火市场的热络。事实上，军事、军队的兴起，不仅刺激铁业、军火工业的兴盛，还刺激了纺织业的兴起，因为军人所需的制服、旗帜、肩章、帐篷、毛毯等都非常庞大，军人穿着的靴子更刺激了鞋业的市场化。

4. 造船业

远洋贸易与渔业的兴起，刺激了造船业蓬勃发展。造船业最初多集中于荷兰，由于当地缺乏造船原料，多自外地（波罗的海、北欧的木材、铁以及东方的沥青）进口廉价原料，运用本地先进的劳力和技术来

---

① 各地主要城市出现印刷厂的年代如下：罗马于1467年，巴黎于1468年，低地诸国的鲁汶、奥地利的克拉喀（Cracow）于1473年，英国伦敦附近的威斯敏斯特（Westminster）于1476年，波希米亚的布拉格则于1477年出现印刷厂。到了1500年左右，欧洲约有250座城市拥有印刷厂，多是由德国人建立，即古腾堡的后继者设立，足见印刷业的兴盛。

第9章 商业革命：群星闪耀之时

制造一流的商船、军舰，不仅满足自身的需要，更销售到欧洲各地，以赚取丰厚的利润。这种生产与经营方式其实已经相当工业化，并符合资本主义的原则，亦即逐渐摆脱地理与天然环境的限制，而以市场考虑来生产货品。

大体而言，在近代早期资本化的制造业中，仅有纺织业属于乡村手工业，需要的成本与技术都不及其他制造业，其他的则多属于都市制造业，而且采取高度集中化生产。为了解决都市的工人问题，各国政府还相继采取鼓励措施，或者引进邻近乡村与外地的工人。例如17世纪时，普鲁士为了将柏林建造成制造业中心，乃招徕一批在法国备受压迫的新教徒。不少城市也加强对工匠的管理与组织，并改良工具以增加产量。于是各城市都出现了不同制造业的专业区。值得注意的是，并非所有的发明与新工具、新技术都会受到欢迎，许多新工具与新技术往往过度取代劳力或效率太高，因而遭到排挤与遗忘。新式企业家、商人资本家与传统工匠间经常发生冲突与争执，甚至到了工业革命之后，这种害怕失业与创新的心理之间的冲突仍然普遍存在。

然而，并非所有的传统行业与行会都是新时代、新经济的受害者，不少传统的行业或组织若能随势转型成功，接受新的组织与经营方式，同样也能获利丰厚。例如，不少传统的行会尝试引用新式的经营方法，改变旧有的规矩，放宽限制，也有旧行会挥手欢迎新行业的加入，如酿酒业与纸业的结合、金饰业与模板业的结合等。

从以上的例子可以发现近代早期的制造业经营上相当具有弹性，并会因应市场、成本，不断地调整经营。为了协助这些商人资本家，并从中赚取利润，而有银行与股份公司的出现。不论是借贷或投资，参与的人与公司都需有分担风险、赚不到足够利润的心理准备。这就是资本主义的运作，追逐利润的人必须先付出，为一个不确定的未来先付出。然而在对于未来的期望以及庞大盈利的诱惑下，越来越多的人愿意承担风险，从而加入这场利润追逐战。在这场利润的追逐战中，资本主义与商业革命就悄悄地生根了。

二、资本主义与公司制:利润追逐战的两大胜者

(一)资本主义的发展

资本主义是个非常复杂的经济现象,各家的定义也不尽相同,有的从宽定义,有的则从严,不一而论。

从宽者认为只要合乎追求利润、市场经济、再投资与增加生产等条件即可,若依此理论,资本主义并不限于近代才有,自古即有之。从严者的主张亦不一致,有的认为只要有竞争、市场与货币交易就可以了,但也有的坚持必须要有工厂、工业化的现象方可。无论如何,资本主义是商业革命中最重要的一项内容。

大体而言,资本主义乃是一套有关生产、交换与分配的经济系统。有关生产、交换与分配的经济生活或经济体系,自古有之,但近代的资本主义经济却与此前的经济形态有大幅度的改变。早期的经济形态实属最低阶的经济体系,乃是指一般性的就地消费、自给自足式的经济生活,所有的生产与消费均为本地生产,且是每日例行,并没有特殊的商品、动机与技术。第二层次的经济体系则是区域性的经济生活,例如必须将本地的产品拿到邻近或可预知的市场去交换,或是为了赚取可预期的蝇头小利。通常这种经济的交换市场是可预期的、熟悉的,它的货品来源与状况,以及交易的路线大都是固定的,一如中古的香槟、波罗的海等大型的市集贸易与贸易路线。这种市集贸易虽然有风险,但大抵都在可控制或是可以估算的范围,因此可能负担的风险与盈亏也都可以减到最低,故能投机的空间是有限的。例如,法国的酒与油一定可以在北欧找到市场,因为那个地区太冷而不产葡萄与橄榄,如果想要赚钱,只要将法国的酒与油往北运销,一定有市场,但是具有同样念头的人必定不少,以至于利润也不够惊人,但至少不会赔得很惨。

然而,到了最高阶层的资本主义经济体系时,贸易的范围非常广,往往超出个人的知识范围;货品多样且繁杂(规格与种类都很精细)却又获利极富(如中南美洲的黄金、白银、咖啡、可可以及东方的茶、丝、香料等);路线既长且不可测,于是参与的人很难估算风险,也很难预估盈

亏，这时投机的空间就非常宽广了。尽管这种贸易需要的资金与技术都远胜过昔日的贸易，但丰厚的利润激起人们豪赌的野心。在这种市场的运作中，一切都非常不可测、不可知，人们无法确知商品的需要在哪里，谁能够搭上该商品的需求列车，有时当商品运送到目的地时，又不能确知是否已经有人抢先一步，以至于自己辛苦运来的商品销售不出去。因此，在这种经济生活中，每一个步骤、每一个流程都不确定，也都充满了风险。更重要的是这种贸易的获利期很长，甚至以年来算，从将近一年到十年以上都有可能，而且这种获利丰厚的贸易行为不是天天有的，而是靠机会偶然才发生的。然而庞大与丰厚的利润却使许多人跃跃欲试，甘冒风险以等待不可知的"利润"，这就是典型的资本主义经济体系。

在这套经济体系中，拥有资本的私人以积累财富、追逐利润为生产和经营的目的。这批拥有货币、信用、土地、原料和生产工具等资本的人，利用他们现有的资源雇用薪资工人，从事农业或制造业等商品的生产，然后再将成品送到市场上以换取利润。资本家间的激烈竞争会引发更进一步的研发创新以提升生产力，或者是进一步地降低成本以增加或维持利润。在资本经济中，商品、金融、土地、劳力市场、长程贸易、理性的利润算计就成了重要的内容。

在资本主义的经济体系中，所有的经济成员分为两大类。一类是拥有资本并以理性计算得到利润的企业家或资本家，只要合乎这项规定的人都是资本家，而不论他们的出身，因此资本家可以是出身农家或工人阶级的子弟，也可以是商人或畜牧业的人士。至于另外一类人士，即无法靠资金得到利润的人，而是必须靠自己的劳力取得固定酬劳的人，统称为工人阶级。这些工人虽然是领取薪资的，但工人的薪资并不是以工人所创造的财富来计算的，而是以工人是否愿意与他人竞争工作为标准，亦即视工人要不要这份工作而定。这也就是说，在资本主义的经济体系下，工人的劳力被视为商品，工人的薪资视劳力市场的竞争而定，一如商品的价格得视市场的供需情形而定。

在资本主义中，利润与盈利是无限的，与中古时代强调社会服务、合理利润的心态大不相同。同时资本主义鼓励商业与贸易的扩张，最好是超越地区贸易而提升到国际、洲际贸易，甚至到全球贸易。因此资本主义下的资本家活动舞台非常广泛，远非中古的工匠和商人所能想象。当然这么广泛的活动需要庞大的资源、资金、经验与知识，一位近代的企业家、资本家必须要知道何处有市场和利润，他又如何能搭上市场列车，如何能操作市场，使之为己所用，这些都是中古人士所不能，也无法理解的。

近代的资本主义是如何发展出来的，一直是争论不休的议题。不过，大家都同意资本主义的一些现象与内容早在中古晚期就开始出现，只是到了近代早期变得更加明显、密集与普遍，而且一直到19世纪后，资本主义都还在盛行中。此外大家也同意，每个地区的资本主义无论是面貌还是发展的过程都不一样，有的地区的资本主义是持续发展，有的则断断续续，视各地方的经济关系、政治经济和社会制度以及地方人士与主政者的态度而定。

（二）银行业

1. 日耳曼富格尔家族

银行的作用在于金融财务、资金调度和动员资金市场。近代早期最有名的金融家为美第奇家族，到了16世纪，美第奇等意大利商人的风光不再，取而代之的则是富格尔家族。

富格尔家族源于14世纪日耳曼地区奥格斯堡的一名织工约翰·富格尔（Johann Jakob Fugger，1516—1575年），这位织工为了改善产品，亲自到东方批货（埃及与印度的棉和麻）。到了东方，富格尔发现香料非常赚钱，遂兼营香料买卖，因而积累了大笔的财富。16世纪时，富格尔家族不仅为罗马教皇处理财政问题，例如贷款给教皇，或为教会提供转款、借贷、汇兑、收税和发薪等金融服务。富格尔家族通过贷款业务，还取得一些特权作为担保，从而涉入制造业、矿业的经营。例如，富格尔家族曾贷款两万达克特（ducats，奥地利金币）给哈布斯堡王朝，要求以提洛尔（Tyrol）地区的银矿收入为担保。翌年，更以15万达克特贷款取得银矿的完全经营权。通过贷款担保，富格尔家族取得许多贵重金属如银矿和铜矿的矿产经营权。为了要开采更多的矿产，富格尔家族投入大笔资金研发改

第9章 商业革命：群星闪耀之时

良开采、排水与去除杂质的技术，并以高薪雇用有技术的工人，对于欧洲矿业的发展有很大的贡献。他们还帮忙哈布斯堡家族铸造金银币，从而获取丰厚的利润。投资矿产让富格尔家族成为欧洲最富有的商人。

在这些矿产中，尤以铜矿最为重要，因为它是军事武器的重要原料。在15世纪下半叶，大炮的使用让欧洲军事发生重大改变，而大炮主要是由青铜制成。欧洲的铜矿主要产在匈牙利，因而引起哈布斯堡与奥斯曼土耳其间激烈的竞争，双方都希望取得匈牙利铜矿的独占权，最后由富格尔家族取得匈牙利铜矿的经营权。

在富格尔家族的多角经营企业中，还包括卖书。他们帮人家寻找和取得书籍，并以此赚取利润。富格尔家族自己也收藏书籍，无论是旧的手抄本还是新的印刷书。在奥格斯堡的富格尔家族图书馆中，就有一万本以上的藏书，在当时是非常可观的。这些书本中，有不少与亚洲、美洲新知识相关的，还有不少航海相关的书。除此而外，还有为商人设计的告解的宗教书，显示那个时代是一个书籍、商业和知识结合的时代。

富格尔家族也积极与王室密切合作，从中取得各式特权与优惠。例如在宗教战争前夕，以财力支持西班牙国王查理一世取得神圣罗马帝国的皇帝宝座[①]，以及贷款资助他参加诸多战争，并负责各地军队发薪、转账、汇兑、存储等事业，赚进大笔利润，还取得各式优惠，成为当时最具影响力的金融银行家。

当然与王室间密切的关系，也不全然都是有利可图，政权的改变或王室的破产往往会使其受到牵连，例如之后富格尔家族继续为西班牙王室

[①] 1519年，查理一世被选为神圣罗马帝国的皇帝，成为哈布斯堡王朝的继承人查理五世（Charles V，1519—1556年在位）。他统治的版图包括西班牙及其海外殖民地、奥地利哈布斯堡帝国的领土、波希米亚、匈牙利、低地国、意大利南部之那不勒斯王国（Naples）。这片领土上文化、人种与语言都相当复杂，正如查理五世所言："我对上帝说西班牙语，对妇女说意大利语，对男人说法语，对我的马则说德意志语。"查理五世希望能统一他的帝国，却面临无数强敌的挑战，包括法国、教皇、土耳其以及日耳曼地区内部的复杂情势（即宗教改革所造成的宗教分裂与战争）。

服务,但新上任的国王,宣布破产,富格尔家族借给王室的钱因而收不回来,后来甚至破产。

2. 荷兰阿姆斯特丹银行(1609年建立)

到了17世纪时,新形态的金融机构荷兰阿姆斯特丹银行出现。阿姆斯特丹银行并没有将自己的命运与王室连在一起,而是走纯粹的商业路线。最初发展时该银行还只是个货币兑换中心,协助荷兰商人兑换各式的外币。当时旧银行正走向没落(如富格尔),而欧洲远洋与内陆贸易的活络却使得货币兑换成为急需的业务,于是阿姆斯特丹货币兑换中心适时地挤进空档。

除了为商人公司办理存储、周转、信用等金融服务外,阿姆斯特丹银行又将这手拿到的存款储蓄金用另一手借贷出去,例如借贷给农业企业家改善土地、开发海埔新生地以繁荣城市和城市周围的制造业,这些经济活动的繁荣转而刺激银行的蓬勃成长。加上荷兰实施宗教宽容,移居该地的犹太人、西班牙人又将荷兰的远程贸易线延长到地中海等地,随着贸易活动扩大转而为银行业务带来无限的生机与市场。于是阿姆斯特丹银行不仅成为欧洲最大的财务与商业的中心,更称霸欧洲达一个世纪之久。

3. 英国英格兰银行(1694年建立)

各国纷纷设立类似阿姆斯特丹银行这类的国家银行,这些早期的国家银行对于制造业、企业界筹资的功能不大,因为它们主要的工作是为国家收税、发行公债以筹措政府财源。最初这些国家银行照顾的是贵族与富商的利益,但也逐渐发展出与地方和私人银行间的密切互动,民间的经济、金融与工业因而被带动,最具代表性的是英国的英格兰银行。

由伦敦富商组成的英格兰银行采取寡头操控,银行代政府发行公债或借债,解决政府需钱的情形。当时购买公债的多为贵族、富商,他们购买公债,再回收利息与红利,遂造成债务旅行,即资金在贵族、富商圈内旅游。

另一方面,英格兰银行也发行银行券(类似于钞票),并允许在市面上流通,具有钞票、通货之功能。商人将钱存入银行换取银行券,只要携带轻便的银行券便可到各地做生意,加上当时的货币发行量不足,银行券能稍稍缓解这个问题。

银行券的好处是当商人不想再用银行券交易或需要现金时,只要将银行券拿到指定地点兑现即可,使商业活动更有弹性。由于英格兰银行信用好,它的银行券算是最为抢手的一种,能换取的币值也比较高。除了中央级的银行发行银行券外,地方银行、私人银行也会发行,乡村尤其喜欢用银行券,因为便捷、安全,同时也可略为解决乡村货币短缺的情形。

此外不同地区、不同银行间的银行券也可相互兑换与流通,因为各地都设有可贴现、兑现的钱庄(discount houses)。钱庄与银行再将银行券拿到英格兰银行兑现或换取该银行的票券,地方银行也会将收到的钱币拿到伦敦的银行或其他地区的银行换取所需的票券,拿到现金的银行再贷款给需要现金的工商业者。一般而言,农业从业者卖农作物时,若收到太多的钱币,反而不安全,因此喜欢将钱存入银行,换取银行券。工商业者则需要现金以购买机器、聘雇工人,在这种情况下,农工商刚好互补。

银行业的发达,有助于商人与业界筹集资金与调度资金的活动,不过商人与企业家除了仰赖银行筹措资金外,更重要的渠道则是自求多福、自行筹资,那就涉及合伙、合股与公司的问题了。

(三)公司法人的兴起

1. 近代公司的发展

在这波商业革命的浪潮中出现了一种新的商业组织,那就是法人公司,即公司法人观念的兴起,目的在于组织经营与分摊风险。在新的概念下,商业公司或商业组织被视为非人的实体,甚至比它的拥有者还要大的组织。这种组织或机关拥有与其成员不同的身份、认同、法律地位、永续性以及利润。总之,它是超越个人的,而且是远比个人更为重要的组织。

合伙做生意的形式早在罗马时代就出现了,等到9—10世纪欧洲商业复兴以后,合伙的形式更多了,例如"商行"(firms),或"会社"(societas)模式的组织,是采取资本与劳力分离的形式。在这种模式下,有一方人出资金,并留在陆地上工作或只等待结果,另一方则负责上船从事真正的海洋贸易，也就是出劳力、真正经商的人。这种合伙关系似乎必须经过公证人的公证，在意大利就出现了专门以公证为业的人，也保存了非常庞大的公证数据。不过这种合伙关系的风险亦高，根据一位当时人的警告可知："千万不要与一位没有财产的人合伙，因为他很可能只会分享你的利润，却让你负责所有的损失。"此外这种合伙方式所筹集的资金亦较有限，且多限一趟生意，每趟生意都得重新洽谈、公证。

为了筹集更庞大的资金，也为了减少风险，于是出现了具有规模与制度的合伙关系，即"公司行号"（compagnia，原意为"分享面包"），多半都是家族企业，后来也出现掺有外来成员与外来资金的公司行号。在"公司行号"的制度下，所有的参与人不仅分享资本、劳力、利润，也分担风险。这些大规模的公司行号不仅经营需要庞大资金与风险的远洋贸易，也经营大规模的内陆贸易与制造业，甚至银行业，富格尔家族即属此类。这种公司行号的资金多寡和公司的规模，通常不与成员数的多寡相关，有的公司资金雄厚，却成员不多，视成员出资的财力而定。然而这种组织亦不稳定，往往有家族成员或公司伙伴将资金移出转而投资土地等其他部门，就会使公司行号因缺乏资金而消失；不少的家族企业因子孙不孝，被迫将大部分的公司资金移为救助家族成员或维持家族生存，以至于无法大力经营企业。

当经济活动越来越复杂，需要的资金越来越庞大时，一些公司遂走向更广大的市场与人群募集资金，就有了"股份公司"（jointstock companies）的出现。确实，股份公司仅有资金的聚合关系，而与人或伙伴关系无关，是资金的会社而非关系人或聚集人的会社。这些资金或股票不仅可以谈判协商，还可以在市场上交换买卖，因而出现股票市场和资金市场。同时利润与风险的分摊全视股票人所拥有的股票价值和持份而定。理论上，持有高额股份的大股东或投资人会直接参与公司的营运，至于小额股份的投资人则等着公司利润的分红，但不参与公司的实际营运。拥有公司小额股份的投资人还可以靠着转卖股票赚取其间的差价，意即股票可以当作商品在股市上进行买卖的行为。

第9章 商业革命：群星闪耀之时

股份公司中又分有限责任、有限合伙两种形式。"有限合伙"是将商行主管的责任与其他只出资金或愿意分担部分盈亏的人分开，也就是不是所有的人对于商行的盈亏、责任、债务或是商行主管的责任都承认与负担，通常是视投资人出的资金而定。由于责任归属与亏损分摊都有了明确的划分，更多人愿意将资金注入商行中，终使公司的伙伴人数更多，更容易筹到资本。"有限合伙"公司还有一项优点，就是出资的人不一定要全都列在公司的登记名簿中，因为根据当时的法律，合伙关系的登记仅限于商人与批发商，因此不实际参与作业的人可以选择不列出姓名。这对于许多碍于规定不能从商的贵族非常有利，因此"有限合伙"公司在法国特别流行。

据说欧洲最早且具有规模的股份公司系1553—1555年出现在英国伦敦的莫斯科公司（Muscovy Company），当然在它之前仍有不少原始的前辈。事实上，"合股"集资的方式并非始于商业部门，而是制造业，如冶金业、矿业等。因为这些行业需要的资金特别庞大，却又不属于一般有钱人喜欢的投资对象，于是他们只好走向公众，利用发行股票的方式，以少积多，筹募庞大的资金。早在13世纪的时候，中欧的一些矿业与盐业就已经采取发行股票募集资金的方式，他们所发行的股票不仅可以转卖，还变成当时投机炒作的对象。例如，在宗教改革的时候，支持马丁·路德的萨克森选侯即曾表示愿意将他手上拥有的一些矿产的股票送给马丁·路德，让他拿去市场投机买卖，但遭马丁·路德拒绝。

"股份公司"筹募资金的规模与渠道更为宽广，不受人脉、区域、阶层、金额的限制。任何手上有点资金（游资），又想投资以赚取利润的人都可以购买股票。合伙公司不仅对于一般小民有利，对于公司本身的运作亦有利。由于摆脱了人的关系（意即只认股份不认人），于是公司的寿命与运作更能长远，不受人事重组、合伙人退出或撤资，以及老板生死的影响。当然，在近代早期刚出现的股份公司并不如现在的公司这般有规模与具有资本主义的精神，也没有确保公司永续经营的制度，亦即对于短利投资人的投机行为并无明确的规范。同时，在近代早期，股份公司也不普遍，当时欧洲各地流行的还是传统的小规模的合伙商行或家族企业。

以荷兰东印度公司为例，当时投资人的心态主要是投机的，是因为眼见当时的机会与商机较有利才购买公司的股票，他们看上的是短期的利益，因此公司也投其所好，以十年为期。十年期间，公司营运良好，事业遍及全球，拥有无数的船只、码头、货品，资产庞大。于是当十年的期限到期时，投资人纷纷要求公司兑现股票以收回利润（即股票的本金与分红），结果公司因为数目过于庞大无法兑现，只好鼓励投资人将股票拿到市场上去转卖给其他有意的人。

早期的股票、期货交易多在市民社交的场所，如咖啡馆、俱乐部、酒馆等地进行，八卦、小道消息、各式信息在这里流通，一些小型交易、非法交易、私人交易也在此进行。于是交易所渐渐往都市特定的街道集中，如英国出现交易街。此时的证券交易所非一般小民或小额股票进行的场所，都是大资本家、精英聚集的巨额交易的地方。这些证券交易所是为极少数的重量级商人服务的，一直要到19世纪末方才开放给一般公众人士。早期的证券交易所的股票多是大型公共建设、交通建设的资金，如运河、铁路、灌溉工程、保险和水坝业等。

在这个时候，设立公司、发行股票、贩卖股票都是寻常之事，并没有何种法律的规范。因此出现了许多专为投机而设立的空头公司，这种公司并没有任何资产，也不进行任何营业，纯粹是为投机股票而设立的。除了这种投机公司外，甚至还有许多商场上流行的物品也会被拿来当作股票般的炒作，如荷兰的郁金香球（最早的期货炒作）。这类股票炒作可以飙到非常高，毫无节制，然后再彻底崩盘，导致无数受害人血本无归。

由于发行股票容易，获利又丰，于是不少正当的公司也有滥发股票的情况发生。最有名的例子就是法国东印度公司，该公司成功地借兜售股票而将其他法国小公司的资金尽数吸进，然后创办人苏格兰数学家约翰·劳（John Law，1671—1729年）再以雄厚的资金成立银行，取得协助政府处理财务的部分权限。成立银行后，约翰·劳毫无顾忌地滥发股票，远远超过公司的资产所能支持的地步，三年内还让该银行的股票飙到1000倍以上，最后该公司与银行终于在1719年宣告破产，造成极大的金融风暴。同样的情形也发生在英国的南海公司（The South Sea Company）。这些情形终于迫使政府出手干涉，相继立法规范，例如英国于1720年通过《泡沫法案》（the Bubble Act of, 1720），规定新公司的成立必须经过议会的审查同意。

股份公司不仅出现于工商业，法国的农业界也大量地利用股份筹资的方式，承租土地，种植粮食与经济作物。有些地区因货币不足，或因其他因素而采取作物等实物股份的方式，亦即数字小农合股以承租土地，分摊工资、作物、种子、风险等，收成后再按股份分红。此种营运方式即为集资租地、资本化经营。

2. 特许公司

当时在欧洲各国，一些从事远洋贸易的大型公司多与政府合作以取得各式优惠与特权，称为"特许公司"（chartered companies），或是"独占公司"，也有的学者称之为"王室资本主义"（monarchical capitalism）。这种独占性的公司组织也不始于近代，早在14世纪时，威尼斯的政府就积极地以强大的政府权力和财力支持远洋贸易的进行。由于远洋贸易是资本、技术与组织高度密集的商业活动，往往非个人力量所及，于是威尼斯政府同意以政府的船舰与军火力量以及庞大的财力支持个人的公司营业，公司则负责上缴巨额税金和供应王室奢侈品，后来葡萄牙、西班牙亦相继采用此种官商合作的公司形态。

至于近代形式的"特许公司"，为完全由私人资本、私人公司经营远洋贸易与殖民事业，另由政府颁予特许状，政府不直接涉入经营，由英、法、荷首开其端。英、法、荷政府为了鼓励私人公司发展海外贸易与殖民事业，政府给予诸多特权与保护，为的是希望能增加国家的财富。

特许公司的出现，除了基于民间私人的努力与主动运作外，也多出于政府的主动支持，特别是当政府出现财务危机或需要大笔税金收入的时候，政府就会"标售"特许状。因此，许多特许公司多出现于战争期间，17世纪的长期战争造成各国政府庞大的财政压力，于是特许公司也特别多。有的特许状期限也特别长，例如英国的英国皇家非洲公司（The Royal African Company）有效期长达1000年。特许状的内容通常包括保障公司在某一区的独占贸易及对当地人民的管理和调度之权,使公司在当地的运作更为方便。

不少海外的特许公司就是假借特许状所赋予的权力而对地方人民百般压榨,俨然成为当地的统治者,如英国东印度公司①之于印度就是一个明显的例子。随着欧洲殖民事业的开展,许多特许公司对于殖民地的土地扩张问题越来越有兴趣,他们对于殖民地的政治事务的参与和兴趣甚至超过了对商业与贸易经营的兴趣,意即他们变得越来越像当地的统治者与封建诸侯。这时候就开始引起母国政府的觊觎与猜忌。于是到了18世纪末的时候,大部分"特许公司"的殖民统治权与行政权都被收回,甚至特许状也遭到取消,改由政府亲自指挥与参与殖民事业,特别是殖民地的政治事务。另一方面,由于殖民地的行政责任与政治负担随着时间推移日益庞大,远非个人公司所能负担,于是在成本的考虑下,特许公司也很乐意缴回殖民政治特权,特许公司因而开始走进历史。

除了代为管理殖民地外,特许公司尚负有其他的义务与政府的期待,包括每年运送多少奴隶到殖民地、每年开出多少的船只到海外,或是保障某地到某地间货运的安全等。有的特许公司还被赋予科学探勘、科学研究的重任,例如每一年得探勘多长的海岸线或是当地的风土人情等。欧洲许多的地理知识与自然知识就是通过特许公司的研究积累出来的。

特许公司固然可以帮助远洋公司在国际海洋与市场上赢得竞争,但不是每一个国家的所有特许公司都会成功。法国许多特许公司因为政府的严重介入,而成为官僚酬庸的对象,并严重地干涉到公司的正常与专业运

---

① 英国东印度公司成立于1599年,采取的是股份公司形式,1600年取得王家特许状而成为特许公司,1874年结束。早期英国东印度公司的股票运作一如其他早期的股份公司,没有严格的规范。大部分投资者的资金仅维持一趟来回贸易,当船只回航后,投资者即开始结算利润、抽回资金,然后再重新开始发行股票,寻找投资者,投资者也可以任意撤回资金。在这种投资方式下,公司的资金不稳定,从而影响公司的长程规划与运作。一直要到17世纪50年代以后,公司的股票政策方才长久化,公司的资金也才稳定下来。

作，遂导致法国的特许公司成为腐败与官僚的象征，并因此倒闭。特许公司多因其上层人士与王室、政府的关系密切而取得特权，这批上层的人士往往腐败且官僚化，常常成为公司进步的障碍，遂导致特许公司因缺乏创新而无法经得起时间的考验。因此，当外界筹资的渠道日多，遂兴起不少干练的独立商人或公司，他们以亮丽的成绩证明特许公司的落伍与失败，同时他们也施加压力要求政府开放海外贸易，终导致特许公司成为历史。有的特许公司虽然能撑过一段时间，最后却仍不支倒地，英国东印度公司的下场即为一例。

（四）复式簿记

商业革命不仅导致新观念、新组织的兴起，还有不少技术性的突破，复式簿记即为一例。事实上，一如其他商业革命的内容，复式簿记法也不始于近代，早在15世纪的意大利专门教导经商贸易的手册中就已经出现了，到了16—17世纪商业革命时开始普遍化、标准化、专业化。

在复式簿记出现之前，欧洲商人使用的是"单式簿记"，即所谓的流水账，就是每一笔交易都记录一次，而且不分类，不分借方或贷方，就是收到一笔，记一笔，付出一笔也记一笔。根据16世纪早期的一位观察富格尔企业簿记运作的人士称："他们将一笔笔的账目记录在小纸条上，贴在墙上，每次要查账时，就在墙上的纸条堆中寻找。"当交易越来越多，范围越来越复杂，出入的金额越来越大时，这种簿记方式就显得不够用了，遂出现合乎科学与理性计算的复式簿记方式。

所谓的"复式簿记"指在记录一笔交易，无论是现金支付、货品买卖还是服务项目时，会计人员会根据"有进有出、进出平衡、损益平衡、借贷平衡""有借必有贷、借贷必相等"的概念同时分别记成两笔，一笔是实际经手的账目，另一笔则是根据理性理解出来的想象或虚拟的账目。这两笔分别为借方与贷方，在传统的账簿中分别为相对的两页。通常而言，"贷方"（credit，即债权，实际的记载）记载的是财务的来源，如投资者从第三者得来的资金或股票等其他财源，或是因此笔交易而得到的资金。从另一面而言，公司的资产是来自投资人的资产，故相对于提供资产的投资人而言，公司的资产就成为债务的关系，因此，当记录公司的资产时，除了于"贷方"栏中记下一笔外，另于"借方"（debit，债务之意，即公司的债务、投资人的债权，系虚拟的记载）中再记下同一笔。

无论如何，在复式簿记的记账方式下，每次交易都予以分类记录两次，这样可以随时让商人或公司掌握自己的财政与资产的状况，并随时可以知道自己是否有债务在身。有些学者将复式簿记视为商业领域中的牛顿或伽利略发明，至少他们认为北方汉萨同盟和日耳曼商人的没落，就是因为他们没有采用先进与科学化的复式簿记。但也有人持反对意见。例如，荷兰东印度公司以及英国的许多大公司在早先时都没有采用复式簿记，甚至当他们生意做到很大、公司营运非常复杂之时也没有采用复式簿记。一直要到19世纪的时候，复式簿记方才普遍起来，并成为会计必备的技巧。

三、商人帝国：商业革命及其影响

（一）消费品的多样化与大众化

新航线的陆续开发与国际市场的拓展，使得欧洲人的消费内容更加多样化。许多外国产品如米、糖、丝、茶、胡椒等香料在从前算是奢侈品，现在也逐渐变成一般的消耗品，有的如糖、香料与茶等甚至变成民生必需品。许多异国的图案与印染技术（如印度的印花布）也输入了欧洲，使得欧洲的服饰更加艳丽与多姿多彩。至于新引进的咖啡则成为高级人士的饮料，茶反倒成为大众化的饮料了。

在许多新兴的商品中，有一项特别值得注意的就是奴隶。主要的奴隶贸易国不外乎英国、荷兰与法国。在18世纪时，光是非洲西海岸从事奴隶贸易的"工厂"就有40余家，其中10家属于英国、3家属于法国、15家属于荷兰，葡萄牙、西班牙和丹麦人各有4家。根据估计，自1600年起，每年有上百艘的西班牙与葡萄牙的船只将非洲的奴隶运到美洲。在遗留下的资料中，我们发现在1771年，就有192艘英国船到非洲载走了47146名奴隶到西印度群岛；1788年，则有98艘法国船载了2.9万名奴隶到法属圣多明尼哥（Saint-Domingue，今海地）。此外，根据估计：16世纪时每年约

第9章 商业革命：群星闪耀之时

有7000名奴隶被运到美洲，17世纪每年约1.5万名，18世纪每年更高达3万人，即使到了19世纪的上半叶，每年仍有上万的奴隶被运到美洲，1860年以后突然锐减到每年2000名左右。

参与奴隶买卖的人也不限于欧洲的商人，许多非洲的部落酋长为了赚取高额利润，也致力于搜捕奴隶。绝大部分的奴隶运往美洲从事垦殖业，如糖、烟草、米、靛青植物的生长，或是从事挖矿业，少部分的黑奴则输往缺乏工人的欧洲国家如法国，从事生产业。奴隶对于欧洲的经济有很大的影响，例如美洲农作物的大量生产与输入，降低了欧洲消费品的价格，有利于欧洲资本的积累；奴隶的劳力，也足以支持欧洲的产业发展，奴隶在美洲专营务农，然后自欧洲输入其他货品，也刺激了区域经济的整合与国际经济的分工化。

繁盛的奴隶贸易成为联结欧洲、非洲和美洲大陆三角贸易的一部分，并象征一个新的大西洋经济。欧洲的商船（主要是英格兰、法国、西班牙、葡萄牙和荷兰的船只）带着欧洲制造的商品，例如枪械、琴酒和衣物去到非洲，以换取一船的奴隶，并运送至美洲去贩卖。欧洲的商人们接着购买烟草、糖蜜、蔗糖、甜酒、咖啡和棉花，并载回到欧洲市场贩卖。

奴隶贸易也使得英国的北美殖民地建立起自己的三角贸易：由北美殖民地载运鱼、面粉、牲畜、木材等货物到加勒比海，或是甜酒、铁、枪支、工具和衣服等货品到非洲，再由非洲载运奴隶回加勒比海，部分奴隶在此出售，另留一部分的奴隶，加上糖、糖蜜等商品载回北美洲。

同时，北美殖民地也建立起爱尔兰—加勒比海—北美的三角贸易[①]，不再依赖英国为他们寻找贸易伙伴以及贸易运作，进而成为殖民地独立的资本。

在北美的爱尔兰—加勒比海贸易圈中，北美殖民地将亚麻籽、木材、制桶的木材片、面粉、蜜酒（又称朗姆酒、甘蔗酒）、糖蜜等货品销售到

---

① 尽管有"航海法"的限制，北美殖民地与爱尔兰之间不得有直接贸易，他们只能通过英格兰进行非直接贸易。但是在伦敦政府的"善意忽略"下，这两地建立起繁忙的贸易航线。

爱尔兰①，后来甚至还包括了北美殖民地制造的船只。爱尔兰则将亚麻布和衣服，以及腌制的牛肉、牛油、猪肉、鱼、鞋子等货品销售到北美和加勒比海殖民地。在爱尔兰与北美殖民地的贸易途中，船只经常会选择停留加勒比海的殖民地（如牙买加）销售部分的商品，或是采购当地的商品，如蔗糖、烟草等。这样就形成了三角贸易。除了装运货品外，回航北美的船只还载运了许多的移民（多是到美洲殖民地担任家庭佣仆）、契约工到美洲殖民地。大体而言，北美殖民地与爱尔兰的贸易甚至超过与英格兰间的贸易。

在这个经济网络的发展下，北美殖民地出现了几个大都会如波士顿、费城（Philadelphia）和纽约等。这些都市不仅供应北美殖民地所需，也供应欧洲各大都市之所需，如巴黎、阿姆斯特丹等。

奴隶贸易促使新的经济网络形成，同时也对非洲造成巨大的影响。非洲奴隶被紧密地塞进商船中，每300到450名奴隶一艘船，并且被锁链锁在一起，没有卫浴设备或是让人站立的空间。他们在前往美洲大陆至少100天的航程都被维持在这种状态中，平均死亡率是10%，恶劣风暴或逆风航行，会造就更长的旅程并导致更高的死亡率。就算撑过旅程的非洲奴隶，到达美洲大陆，因为对该地的疾病没有免疫力，死亡率会更高。

从取得奴隶的方式来看，奴隶商人最初尚能从非洲沿海获得奴隶，但当奴隶需求增加时，他们深入内陆去搜捕，许多非洲聚落因奴隶贸易失去了年轻且强壮的男子与妇女，无数家庭因而陷入贫穷。

---

① 爱尔兰人相信北美的亚麻籽质量最佳，可以长出优质的亚麻，因此他们从北美殖民地进口亚麻籽，再分配给爱尔兰农家种植成亚麻。另一方面，爱尔兰为了制造出优质的亚麻布，通常在亚麻还未完全成熟时，就需采摘亚麻茎，因此爱尔兰的亚麻无法生长出亚麻籽。对美洲殖民地而言，爱尔兰的亚麻既便宜又耐穿，最适合给奴隶穿着。伦敦政府为了抢夺爱尔兰的亚麻生意，也为了阻挠爱尔兰与北美殖民地的直接贸易，于是颁布赏金以鼓励爱尔兰商人将亚麻先运到伦敦，然后再由伦敦运往北美殖民地，此种亚麻称为"赏金亚麻"（bounty linen）。赏金金额不小，可以降低亚麻的价格，使得北美殖民地容易买到便宜的亚麻布，反而阻碍自身纺织业的发展。

第9章 商业革命：群星闪耀之时

奴隶贸易也促使非洲部落间的战争更为频繁，部落酋长从奴隶贸易中获取枪支，与奴隶商人站在同一线，大肆攻击、掠夺敌对部落。

18世纪70年代，俗称为贵格会（Quakers）的教友派（the Religious Society of Friends）开始批评奴隶制度。他们逐出教会内非法贩卖奴隶的成员，欧洲这才开始掀起废除奴隶制度的风气。即使如此，也一直要到18世纪90年代法国大革命的激进时期，法国才废除了奴隶制度，英国紧接着在1807年跟上。虽然取消非洲奴隶来源，奴隶制在新成立的美国中仍然持续进行，直到19世纪60年代。

糖与奴隶贸易俱属殖民经济的一部分，1650年左右，西印度群岛由亚洲引进甘蔗栽种，之后蔗糖就成为当地最重要的商品，为英、法等殖民国带来无数的财富，18世纪更是甘蔗栽种的黄金年代。以英国为例，1713—1792年间由美洲进口的1.62亿英镑的货品中几乎都是蔗糖；同一时期由印度进口英国的货品仅值1.04亿英镑，也远胜过北美殖民地的贸易。牙买加（Jamaica）是英国在西印度群岛中最大的蔗糖产地，但仍不及法属圣多明各；法属圣多明各所产的糖不仅数量多、质量佳，而且便宜，一直是欧洲与北美洲糖加工业的最爱，如酿酒和制糖等。即便是英国本土和北美殖民地的商人，也喜欢进口法属圣多明各的蔗糖以为加工的原料。这些糖运到英法加工后的成品，大部分是满足这两个帝国的内部需要，包括它们的殖民地，其余的则转销到俄国和德意志地区，北美的则转销给印第安人。

此外，西印度群岛的蔗糖垦殖业更带动了周边的经济活动，特别是种植甘蔗所需的奴隶，欧洲殖民国家从奴隶贸易中更是获利无数。奴隶价格也因为美洲的种植业需求而涨了三到四倍。这些庞大的奴隶队伍又为欧洲国家提供廉价制成品，如成衣和日用品的广大市场与商机。无怪乎，英国在西印度群岛从事蔗糖垦殖业的移民人数虽少，却是伦敦国会和政治圈中最有力的利益团体，他们不仅声音大、势力大，也是力主不惜任何代价都要捍卫殖民帝国与殖民利益的一群人。在他们强力的宣传与鼓吹下，不少英国人民开始认为西印度群岛的殖民价值远胜过北美洲，一些民众甚至认为英国宁可牺牲北美殖民地也必须保住西印度群岛。

譬如，七年战争（1756—1763年）期间，英法两国的战场更是由欧洲延伸到非、亚、美三洲。英军攻击法国在非洲的殖民地，目的是阻挠当地的奴隶运往美洲，以协助法国种植蔗糖。在强势的海军运作下，英国得以封锁法国前往加拿大的海上补给线，致使法国人的移民小区陷入物资窘困，因而无法抵挡英国人的进攻。最后，英国成功地拿下法国从密西西比河到俄亥俄河谷的大片殖民地，并拿下圣多明各以外的中美洲蔗糖产区。

在1763年签订的《巴黎和约》中，法国为了取回中美洲的蔗糖小岛，只得让出所有的加拿大领土及在印度的大部分据点，英国因此一跃成为最大的殖民帝国。

既然糖是一笔好生意，为何英国会同意放弃加勒比海的法国殖民地呢？在七年战争期间，英军也曾占领中美洲的蔗糖小岛圣多明各，并由英商接手经营，但英商发现生产过多的糖，会使英国的糖市场价格下降，利润不如预期。因此英商游说政府将圣多明各归还法国，并禁止英人与北美殖民地的人购买圣多明各的糖。

于是在英商的游说下，英政府同意用圣多明各换回加拿大，这项决定引起北美殖民地的哗然。因为对于北美殖民地而言，圣多明各远比加拿大更具经济价值，除了关键的糖外，西印度的奴隶日常所吃的腌鱼、马铃薯、粮食，所用的牲口、木材都是从北美殖民地进口的，可见北美殖民地与殖民母国英国间的利益多有冲突。

总而言之，在英法殖民竞争中，这批奴隶贩子、蔗糖垦殖业者以及从事远洋贸易的商人，就成为英国境内的好战分子。

最后，糖与奴隶贸易所带来的财富，加强了法国、英国文化的发展。例如，法国的波尔多省（Bordeaux）因再出口糖与奴隶，而有钱盖最大的歌剧院，内有大厅、楼梯间。波尔多人借此歌剧院不仅可以让人聆听优美的歌剧，更在炫耀他们的财富。另如英国的利物浦（Liverpool）与布里斯托（Bristol）的繁盛也是建立在奴隶贸易的丰厚利润上的。

尽管殖民经济为欧洲带来繁荣，但是欧洲的贸易仍以内需，即内陆贸易为主。譬如荷兰的波罗的海与大西洋的贸易线，仍然十分活跃。东欧、波罗的海的农产品中，约有80%由荷兰的船只运出去，当地的裸麦主要是运往南欧，而非殖民地。在商业革命期间，荷兰是一个最佳的资本主义案例，荷兰的农民为了要多生产而发展出多轮耕。他们根据地质、气候而生产不同的经济作物。荷兰农民还发展出经济的畜产，如奶酪。荷兰的渔民还将捕来的鱼如鲱鱼、鳕鱼等加以腌制，腌制所需的盐则来自葡萄牙。这些鱼制品是用来提供给天主教教徒食用的，因为他们每周五都必须吃鱼。此外，荷兰渔民捕获的鲸鱼，其脂肪还可以作为灯油与肥皂。荷兰的商人还大做香料、丝、水果和酒的贸易。

在商业革命的经济竞争中，不是所有的国家都成功，荷兰与法国就是明显的案例。法国的商业体系虽有早期的柯柏尔与重商主义的成功，但还是败下阵来。主要源于法国的商业体系不够有弹性，过度依赖于殖民地，殖民地的经济几乎占了法国贸易的1/3，多属再出口贸易。

法国的海权又不敌英国，以至于丧失海上贸易的特权，其远洋贸易多被英国所夺。法国的殖民地因为缺乏新血的加入而日益贫困，加上奴隶价格上涨，导致法国的殖民事业无利可图。此外，法国的海外贸易还遭遇人民的不配合，17世纪30年代以后，法国贵族积极地参与贸易事业，但是一般百姓仍以土地利益为主，此与英国相反。在英国，贵族仍以土地利益为主，但人民却以经商者为多。法国的首都巴黎，也没有发挥组织、调度、动员全国资金、技术与劳力的功能。相对的，英国的伦敦不仅为全国的贸易港口，也是全国的财务中心。

（二）经商与生产方式的改变

在16—17世纪以前，城市及其周围的地区合成一个经济单位；城市里居住的是工匠与商人，城外则是农民。城市里的工匠各有所属的行会，行会不只控制质量，还控制物价。当时的工厂厂主多为工匠师傅，他们不仅提供工作场地、生产工具，还负责原料的取得；他们所生产的多是供应当地之所需，或是订单上要求的货品，赚的钱不多、风险不大，但也欠缺创意与进步。

然而随着市场、远洋贸易的发展，这种中古型的生产方式已不敷所需。首先，货品的量化与多元化下要求的是生产地的多元化与分工化。其次，远距离外的市场与顾客的需求也不是传统的工匠所能理解的，必须要有专门的知识。再次，大量的生产需要大笔的资金与人手，这也不是传统的工匠师傅所能应付的。于是乃有新兴的专业人士出现，被称为"企业家"，企业家又分为两种，一种是工业型的，另一种则是金融型的。他们所采用的资金、生产、分配分工的生产方式，后来也应用到其他产业部门，如丝织业、矿业等，现代的资本主义形态于焉产生。不论是哪一类型，新兴企业家或资本家的活动范围往往不限于一个城镇，而是全国性的，于是通过他们的活动而将全国各地联结为一个经济体，从前以城镇或城邦为经济单位的时代就一去不返了。

（三）资本与劳力的分离

新型的生产方式也改变了雇主与工人的关系，进而引起社会关系的变动。在此之前，雇主（通常为工匠师傅）与工人（即徒弟）彼此相知，现在却互为陌路人。就工人方面而言，他们以劳力换取工资，只要去做老板交代的工作就好，对其他方面无须太多的知识。以纺织业而言，纺纱的工人并不需要知道如何取得棉纱，也无须知道如何染色、制成衣服，这是因为每个部门都有不同的工人在负责。此外，无论是靠农业或手工业劳力赚钱的雇工，有工作的时候才需要他们的劳力，没有工作时，他们不是失业，就是必须找块地来耕种，因此生活很没有保障。

另一边则是出资金的资本家。他们必须对于国内外市场的需求有相当程度的了解与评估，然后下订单购买所需的原料，规划劳力配置，并为工人提供适当的工具与设备，对于各个部门与生产地区间，还得负责协调与管理。从前的工匠师傅现在则沦为资本家的经理，也是靠薪水过日子，他们的地位仅比出劳力的雇工高一级，薪水也多一些。总之，在新兴的资本主义社会中，我们可以看到并知道会卖东西、会开发市场的人，比会制作或生产东西的人的地位要高得多。

这批有钱的资本家或企业家，由于介于昔日贵族与农民之间，遂被称为中间阶级、中产阶级或资产阶级。我们现在所谓的资产阶级"bourgeoisie"，本来是指有特许状的城市居民，他们享有某些自由，但是介于贵族与农民之间，因此后来引申为中间或中产阶级。至于新兴的工人阶级则仍归属于下层社会，或自成一"无产阶级"，亦即家无恒产者。

从资金与劳力的分离，我们已经看到17世纪资本主义的兴起。当时，甚至还可以看到现在流行的量产现象。当然这还是得拜战争所赐，战争不仅刺激金融业与纺织业的兴起，军队所需的武器、军营与军事防御设施等，由于需求量过于庞大而且急切，就刺激资本家想出一套自动化的生产方式，虽然当时没有机器，但是在周详与细致的分工下，也可以使工人发挥类似机器的功能，同时在资本家的分工设计下，欧洲也逐渐发展出区域性分工的经济形态。因此，有人一再强调17世纪的战争与资本主义间的密切关系。

（四）重商主义

1. 兴起

商业革命除了造就强调个人利益的资本主义外，也产生其他的利润观，那就是强调集体或群体的重商主义。[①]

重商主义流行于16世纪中叶到17世纪末的欧洲，采取这项政策的经济官僚认定"全球的财富与货币是固定不变的，因此一个国家的财富增加就意味另一国家的损失或牺牲"。

当一个国家拥有的重金属货币越多，表示该国越有钱。为了要获得更多的金银，就必须努力发展制造业，以便让出口多于进口，或是直接抢夺他国的财富。

---

① 根据重商主义的基本主张，为了加强群体的利润与繁荣，国家就必须以其强大的政治权威涉入经济事务。这种将个人利润或福祉提升到群体层次的现象，其实并不始于近代，早在中古的时候，不少城市或社群就强调成员间的共同利益与福祉。只是到了近代早期，正逢主权国家与王朝国家的兴起，于是当时的君主与有识之士就将中古时代的地方与城市阶层提升到国家的阶层，强调国家的集体利益以及政府的权力与干涉。

最重要的是重商主义者强调国家经济的重要性,主张以国家的力量介入经济事务以增加国家财富,"利润与权力相结合"就成了重商主义的一大特征。国家在制定任何财经政策或与财经相关的殖民等政策时,都是将"利润与权力"合并在一起考虑。基本上,这项特征在西方史中亦不陌生,中古即有之。从这个角度而言,重商主义时代的国家只是将中古时代的地方经济功能与权力收归国有,例如中古领主可以设立关卡以开征关税,行会可以固定薪资、物价与工作条件等。近代的国家只是将这些地方的经济行为提升到国家的阶层,也就是说当近代早期的国家开始厉行中央集权,立意政治统一国家的时候,同时也希望经济统一国家。一如中古的地方与地方之间常会为了经济竞争而冲突,近代的重商主义国家在制定国家利润的政策时,也会面临国家利益与人民利益的冲突,以及国与国之间利益冲突的问题。

在重商主义所主张的"国家"单位中,不只包括各国在欧洲的本土部分,还包括远在海外的殖民地,因为欧洲国家认为殖民地的存在目的就是为母国提供服务。事实上,这时正值欧洲各国建立版图疆界的时候,因此往往发生领土的争夺战,每个国家都希望能控制最大的版图,当然包括海外的殖民地。于是,战争期间"不受制于人"就成为各国必须遵守的不二法则。在此考虑下,各国政府希望尽量在自己的国家建立自给自足的经济单位,其次则是扩张经济以积累国家财富,因此他们希望能尽量扩张版图,为自己开拓市场与贸易,以赚取更多的国家财富。当然这些都是在牺牲旁人或别国的利益下达成的。总而言之,重商主义盛行的17世纪,经济竞争使既有的宗教与王朝的竞争更加恶化与复杂。

2. **基本原则**

(1) 自给自足(autarky)

国家不仅是一个政治单位,也是一个自给自足的经济单位。因此一个国家必须生产自己所需要的一切物资,以至于战时当国际贸易遭到中断时国家仍能生存。同时为了维持"自给自足"的目的,自产自销也是重要的一项原则,意即国家、人民之所需都无须仰赖外货进口,也可以减少财富的流出。为了达到"自产自销",政府采取不鼓励多消费的政策,特别是对于下层的工人等人民。为达此目的,许多国家都默许企业家的低薪与压榨工人的行为,认为只要让工人能维持生计即可,如果工资太高,反而助长了他们的消费行为,如此可能会导致国货不敷供应,而必须靠进口外货补充。

(2)金银通货主义

这项主张源于欧洲中古的货币政策以及货币的宝贵。在中古时代,所有政府的支出使用的都是金银货币,政府将金银货币藏在大型的保险柜中,要用的时候再拿出来。等到近代,虽然政府也开始采用信用、股票等非金银的货币,但仍以金银货币为主。因此,金银货币对于欧洲各国的国家财政都很重要,每个国家都致力于收藏金银货币,同时禁止输出。

金银钱币对于外贸亦很重要。在当时,外贸的交易单位就是金银钱币,没有足够金银钱币的国家就无法发展外贸。金银钱币约相当于19世纪的金本位制,因此为了发展外贸,重商主义时代的欧洲国家也有必要多储存与多进口金银钱币,一如19世纪的欧洲国家努力地赚取外汇与黄金一般。

然而,由于欧洲大陆金银产量极少,于是政府所需的金银贵重金属只能靠外来,特别是美洲等殖民地,因此海外贸易、海洋权力、殖民控制与殖民竞争就变得非常重要了。特别是荷兰、英国与法国的海外殖民地也不太出产金银金属,因此只能靠贸易取得。由于贸易与金银贵重金属关系密切,因此商人在政策制定过程发挥了相当的影响力,贸易的理论以及商业的体系就流进了财政政策,即贸易平衡的观念,这也是"重商主义"名称的由来。

(3)刺激生产,鼓励贸易

刺激生产,不仅为了达到自给自足的目的,也在增加贸易、赚取财富。生产与贸易不仅可以增加财富,还可以刺激货币的流通,货币的流通转而又刺激贸易的繁盛。更重要的,通过货币与商品的交流,国家还可以加强与友邦的政治关系。

为了鼓励生产,政府要求所有健全的人都应该加入生产行列。所有在街上游荡的穷人、懒人、游民、乞丐等都应该送进工厂工作,对于不想工作的人,政府有权强制他们进工厂工作,对于想做却没工作的人,政府亦有权强迫企业家、工厂主人接受他们、给他们一份工作。俄国政府更是将大批的农奴转入工厂工作以解决工人荒,这就造成了俄国的"工奴"。至于有病在身的病人或穷人,政府则应尽照顾之责,以减少国家财富或社会资源的浪费。当然,一个国家穷人、懒人、病人、游民、乞丐的多寡也被视为国家财富计算的负分,因此政府有责任尽量予以减少。

为了要鼓励生产,政府也开始注意到刺激工人生产意愿的政策,那就是营建一个比较安全稳定的工作环境,于是不少政府开始颁布限制工时、规范工作环境的法令。这样就开始了近代国家的社会福利政策先河。同样的,政府也规定多项生产的正确流程、质量、规格与价格以及专业训练的年限和资格等相关的法令,用以维持质量与市场秩序。就这样,昔日行会的功能现在全由政府接收与负责了。

此外,为了增强本国的竞争力,各国政府也陆续推出一些有利于本国产业发展的措施,例如限制有特殊技术的工人出国,对于泄露商业机密者予以严惩,对于进口货采取高关税措施,并取消国内关卡,对于一些大公司更给予独占性的特许状。

(4)贸易平衡

所谓"贸易平衡"①,就好像一位商人努力地使他的收入超过支出,国家也应该如此,一个国家卖给外国人的应该超过他向国外买进来的东西,特别是金银等贵重金属。在买进卖出方面,重商主义者主张尽量卖出

---

① "贸易平衡"观念早在重商主义盛行前即有,14世纪的"禁奢令"就是一例。当时的商业繁荣表现在衣服的华丽上,许多赚了钱的商人都穿着华丽,他们也尽情地打扮家人,以致原本属于贵族穿着的服饰,现在都到了平民身上。由于大多数的华服都是进口的,包括材料、布料也都是进口的,让刚刚兴起的国家组织担忧国家的财富流到别国去了,于是各国政府为了展现政府有权力控制人民的身体与服饰,以及阻止财富外流,遂纷纷颁布"禁奢令"。

（出口）制成品，而不是粮食等食物。这是出于预防天灾，以及供应人民粮食等食物的需要，因此国家应该禁止卖出粮食。

由于重商主义非常担忧国家财富会随着进口贸易而流出，因此在制造业方面，政府鼓励多生产商品以供出口赚取利润，至少也要能达到自给自足，无须靠进口满足国内需要，这是因为进口就可能导致货币或利润流失。为了鼓励生产，政府乃采取一连串的措施，从保护到津贴、奖励等政策都有。禁止外国产品入侵以及提高关税，为的就是保护国内产业，当然关税也是政府的一大收入。至于本国的产业，则提供独占权、津贴等优惠以鼓励生产与出口，至于本国所缺的原料则开放进口，有时还可以免税进口。同时，政府还相继通过"禁奢法案"以限制国民消费外国货，并鼓励人民用国货。

为了保障海外贸易活动和商船、商人与货品的安全（特别是金银等贵重金属），各国相继成立海军，不少的海军军舰采取军民两用的设计，平时提供人货的运输与服务功能，战时则立即恢复军舰功能。国家也订立"航海法"，禁止或限制外国船只运送进出本国的商品，保障本国海洋运输业的优势。同时为了让殖民母国独占殖民地生产的货物，殖民地的产物（如糖、烟草等）、矿产，只能运销母国，再由母国转销他国以赚取"母国财富"，不能任意运输，避免被别的国家从中获得利润。为了发展海洋业，政府甚至连周边的事业一并加以鼓励，如渔业（训练渔夫以应水手之需）、造船业等。

各国对于海洋贸易的重视，加速了国际贸易的繁盛。根据法国路易十四的财政首相柯柏尔的估计："所有欧洲的货品需要两万艘船来载运，其中3/4属于荷兰……法国如果想要增加或分享海洋利润的话，就必须靠减少荷兰的那一份以增加自己的一份。"这个观念完全反映重商主义的特点。

在重商主义下，由于政府的卷入，商业的繁荣与否被视为与国家的荣耀、主权相关。于是，各国政府无不尽力偏袒自己的贸易公司、强调商业竞争即国家竞争，最后演变成零和竞赛，商业竞争往往导致国与国之间的战争，17—18世纪的商业战争就是如此产生的，法王路易十四更是其中的佼佼者，在临死前，他终于承认所有的战争均肇因于他太热爱法国的荣耀了。我们知道17—18世纪也是海盗盛行的世纪，事实上这些海盗也都是在政府的资助或默许下进行的，为的是抢夺他国的财富。许多国家如英、法等，是以战略或国防的眼光来看待商业竞争的。

3. 政府之社会与教育功能的扩大

我们前面已经看到：各国政府为了扩大工人队伍，而采取立法的方式强迫一些民众加入工人阶级。除了这种立法外，许多国家也开始了救济立法，说是救济，也就是由政府出面协助需要救济的人寻找工作机会。其次，政府为了鼓励商业，也开始介入社会阶级的流程中，譬如政府将许多有功、有钱的商人分封为贵族，从此贵族不再专视血统而定，还必须视财力、君主的喜好而定。

在教育方面，政府干预的动机仍与发展商业有关。我们知道商业需要特殊、专门的知识，而且不限于一种知识，必须是多种知识的综合。因此为了要培植商业人才、手工业的专门设计与技术人才，各国政府陆续设立各型、各级的学校，如普通高中、专科学院或大学等。当时有专门训练记账、管理档案、书记等职业学校的出现。许多慈善机构也加入了教育的行列，为的是教育贫民，使其获得一技之长。各型教育的蓬勃发展，终于导致下一个世纪的启蒙运动，出现了许多的思想家，而启蒙运动之强调教育，也继承了17世纪的教育传统。

因此，每一个世纪都为下一世纪的亮丽成果种下了因，都不容忽略，而任何一种革命事实上也是长久历史发展的结果。即使是16—18世纪的连绵战争，其影响力也不容小觑，除了我们前面提过的宗教宽容、资本主义之外，即使对于国际秩序的建立，也功不可没。当大家都打累了，不想再打时，就会开始思索建立国际秩序、维持国际和平的方式。当时所想到的策略，就是维持各强国间的势力均衡，不要让某一国的实力太强，如果真的有一国的实力太强时，其他国家就联合起来反对该国，使其知难而退。对于国际纠纷，也采取各国协商的方式解决，而不是以暴止暴的方式。这种国际协商的集体安全制，到了20世纪后更进一步演变为国际联盟、联合国等组织。当然，在均势外交与集体安全制下，要想再统一欧洲，或是建立欧洲帝国，就难上加难了。我们以后会看到拿破仑如何希望统一欧洲，却遭到失败的命运。就是源于此，因为一有这种意图出现时，其他国家立刻结盟反对一强独大的统一梦想。

商业革命前后的比较

一、成员

从事商业的人员数目快速膨胀,社会背景也开始多元化,导致商业性质之改变(量变到质变)。早期商人多为行走商人、小贩等,或是走远程贸易的大商人,显示商人队伍两极化,分为大商人与小商人。而我们一般称"merchants"的其实是指资本雄厚的大商人,他们采取多元经营,除了与商业相关的事务如金融、借贷、买卖等,尚兼营制造业、农业,如矿业、采矿业、手工业、土地买卖、土地生产等。大商人几乎是全方位地经营,目的在于追求利润,凡是有利可图的行业都经营。

大商人之所以采取全方位经营的策略,其实与当时的时代背景有密切关系。当时商业顾客与市场有限,若光从商业部门积累资本、追求利润,无法成其大。在自给自足的经济体系下,商人无用武的空间,只能往上经营,服务顶级的顾客,即上层市场。因此,大商人经营的多为奢侈品。这种商业所需资本过于庞大,顾客也极为有限,因此必须从其他经济部门赚取利润、资本,以供货商业所需之资本,并赚取盈余。此外就是借插手制造业、矿业、农业等经济领域以确保货源、开拓市场。

但是17世纪商业革命的商人队伍,比起以往人数大为增加,特别是中间商人人数大幅增加,终使商人之结构日益完整。此时加入商业之人员包罗万象,各阶层、族群之人都有,除原本之行走商外,尚有农民、士兵、盗匪、工匠,更有精英阶层中的知识分子、教士(如耶稣会士、其他修士

第 9 章 商业革命：群星闪耀之时

与修道院人士）、贵族、官员等。贵族、官员之加入，多为投资、提供资本与新兴商业知识。大部分的贵族与官员因碍于规定而无法直接加入，或是亲身公开参与商业活动，而是私底下或是以委托方式为之。精英阶级的大批加入，不仅扩充商业所需的资本、资金、技术、知识，尚有助于提升商业的社会观感与地位，致使商业组织、运作更加成熟。商业从业人员的增加与多样化，不仅有助于商业活动之活络与频繁，更有助于市场的扩张。

图22　在港口交易的商人们（17世纪）

而盗匪、农民、士兵等底层人士的商人队伍多从事走私（黑市经济），满足中下阶层人士之所需，因为当时商业市场（正式的市场）尚无法扩及欧洲各角落、各阶层，只好靠走私活动来填补。此外政府税过高、关税过多，致使一般民众买不起正品（白货），只好购买黑货，遂给予走私发展的空间。不过走私活动使市场因而扩张,一些不在市场体制内、不知市场的偏远地区或边缘族群,均因走私而卷入市场。原本地域分隔的市场,有赖走私将点状的市场分布联结成面状、整体的市场。此外,当政府为了打击走私,只好降低关税或货物税等,有助于税制走向健全。

二、商业技术与知识进步

最有利于商业革命的技术与知识发展为分摊风险与利润的保险知识。一旦可以确保投资人的利益,就能吸引更多人投入资金。

中古以来,会计与簿记技术不断进步。前面我们已经提到记账用的货币单位与实际市场买卖的货币单位不同,实际的货币单位更为复杂,波动亦大,更没有标准化、市场规则可言。但近代商业革命使簿记的货币单位固定、标准化,各地区以相同的记账货币单位记账,有利于商业进行,不会受阻于地域或货币成色的限制,也更能掌握资金的流向与进展。

第10章
工业革命：人类经济社会的指数级变迁

一、什么才是工业革命？

工业革命开始于18世纪下半叶，欧洲地区生产工具与生产方式改变，如利用天然能源来推动机器生产货品。这种新兴的经济形态进一步引发人类生活、行为、思想与文化的全面改变，像是当代资本主义社会以工作表现为价值取向的道德观，就是工业化的产物，同时人们也不再认为贫穷是时运不济、上帝发怒的结果，或是应该由富人负责的罪过，而变成一种自行负责的道德问题。

工业革命虽说是"革命"，但仍是逐渐发展演变出来的，以至于我们很难找到启动工业革命的那一个定点。当我们意识到或看到一些明显的改变，而称之为"工业革命"时，这种改变事实上已经悄悄地进行很久了。其次，工业革命并未让人类的期望完全实现。最明显的例子就是机器仍无法完全取代人力，以致工业革命后仍然是人与机器一起工作，或是有些生产的流程以机器生产为主，有些则是仍保留给传统的工匠。此外工业革命虽然带来了量产，但是并未提高经济增长率与利润，至少在发生工业革命的那几年之中。这是因为工业化多需要密集的资本与投资，除了机器所费不赀，还必须花费在厂房与工人的薪资上。就经济增长率而言，现代的史家在重新检讨号称"工业革命之母"的英国经济增长率后，发现机器的量产与大量劳力的投入并未造就高增长率。在工业革命的那几年，英国不过维持2%的增长率，其他使用较多传统生产方式的欧陆国家如法国、瑞典、瑞士等国，其增长率反高于英国。

总而言之，工业革命其实是一个非常复杂的现象。首先它所带来的结果不比预期的高,甚至不比传统的要高明多少。其次,工业革命虽然花费了许多岁月方才实现人类的梦想,但是并没有立即改变人类生活的面貌,旧的东西以及旧的传统仍然保留了很长一段期间,方才逐渐淡出历史舞台。

既然工业革命意味着生产工具与生产方式的改变,就宜先行探讨这两方面的改变及其所造成的影响。

(一)生产工具的改变

工业化就是大规模的生产,包括生产流程所需要的资金、人员(如工人)、原料、机械与场地等,均以量取胜,再加上一些精密科技的辅佐,终于达到工业化所要求的机械化与量化的境界。其实早在工业革命之前,类似的状况已在家庭作坊出现,只是规模没有工业化后那么壮观与普遍。这种机械化与量化的情形,18世纪下半叶时在英国、法国、荷兰、波希米亚(捷克地区)等地出现,到了19世纪上半叶更为明显普遍。

首先,过去单打独斗型的工作方式,转而成为一群人聚在一起工作,在共同工作人数越来越多的情况下,组织与分工的情形因而出现,形成工厂制度。其次,以前必须用兽力、风力、水力才能动的工具,现在变成用蒸汽发动的机械工具,既省力又快捷,使得生产量大增。

(二)生产方式的改良

工业革命讲究量化,但并未放弃"质的追求",足见量与质应该是并行且互相配合的。

在工业化的工厂制度中,工人虽然集体工作,原料、工具(机器)也由制造商人或企业家、工厂主人供应,但是为了控制品管与生产速度和产量,这些工具和工人都做了精细、专业的规划,包括机器动线的设计,以

第10章 工业革命:人类经济社会的指数级变迁

及工人的组织与工作流程。[①]在此规划下,工人丧失了自由,反而必须严格遵守工厂的纪律与规范,以免破坏机器与工厂的运作。工厂制度强调的生产动线与工人管理,就是工业化生产方式的改变,意即经营管理的改变。

这显示要达到工业化的量产目的,光靠生产工具的改变仍是不够的,尚需配之以经营、管理、生产流程的重组与改良。事实上,我们发现许多欧陆的国家并不是靠机械化的工具或工厂而达到工业化的目的,反是比较依赖人力与机械的搭配,达到制造业量与质的突破发展,那就是所谓的管理的巧思。这也显示工业化的过程是非常复杂的,而且不是单一路线的,不同的国家可能各自发展出一套适应本土情形的工业化过程。

举个例子来说,法国的纺织业素以设计与印染彩绘著称,当机器生产被引进纺织业时,这两部分还是必须靠独具匠心的传统工匠来完成,因此为了配合纺织半成品的量产,法国行会乃积极训练更多的工匠与设计人才,并加紧专业分工与品管,企图维持高阶精品的形象。法国的纺织业就是靠这两部分与英国竞争的。尽管英国的纺织业机械化的程度较高,产量也较多,但利润就是不及法国半机械化的纺织业。这是因为英国必须花大笔的成本在机器、工厂、工人的投资上,而量产的质量也仅达普及化的程度而已,因此仅能夺得平价市场的天下,利润不高。

但法国就不一样了,他们投资在机器、厂房与劳力的成本没那么高,但精美的设计与彩绘,却使法国品牌独占高利润的精品与奢侈品市场。

一般而言,欧陆比较重传统,在传统与保守的势力下,多数人民抗拒工业化的机器或工厂制度。有的地区如比利时、奥地利等国则因缺乏煤铁等工业原料,而无法大规模工业化,因此只好改变策略,利用人的智慧来

---

① 以劳力的密集和量化为例,在美洲大部分地区,也出现大批工人集体工作生产的情形,并使用机器,但却不算工业化的生产方式,因为这些工人缺乏分工与组织的现象,工人没有纪律的概念,工厂也没有纪律的存在,只能算是一群非洲黑奴集体工作。昔日工匠或家庭手工业的工作坊中虽然有简单的机器与工人一起工作,但也不算是工业化的生产方式,因为他们的机器放置缺乏理性与高效率的动线设计,工人的纪律与组织也不够严谨。

补机器之短,即在管理、经营与品管上多做努力,以减少浪费、节省原料与人力、缩短生产流程、分工管理以收劳力自动化的功效,经过这些努力后,这些国家也能出现"量产"的趋势,甚至个人的单位生产量亦有明显提升的趋势,且质量亦不比英国的机器产品差,终于达到"工业革命"的要求与境界。

(三)经济与社会生活方式的改变

工业革命不仅意味着生产工具与方式的改变,也是人类经济与社会生活的改变。在工业革命发生前的几千年间,人类一直是靠天与地吃饭,所有的经济行为与生活都离不开天与地。所有住的、用的、穿的,都是取之于大自然、成之于巧手,最多再加上牲畜,一点水力、风力的帮忙。由于人手和能力有限,产出也有限。

然而工业革命却改变了这种生产与生活的形态,例如以前人类用力的方向多半以"上下、上下"或是"左右、左右"的推拉方式,中间难免有停顿或疙疙瘩瘩,浪费力气,也浪费材料。进入工业革命后,机械动力具有循环性,可以一气呵成,这样不仅省时省力,还可以节省资源、减少浪费。其次,工业革命所产生的工厂制度不仅改变生产的方式,更改变人类行之已久的工作方式,例如过去人类看日升日落工作,现在则是看着钟表工作,时间未到时不能任意离开工作岗位,再加上由于工人在工厂工作,领的是工厂主人的薪资,尽管工人不需看天吃饭,但得看出资的工厂主人或资本家的脸色。

更重要的是自从有了机器与工厂后,人类就可以将原料出产地与货品的制造地分开处理。于是,以前必须迁就原料产地和能源来源(如水力),现在不仅摆脱了大自然的设限,还首次掌握空间配置的主动权,可以自行规划工厂的地点,不受限于自然环境,人类的空间概念也开始有了转变。

工业革命也改变了人类财富的分配。这是由于机械远比人力要贵得多,不是一般人所能负担的,它需要密集的资本、知识(包括管理与产销知识)与空间,于是能投资于机械的必得是有头脑的金主,非一般寻常人家的梦想。而且一旦拥有机器,就等于拥有一颗金鸡蛋,从前财富分配的方式也就跟着改变了。从前"有土斯有财、有民斯有权",现在则是知识、机器、金钱成为社会、政治地位的后盾。不仅拥有机械的人(资本家)被视为有钱、有地位的人物,能操纵机器的人也沾了光而被视为高人一等,于是许多以前靠土地吃饭的人,纷纷往有机器的地方集中,当然其中有不少人是被迫更换跑道。总而言之,机器改变了历史,改变了人类的生活形态。

二、工业革命:一场被动的革命

(一)市场需求

工业革命的量产必须配之以量销,因此需要一个广大的市场。幸好15—16世纪以来,欧洲通过殖民美洲建立了一个环绕地球的世界市场,这个市场具有庞大的需求[①],刺激欧洲国家以机器达到量产。

例如早期的欧洲人靠奴隶买卖致富,积累发展商业和工业所需的资本。接着欧洲的商人、银行家又靠进口的咖啡、可可、香料、烟草、茶、瓷器、丝、糖等赚取大笔的利润,致使他们有钱可以购买土地、盖建厂房、架设机器与雇用工人。又如当欧洲资本家将垦殖的农业移往美洲后,那边的耕种人口所需的衣服等日用品就必须靠欧洲生产提供。由于需求量非常庞大,欧洲只好采用机器生产大量的廉价品供应美洲市场之所需。因此,当时英国采用机器生产并不是为了提升产品的质量,而是基于增加产品数量的考虑,这也是为什么英国的工业革命会首先发生在制造成衣的棉纺织部门。事实上,英国自16—17世纪欧洲宗教战争以来,就成为欧陆廉价纺织品的大供货商,因而积累了许多制造平价纺织品的经验,也积累了不少大量生产的经验,故工业革命首先发生在英国一点也不稀奇。

(二)人口增加

工业革命的第二项条件就是人要多,以作为劳力与市场的来源。欧

---

① 当然殖民地对于欧洲工业革命的贡献不仅是提供市场而已,以殖民地作为据点和中国、印度等地区贸易,为欧洲资本积累大笔资金,使欧洲人有转型为工业家的可能性。

洲在16—17世纪时曾经经历过一次人口革命，也就是人口爆炸的阶段，然后到了17世纪中叶以后，在人们有意识的控制下，人口增长逐渐趋缓。但是到了18世纪下半叶后，在科技发展与殖民地的扩张下，人们开始产生自信心，相信人定胜天，一定可以养活众多的人口，于是尽管有马尔萨斯（Thomas Robert Malthus，1766—1834年）《人口论》（An Essay on the Principle of Population，1798年）的警告①，但节育的观念仍不盛行，人口又开始直线上升。

1750—1850年间（约工业革命期间），欧洲人口几乎增加了一倍，从1.46亿人增加到2.88亿人，年增长率约为0.7%，比起1600—1750年间的0.2%年增长率，算是很可观的，有的地方甚至增加了3倍。当然，每个地区或国家的成长情形不一样，例如英国增加了一倍，而法国仅增加了1/3。法国的人口增长率一直平稳，但英国的增长率起伏就很大，1811—1821年间增长率甚至高达1.5%。到1900年时，欧洲人口已占全球人口的24%，到了1914年，欧洲人口则为4.5亿人以上，尚不包括移民在外的欧洲人口，这都是19世纪人口增长的成绩。19世纪时，不仅是欧洲人口急速增长，其他地区的人口也直线攀升，如中国增长了40%，将近4.75亿人；日本增长28%，约4500万人；印度更是增长了175%，约3亿人。

造成人口膨胀的原因有很多，譬如结婚年龄提早而婴儿的死亡率却日益下降、平均寿命日长、没有重大的疫疾发生等。虽然19世纪的政府受到马尔萨斯学说的影响，一再鼓励节育，并宣扬相关的知识，但整个19世纪还是出现年轻人多，依赖与贫穷人口也多的局面。这种情形有好有坏：

---

① 根据马尔萨斯的《人口论》，人口增长的速度一定快于粮食成长的速度，而且其间的差距会越来越大，因为人口是依几何级数（geometric）上升，而粮食是依等差级数（arithmetic）上升。譬如说：每25年人口就增加一倍，而粮食仅增加了一点。若以数学算式表示：第一年之粮食与人口若为2，则每经25年的增长后为4、8、16、32……；而粮食的增加结果仅为3、4、5、6……不过，马尔萨斯一如许多理性主义者相信有个自然平衡律存在，例如当人口增加到粮食无法承担时，自然就会有战争、饥饿等各式灾害发生，以减少人口、维持人口与粮食间的供需平衡。

年轻人多，活力充沛，人手也多，因此整个19世纪都显得精力旺盛。相对的，依赖与贫穷人口的问题，就成为19世纪晚期各国政府想尽办法、动员各式资源，意欲解决的头痛问题。

过去我们总认为工业革命所需的劳力，是农业革命后释放出来的劳力，但现在的史家开始利用人口学重新检讨这个问题，发现农业革命一如工业革命，同样需要人手，因此从农业释放出的劳力有限。幸好，18—19世纪的人口爆炸，不仅能满足农业部门，还能支持工业部门所需之劳力。

图23　普鲁士腓特烈大帝鼓励种植马铃薯

马铃薯耐寒、多产，能解决粮食不足问题，腓特烈大帝（Frederick the Great,1740—1786年在位）因此鼓励种植而有"马铃薯大帝"的称号。

许多史家将此时期能找到这么多劳力投入工业归功于马铃薯。马铃薯本生长于南美洲，16世纪引进欧洲，拥有丰富的维生素、矿物质等各式营养成分。17世纪时欧洲人认为其是催情物，有伤风败俗之嫌，多数国家禁止种植。然而到了18世纪，欧洲人开始认为马铃薯是营养圣品，遂鼓励大量种植。从爱尔兰到俄国都以马铃薯为主食，爱尔兰的农民甚至只种也只吃马铃薯。因为他们发现马铃薯非常容易种植，任何地方、任何天气都可以种，也不需要多费劳力去照顾它，还可以大量生产。一般来说，一英亩地所产的马铃薯，就够四口之家吃一年，其余的地还可以种植其他的经济作物，而马铃薯削下来的皮还可以喂养牲畜。由于马铃薯不需要刻意照顾，许多人手、资金就可以腾出来从事家庭手工业，而家庭手工业则导致了工业革命。

有的史家认为马铃薯是造成18—19世纪人口快速成长的原因之一。因为在大量种植马铃薯之前，欧洲的农家子弟为了等分产而必须晚结婚（亦即等着接收父母遗留下来的土地好能立业成家），现在由于马铃薯不需要很多的土地，而农家子弟又可以抽空赚钱（如从事家庭手工业），于是农家子弟开始早婚，早婚就意味早生子、多生子。

（三）工人的素质

工业革命不仅需要大量的工人，更需要素质优良的工人，亦即工业化所讲的劳力还包括识字率、技术、接受工厂纪律，以及摆脱封建束缚的意愿等。19世纪，工人的识字程度并不是很重要，因为机器并不复杂，操作亦不太难。就以教育程度、识字率最高的北欧斯堪的那维亚半岛而言，当地就没有发展出类似英国的工业革命，而其工业化的程度亦不高。不过大体上，发展出工业化的地区，识字率与文化水平都在平均之上。

工人是否能接受工厂的纪律，也是工业化能否成功的一项重要因素。譬如法国某些地区的企业经理引进英国的机器、生产技术时，却发现遭到当地工人的抵制。一方面是因为法国工人的优越感，他们一向看不起英国，因此不愿采用英国的技术与机器；另一方面是法国工人认为英国的焦炭技术不如法国的传统技术，因此拒绝使用英国的技术与机器。

其次，每个地区的工人技术亦各有所长，各有所短，因此企业家必须适应地区的条件，以引进足以补充当地所短，而发挥当地所长的生产方式。例如，巴黎、苏黎世等地的企业家逐渐发现，如果仅引进英国的纺纱或生铁，再从事织布、铸造等加工，所得的利润反而更高。又如莫斯科的棉纺织业也是引进英国的纱，然后发包给乡村的技术工人或廉价工人来从事织布以后的制成步骤。不少地区都是采取这样的策略，边做边学，从无到有，最后如莫斯科也发展出属于自己的整套工业化制造流程，成为后起

第10章 工业革命：人类经济社会的指数级变迁

之秀。有的地区则继续这种分工的情形。

（四）货币经济的畅通

发展工业化需要庞大的资金，其中包括购置厂房的资金以及支付工人的薪资，这就涉及货币的问题，因此货币流通就变成工业化的一项前提与必要条件。事实上，自4—5世纪古罗马衰亡后，中古欧洲经济就陷入长期疲软不振的困境中，其中的一项原因就是严重缺乏货币。造成欧洲货币匮乏的主因在于欧洲不产金银等贵重金属，以至于无法铸造大量货币以供市场需求。

历代欧洲各国的君主亦了解货币与商业、制造业的关系，无不努力铸造货币以刺激工商业。但在贵重金属难以取得的状况下，以及铸币知识和技术有限的状况下，倍感艰辛。到了14—15世纪，葡萄牙从非洲、西班牙从美洲地区大量进口金银矿后方才彻底解决货币问题。

无论如何，当欧洲市场的货币量激增后，商业即开始扩张，欧洲的资本亦得以快速积累与膨胀。终于有足够的货币与资金用以购买厂房、原料、机器和聘雇工人，最后导致工业革命的发展。

（五）企业经营与管理技术的改进

18世纪下半叶，欧洲出现了一些特殊的人才，称为企业家，特别是在伦敦、阿姆斯特丹与安特卫普等几个远洋贸易盛行或靠殖民贸易起家的港口都市。有些企业家在经营远洋贸易或殖民经济多年后积累了许多经营与管理的技术和知识，以致他们知道如何组织、管理大型投资事业。譬如这些企业家知道如何计算风险、分摊风险，并利用保险以降低风险；如何利用合股、发行股票、投机股票以筹措巨额的资本，以及如何利用与确保信用，最后则是分摊利润。这些企业家更是最早一批知道引用新的观念与科技到投资上，进而确保丰厚的利润的人。譬如，有些企业家利用各种知识分析各地市场的需求，进而去寻找适合的原料、机器与廉价的工人，然后将散处四方的原料、机器与工人组合起来，加以搭配与分工，等到成品完成后，他们再将制成品营销到有最佳利润的市场。

早期的时候并没有工厂，企业家将生产流程外包到乡村，雇用农民代为生产。农村工人或者自出工具，或者部分自出，部分由企业家供给。每个地方分到的生产流程也不一样，有纺纱的、织布的，也有专门负责软化布料或漂白布料的。大部分的分工视当地的状况，然后由企业家做最好的分工与安排。农民的制成品或半制成品都是按件计酬。这种家庭作坊的生产方式虽然可以大幅降低成本，还可以保护工业机密，但是仍有不少品管与浪费的情形，于是发展出工厂的生产方式，正式进入工业革命的阶段。

（六）勤奋革命

最早提出"勤奋革命"（Industrious Revolution）理论的是日本学者速水融（Hayami Akira，1929—2019年）。他认为日本在德川幕府时代经历过一场革命，只是这场革命与欧洲不同。在欧洲，制造业的资本密集导致工业革命，但是在日本，则是劳力密集使农业生产量大幅提升。速水融称日本的这种靠勤奋的劳力密集达到生产量激增的现象为"勤奋革命"。一位荷兰经济史学家狄卫斯（Jan de Vries）发现欧洲在工业革命之前（1650—1850年）也曾发生过"勤奋革命"，然后导致了工业革命。欧洲的勤奋革命原本是家庭为了求生活而采取努力工作的策略，后来则为了满足消费需要而努力勤奋工作，转而刺激工业发展，最终导致工业革命的产生。

根据狄卫斯的理论，欧洲在17世纪发生了一场消费革命，尤其是欧洲西部和英国等地。当时的经济目的在于追求舒服与快乐，包括社会地位、名声和舒适、方便与快乐的生活。一些著名的启蒙哲学家如休谟（David Hume，1711—1776年）、孟德斯鸠（Baron de Montesquieu，1689—1755年）、亚当·斯密都成为消费主义与消费经济的代言人。这些学者肯定了从前被称为"恶德"的贪婪、奢侈、浪费、忌妒、贪吃、虚荣等人性，认为它们会导致繁荣而不是脱序。除了这些人性外，他们也认为自我利益、自爱（amourpropre）也会为社会带来利益。休谟曾表示："奢侈不会损害，反而会修养行为、改善知识和增强社交能力，因此工业、知识和人性是不可分割的锁链。"

当时的家庭为了要购买糖、茶、咖啡、烟草、衣服、服饰配件、家具、画作、钟表等消费产品，于是大家努力工作，增加工作天数。[1]由于工资上涨空间不多，为了增加收入以购买消费品，家庭中的每一位成员都开始加入工作行列，并增加工作时数，减少休闲时间，以及采取到外面去赚取货币薪资的策略（因为消费品都是用货币交易的）。例如，妇女、儿童到外面去帮忙缝制衣服的纽扣、衣边，做绣花、捡棉絮等工作，男性则担任清洁工、伐木工等。消费经济改变家庭资源的重新配置，许多资源被移作消费用，赚取额外薪资的工作将大家拉向了市场，消费品的买卖更促进市场兴起，从而导致供应链的活络发展。为了生产消费品、满足大众需要，出现工厂（因为传统的行会生产方式与家庭生产方式，都无法满足如此庞大的需要），也促使工业革命的发生。

另一方面，当家庭成员不再像昔日一般一起工作（如农业社会），不同的工作导致家庭成员间开始出现异质性，意见与利益逐渐产生分歧。外出工作赚钱，经济独立，又让家庭成员产生了独立性，于是家庭组织逐渐解构。

三、农业大改良

以上所叙述有关工业革命的内容与条件，事实上都是长期发展与积累的结果，并首先发生在农业部门，然后才援引到制造业的部门。因此，我们必须再来看看农业经济的变革及其对工业革命的贡献，这也是长期被人忽略的一项议题。例如促成工业革命的研发精神、科技与管理技术的积累、资本的积累、劳力的供应、市场的扩张以及原料的供应，大部分都是先发生于农业部门，然后才转入工业部门。而且这两个革命息息相关，相互依赖、相互支持，缺一不可。虽然农业革命发生的时间约与工业革命相当，大概都是1750—1850年或1870年间，不过农业革命前的准备期远比工业革命要长，也就是农业革命需要积累较长的时间、较多的能量，方能爆

---

[1] 近代以来，由于宗教改革，许多宗教节庆休假被取消，也使得每个人的休闲时间减少，工作时数开始增加，生产量也跟着增加。

发明显的革命性突破。

（一）英国

15世纪中叶的欧洲，我们已经可以看到不少地区已经有农业扩张的现象，至少许多在14世纪荒芜的土地开始有了人烟，也开始有了蓬勃的农业生产。在佛兰德斯甚至出现密集耕种的技术，还有排水系统的改良，使得当地的牧草与牲畜大为增加，奠定该地成为羊毛主要供应区的基础。在南边的意大利也出现了不少的新作物，大部分是从亚洲引进的，例如波河（Po River）流域的米，后来又从美洲引进了马铃薯，但是两个世纪后，马铃薯方成为欧洲的主要作物。

16世纪中叶，更多地区开始出现技术改良与生产力大增的情形，不过仍以有效管理劳力、密集耕种为主。再过一个世纪，欧洲农业的进展就更加明显与普遍化了，技术的研发与市场的取向为当时主要的趋势。在这波农业改革中，英国虽不是先锋部队，却成为最耀眼的明星，17世纪时，伦敦更成为谷物的主要出口港，许多欧洲的农业家都要到英国来取经，来学习英国农夫如何耕种、养牧。在这过程中，我们看到了原始的科学精神，包括实验、观察、记录、再实验等过程，并实现早期科学家的预言："人类是通过科学，而非习俗或常识来提升人类对于环境的控制。"

中古晚期的几次大疫疾（如黑死病等）消耗了不少劳力，许多贵族为加紧将农民束缚在土地上，实行圈地，霸占一些公用土地与设施，迫使农民因依赖地主而滞留于土地上。16—17世纪物价革命时，由于羊毛市场价格良好，于是更多的地主圈地，将小佃农、小地主赶出庄园，好将整片土地拿来牧羊，以至于当时有"羊吃人"的谚语。这波圈地运动导致无数农民流离失所，各处都发生农民暴动事件，因此支持伸张王权的主张出现，企图利用王权来节制贵族圈地的自肥行动。《圈地法案》后，许多小农或受到挤压，或因无法免费使用公共设施（如木材、水源等）而沦为无产农民。他们或是往都市集中成为工业部门的后援队伍，或者就留在乡间沦为雇佣农业工人。另一方面，圈地后的地主由于土地集中、广大，于是在土地使用上可以做较有效的重新组合或管理，如辟出部分土地作为实验区，部分土地作为排水、硬件设施用，同时雇用薪资工人从事机械化耕种。农业因而逐渐与市场经济结合，土地商品化与市场化、机械化的工业部门颇有异曲同工之效。更重要的是，经过科技化的农业，大量减少对自然条件的依赖，反倒是比较受到人为经济力量的控制，亦即较受制于市场的景气循环。

1750年以后，英国许多地方都已经开始使用机械耕种，以增加粮食生产量。这个时候，英国同面积的粮食产量已是中古末期的2.5倍了。英国的"粮食革命"为该国赚取大量的财富，也积累了丰厚的资金，进而支持工业部门的研发与投资。

（二）法国

法国缺乏强而有力的议会组织，所以并未通过有利于市场经济的圈地法案，封建时代的共有制要到法国大革命发生后才摧毁。对农民来说，借由这场革命摆脱了长久以来的封建税，地主也有收获，公有土地的共有制因革命被打破，他们获得自由运用的机会。就废除封建制度而言，农民得到的仅是短期的利益，就长期而言，他们丧失了使用公有土地资源的权利。其次，在这波土地重新分配的过程中发生了一件意想不到的事，革命期间大量出售的教会土地，因有财力的贵族多流亡外国，故标到土地的买主大多是小地主，土地并未集中于大地主手中，所以法国仍未走向土地集中化，仍维持昔日小单位土地充斥的情形。法国因而无法像英国一般实行集中式的机械耕作，即使到了工业化时代，法国的乡村人口仍多于都市人口。

（三）德意志与俄国

拿破仑军队所到之处，封建制度都遭到无情的铲除，因此到19世纪50年代时，大部分的欧洲地区都看不到封建力役、农奴的情形。但是每个地区的反应不一，像普鲁士的地主，他们仅愿接受以市场规划经营农庄的原则，却不愿放弃对于农民的封建关系。同时，普鲁士地主的土地也无法达到集中化的理想，于是地主仅能努力将土地的效益发挥到最大，并尽量降低工人成本（如限制农民的迁徙）。这种做法虽然使得农业利润大增，却使德意志的工业化因缺乏劳力而起步较晚,直到19世纪80年代方开始工业化。此外,俄国的情形也差不多。欧洲最后一批废除封建之风,乃是1860年的俄国(解放农奴)。

(四)对工业革命之贡献

1. 观念的改变

工业化讲究的是"畅其流",不仅货要畅其流,劳力也要畅其流,包括地域的流动与转业(职业)的流动。这种"畅其流"的观念与传统的农业生活不太相符,传统的农业生活容易养成"安土重迁"的观念。譬如中古的庄园制度反对迁移,也不鼓励流变,甚至想出各种方式希望能将劳力与人民束缚在土地上,包括封建的人身关系、赋役与职业世袭等制度。这种"安土重迁""各有定位、各安本分"的观念非常不利于工商业的发展,以至于中古欧洲的制造业因缺乏足够的劳力而长期不振。

15—16世纪流行于欧洲各地的圈地运动,迫使农民离开世居的土地与世袭的农业,无数被迫离乡背井的农民涌进城市,加入了工商业的行列,致使以城市为活动中心的工商业因得到大批的生力军而有了突破性的发展。从此以后,人、货均得以流通,工商业因流通而得以活络。在这波流通中受益最多的就是制造部门的工业,它也是从前最缺乏人手与劳力的一个经济部门。

2. 释放劳力

农业部门长期以来都是最大的劳力市场,几乎占全部人口的80%甚至90%以上,但却也是最没效率的部门。在中古半强制的农奴制度下,许多农民因为务农的意愿低,或是缺乏经济诱因、报酬率低而致工作效率低,甚至有不少怠工的情况。在这种情形下,中古农业虽然拥有庞大的劳力队伍,却无法反映在生产量或生产技术上。当地主开始引进市场经营的观念以及经济作物后,就决定大力整顿过去使用与管理劳力的方式。首先就是强制裁减多余的劳力,被裁减的农民,或无意愿务农的农民被迫转进工商部门以寻找新机会。

工商部门人手多了以后,就可以开始分工合作,采取专业化生产、经营与管理的企业革命。例如，纺织部门人多后，就可以将生产流程分为洗纱、搓纱、纺纱等不同的步骤，并由专门的工人负责，如此一来就可以达到"组合生产""自动生产"的目的。此外，虽说工业化的目的在于以机器取代人力，但是机器终究不能完全取代人力，反而需要更多的人手去操纵机器；机器的好处仅限于增加生产、减少浪费、维持品管，却不一定能取代人力。因此，工业部门工人多也有利于机械化的发展。中古时候的制造业就因人手不足而无法发展机械化。

3. 技术与经验的积累

人类使用天然能源与机器的历史并不始于工业化以后，上古的人已知使用驴、牛等兽力耕田，用火冶铁。中古欧洲的农民因为缺乏人手更是大量地将兽力与简单的机器运用到作物的生产、食品加工以及工艺的制造上。最著名的例子就是水力与风力磨坊。许多中古的庄园主人在邻近水边的地方安装有简单机器的磨坊以供农民磨麦、酿酒、纺纱用，当然不是免费的。早年的时候，庄园主人强迫农民放弃自有的手工磨坊以使用机器磨坊，尚因此发生多起农民暴动，破坏机器磨坊也被视为反抗庄园主人权威的象征。然而到了13世纪以后，农民发现机器磨坊的确好用又有效，还可以增加生产，于是磨坊成为普遍的工具。在家庭作坊的时代，许多农家为了增加纺纱的收入，更是大量采用水力与风力磨坊，这也是欧洲人士最早普遍使用的机器之一。

欧洲的农民一直都有研发与改良工具、使用兽力与天然资源的悠久传统，为的是突破人力匮乏以及天然环境限制的困境，磨坊即为一例。即使号称引发工业革命的鼓风炉、蒸汽机等，其实也都不是工业革命才开始有的。欧洲的农民很早就开始使用这些机器，甚至有百年的历史，是为了制造先进、锋利的工具以增加生产。许多工业革命的机器不仅首先出现在农村，并在农村中经过长期改良与实验的阶段，最后才移转到工业部门，发挥更大的效益。不仅机器如此，许多工业革命早期的工程师、技师等都是出身于农村，由农业部门转战到制造业部门。

4. 科学与生产制造业之结合

科学原本是一种解决问题的新方法与新精神,强调的是实验、观察、记录以及合理的解释等步骤。这套科学的实验方法与研究精神首先发生于农业部门。当农业经济开始起飞时,许多地主为了增加生产量并追求更高的利润,引进新的作物品种、肥料和土地管理方法,在正式加入生产线前,地主们都先经过一段实验、观察、记录与研究改进的过程,然后方才正式开始上线生产。在研发与实验的过程中,许多农民、地主在碰到问题、思考如何改良生长条件时,还会用通信或面晤的方式向专家讨教。除了经常与一些专家维持长期的合作关系之外,这些农民或地主对于新品种更是热衷,到处打探新品种,也勇于引进并进行实验。

在地主或农民努力改进农业的过程中,我们看到农民尊重与重视的是专家的意见,而不是老祖母、民间传说或教士等传统知识的来源。专家的意见导致农业的专业化,并证明有效,于是这种"科学"的精神与方法后来又运用到工商业部门,使得专业知识、研究与生产紧密地结合在一起。总而言之,工业化以后所讲究的科学知识与生产和利润相结合的情形,最早还是发生在农业部门,然后才援引进工业制造部门。

5. 资金的积累

17—18世纪农业的蓬勃发展,积累了相当雄厚的资金,足以支持工商业部门的发展。事实上,不少地主、农业资本家在积累了大笔利润后,就转投资于工商制造业,况且许多工厂也都是盖在农地上的。在工业化的早期,有不少昔日的庄园主人在转业或转投资工业部门时,不仅将自己的土地与资金移为工业用途,甚至还将自己手下的大批农民投入工厂的生产行列,由农民转而为工业工人。

四、英国与工业革命

在探讨工业革命的议题中,"工业革命为何会首先发生在英国"是一个很有趣的问题。就目前所知的工业化条件中,英国均非特殊的。导致英国发生工业革命的各项条件,其他地区也有,特别是北欧,但最后工业

第 10 章 工业革命:人类经济社会的指数级变迁

革命却首先出现在英国。近来的学者不再强调导致英国工业革命的独特条件,而是强调各条件在英国的特殊组合,即各条件以不同比率所呈现的完美组合,此一完美组合最终导致工业革命首先发生在英国。

另外,不少学者也认为1750—1850年间的工业化趋势、工业化现象在欧洲大陆各地区都相继出现。甚至更早的时候,欧洲大陆就已经出现不少后来被归类为"工业革命"的现象,但这些欧洲大陆的现象是零星的、不完整的,亦即各地区的条件均不完备。然而,英国却将所有的现象、内容齐聚一堂:工业化的现象在英国完整地呈现,且以密集的方式发展。此即英国工业革命的真正意义之一。

第三,当代学者重新检视与定义工业化、工业革命时,也不再认为英国工业革命是独特的、先进的现象。近来学者认为,工业化是一种渐进式的发展,达成工业、制造业突破性发展的历程也不一而定,工业化的效果与成果更是不一而足。也就是说,近代史家对工业革命采取较宽广、多样的解释与标准。

根据以上的说法,若以工业化、工业革命为制造业的突破性发展,则各地有之,且以渐进的方式向前进行。若将工业化定义为"大量生产、合理化生产、集中化生产、专业化生产"时,各地亦有之,不限于英国一地。此外,要达成上述目的的工业化途径不只限于机械化生产,也可以通过经营模式的跃进以达到目的,法国即为一例。

在法国的模式下,合理化切割生产流程予以专业生产,加强工匠训练以增加技术工人。当时法国的作坊或工匠工作室动辄数百人,甚至近千人,劳资纠纷、生产关系均已开展。此种模式表示:传统工匠的生产方式,若经内部重整,也可以达到工业化的目的,无须仰赖外力刺激。

无论如何,导致英国工业化亮丽、独特表现的因素有很多。有经济方面的、物质方面的,如天然环境、硬设备(交通等)、市场、资金、生产技术、生产工具、劳力、城市化等;也有结构性的因素,如文化、社会结构、价值观(如好利)、政治(如宪政体制、国会制度、贵族制度)、司法等各项因素。这些导致工业化的因素,并不是在英国的条件最好,而是

各条件在英国搭配得最好,以最佳、最适当的比例组合在一起。现分别叙述如下:

(一)资金

英国的资金不比荷兰、法国等欧陆国家雄厚。英国农业也不是最发达的,因此为发展工业积累的资金有限,亦即英国农业支持工业的能力有限。另外,协助工业资金筹措与调配的机制在英国也不是最好的:英国的股市不及荷兰发达,英国的银行系统也极为有限。英国的国家银行照顾的是上层阶级的利益。民间银行多为小银行,1720年的《泡沫法案》对银行所有权与规模均有诸多的限制。因此,银行在集中民间游资、组织资金、调度资金方面,实不及瑞典与荷兰。但是当所有的条件组合在一起时,就发挥了极大的效率与功能。

英国银行规模虽小,但数量多、分布广,尤其是乡村郡级的地方银行,能让资金由点而面地集中,且这种集中方式最为彻底与快捷,终能让民间的游资迅速流通,并流往制造业部门。此种地方小银行的分布,尤其有助于将农村的资金汇集后,迅速送往都市,以供企业界、制造业使用。也就是英国银行虽小,却能迅速、有效地汇集农业剩余资金以及民间游资,然后迅速地运往都市,援助工商业发展。这种有效率与组织的能力非欧陆银行所能比拟。

英国的股市虽一如欧陆国家,投机成分高于投资,不利于生产与投资发展。但是英国政府出面立法,规范股市的投机现象,并以强大的公权力(政府的力量)来维持股市的运作与秩序。此外,政府更以其强大的信誉和行政资源作为股市的担保(如《泡沫法案》的产生)。因此,英国股市对于资金的筹措、动员与组织,能发挥较大的功能,远非欧陆国家所能比拟的。

以调度、筹措工业资金的两大机制——股市与银行而论,分开来看,英国均非最佳,但合起来却能发挥相当的威力。其中的关键即在政府与民众的态度和观念，这实是政府与民间相互合作的结果。①

此外，英国大抽奢侈品税，亦即抽富人的剩余资金，有助于资金的积累，再以此资金贷款给生产家，故税制也有利于工商业的发展。

（二）原料、劳力、工具、接口设备

英国拥有良好的地理优势（水运发达）与天然资源（煤、铁、羊毛），并能与科技（交通）相结合。

在劳力方面，除了圈地运动后造成农业释放出劳力以支持工业外，英国实行长子继承制，长子以外不能继承家业，转而从事其他行业，为工商业界提供了素质优良的劳力、经理和企业人才。

在工具方面，农业部门积累了许多改良工具的经验，以至于出现省力、精准的机械工具。

另外，欧陆的战争多，以至于生产订单都跑到英国。英国在接了大批的欧洲以及殖民地的订单后，为了因应产品的庞大需求量，故改变生产方式，亦即市场刺激工具与技术的改变。

（三）交通

一般而言，英国河流适合建立有效的运河交通网。公路方面，比起欧陆国家的交通，英国的公路质量较为齐一，密度高，使用率亦高，维修与质量都较佳。道路交通的畅通实与英国的"国会、贵族制度"有一定程度的关联。

英国国会以全国、公共（public）为名，以主权、最高权威的力量要求全国人民遵从，远比欧洲绝对主义（absolutism）②下的君主制度要有效得多。在欧陆的绝对主义之下，不少人民质疑国王权威性、合法性，而不

---

① 英国的政府与民间合作的历史很久远，不始于国会政治的建立。早在伊丽莎白一世（Elizabeth I，1558—1603年在位）的时代，双方就展开分工合作的传统：地方绅士分担很多公共责任、公共建设与公共事务，诸如修路、济贫、维持地方秩序等。民间不完全依赖于政府，因此能收到较多的人力与智慧。

② 此处用"绝对主义"，不能用"专制"，因为绝对主义与专制不同。绝对的君主并非专制的君主，因为还受到很多法律与民意的限制。专制君主则无须守法，完全以其意愿治国。

予遵行，甚至挑战权威。

此外英国国会议员多为贵族，包括乡村绅士，经常得往来住家选区与伦敦间，因此体认到道路交通的重要性。他们利用国会立法权通过各式道路修建、扩建与维修法案，以及相关的征税法案。乡村绅士即以此些法案为护身符，要求乡民分工负责。①

乡村绅士以公共法案为由，要求乡民修筑或维修道路，而使用这些道路的主要人物却是绅士和贵族。由于修路费用过高，工作过重，于是英国国会又通过《私人修路收费法案》。根据此一法案，商人或一般人士都可以承包某些道路，或是某段道路的维修工程。然后将其承包负责之路段予以收费，建立栅道收费，称为收费公路（turnpike）。承包商再以金钱雇工修路，因此工人修路、筑路之意愿高，且效率亦高。由是，英国之道路、公路质量最佳，速度快且便捷。

接着，这些道路吸引许多平民、市民、农民，他们均乐于使用公路，包括运送粮食和货物以及旅游等。许多经济、市场、货物集中地都成为交通中心，全国交通网于焉完成。由于道路密集，使用率高，遂对于全国经济、社会之贡献亦颇大。

总而言之，英国道路、公路均有助于全国经济体之发展、社会之凝聚，以及共识（民意）之交流、文化之流通。例如伦敦之时尚，可以在极短的时间内传播到全国各地，散播、传播速度远比欧陆国家快速许多。交通日益平民化后，全国之认同与共识均能迅速抟聚，以至于英国也是最早开始出现定期交通的国家：定期客运、两地通勤族，从而改变英国人民的时间观与工作生活习惯，包括时间管理、分配与工作表。英国人时间之使用日益有效，工作效率随之提高，这种有效的时间管理，对于工业化的发展极为有利。交通便捷后，许多周边商机、工作机会开始繁荣，如马车、马车夫、照顾马匹、路上保全人员、旅馆等。无怪乎英国之政治、经济、社会发展均超前欧陆，以至于英国能由一边缘国家

---

① 在英国修桥补路是乡村的重要任务之一，由绅士治安官（justice of peace）负责。

一跃而为近代核心。①

（四）社会流动性大

英国社会比起欧陆国家要多元些，社会流动性大，阶级界线也不那么严明。此由宗教即可窥知：英国各教派都存在，即便是单一的教派，如清教徒，派系也多，显示社会多元化，以至于精力充沛、创意强，有利于市场、知识与技术的交流。英国与法国不同的地方即在于：英国在宗教纷扰之后，并没有将不同的教派人士完全驱赶出境，除非是自行外移的，故容易形成多元社会。

（五）文化价值观

1. 不轻商

英国早期在宗教影响下不重商，但亦不轻商，给予商人与商业价值、商业伦理有较大的发展空间。此外，英国商人也非常自重，强调尊严与回馈，以荣誉、勤奋、诚实、参与公共事务和慈善事业等行为规范赢得社会地位与尊重。英国商人很早就知道回馈社会也有利于市场与生意之发展。譬如，当商人照顾弱势团体、进行道路修筑等公共事业时，不仅赢得社会尊重，还会有利于自己事业的发展。英国商人也支持《济贫法》（Poor Law），他们将私利与公利结合，不会只顾及自己的利益。

2. 重利

英国的民族性喜好逐利，以致赌风鼎盛。各式的博弈行为，如斗鸡、赛马等（更不用说炒作股票）都很盛行。英国人为了赢得赌赛而进行牲畜（鸡、马等）、植物的基因改良，遂致科学知识普及化。国内流行实验、

---

① 以英国路况而言，平均一英里之路程需要一匹马。伦敦到曼彻斯特（Manchester）共185英里（约300千米），需要185匹马。一辆车约由6匹马拉，因此每6—12英里（约10—20千米）就必须换马。由伦敦到曼彻斯特间设有17个驿站以供换马用，每隔几个驿站，不只要换马，还要换马车夫。随着时间的推移，驿站的设备日益复杂、庞大，有备马、养马、服侍马匹的人，有保镖，还有警卫等，还有替换的马车夫和信差，更有提供住宿餐饮的人员与生活必需品。一个驿站即可创造广大的商机与就业机会，并带动地方经济。

研究、观察等技术性的研发,甚至不在意错误的假设。后来英国商人、企业家、工厂主人即将此种精神、经验运用到生产工具与技术的改良和研发上。英国盛行研发的风气不只在上层社会,一般小民也喜好研发,希望能借机赚钱。此外,英国的科学路径与旨趣与欧洲大陆国家亦有所不同:英国强调经验科学,欧陆如法国则偏好动脑的理论、抽象、演绎科学。事实上,英国科学研究自培根(Francis Bacon,1561—1626年)、洛克(John Locke,1632—1704年)以来均强调观察、实验、假设与验证等项目,因此应用科学在英国非常发达,有利于工业的研发和产学合作。

图24 伦敦的斗鸡场

(六)法制

英国很早就有完备的商业法,如财产法、专利法、银行法、公司法,并以行政力量予以维持和执行,因而有利于商业的进行。欧洲大陆虽有不少相关的商业规则,但并未经人民的立法程序,而是以君主的行政命令制定与规范,以至于在正统性、法律效力上略逊一筹。当法律的正当性不足时,许多大商人就可堂而皇之地拒绝遵行,以至于许多商业游戏规则必须靠走后门进行。这进而导致市场秩序、商业伦理难以维持，更致交易成本增加，不利于商业、工业的发展。

英国的财产权法最早将适用对象扩及不动产、动产、智能以及技术层面，几乎所有赖以生产、有利生产的工具与技术都被予以保障，因此成为增加努力生产、提升生产力的诱因。不仅公司、团体、个人都致力于创造发明，更有大企业以庞大的财力、资源投入赞助行列。英国的智慧财产与专利保护法，最大的功效不在于发明本身，而是在于赞助与组织创意和永续经营发明事业。

公司法将所有权与经营权分离。在所有权方面，股票、资金由政府协助验明、保障与制度化，有助于鼓励集资。经营权的分离，能够避免股东的干扰，得以放心、专业、合理地经营公司。此外，公司法也保障了有限责任，以至于股东与股民的利益均有所保障。

（七）城市化

英国的伦敦在工业发展，资金筹措、调度与分配，信息的接收与输出，市场之带动方面都有很大的贡献。这是伦敦与巴黎非常不同的地方：伦敦的经济效益与功能远胜过巴黎。巴黎集中了地方贵族、奢侈品市场，但是这些资金、技术、货品集中巴黎后就不再回馈地方，全部存留在中央，只因为贵族滞留中央，并用其智力、财力经营政治、文化。加上法国幅员较英国辽阔，交通便捷度不及英国，因此巴黎在经济上的火车头作用、流畅度都不及伦敦。

英国地方的资金、人力、货品、技术都汇往伦敦集中，一如法国的巴黎。但是，英国的资金等项目会再回流到地方，促进并带动地方的经济发展。这是通过议会选举、银行网络、市场等渠道进行的，以至于伦敦的进步能带动全国的进步。伦敦更成为所有的信息、技术、资金、发明、人才的储存库，且开放给所有的有意人士，进而减少交易成本。总之，伦敦的经济功能远大于巴黎，终能成为工业革命的故乡。

五、机器生产方式的兴起

（一）机器生产

机器生产的目的在于借着改良的科技以降低产品的单位花费。这个动机并不始于近现代的人类梦想，历代的工商业者均朝这个方向努力，只是近代的我们将这个希望放在机器身上。不过，即便在18—19世纪，欧洲人虽然已经知道机器可以达到降低单位成本的目的，但是机器的使用在当时仍不普遍，使用机器的行业并不多，还多属于一些传统的行业，如纺织、制鞋、伐木、砖石等建筑材料，以及煤铁等冶矿业方面，18—19世纪的机器并没有创造或生产出什么新产品。足以见这两个世纪机器的使用以及工业革命的目的，仅是在解决或突破传统产业的困境，特别是在降低成本、增加生产以满足日益膨胀的市场订单。

工业革命、机器使用乃是人类穷则变、变则通的一个案例，最明显的例子就是首先使用机器生产的乃是纺织品中的内衣裤。即使在使用机器生产后，欧洲内衣裤的制造业无论在式样、材质或生产方式上都没有发生任何改变，唯一的改变就是内衣裤的价格大幅下降。昔日内衣裤的材质不是亚麻就是棉，工业革命时代仍没有摆脱这两种材质，只是以前用手工采收、去籽、清洁、纺纱，然后再织成布，后来则是用机器去籽、清洁、纺纱，再用机器织布机织成布。在工厂中使用机器处理、生产的内衣裤，一次可以大量出货，因此很容易就找到经销商或零售商。

在昔日的手工制造的时代，产量不仅少且不固定，以至于经销商很难从事营销企划，必须到处去找货，而且如果接多了订单要担心不能如期交货，如果接少了订单，不仅成品的价格上扬且不敷营销的成本。而经机器制造的内衣裤，不仅价格低（一件机器生产的内衣裤价格约为手工制的1/4—1/5），一次的出货量还很大，这样一来经销商得以一次批足货品，能确切地掌握数量并压低价格，也就容易脱手，或是找到愿意帮他卖货的零售商。通过零售商，经销商就可以迅速建立起广大的市场网络，也可以很快地侵入昔日手工制品无法到达的偏远市场，进而建立一个机器内衣裤的市场王国。机器生产的内衣裤因为容易产销、价格低廉，许多昔日因无钱或无货而不穿内衣裤的欧洲人士都开始穿起内衣裤了,这又转而刺激内衣裤的机器生产,于是生产内衣裤的工厂一家接一家地出现。

总而言之,机器加入生产行列主要是解决传统产业的问题,因此使用机器的多是传统产业。这些传统产业的企业家逐步地以机器取代手工或人力,有的产业采用机器的生产流程较多,有的则仅有人力不足的流程方交给机器去做,有的生产部门则是人与机器搭配合作。大约要再过50年以后,机器才开始生产新的东西。

(二)工厂制度的兴起

工厂制度也是机器被引进工业生产后出现的特殊制度。在18世纪以前,很少有一位企业家一次雇用数百位以上的工人,一起在固定的空间内工作,然后还一次发出数百张的薪资单。在此之前,包括以往的家庭手工业时代,虽也有数十名甚至成百名的工人一起工作,但是绝大部分却是分散在自家内工作,工作的时间分配、方式、顺序都由工人自己做主,在这过程中并无人监督或管理,最后的成品则是专人、专点收集,然后再卖到其他地方去。在这种分布式的生产流程中,原料由企业家负责寻找、采购,风险与利润亦均由企业家一人承担,工人只负责拿到部分成品(他自己负责的那部分)的薪资。

在工厂制度下,企业家或一群出资的资本家负责将所有的原料、机器、工人全部聚在一起,在共同监视与管理下工作。这些工人不仅在工作时接受严格的纪律与训练,工作的形式与动作反复固定,他们的薪资计算也是依照固定、单一的衡量标准。这种工厂的工作模式颇似军队的生活,讲究团体合作、严格且单一的纪律与训练。一如军队管理,在工厂中,工人没有个人,也不再有任何主动权,他必须放弃自我的个性、过去的背景与技术,而完全听任上面(工厂主人、企业经理)的意见,包括工作环境、工作酬劳与工作方式,工人都没有发言的余地。工人不仅不知道原料的来源,甚至不知道他所生产的成品长什么样,也不知道将销售到何处去,这些问题也都没有工人参与的份儿。在工厂制度下,工人只负责做分配给他的那部分工作,其余的都与他无关,也都完全由雇主决定。雇主、资本家、企业家方是工厂的主人。

工厂制度的工作方式方才是工业化中革命、创新的部分。这种与过去人类工作习惯大相径庭的方式在刚引进时，的确遭到了不少的抗争与反弹，经过了很长一段时间，人们才比较适应。

（三）劳力的量化与童工、女工问题

工业革命后，机器不仅不能取代人力，反而需要更密集的劳力。在密集劳力方面，还有一点值得注意，就是女工与童工投入工业生产行列。事实上，自古以来，妇女与儿童就没有闲着，也一直参与生产的流程，不过多是以辅助性质出场，例如农忙的时候，妇女与儿童必须下田帮忙收割。在农业社会中，放牧通常都是儿童的工作，不过这只是轻活，也不是整个劳力市场的主力。但是等到工业化以后，由于需要的工人量过于庞大，男性工人不敷使用，于是妇女与儿童在劳力市场中所占的比例就有蹿升的现象。

早期女工与童工进驻工厂的另一项主要原因在：在工业化的早期，由于男性工人尚未习惯工厂纪律，很难管理，故而不少工厂主人喜欢雇用较听话、温驯、工资低的女工与童工。然而，大量的女工、童工入驻工厂却也相对地夺去男性工人的就业机会或降低男性工人的市场价格，以至于引起男性工人的强烈不满。因此，当妇女与儿童由幕后走向台前，不再只扮演后勤或辅助性的角色，而是必须与男性工人一同争夺工作机会，并同受市场供需率之左右时，童工、女工的问题就开始产生了。于是男性工人强烈要求妇女与儿童退出工厂，开始出现包括无人理家等各种理由，最后更是以立法方式，通过了限制女工与童工的法案。

（四）机器与技术

说到工业革命中机器发明的原创性问题，一般都归功于英国，实际上则很难断定首功之人或国家。因为在18世纪末期，各国都流行互相"借"或"模仿"他人的生产技术或成功之机密。说是"借"，还不如说是工业间谍，因此各国、各制造家对于技术机密也极尽保护之责，国家也制定法律禁止某些"机密"的外泄。当时，英国就从欧洲大陆"借"了不少工业机密，包括新发明的某些机器，然后再加以改良，等到工业革命后，英国

又成为欧洲工业间谍群集之所。

当时各国防止工业机密外流的方法包括：禁止某些技术的工匠移民外国或是某些未取得执照的工具或机器运出国外等。但是这些法令都很难执行。工业间谍所采用的方法防不胜防，有的甚至假装顾客。有的则是英国人本身，例如投资者在德国、俄国等地区投资建厂，于是整批的技术得以转移。有的则是因为战争沦为战俘，而将工业机密外泄，例如在几次与欧陆的战争中，不少英国人沦为战俘，他们在当地定居，并以新技术维生，英国的纺织机密因而得以输入法国。

然而技术的转移或"援引"并不意味着欧陆国家全盘接收英国制的机器或技术。譬如不少的工业间谍，准备将英国的机器与技术全盘引用到自己的家乡时，就会发现一些问题。因为英国的机器是为解决当地的问题而发展出来的，或是为了适应本土所产的原料而成的。于是，当欧陆的间谍带着英国的模型或设计图回家时，却发现必须经过"创意的适应期"，方能在当地使用。因为依照英国模式制造出来的东西，可能不合当地人的需求、气候、社会习俗，以至于窒碍难行。又如英国的焦炭炼铁业的机器，当初设计时使用英国当地所产的煤与铁，然而欧陆所产的煤或铁无论在性质或质量上，可能都与英国的煤、铁有别，于是英国机器就必须加以改良，以适应当地所产。因此，我们虽然在欧陆和英国看到长得一模一样，或非常相似的机器，或者使用类似的管理与流程，其实中间却已发生诸多细微的改变，并非原物了。

六、工业革命真的成功了吗？

就像现在，不是所有的国家都能发展出先进的科技，18—19世纪时也不是所有的国家都会发生工业革命，在各国工业化的过程中，有的成功了，有的则没落后失败了。决定工业革命成败的条件包括：

（一）经济诱因与接受工业化之意愿

机器、工厂制度、量产等都是新鲜的事物，如果当时的人仍然坚持传统的生活与生产方式，没有意愿或动机接受工业产物，也就没有人愿意继续研发机器,机器生产出来的东西卖不出去,没有人愿意到工厂做工,工业革命就无法发生,也不能维持下去。

当各国政府眼见工业化可以增强国力、改善人民生活时,都相继引进工业化,但是有的国家如法国、比利时、普鲁士成功了,有的国家如奥地利、俄国等国却无法成功转型为工业化、现代化的国家,就是因为人民的接受意愿低,仍然坚持传统的生产方式,排斥机器与工厂制度。像位于今日捷克境内的波希米亚,也是工业革命期间的佼佼者,但后来却败阵下来,就是因为政府与人民的意愿不高,不愿持续支持工业化。

因此,"意愿"是工业发展中一项很重要的因素,然而意愿也可以分为被动与主动两种。被动的,或是因为情势需要,或是为解决问题,或是为经济压力等动机而只好接受或尝试新的事物。一般而言,工业革命或工业化多发展于经济体系不完整的地区,一个经济不能自给自足的地区,譬如说英国、比利时等必须要赚钱购买粮食、原料或其他货品,或者因为当地的资源太过于偏颇,必须以当地产物向外换取所需产物。于是基于需要,只好努力生产某些产品以换取需要的物品。其次,由于"需要",英国只好尽力改善原本的生产工具与方式如家庭手工业等,以求赚取足够的利润满足己身之所需。最后,为了满足广大的殖民市场之所需,英国也必须努力生产、增加产量,否则他们的海外市场就会被人抢走。总而言之,环境的需要与驱策就构成英国发展工业化的动力。

如果该地区原本就是一个完整的、自给自足的经济单位,反倒不容易发展出工业革命,因为当地人并不需要接受新事物的刺激,如德意志南部的巴伐利亚(Bavaria)就是一个有名的案例。巴伐利亚一直是欧洲著名的经济富庶区,农业与手工业都很发达,也都平衡发展,当地之所需,当地皆有所产,均无须外求。因此当工业革命降临时,该地的人民不认为有引进机器量产的必要,因为他们生产的不仅足以供给当地所需,还可以赚取邻近地区的钱,这些钱也足够维持舒适的生活,于是在满足之余也就不求"进步",最后在工业化洪流中败下阵来。

（二）资金

由于现代工业多是资本密集的产业，因此资本在工业化中占有重要的地位。苏黎世与佛兰德斯的工业家所以能成功，得益于两地离瑞士银行系统很近，资金容易筹集。至于波希米亚与俄国的工业家，一直为资金所苦，故发展不易。

然而资金也不是唯一决定成败的因素，有不少地区在资金不足、惨淡经营的情况下，仍能利用策略积累资金，而发展出工业化的结果。煤铁业固然需要庞大资金，然纺织等行业却不需要庞大的资金，而且早期工业化国家所使用的机器，看起来与旧日的家庭作坊所使用的简单机器亦差距不大，所需要的厂房也不是很大。因此不少地区在传统家庭作坊的基础上逐渐改进，随时以积累的资本购买新机器，即逐步机械化。有的则以银行贷款解决短期所需，而以所赚取的利润积累起来做长期的投资，或者向私人如亲朋好友、乡亲父老等筹集资金，以应机械化之所需。因此在没有健全、庞大的银行团的地区如佛兰德斯、诺曼底等地区，也发展出耀眼的工业化成绩。

（三）政府参与的利与弊

但凡做一件大事都有背后的诱因。以投资工业而言，市场需要产生的利润就是一个诱因。除了利还有名，自17世纪科学革命后，各国政府相继成立学院，提供科学研发的环境，对于有重大发明或贡献的人，还颁予爵位勋章以晋升贵族。各国政府对于有重大发明者，还予以专利权的保障。譬如1775年瓦特发明蒸汽机，其实是改良过去的技术与类似的机器而成，不管怎样，他得到了专利权。一直到1800年专利终止后，其他的人才能将蒸汽机运用到其他机器方面，于是才有火车的发明。而史蒂芬森（George Stephenson，1781—1848年）就因为火车的专利而致富，并得以钱生钱。

不过，每个政府在工业化过程中所扮演的角色不尽相同。一般而言，英国的工业化是由民间主动，政府扮演类似"警察"的角色，如规范私人企业、确保货币、维持秩序、制定法律、保卫市场等，但不会干预过多社会与经济事务。①

至于欧陆国家，则政府往往扮演积极、鞭策的角色。欧陆政府虽不像英国政府以立法方式鼓励工业化，但却乐于投资在硬件设施如铁路、运河、技术教育等方面。

法国就是一个明显的例子。法国大革命后的新政府，无论是激进的还是保守的，都以强大的公权力介入，取消有害企业发展的封建制度，致使法国进入资本主义阶段。法国大革命所实行的一些政策也颇有利于企业发展，如公制、自由化国内贸易、废除行会、改革税政、统一度量衡制度。然而另一方面，大革命的农业改革却不利于工业化发展，大革命取消封建领主制，将土地分给农民，以至于土地分散，不适宜发展大规模的机械化耕种，资本就无法积累。不少史家认为就工业化发展而言，法国大革命仅是一半的革命，并未将土地上的劳力释放出来支持工业部门，而且是"财产重于利润""储蓄重于投资"，故对于工业化的帮助有限。

拿破仑战争的大陆政策，原本欲将英国屏除于欧陆市场之外，好使法国得以独占欧陆市场，借以弥补海外市场的丧失。这段时期也使法国的工业发展得以放松，而开始实验、发展新的科技与工业化。法国的纺织业亦在此时大幅机械化，例如棉纺纱工厂由1789年的6家增加到1815年的272家，但是随着拿破仑帝国衰亡而逐渐回归到原有水平，仅有法国东部与北部保留工业化的成绩。法国工业化的败阵，主要是源于战争耗费太多，以至于伤及工业化所需之资金，其次则是工人与原料的缺乏、市场的沦丧（由于走私及其他国家或地区民族工业的兴起）。

虽然法国已不再是大西洋海权国，但在欧陆上它仍与比利时、普鲁士并驾齐驱，1830年时法国仍是主要的贸易国与生产国。

很多史家也喜欢将法国工业化的模式与英国相比较。不少史家认为：法国的工业革命是没有"革命"的工业化，主要指法国的工业化是在其

---

① 不过，越来越多的研究显示，英国商人是在政府帮他们稳定国际市场地位后，才要求"自由贸易"，至少英国政府为该国工业家营造了一个适合发展企业的环境。

第10章 工业革命：人类经济社会的指数级变迁

传统体系与价值中逐渐发展出来的，因此减少了不少社会成本与牺牲，而且法国的工业工人并没有完全取代传统的农民与工匠，法国仍然维持了完整的社会结构，而英国的工业革命则是在农民的血泪中建立起来的（如圈地运动）。还有就是两国工业发展的程序也不尽相同，英国的铁路是工业化、市场化的结果，而法国的铁路却是在国家市场单位形成前引进的，铁路为法国创造市场，并带动工业化。

拿破仑战争对于欧陆的工业化极有助力，拿破仑军队所到之地，也掀起一股工业化之风。首先，法国军队驱逐了传统的贵族等统治阶级与封建制度，为该地的工业化铺陈良好的道路。接着，法国市场的开放，使得许多地区为抢攻该市场而致力于引进新技术、新机器以增加生产，许多地区如萨克森为抢占法国的煤铁市场，而引进煤矿业的工业化，最重要的是法国军队带来的民族主义与民族竞争，刺激了当地的人民为求富、求强而加速工业化的脚步。

当然，法国大革命也为某些地区带来负面的影响。一些东欧的国家如俄国、奥地利因对法国大革命、拿破仑战争的反感而迁怒于"启蒙""工业化"等新事物，转而日趋保守，如俄国则加强不利于工业化的农奴制度，奥地利亦转而支持保守的土地贵族利益。中欧、东欧大概只有普鲁士从失败中学到了教训，在被法国军队打败后，普鲁士进行政治、军事与经济的改革，经济方面就是积极工业化以积累国力。例如，1807年，普鲁士解放农奴，希望能为工业界增加更多的劳力。然而由于当时没有太多的工厂容纳释出的农业工人，于是大部分的农村人口转而依附大地主，这就发展出所谓的"普鲁士式"工业化，意即农业机械化、市场化。19世纪20年代在易北河以东的地区，遂出现许多大规模的商业化农场，由大地主经营，并雇用许多半奴隶的工人。

政府在工业化过程中，虽有重大贡献，但也有负面的影响，例如对于投资者过于优厚，以至于工厂浪费、不求进步，终至破产。又如以独占权等保护主义的方式确保国内工业优势，亦会使其在全球工业界逐渐丧失竞争力。而官僚化也随政府参与影响工业界，时有安插亲信等情形发生，造成公司、工厂无谓的负担,俄国乌拉山地区的铁与铜矿业,就是政府安插过多亲信的典型案例,使该地区的矿业技术与利润迟迟无法提升。政府的政治或军事考虑,也是使工业资源分配错误的重要因素之一,例如18世纪80年代法国的焦煤业、1800年普鲁士的甜菜种植业,均因政府干涉过度、操之过急而失败。

但是,政府的参与亦有产生正面效果的时候,假设企业家因循守旧,不愿改革或接受新事物时,政府可以行政力量强迫或驱策工业界前行。这在经济落后国家如俄国,尤其重要。

又像是普鲁士的钢铁业,便是在政府的强大资金、强制手段下完成工业化的。1830年左右,普鲁士政府宣布给予欲出国学习机械的工匠以国家补助,并在国内广设基础与科技教育机构。它还利用政府的外交权力对外交涉关税同盟(Zollverein),有助于扩大该国商人的对外贸易。因此普鲁士的模式与法国、英国各有不同,在普鲁士的例子中,政府对于工业化的提升与发展,均扮演极重要的角色。

七、工业革命之影响

(一)家庭经济功能的改变

在工业革命之前,家庭既是消费单位,也是生产单位,尤其在家庭作坊时期,家庭往往也是生产制作的场所,一个人来人往,没有什么隐私权的场所。但自工业革命后,生产、制造退出家庭,转到工厂,于是家庭不再是生产单位,而变成纯属个人的活动场所,家庭的经济功能也由生产转为消费与娱乐的功能,因此家庭的角色开始发生改变。我们可以分别从中产阶级与工人阶级两方面来看近代家庭的转型。

就中产阶级的家庭而言,自生产与家庭分离后,孩子与妻子既不再是生产力的来源,又非工作的伙伴。又由于他们的所得足以维持一般的生活,因此他们视家庭为精神天堂、堡垒,也就是工作后的避难所,于是他们希望妻儿能满足精神上的情感需要,包括情感上的道义责任。当时的绘画作品也的确反映出这种趋势,在许多画作中可以观察到中产阶级的家庭主妇或较长的女儿，穿着得体在客厅或起居室的一角弹琴、阅读。我们也可以从当时的小说中，看到中产阶级的父亲如何重视孩子的教育与亲子关系，以及妻子如何安抚、取悦丈夫。当家庭变成纯个人的生活天地，而非公共的生产地后，中产阶级开始重视家庭的装潢与摆设，希望能将家庭布置得更舒服、温馨，这又连带地刺激装饰业的兴起，如通俗绘画、壁纸、家具与地毯等行业。

相对而言，工人阶级的家庭生活就没有这么安逸，他们必须非常努力地工作，才能维持家计。一般而言，工人家庭中的成员都必须外出工作，方能维持一家的温饱，面临极大的经济压力。同时，工人家庭也易受失业与工业伤残等意外的影响。因此，许多工人家庭仍保留经济功能，但却非昔日的生产中心地位，也不再是生产的场所，反而成为小型服务业的场所，如洗衣、托儿所等。

图25　雷诺阿的《弹钢琴的少女》
展现当时中产阶级美好的家庭生活。

（二）妇女地位的沦落

从某种角度而言，妇女是工业革命的最大输家。促成工业革命的纺织业机械化,首先夺走了妇女的工作机会与经济机会,因为纺织本是妇女的传统工作。接着,工厂的男性工人为了竞争工作机会,又夺走妇女的工厂工作机会。虽然工厂中仍可看到不少的妇女工人,但是比起传统操持纺织工作的妇女,已经是少得可怜了,仅占妇女人口中的极少数。

于是在工业革命后的生产行列中,妇女首先被排挤出局。妇女丧失生产工作后,只得退回家庭,从事无给职的家庭服务业(管家)或是成为依赖人口,中产阶级的家庭主妇就是明显的例子。工人家庭的妇女也被迫另起炉灶,沦为家庭劳力的副线,不再是先生的工作伙伴,也丧失了平等的地位。

工业革命的早期,进入工厂工作的妇女多是年轻、未婚的少女,她们工作为的是贴补父家,或是赚取未来的嫁妆,因此等到结婚后就退出工人队伍。只有丈夫不行的,如酗酒、无工作能力,或伤残病故的可怜妇女或寡妇,方才继续留在工厂赚钱养家,所以有工作的已婚妇女,被视为丈夫的耻辱,彰显丈夫的无能。中产阶级的丈夫尤其反对太太出外工作,工人家庭的太太,也只能以低微的服务业赚钱贴补家用。总之,工业革命后的妇女不再从事生产制造业。

妇女退出职场,经济地位迅速下滑。她们的经济角色遂由半独立的工作伙伴变成依赖的消费人口,就这样两性关系开始重新洗牌,重新分配工作与角色。

(三)家庭成员重新分工

从上面,我们已经可以看到近代家庭成员的重新分工。男主人负责维持家庭生计,女主人则管理家庭,中产家庭主妇有时还会有女佣、女管家等人协助,共同经理家政,处理消费问题,提供家庭娱乐,参与社交以协助先生拓展关系以及相夫教子。从这里又发展出一个有趣的现象:在传统社会中,家庭的社会关系一向以男性的姻亲或亲属关系为主,但自工业革命后,女性的姻亲关系逐渐抬头,这是因为工业革命后的家庭社交活动是由主妇来负责。

至于工人太太就辛苦多了,她们必须负责采购家庭所需,但同时还得注意维持家用平衡。她们除了要照顾先生的身体,还得要照顾先生的心情,这些工作都是在没有任何人帮助的情况下独自完成的。

总而言之,工业革命后一位受人尊敬的妇女应该是不用工作的,妇女又重新被塑造成弱不禁风、没有理智的陶瓷娃娃,必须受到男性保护,使男性在家庭中更具权威地位,家庭暴力因而兴起。

(四)儿童角色的转变

一如妇女,工业革命后儿童也逐渐退出生产行列,由昔日的生产者转变为消费者。

早期的工厂中还有许多童工,因为当时普遍认为童工价廉、容易管理,还可以从工作中学习,因此大量使用童工。不过使用童工的同时,也会带来新的问题。首先,童工被当作机器使用,压榨的结果是多早衰、早夭。其次,童工在工厂中学习到的仅是操作某一部机器,对于日后工业化发展帮助不大,未达到预期的学习效果。并且,将儿童从家庭学习的传统中分离出来,交由陌生人(工头)教导,学习效果往往非常差。许多有眼光的工业家和政府为此忧虑,他们开始担心工业化后继无人,下一代所学不足以支持工业化的持续发展。

当然,童工退出工厂尚有其他的理由,譬如童工抢夺了成年男工的工作机会,或使得成年男工的工资无法提升,还有就是新的、先进的机器,已超过童工所能操作的范围。于是,童工问题就在大势所趋,以及人道、文化考虑下自然消失,接着就是儿童的新地位与角色的问题。

1833年,英国《童工法》正式确立儿童的工作与责任是在学习,为未来工业发展储备人才、技术与劳力,自此儿童的学习与消费角色被确定下来。

一般而言,中产阶级的儿童大概在17—18岁以后方投入职场,工人阶级的儿童则在12—14岁左右进入生产行列,在进入职场前均是学习与消费的时间。由于学习成为儿童的社会义务,于是各国乃相继立法,强制儿童接受教育,义务教育于焉兴起。

另一方面,由于儿童不再从事生产,而是消费,反为家庭增加负担,于是各家庭相继减少儿童的数目,由昔日的6—7位逐渐减为2—4位。儿童人数的减少,使亲子关系出现改善的可能,而每位儿童的学习重担也与日俱增，这是重质不重量的结果。

总而言之，工业革命对于传统的家庭带来相当大的冲击与重组，这种趋势一直到20世纪初都大致不变：1.加速男女分工、角色的区分，男性扮演供养者的角色，女性则是管家；2.儿童教育期随着工业发展、知识扩张而延长；3.生产流程退出家庭，使家成为隐私的场所，家庭成员也越来越重视家的隐私角色，家乃退出公共范畴，成为个人的生活空间。

八、新的社会阶级与观念的产生

自古以来，人类的社会就因为各种不平等的现象而分化。在工业革命以前，人类社会的划分主要是依据血统、服务的性质、特权与社会道德责任而区分。例如教士为上帝服务，贵族为国王服务，平民则为贵族服务。贵族得到以土地、人民为主的特权，包括免税、政治特权，但却负有维持教士、平民温饱的责任，平民即享有要求温饱的权利。虽然各阶级的生活方式有所不同，但都信奉基督教，也都属于同一个种族或民族，因此文化与思想的差距并不是大到不可以沟通的地步。

自工业革命以后，新的社会划分标准逐渐形成，就是生产方式、所得多寡、生活方式、思想理念等。这就是我们现在所流行的社会阶级，主要是资产阶级与工人阶级。在各阶级的民族成分中，新的阶级成员远比旧社会要复杂得多，因为工厂中各色人种、各地方人士都有，中产阶级亦复如此，因此文化与种族背景不像传统的社会那般整齐。就社会责任而言，新的社会阶级间流行的是"各扫门前雪"，自己处理自己的问题，至于济贫的责任则由政府负担。

尽管资产阶级（以中产阶级居多）、工人阶级间有许多有分歧的地方，但却分享了工业革命的某些经验，譬如对于工业化急速变化而产生的焦虑、害怕以及挫折感等。又如资产阶级或工人阶级，都视工业化为社会与个人升迁的重要渠道，他们也接受工业革命后的工作伦理，就是努力工作，对于非关工作的事务，尽量少管。前面所提到的家庭观念的改变，资产阶级与工人阶级基本上也都一样，只是应对之道不同而已。

第10章 工业革命：人类经济社会的指数级变迁

此外，工业化下的资产阶级与工人阶级的关系也发生转变。从前，师傅、工匠、学徒间的关系比较亲密，除了工作的伙伴关系外，还有私人的情谊。但是新的资产阶级与工人阶级，却只剩下工作的伙伴关系，出了工厂，互不干涉；资产阶级对于工人阶级的帮助，也仅限于与工作相关，至于其他的社会关系，则以工资来解决对于下属的责任关系。

不像从前的工匠、学徒，在工作之外仍有私人的交往，新的中产阶级对于工人阶级工作外的生活，鲜少亲身接触，多是雾里看花，以至于产生不少误解。例如法国中产阶级批评工人阶级，认为他们的贫穷乃是肇因于缺乏良好的工作习惯、酗酒、多子、没有自律的精神等。这也是当时一般人对于工人的认知，这种观念也反映在一般坊间的小说上。这些小说经常描述一个人如何通过努力工作而致富，一个人又如何因不努力工作、酗酒等恶习而致贫穷；还有就是一位年轻的工人，如何利用时间进修、接受教育而得到升迁。总之，一个穷人可以因努力工作、自制、节欲而致富。

但是，这种工人的形象却得不到工人朋友的认可。工人朋友发现，他们努力工作却不一定得到较高的工资，因为工人的工资固定，所以多做的工作，往往得不到回报，还流入工厂的主人手中，因此多做多赔。其次，规划未来对于工人而言意义亦不大，因为他们的工作保障远低于中产阶级，工厂主人说解雇就解雇，如果遇到经济不景气的情况时，运气不好的、被解雇的仍旧是工人。因此，对工人而言，与其努力提升教育、追求上进，还不如多努力以经营属于自己的家庭。对于工人而言，最佳的工作伦理就是努力完成分内工作，而非继续进修或加班，因为他们升迁的希望相当渺茫。

就是这样，传统社会中师傅、工匠、学徒对于生活、工作的看法，多少都有可以沟通的共同点、共同的感情与见解，但在工业化后的近代社会，各阶级对于工作、生活的观点，鲜有共识，可着力的沟通点几乎没有。于是近代社会的各阶级越行越远，关系也日趋紧张。

在传统社会中，也存在差异大、关系紧张的情形，如贵族与农民，两者利益冲突很大且关系紧张，但是两者没有天天接触，而是各有各的生活圈，必要时方才短兵相接，以至于平日留有独自生活与发展的空间，遇有小冲突时,也有转圜的空间。然而,工业革命后的工人与其雇主,却天天相处,遇有冲突或不满时,还没等到气消,就又相见,然后又是新的冲突,于是新愁添旧恨,冲突一发当然不可收拾。

工业化初期,工人本身已有适应的问题,再加上劳资关系紧张,遂频频发生工人暴动。有时面包价钱稍高一点,马上就会引起工人暴动。有时不同种族的工人因情绪问题或工作机会的竞争,也会发生惨烈的工人冲突,如美国工人与中国工人争夺工作就是一例。更多的时候,工人暴动是为了工资、工时问题,这种具有普遍性的要求容易形成全国性的罢工运动,希望利用群体的力量争取自身的利益。后来这类的抗争运动演变成工会组织,英国在19世纪20—30年代就出现全国性的纺织工会组织。实际上工会运动也不是毫无章法可循,当经济不景气时,工人也会与资方共体时艰,但是当低迷期过去,资方又不愿加薪时,工会就会出面讨回公道。

19世纪70年代起,许多国家相继同意工会的合法性,希望借工会约束工人无理性的行动。然而,仍有许多工人不愿接受工会的约束,因此工会仅能约束部分的工人,这些工人通常被称为"贵族工人",其实大部分是技术工人,因此工会实际上有点类似中古的行会。

工人除了抗争、罢工外,还有就是破坏机器,向整个工业秩序挑战。由于这涉及社会秩序的问题,通常通过政治来解决,于是政党政治兴起。例如,1848年革命,就有许多工人加入革命阵营,一方面展示其力量与人气,另一方面也是希望借机讨回社会公道。例如参加革命的德意志工人多是工匠的遗绪,他们希望恢复中古的行会制度,以保障他们的工作权利。虽然1848年革命失败了,不过许多政党开始体认到工人的新兴力量及其强大的爆发性。于是政党开始走向工人,希望借由政党的力量改善工业社会的不平等秩序,亦即通过立法,增加并保障工人的权益。

为了镇压工人暴行、监视工人领袖,各国政府也相继设立警察。也就是当工人行为危及公共秩序时,政府又被迫卷入经济领域,于是政府的力量又重新进入经济领域,只是这回政府所扮演的角色与重商主义时代不同,这回是维持工业秩序。

第10章 工业革命：人类经济社会的指数级变迁

图26 工人破坏机器

工人与社会存在紧张关系，知识分子也希望尽一己之力，寻求解决之道。于是如何化解社会阶级冲突，就成为知识分子所讨论的新议题，即社会主义的兴起。

大体而言，社会主义可以分为两大派。一派主张恢复以往合作的互助关系，企图建立较和谐的社会关系，这就是乌托邦主义[①]，其中的分支也不少。另一派则强调在现行的资本主义、工业化架构下，阶级冲突是不可避免的，那就是马克思主义。马克思认为在现行制度下，一边是坐收利润的资本家，另一边则是直接从事生产、创造利润，却又分不到利润的工人，因此双方的冲突绝无幸免之理，而且当工人人数日益扩大，工人生活每况愈下，甚至到忍无可忍时，所有的工人就会不分种族、地方，联合起来发动革命，推翻资本家，那就是无产阶级革命。革命成功后，无产阶级

---

① 一般而言，乌托邦主义比较排斥工业化，希望能回归传统社会中的生产与分配方式。

将会没收资产阶级的财产,另行分配,并建立一套较合理、公平、合作的社会秩序。而无产阶级革命绝不会摧毁工业化的成果,反而会继续光大工业化,因为唯有机器方能大量地创造社会财富。因此是否接受工业化,就成为马克思主义与乌托邦主义的重要分野之一。

马克思主义一出现后,立即受到不少工人与知识分子的支持,因为当时到处都发生工人抢粮食、面包的骚动,似乎证实了马克思所称的劳资纠纷无解的状况,亦即所有的利润都流入了资方的荷包中,工人非但没有分享到利润,还穷到买不起粮食。不过,后来许多新兴的政党以及原有的温和政党,如自由党、工党等,积极立法,主动为工人争取福利。他们认为工人阶级不一定非得借助激烈的革命手段,也能达成保障自身权益的目的。

工业革命百年后——1848年革命

一、1848年革命的历史意义

1750年欧洲进入工业革命期，到了1848年，欧洲已经工业化近100年，许多政治、经济、社会、思想方面都应该产生一些相应的变化，因为经济、社会、思想的转型，大概需要百年的光阴方能反映出来。所以通过1848年革命，我们正好来检视工业革命对于近代世界的影响。

越来越多的史家赞成1848年革命爆发的一项主要因素就是工业革命造成的经济与社会脱序现象。这项说法的主要根据在于：1848年革命的队伍中以旧社会的农民与工匠居多，这些都是深受工业革命之害的人群。譬如，1848年2月在巴黎街头巷战的群众，以小商人、小店主、小工厂的技术工人居多，这些人绝不是传统保守分子所宣扬的失业或半犯罪分子，反而是代表中低阶层的社会分子。根据重新检验的结果，在1538位因革命死伤的"叛乱分子"中，有300位工业工人与服务人员（如家庭佣仆等）、85位专业分子（代表自由主义或宪政主义阵营）、54位店主以及1000多位工匠与技术工人,技术工人亦多由工匠转化而来。由此可见，1848年的革命似乎与没落的传统产业关系密切，而与自由民主政治的要求关系不大，也就是经济社会要求大于政治要求。

工业革命发展到1848年时，会产生不少负面的现象，包括经济与社会的脱序现象、城市化和商业化导致的农业困境等。尽管这些经济与社会的问题在欧洲各地有不同程度的发展，但是各地的不满情绪与脱序情形却是一致的。经济与社会的脱序又加深对现行政治的不满，尤其是工业革命导致传统产业的没落，以至于那些受害的从业人员希望借革命推翻既有且不公平的建制，至少是恢复或维持自身过去的社会地位与经济利益，这就使得革命具有社会主义的色彩。

二、农业商业化

（一）生产专业化、商品化之后遗症

农业经济商业化的后遗症主要是分配不均以及粮价居高不下。工业革命后的农业经济强调新作物的引进，特别是经济作物的栽种，并强调有效的经营与管理。经济作物主要作为工业原料使用，如棉花、亚麻、染料作物等。经济作物的利润较高，许多农民因此种植，从而牺牲了生产粮食作物的土地、资金与劳力，以至于产生粮食不足与粮价居高不下的问题。

农业商业化、市场化后，使得农业经济受到国际市场与经济景气循环的影响，这使得农业经济更为脆弱。从前在"看天吃饭"的时代，农业经济的景气循环仅受天灾的影响，而现在除了面临天灾的试炼外，还得接受工业化后带来的人为景气循环的影响。

工业化后的荒年甚至影响到了工业部门原料的来源，以至于工厂或作坊因缺乏原料而关门，失业人口随之暴涨，进而导致市场的萎缩、增加工业产品库存与过量生产的压力。许多政府为了解决缺粮的问题，将大笔的货币用来购买进口粮食，更使得国内的工业部门因缺乏资金调度而欲振乏力。同时，国内因通货紧缩也影响了市场经济的正常运作，最终导致整个经济都面临崩溃的命运。最后，经济危机导致政治危机，许多失业、缺粮的人士走上街头。

此外，在财力丰厚、地力肥沃、人力充足的地区，产量也相对越多，钱赚得越多，当然也就越富，这乃是根据资本主义"钱滚钱"的原则。不过值得注意的是，这些肥沃、富有的地区所生产的农业作物多非粮食，而是以经济作物为主，因为经济作物的利润较高。这就产生粮食不足与粮价居高不下的问题。

造成粮食不足的原因，并不是因为农业生产停滞或紧缩，而是因为人手不足，加上粮食生产受到排挤。首先是人手的问题，许多农业人口受到都市工业部门的吸引，纷纷转业以支持制造业，并成为都市工人，以至于农业部门出现劳力捉襟见肘的现象。另一方面，具有市场竞争力、工业所需的经济作物（如棉花等）又夺去了粮食作物生长的空间。经济作物大幅增长，于粮价无益。其次，粮食生产亦不足以应付日渐庞大的市场所需，也就是不足以供养日益庞大的都市与乡村人口。

在这种情况下，农业增长虽然造福了不少中小地主（如德意志的地主贵族），却对一般的佃农、雇农、工人等不利。因为这些人是靠工资过活的，必须自行负担粮食的花费。如果粮价贵了，他们就必须将大部分收入拿来填饱肚子，然而工资却没有随粮价而增加，于是相形之下，工资就缩水、变少了，这就是马克思所谓的"实质工资下降"。

这些受到粮价波及的社会人士其实不是只有工人而已，所有靠固定薪资过活的人都受到了严重的影响，包括城市中知识分子（特别是失业的知识分子）、专业人士（如律师、银行职员等）以及乡村中的工匠、贫农等人士。当然受害最严重仍是失业的知识分子、小店主、工人、工匠与贫农等，这些也是1848年革命队伍中的主要成员。

（二）传统公有土地制与近代私有土地制之冲突

农业资本化、商业化后的另一项影响就是土地制度的改变。由于农业有钱赚（经济作物），于是许多地主相继开始扩张土地与农场，几经波折与阵痛期后，近代私有土地制度和财产观念终于形成。近代土地制度与前代最大的不同在于：近代私有土地讲究确实与精细的划分，一如国家的疆界，强调要有明确的疆界与确实的占有权。这种观念与中古的土地制度相当不一样。

于是在近代土地制度兴起后，地主首先要求瓜分或封闭公有土地，并强占土地资源，譬如禁止小农放牧、伐树、捕鱼等。小农在资源强遭霸占后，为了维生只得改采盗伐、盗采、走私等"非法"途径，因此在这段时期经常发生林中盗、走私客的事情。地主为了杜绝小农的不法行为，乃借用国家的公权力强压小农、小民，希望迫使他们就范，但是小农、小民在不满积压到临界点的时候，不是选择"听天由命"，而是加入反政府的革命队伍。不少农民呼吁，希望能恢复中古的公有土地、共享资源的制度，这也算是中古与近代之争吧！

（三）农民与农业经济地位的下降

对于农民的要求，许多上层精英分子并不采取同情的态度。这些工业革命后的近代社会精英基于理念基础，认为公有制是封建的、反近代的、不合时宜的，也不利工业文明的发展，理应去之而后快。于是昔日为下层社会喉舌的精英分子，这回不再为他们说话，认为农民的要求是走回头路，将破坏好不容易建立起来的工业文明与秩序。这就引起上层精英与农民、工人、工匠之间的冲突和关系的冷漠。

在这种状况下，要想发动一个包括各阶层在内的全民革命，就变得非常困难了，而一个"非全民革命"的成功率也相对降低不少。以1848年革命而言，当失意的知识分子、工匠、农民发动经济革命时，因为得不到都会精英的同情而失败（如法国），在另外一些以民族感情为号召的都会革命中，却因为得不到农民与工匠的支持而致失败（如德国、意大利等地）。

三、1848年工业化的情形

在一般人的想象中，到1848年左右，工业革命既然已经进行近100年的光阴了，欧洲各地，至少是西欧各主要工业化都市如巴黎等，应该是处处工厂、满街工人的景象，罢工、工会抗争更是一般都市司空见惯的场面，工人的要求也不外乎工资、工时、伤残福利等项目。然而，当我们把镜头拉近一点看时，却发现了全然不同的景象。

首先是参与1848年革命的工人，与我们的想象大不相同。我们现在一提到"19世纪的工人"时，就想到工厂中成群结队的无技术工人，其实那是19世纪晚期的景象。在1848年时，在欧陆大部分地区的劳力队伍中，居多数的仍是传统的工匠（artisan），由师傅、日工、学徒组成，他们都属于有技术的工人,至于无技术的工厂工人仅居次要的角色。何以至此?

第一,我们所谓的"工业革命"系指机器与人力搭配工作的现象。在早期的工业化时期(即第一期的工业革命),人力与技术的比例实大于机器,一直要到第二期工业化(大约开始于19世纪70年代以后,即重工业发展时期),机器的比重方才逐渐超过人力。因此,在早期的工业化时代,粗糙、简单的机器仍无法完全取代人力,遂给予中古遗留的技术工人(即工匠)以发展的空间。

第二,欧陆国家并未经历过英国式的圈地运动,因此大部分的农业人口仍继续本业,以至于释放出的劳力有限,而工业制造部门所需要的大部分劳力则来自乡村中的传统工匠。根据现代学者重新检视的结果,直到1848年为止,欧陆从事工业的人口仍少于农业人口,都市人口也少于乡村人口。

第三,19世纪中叶以前的工厂工人人数不多,不仅是因为机器的精密度不够,不足以取代制造业所需的技术,也是因为拥有机器的工厂不够普遍。在这里,新的发现又颠覆了我们的旧常识,那就是19世纪中叶以前工厂的普及度并不如我们所想象的那么高。当时大部分的制造业仍停留在手工作坊的模式,集中作业的工厂制度尚未普遍,即使在巴黎,改良式的手工作坊(即小型工厂,或以手工为主、机器为辅,甚至没有机器的大小厂房)仍多于机械化的工厂。由于手工作坊较仰赖手工技术,因此工匠的成员也居多,当时称为"作坊工人"(outworkers),也就是说工业化进展的情形并不如我们所想象的那么快,转变的速度也比较慢。

四、1848年的经济、社会、政治发展

当我们检视工业革命后的经济、社会、政治发展时,我们的注意力多会集中在工业革命后的新兴社会分子,如中产阶级与工人阶级。我们会注意到中产阶级如何向上争取政权,希望通过议会民主的渠道,扩张自己的经济权利,谋求改善生活机会。我们也注意到工人阶级对于工业文明所造成的不公、不正、贫穷等问题的愤懑,希望借由罢工、工会、革命等集体

的力量，或是向体制内争取权益，或是根本就推翻现存的体制，另外建立一个能为他们权益服务的新政权——无产阶级专政。

在这种情况下，我们通常认为革命是中产阶级与工人阶级合作的结果。这也是马克思、列宁一再强调的。他们尤其看重革命，认为革命是神圣的，是高级分子、进步分子所从事的事业；所谓高级分子就是与先进的工业文明相关的人士，如企业家、中产阶级、工人等都会精英。至于与土地相关的人士，如贵族、农民，则不被看重。

然而，我们若重新检视1848年革命，会发现：不是只有先进人士和懂得使用科学机器、具有现代知识与思想的人会闹革命，"落后"的人士也会闹革命，也就是那些遭到工业文明挤压的贵族、工匠、农民等人。在1848年革命中，我们明显看到这些人有理想，他们也希望能通过新政权、新秩序，来实现他们的公平、正义、博爱的理想国。在乡间或城市，我们看到农民与工匠通过传统的组织与动员形式（如行会），展现了有计划、有组织的革命行为，他们有激情，也有理性的要求和自我节制的行动，这些都非常符合现代"革命"的定义。

五、工人问题

（一）劳资纠纷

由于工作场所、工作形式、成员性质均与后期的工业化时代有所不同，因此早期的工人要求（即"作坊工人"）、劳资纠纷的情形也与后期的有所不同。不仅如此，1848年的资方也不同于后来的资方。当时的资方并非工厂的主人或负责筹资的金融界人士，而是负责出钱、出原料的企业家，他们的性质实为包商或承包商。因此，当时所谓的"劳资纠纷"实为包商与工匠间的纠纷。

当时民间文学等文字数据记载显示：包商对工人的不满包括嫌工匠产品的短丈、不守交货的时限、质量不佳、材料不对（通常是指偷工减料）、件数不符、样式不对等，而工匠则埋怨包商克扣工钱、抬高价格等。在1830—1848年间，欧陆各处都曾发生过工匠暴动的情形。当然，暴动属于少数激烈的抗争行为,大部分的抗议行为则是温和的,如游行示威或消极怠工等。总而言之,19世纪中叶的劳资纠纷多与工时、工资(此处指薪资或固定的酬劳而非前述工匠的按件计酬)、伤残福利无关。

(二)工人内部纷争

更重要的是在19世纪中叶,劳资纠纷并非工人问题的主要议题,当时最重要的议题乃是工人内部的纷争,例如师傅与日工为争夺劳力市场、工作机会而产生的纠纷。事实上,师傅与日工间的纠纷并不始于工业革命之后,早在中古之时,双方就因工作与生活文化不同、利益不同而纷争不断,譬如师傅不满于日工的粗俗娱乐与饮酒文化。

工业革命仅是加深师傅与日工间的纷争,这是因为机器不需要太多的技术,从而消泯师傅与日工间的界限,同时又使双方共争一个饭碗,于是双方各尽所能地为保持饭碗而努力。例如,师傅利用各种机会与势力(如固有的行会组织)限制日工的工作机会与升迁渠道。从前日工仅需要3—5年就可以升迁到师傅的位置,现在则需要10年,甚至更久的时间,当时就有不少日工工作了10年以上,还未升迁到师傅的地位。同时,行会又规定许多限制日工工作的项目,这些项目远比中古时代还要多与严。

当然,日工也不是省油的灯,许多日工会联合起来欺负师傅,有时老日工还会联合起来限制乡村的"菜鸟"日工移居都市,或转换职场跑道。此外,即使在日工的族群中,也有阶层与利益的分裂情形。于是在这一波的日工与师傅之争中,我们往往会发现一些有趣的现象:都市的日工、上层的日工与师傅会与中产阶级合作;乡村的日工、工匠则与农民联手。

(三)工匠的困境

19世纪中叶以前的工业化转型期间,传统的工匠与手工作坊虽然仍有不少可以发展的空间,却日益紧缩。最重要的问题就是资金的来源与筹措。这时,许多作坊在面临工业化不可逆转的趋势时,也引进了不少简单的机器,但是要进一步大幅度更新设备时,就面临资金不足的问题。

金融家对于传统的作坊以及新兴的工业市场缺乏信心,因此多不愿贷款给他们。另一方面,无论是现代的金融业还是政客、知识分子,都视作坊为"中古封建残余势力",是"落伍""理应淘汰"的行业,于是在舆论、政策制定方面,都无意伸出援手,任由作坊隐入历史。这也是为何许多工匠决定加入革命队伍,或利用现代的政治组织以鼓吹宪政改革,目的都是希望能争取到一点政权,好为自己的利益发言。

此外,19世纪中叶的时候,矿场与铁路工业算是具有现代工业形式的部门,因为这两大行业的工人多是无技术工人,而且是为数众多的工人群聚在一起工作,因此具有工厂制度下的工人组织雏形。我们经常可以看到矿场的工人抱怨有关工资、工时与工作环境的问题。在工人组织方面,铁路工人虽然人数众多,却因为工作地点不固定、工人流动性大,且多属政府相关企业(包括政府在内)的雇工,因此待遇较佳。矿场工人的组织规模虽较铁路工人完备,但是却因为得不到其他部门的工人支持而无法发挥集体的力量。更重要的是,这两个部门的工人都不聚集在都市,而是孤岛式地散落乡间。因此,在1848年的革命队伍中,我们很少看到矿工与铁路工人的影子。

六、失意的中产阶级

(一)东西欧中产阶级之不同

由于东西欧政治与社会结构不同,故而双方中产阶级的特点也有所不同。

1. 西欧的中产阶级

西欧的中产阶级多居住于都市,从事自由业(非政府职员),包括拥有不动产的有产阶级,如商人、专业人士等。所谓专业人士,就是指靠教育与专业服务以赚取生活之所需与社会地位者,如律师、医师、小学教师等。

另一方面,19世纪中叶正值专业社会、多元社会起步未久的阶段,故所需的专业知识人员有限,各行各业的工作机会亦有限,以至于高级失业人口激增。欧洲自启蒙运动以来强调知识与教育,以至于知识分子膨胀、供过于求,失业人口因而大增。

此时，虽然各国均强调公共教育，并兴建不少公共学校，但是能吸纳的知识分子仍然有限，且多是属于基本教育的小学，以至于教师（多是中小学教师）的社会地位不高。在19世纪中叶时，高成就、低就业的知识分子相当普遍，以至于知识分子间弥漫的不满情绪也多，因此在1848年革命的队伍中，中小学教师较多。

2. 东欧的中产阶级

东欧如奥地利、匈牙利的中产阶级大多是由昔日的贵族、政府官员、教士转化而来的，这是因为东欧社会的多元化现象并不明显，专业知识部门尚未兴盛之故。在东欧，政府仍是中产阶级的最大雇主。因此在东欧的中产阶级中，会闹革命的专业人士如律师、中小学教师实属少数，大多数的中产阶级人士反而是体制内的人士，故都市革命无以发动，反倒是乡村革命不少。

（二）中产阶级之不满与分裂

欧洲中产阶级除了上述的东西欧分别外，还具有一些普遍性，诸如失业问题、社会地位上升渠道不顺畅，还有就是婚姻问题。婚姻问题与失业问题相纠葛，这是源于欧洲"先立业、后成家"的传统观念，失业者，无以立业，当然就无以成家，因此单身者多。

一般而言，欧洲的中产阶级首先希望借着扩大投票权或是参政权，以求挤进体制内进行改革。如果此种要求无法得到响应，他们就会开始考虑以革命的形式推翻既有的建制，以求改善经济与生活的困境。不过值得注意的是，此时的中产阶级，无论是西欧的或东欧的，不仅力量分散，意见也不一致，以至于无法发挥"阶级"的整体力量，这也是1848年革命失败的原因之一。

七、政府的负担

工业革命为政府带来了许多负担，尤其是欧陆的国家，因为它们涉入工业革命的流程过深，招揽的工作过多，因而负担过重，最后则是力不从心，财政也不足以支持庞大的计划。这些计划包括：投资硬件建设、交通建设，解决贫穷与分配（即社会福利）、教育、安全与秩序等问题。为了维持政权的合法性和合理性，也为了从中树立国家的权威，各国政府虽明知负担过重，却也不得不为之。于是，财税、贫穷与人口问题，就成为令19世纪欧洲各国政府头痛的问题。

例如在财税问题方面，各国政府在节流有限的情况下，乃相继开源，于是出现了关税、间接税等税赋的观念与项目。在征税的过程中，政府又面临了"是否与民争利"的问题，例如政府为何有权抽酒税、木材税等。

兹以关税问题为例，当政府要抽关税时，就遭到自由主义者的反对，认为违反自由贸易的原则，但却得到社会主义阵营的支持，认为可以节制资本主义的发展，并体现"分配"的原则。各方对于关税的大原则无法达成共识，对于关税的内容也各有不同的立场。以谷物、粮食进口税为例，工人倾向于反对，因为希望进口较多、较便宜的粮食，而农民却持相反意见。总而言之，由于政府无法摆平各方角力，故关税时征、时废、时重、时轻，以至于关税的收入不固定，政府还得另辟财源。

再以间接税为例，在19世纪中叶时"间接税"的观念尚属创新的阶段，一般民众多持反对的立场。但是，政府仍然成功地课征了酒税、烟税，至于木材税、林木税则因农民的强烈反弹而作罢。尽管如此，许多人士仍然指责酒税、烟税乃是政府与民争利的行为，同时民间走私盛行，政府真正能收到的税也不是很固定。以俄国为例，即使到了19世纪末，人民对于政府的酒税仍然反对得非常厉害，以至于财政部部长为此下台，酒税也是时征、时废。

以上问题，仅是1848年革命潮中诸多原因的一部分，从中我们也能观察到工业革命后的情形，并非如我们想象的均衡发展，世界一片美好，更多的矛盾和纷争逐渐显现。我们只能确认，1848年的革命绝不是单一性质的革命，绝不是单纯的民主或民族革命，而是一个为理想奋斗之"理想革命"。即使在争取政权之际，也是为了争取政权以实现人间的理想国，就这点性质而言，1848年的革命实与1789年革命、1917年革命一脉相传，皆是政治（民主）、经济、社会，或自由、平等、博爱三合一的革命。

从1848年革命中可以看到旧势力、旧秩序的崩溃，也可以看到新势力的兴起。无论新旧势力中，都因为利益冲突，尚未达成共识而无法合作。例如，农民虽深受工业革命后的经济与社会发展之苦，而有共同的要求，却因宗教问题而分裂，以至于势力无法整合。工匠与中产阶级的内部，也因自身的经济利益冲突而无法合作。

无论如何，1848年革命代表受到工业文明挤压的旧社会的最后抗议与反扑，但却失败了，不仅证明工业文明不可逆转，也消除了工业文明前进道路上的最后障碍。在新势力方面，民族主义虽然还不成气候，却已展现了它无限的潜力与诱惑力。

第 11 章
补齐短板：第二次工业革命

一、新产业的挑战
（一）钢铁、机械业

19世纪末欧洲的工业经济发生突破性的改变，即所谓的"第二次工业革命"。第二次工业革命出现了不少新的产业，以电力、电机、汽车、合成化学为主，远比第一期的煤铁工业要干净、轻型、快速且分工更精细和专业。即便是属于传统产业的钢铁与机械类也发生不少质的改变。以钢铁业为例，新的钢铁业采用含碳量高的生铁，并在锻铁技术上有了长足的突破，以至于能产生富有弹性和可塑性强的钢铁，不仅可以制造各式民生家用产品，还可以制造坚硬、复杂的机器与精密仪器、船舰、桥梁与建筑。1889年巴黎的埃菲尔铁塔（Eiffel Tower）使用了约7000吨的钢铁，高度达300多米，象征新的钢铁时代来临，揭开第二次工业革命的序幕。更重要的是，新的不锈钢产品不仅耐用，而且价格低廉，很快就成为产业界与市场的宠儿。不仅早期工业核心区的英、法、德、比等国钢铁产量增加了数倍，更产生了新的工业国如瑞典、奥地利、西班牙、意大利与俄国。①

机械类的突破性发展出现了许多更有效的新工具、新机器与新仪器。不仅工厂用的机器开始改进了，家用和商用等类的机器均有新的机种出现，像是缝纫机、脚踏车、引擎动力车、收款机、打字机，还有各式机械式农具，后者对于农业产量的增加颇有帮助。到了第一次世界大战后，缝

---

① 新钢铁国的表现相当惊人，如意、俄的钢铁产量超过英、法等国。

纫机与脚踏车①几乎成为中产家庭与部分工人家庭必备的机械产品，机器不仅由工厂进入了公司商店，更进入了寻常家庭。

（二）电力

电力是第二次工业革命中出现的新能源。经过前辈的辛苦研究后，19世纪90年代的欧洲人已经知道选择固定的地点建立发电厂，再通过电流将电力送到很远的地区去。最早开始建立电厂输送电流的乃是德国。德国于1891年在法兰克福建立发电厂，于是大部分的德国西部无论家用或工厂都可以使用便宜、稳定、安全和高效益的新能源。到了20世纪时，大部分的新工厂都使用以电力为能源的机器（电机），主要的大都市均架设了街灯，居民在家里装设电灯，甚至街上跑的也是电车。这种"电力化"的情形到了第一次世界大战后更是普遍，没有电灯的城市被视为是落伍的，先进或现代化的都市和国家则一定要有电灯，以至于苏联的国父列宁将"乡村电力化"列为国家建设的首要之务，他甚至一度将"布尔什维克"或"苏维埃"定义为"电力化"。

（三）汽车

第二次工业革命最重要的发展就是将机械与电力相结合，从而衍生出更多影响甚巨的新产业。首先是内燃机和汽化机出现，导致交通革命的汽车与飞机业于焉出现。19世纪90年代开始，欧洲的汽车工业就尝试用电来启动与驱动汽车，以增加车子的安全性，提升速度。1895年英国终于出现了现代化的汽车，但是现代的标准版汽车则是在1901年首先出厂于德国。之后欧洲的汽车业就蓬勃发展，年产量都以万来计。

当第一次世界大战爆发时，大多数欧洲国家被征召的士兵是乘着马车或火车去报到的，当时大街上跑的仍以马车居多。战争初期的各国军需品亦多以马车或火车来运送。但是战争却改变了这种场景，战争期间，各国为了争取效率与胜利无不积极地发展引擎车，包括大卡车、坦克、救护车

---

① 因为缝纫机的出现，家庭主妇有了可以投注乐趣与创意的工作；脚踏车除了作为交通工具，亦能带动群众的休闲风气。

等，以至于战争后期的军需品和弹药、人员都是用引擎发动，又无须仰赖铁轨的卡车来载运，而不是轨道容易遭到破坏的火车。①因此等到战争结束时，解甲的士兵多是搭乘动力车或引擎车返乡，并发现穿梭于都市街道的不再是战争前的马车而是汽车了。

第一次世界大战的欧陆虽加速汽车的使用，但整体汽车业的突破性发展却发生于美国。1913年，美国福特公司首次以量产的方式出产廉价的T型车，一年就生产近20万台。福特公司实行"自动化生产"，利用转动顺畅的流水作业线（装配线，assemblyline），将几个不同的生产步骤紧密地连在一起，产品通过机器纽带自动转入下一个生产步骤，如此不仅可以增加生产的速度，还可以减少浪费与成本。这种组装式的生产方式到了第一次世界大战后，立即成为各国争相模仿的对象，德、法等国的汽车厂都相继采用。如此一来，不仅都市有汽车，甚至乡村也出现汽车，连接城市与乡村的不只是铁道、传统的公路，更出现专门为汽车设计的快速、平稳、顺畅的高速公路，来往的汽车既运货又载人，城乡关系因而发生重大改变，更加密切。

大量生产的廉价汽车加上强力的广告推销，大大活络了各国的汽车市场，甚至出现赛车联谊会等。汽车工业的繁盛又刺激相关产业与企业的蓬勃发展，欧洲几个大国如法、意、德等就是靠着这项新产业而度过了经济的萧条期。从此欧洲工业国忙着建造的不再是铁路，而是提供汽车奔驰的高速公路。不过，欧洲的汽车一直停留在奢侈品的范畴，并成为社会地位的象征。最早将汽车平民化的是美国，美国的汽车连工人都可以买得起，假日的时候，美国的工人多喜欢驾车出城兜风。②同时，第一次世界

---

① 战争期间，由于铁轨遭到严重的破坏，以致各国必须另筹办法运送战争所需的人员、物资和弹药，于是车子开始受到重视。马恩河之战（Battle of Marne）是第一场因采用引擎车而获胜的战争，当时法国利用速度快且无须仰赖轨道的卡车，将士兵从巴黎运送到附近的战场上。另一场凡尔登之战（Battle of Verdun）亦是著名的一例，德军将铁轨炸毁后，联军立即采用数千辆卡车运送弹药和军需品，联军亦因此而获胜。

② 因此有学者认为美国的工人因出城兜风，较不会集中在城里搞群众运动，使美国的街头运动、工人运动比起欧洲少了许多。

大战后为汽车痴迷的不只是一般的百姓,连各国的政府都不例外。例如,20世纪20年代的德国就推出"机动化德国"(motorization of Germany)的口号,意即希望以更先进的"机动汽车"取代过时的"轨道车"(尤其是火车)。希特勒上台后更是大力鼓吹汽车工业,还出现了不少诱人的广告词,诸如"快乐汽车的力量"(strength through joy car)、"每个人的车"(a car for everyone)等,他在1939年的国际汽车展中亲自引介新款的车子,并取名为"人民车"(Volkswagen,即后来著名的"甲壳虫车")。在希特勒推动的工人储蓄运动中,就以汽车作为诱饵:他鼓励工人朋友省下部分的薪资以购买属于自己的车子。此外,他还为心爱的车子设计了一种可以顺畅快速奔驰的公路,以及可以让驾驶人享受开车与观光旅游乐趣的公路网,此即现代高速公路的前身。高速公路将驾驶人带往全国各地的观光胜地,不仅享受了大自然的绮丽风光,还有助于了解自己的国家,从而营造民族感情与国家认同。当然,规模庞大的"人民车"工厂不仅有助于解决德国严重的失业问题,更造就纳粹的"经济奇迹"。

图27　1913年福特公司的装配线

(四)飞机

1903年,美国莱特兄弟(Orville and Wilbur Wrights)首先发明了飞

机，很快欧洲就跟进了，特别是法国，甚至超越美国。飞机工业的精进亦拜赐于第一次世界大战，不过战争期间的飞机主要是用来侦测敌情。

1919年，两位英国的飞行员成功横渡了大西洋，之后没多久，欧洲的主要大都会间即发展出定期的空中航班，特别是各国的首都城市。例如1920年开始，荷兰的阿姆斯特丹与英国的伦敦间就出现定期的航空服务。英国等殖民国更陆续推出飞往亚、非殖民地的交通线。相形之下，美国的民用飞机业就落后了许多，美国的飞机仍以军用和邮递为主。即便如此，到了第二次世界大战前夕，欧美之间也开始以空中交通相联络。比起其他交通工具，飞机更是有效地加强了世界经济的整合。

（五）化工业

第二次工业革命的重头戏还包括了化工业。化工业最早的产品应该算是苏打，接着就是医药类。到了19世纪末的时候，各家医院都配有各式化工合成品，从麻醉、消毒、防腐到医药用品都是化工合成的制品。不论是个人用的香水、家用的油品还是纺织业用的染料都出现了化学合成的人工产品以取代珍贵的自然产品。接着，化工业又朝能源业发展，即石油、石化工业。化工业中的人造纤维对于传统纺织业的冲击最大，刚开始时，只有硬领部分使用它，后来人造纤维就逐渐取代了天然纤维，制造出更便宜的衣服；人造纤维还被做成摄影胶卷，对于后来的电影事业有很大的贡献。

化工业与其他工业一般，同样都得益于第一次世界大战。大战末期，英国以强大的海军封锁德国，阻断德国所需的工业原料与民生用品。于是，德国被迫致力于发展合成工业，以人工生产的原料和产品取代天然的原料、用品乃至食品，有时则是半天然、半人工的合成物，从人造纤维到植物奶油都有。第一次世界大战后，德国在吸取教训之后决定推行"经济自立"的自给自足计划，于是更积极地发展化工业，例如将煤氢化后以制成汽车和飞机所需的合成燃料，目的就在于减少德国对进口石油的依赖。1936年纳粹政府推出的4年经济计划中，即将合成化工列为重点，包括合成燃料、合成橡胶、合成纤维以及化学肥料。①

第一次世界大战后，除了德国基于"经济自立"的原则而积极发展化工业以外，其他欧洲国家亦复如此。战后，无论大小、新旧，几乎所有的国家都积极地发展工业，遂导致工业原料竞争激烈。加上战后各国为保护本国经济而奉行经济民族主义，并推行关税保护政策，遂导致各国的天然原料和用品均不敷所需，于是相继推动合成工业，希求摆脱对外国原料与货品的依赖。

（六）通信、媒体与娱乐业

第二次工业革命中比较晚近的宠儿则是媒体与通信事业，这些都是电机、电子科技进步的结果，且对战后的政治、经济和社会发展影响甚巨。以通信业为例，电子通信产业中的电报、无线电、电话等在第一次世界大战中都曾发挥无比的威力，无论民间的新闻业者或政府机构都大量采用这种媒体工具与技术。美国报业首先将电力机器引用到新闻印刷，并利用照相、照片等技术大幅改变报纸的版面设计，例如头版、头条等均采用特效的字体与相片以吸引读者的注意力。很快的，欧洲的报业与政府也都学会采用这种诱人的技术。第一次世界大战时，各国政府相继采用这种新的印刷术将战况与战场消息传递给后方的民众，企图激励后方的士气与爱国心。不少新闻业与政府更进一步地为苦守壕沟的战士设计新型的报纸，即在新闻报道中加上附有照片的娱乐信息，好为他们解闷。

第一次世界大战结束后，几乎各国的各大报纸沿用战时的特效技术，甚至推陈出新，致使报纸销售量大幅攀升，信息日益普及化，流通量也更大、更快。这种新的报道、编排技术对于战后政治与社会均构成一大挑战，无论有钱、无钱或教育水平多寡，只要识点字的都可以接触到新的信息，得以知道时局发展的现况，然后再各自解读信息并发表意见。好的方面来说，这种情形有助于社会与文化民主化、普及化，但却使得政府的决

---

① 德国最大的化工企业为"法本"，以致该计划又有"法本计划"（I. G. Farben Plan）之称。

策日益困难，受到的挑战与质疑也更多，更难维持政府的权威和公信力。当政府的政策难以取得民众的信任与共识，且批评声多于掌声时，不仅任何政策难以贯彻，更易使政府丧失自信心，最终导致问题更加复杂与难解。政治如此，经济亦复如此。

在媒体与娱乐事业方面，留声机、收音机、照相机、传声筒、电影等亦是战后新产业的佼佼者。1914年以后就已经发展出收音机与电影事业，但是并没有普及，到了20世纪20年代电影方才成为流行的娱乐产业，收音机更是普遍，无论城乡，几乎家家户户都有一台收音机。这些娱乐产业的兴起亦拜战争所赐，譬如第一次世界大战期间，各国政府为了鼓励士气，也为了帮助壕沟中的士兵打发无聊的时间，或是增加工厂工人的工作效率，于是大量使用留声机播放爱国歌曲等各式音乐。当官兵休假回后方时，政府则安排他们欣赏电影，以免他们群聚街头危害治安。战后，无论士兵或工人都将这项娱乐活动与习惯带回家乡，以至于留声机日益普及化。

20世纪20年代以后，这些娱乐工具更成为民众生活不可或缺的一部分。例如电影取代了歌剧而成为中产阶级的新欢，它不仅仅是上层精英文化与艺术创作的新秀，也是新兴大众文化的一部分，穷人与富人、精英与庶民同聚一起，欣赏电影，有助于拉近阶级距离。无论是统治者[①]还是寻常百姓都痴迷电影，特别是来自美国的迪士尼动画影片[②]。其他如收音机等产业的发展亦复如此，更成为政府和政治家用来宣传的重要工具。

---

① 据说希特勒非常喜欢看电影，经常为了看电影而晚睡，还有为了看电影而耽误接待外国使节的例子。据说1938年英国首相张伯伦（Arthur Neville Chamberlain，1937—1940年在任）亲自飞到慕尼黑与希特勒谈判捷克问题时，希特勒正在欣赏电影，于是一直等到电影结束后方才接见他。

② 1937年，希特勒收到最珍贵的圣诞礼物就是来自戈培尔（Paul Joseph Goebbels，1897—1945年）的18部迪士尼的动画影片。当时正逢迪士尼与德国谈判进口影片续约的问题，德国坚持要提高外片进口关税，并为阻止资金外流而要求以德片交换的方式缔约，但迪士尼因德国影片不是太过艺术就是政治宣传意味过浓，两者俱缺乏商业价值为由而拒绝，以致德国民众无法继续欣赏他们所热爱的迪士尼动画，但希特勒却是例外。

第11章 补齐短板：第二次工业革命

例如，希特勒政府深谙收音机广播之重要性，一方面成立"帝国收音部"（Reich Radio Chamber），将所有涉及收音机事业的工厂、企业与人员全部列入政府管辖范围，举凡播音员、制造工程师、销售员等无一漏网。另一方面，为了动员全国的民意、士气，改造国民的精神与文化，纳粹政府也广为鼓吹收音机。一如人人要有一部"人民汽车"，纳粹也号称人人都应该有台"人民接收器"（Volksempfänger）。于是德国政府与企业界合作大肆生产价格低廉的"人民收音机"，约相当于苦力工人一周的薪资。为了鼓励与推广收音机的使用量，纳粹政府还要求从业者除了播放政治宣传外，还必须制作"不要让人无聊"的节目，甚至连乡村都可以收听到国家的宣传新闻以及为他们制作的"不无聊"节目。1934年时，德国的收音机已超过600万台，等到1939年时，德国已经有70%的家庭拥有收音机，是当时全世界比例最高的。除了收音机外，纳粹政府更是广为架设扩音器，有时每隔几米就架设一架扩音器，大部分的纳粹干部更是肩上背着一台喇叭。可以想象，这些收音机、扩音器和喇叭不只成为纳粹的官方宣传利器，更为德国经济带来不少机遇。

总而言之，新工业的兴起不仅导致各国经济结构的变化，也改变了旧的工业社会结构。旧的工业社会大致可分成两个阶级：一个是做粗活、在工厂做工、负责生产的工人阶级，另一边则是拥有工厂与机器的所有人，后者管理前者并靠前者的成品赚钱。相对的，在新的工业社会中，两者的社会差距因中间阶层的经理与职员的兴起而日益缩小。另一方面，新工业的快速与有效生产大幅降低产品的价格，从而改善工人的生活，许多旧工人无力消费与享受的产品和活动现在都已普及化了，使得社会生活更加平等和民主化。

战争加速精密与先进工业的发展速度，远超出时人所能想象与忍受的程度，从而产生不少适应不良的后遗症。许多战后人士开始怀念从前那个阶级分明、秩序井然、一切都可预测的世界。他们要求尽快回复到所熟悉的战前世界，并将那个世界称为"正常社会"或"常态"（normalcy），反倒拒绝接受新事物、新社会的事实。一直要到第二次世界大战后，欧洲人方才接受新的改变。

二、"合理化"的生产与经营：垄断经济

第二次工业革命不仅表现在科技、生产工具与生产内容方面，也表现在生产与经营方式的突破性发展。由于所需资金过于庞大，机器与厂房配置过于复杂，生产流程需要更精细的规划与协调，市场与风险结构的变量益多，因此需要更有效、更理性的生产方式与经营方式。"合理化"（rationalization）便成为当时产业与企业界的流行口号，其实是追求统一与集中生产，以期降低成本和提升生产的效率，包括加强制造业者的独立性和自主性，以减少风险如受到原料供应或价格波动的影响，或是下游厂商不稳定的影响，最终的目标则是控制市场以确定利润。在合理化的经营方式下，各产业，尤其是上述新兴的产业，相继引进生产线或组装式的生产方式，汰换机器，重组生产流程以期更合乎科学化的经营理念，以及将与自身产业相关的能源、原料、制造等一系列的资源和产业予以重新组合和合并，使之更具协调性和互补的功能。

"合理化"的生产方式在德国的手上发生重大的转变。原本美国式的"合理化"生产是属于垂直式的①，意即将同一产业的上游到下游生产联合起来，进行统一生产与经营。以钢铁业为例，在美式的"合理化经营"或所谓的"垄断""托拉斯"（trust）下，是将冶铁、炼钢、不锈钢成品等一系列相关制造流程与产业联合起来，成为一大串的生产线。然而，德国的大企业家更进一步地由垂直式的联合发展成横向的联合与垄断，意即多元化的经营与垄断方式。例如德国的钢铁大王会将其剩余的资金或经营触角伸入其他有利可图的产业，因此会收购或兼并化工、纺织、林业、造船业和航运业等事业，从而建立庞大且独立的垄断性联合经营的事业网（cartel）。

第一次世界大战后流行的"合理化"生产的确有助于工业的复兴与利润的垄断。譬如一家英荷合资的大企业经过兼并后甚至一跃而成为世界级的大厂，通过控制原料与生产过程，转而控制国际肥皂与人造奶油的市

---

① 美国系"合理化生产"风潮中的龙头典范，尤以泰勒（Frederick Winslow Taylor, 1856—1915年）最著名，故又有"泰勒化"（Taylorization）之称。

第11章 补齐短板：第二次工业革命

场。然而，"合理化"经营过程中的一些策略却给当时的经济与社会带来不少困扰，诸如大幅削减投资、大幅裁员以及降低产量以维持高价格等。这种态度不仅激起一般民众的不满，更迫使政府出面制止管理，方才结束这股财阀政治、垄断经济的风潮。

"合理化"经营不仅牺牲消费者的利益，导致财阀兴起，更有其他的后遗症。这主要是因为"合理化"的目的在于不断扩张产业版图以求取最大的量产，但是量产不仅增加原料的负担，更要不断地开拓市场以求量销，从而加剧市场竞争。这种后遗症在美国并不严重，这是因为美国有广大的内需市场配合，但轮到欧洲国家问题就严重了。欧洲国家的版图与幅员都有限，因此内需市场原本有限。战后各国又厉行"经济自主"或"经济民族主义"政策，施行关税保护政策，更限缩了外销市场的发展。再加上各国都采取"合理化"经营，对于原料的需求也日益急切，因此导致原料市场竞争日益白热化。

尽管欧洲各工业国都面临"合理化"的两难困境，但却以复兴最快，版图与资源又遭到缩水的德国最为严重。在资源紧缩下，德国积极推行"合理化"生产，以钢铁业为例，从1924—1929年由早先的55家减到45家，不过产量却大幅增加：由每周1655吨增加到2567吨。1928年时，德国的工业生产量即已居全球第二位，仅次于美国。等到希特勒上台，加紧推动"经济自立"、垄断性的联合经营和军事工业后，问题就日益浮上台面。1936年纳粹政府开始推动4年经济计划，没多久就发现了不断扩张与垄断的工业生产是有其极限的。

首先是粮食的问题，当大部分的农业劳力被抽调到日益扩张的工业部门，遂导致粮食供需严重失调，政府必须为日多的工人人口寻找便宜的粮食。其次是战后德国资源原已严重缩水，现更嫌不足，于是纳粹开始加紧对民间资源的压榨与控管，特别是身心有缺陷、不健全的德国人以及异族的犹太人的财产与物资。再次是工人的缺乏。刚开始时，纳粹极力开发妇女市场，原本被鼓励回到厨房的妇女再回职场。接着就是大量引进外籍工人，但仍嫌工人不足，特别是缺乏有技术的熟练工人，因此德国就看上了原有工业基础的捷克与波兰。最后则是原料取得跟不上工业消耗的严重问题。最后则是市场的问题。不过市场的问题并非特别严重，因为德国后来生产的多是供本国所用的国防产品，外销问题尚轻。

这些问题到了1939年更是恶化，驱使希特勒采取积极开拓"生存空间"的政策，为的是追逐粮食与原料。纳粹所看上的"生存空间"就是以农为主的东欧、素有工业基础的捷克以及农工兼具的波兰，这就挑动了国际的紧张神经，最终导致第二次世界大战的爆发。

三、毒瘤：无尽的经济危机与通货膨胀

（一）景气循环

造成工业经济循环的问题是很复杂的，不像农业时代的天灾一般很容易懂。其中一个因素就是生产过剩，以至于价格下跌就会造成经济下滑。根据供需律，当某项货品因短缺而价格上涨的时候，就会吸引更多的投资者、投机客与生产家投入该项货品的生产行列，终造成该项货品生产过剩、价格大幅滑落、投资者血本无归，银行则因收不回贷款而呆账过多从而影响到其他生产与经济部门，最后遂导致整体经济的崩盘。最有名的例子就是20世纪20年代后期发生于农业的泡沫化以及接下来的股市崩盘与经济大萧条（the Great Depression）。

第一次世界大战后，农业经济的异常发展与战争直接相关。战争期间农业部门受到严重的挤压，人手不是被调往战场就是工厂，农具无法更新，资金更是一再流失。这就导致战争结束后各国粮食问题非常严重，气候的异常更是雪上加霜。各国政府乃相继采取补贴、奖励措施，包括将工人的保险与失业给付扩大到乡村。粮食市场看好，于是吸引了无数的人投入种植业。一些谷物如麦，因为欧美各地收成与上市日期不同而成为期货交易之对象。农业部门忽然成为抢手货，生产也随之旺盛，终致生产过剩。

另外，战后农业经济突然放开，也得利于当时政府的货币政策。战后经济萧条，不少政治官员认为乃是工业经济循环所致，因此相继采取一些对应措施，包括维持平衡预算、降低利率、宽松货币等政策。在这种通

货膨胀的政策下，币值无法反映市场的真实价值，于是给了许多投机客炒作的空间。这种人为操作的结果就是使得国内外币值浮动不定，从而增加投机客赚取利润的空间，如炒作股市、期货或外币等。此外，币值不稳导致许多人不愿长期投资，如一定要投资也多选择可以短期收利的产品、产业，这时短生产期的农作物遂成为理想的对象之一。某些农产品（尤其是麦等粮食作物）更成为国际期货市场的投机对象。战后美国的粮食生产就吸引了许多这类的投机客，致使出现泡沫兴盛的情形。在此一情形下，股市的波动固然会影响美国的农业，农业的发展情形也会影响股市的发展。

第一次世界大战后美国农业的兴盛也源于政府的低利政策。低利政策即低利率、调降利息。在此政策下，许多中产阶级开始向银行贷款购屋，许多农民与农业投资者也开始大举向银行贷款购买和整治土地、购买农具与种子等。除了向银行贷款外，无论购屋者还是农业经营者又大量以信用交易满足所需。无论贷款还是信用交易都更加刺激了通货膨胀。中产阶级购屋刺激了20世纪20年代末至20世纪30年代初的经济回升，农夫贷款更是刺激了农业经济的复苏与大量的生产。结果很不幸的，当大家一窝蜂抢种农作物后，就产生了生产过剩、血本无归的现象。农业经济的惨跌导致整体经济的再度崩盘，因为当农民收不回成本时，他们的借贷与信用就成了呆账，遂导致银行因呆账过多而破产，股市跟着就崩盘了。基本上，这就是美国1929年股市崩盘的原委。

（二）结构转型的阵痛

农产的问题很明显是循环、供需失调和投机短利操作的结果。其他的产业没落的原因就没那么单纯了，属于结构性的问题，这类问题尤以英国的传统产业较为严重，如煤、纺织、造船等产业。这些产业原本构成英国传统经济的主体，成为大部分人赖以为生的产业，因此它们的没落就会带来严重的经济与社会问题。

在第一次世界大战前，英国的煤铁、造船与纺织业多是靠出口刺激生产，接着战争中断了这种"正常"的流程。等到战后当英国的传统产业从业者再回到国际市场时，却发现天地变色。许多国际市场在战争期间被新兴国家如印度、日本、美国、澳大利亚等国夺去,以至于英国的产品变成过剩了。另一方面,新兴国家采用的是新技术、新机器以至于产品的质量超过英国货,价格又远较英国货便宜,因此英国当然不敌新兴国家的竞争。这场英国与新兴国家的竞争其实是很激烈的。这是因为更便宜的电力能源与人造纤维的介入,冲击到传统的煤铁和自然纤维纺织业的市场需求,这种趋势对于英国传统产业界而言不啻雪上加霜。英国传统的造船业也面临了同样的问题:战后船只的需求大为萎缩。

新能源、市场需求萎缩的冲击对英国的煤矿业来说更是严重。在战前的岁月里,英国煤矿业的工人占英国工人的最大宗,也是出口最多的货品之一。然而,百年来英国矿场的设备并无多大的更新,即使当战后政府要求煤矿工会更新机器,亦遭到拒绝,以至于矿场的老板素有最顽固者的形象。事实上,英国煤矿业的没落早在战争期间就已经显露无遗了,例如,在战争期间,英国煤矿产量仅增加14%,就已不及波兰(54%)、低地区(118%)和鲁尔(81%)。

面对第一次世界大战后更严苛的挑战,煤矿主人只想到增时(煤矿工人通常至少得工作7天)、减薪,而非再投资以更新设备。煤矿主人拒绝更新设备,导致煤矿业成为最危险的行业之一,例如在1922—1924年间,死于矿场的工人高达3603人,受伤的更高达近60万人次,即使未受伤的矿工,也因为平日透支体力过度而致40岁以后通常都不再适合工作,亦即矿工的工作寿命短。这就引起煤矿工人的不满与走上街头,因此在战后的罢工潮中以煤矿工人的罢工最为频繁。

英国煤矿的问题实源于第一次世界大战期间政府的"国家化"政策。战争期间,将煤矿收归国有被视为战时不得已的举措,因此战后再度引起讨论,煤矿主人多反对将矿场收归国有,但矿工为了得到较好的待遇而希望国有。于是英国政府成立委员会调查讨论但无定论。1921年,战后的第一波经济景气期结束,有近200万人的失业人口,煤矿输出又锐减,于是煤矿主人再度决定减资,遂导致愤怒的矿工走上街头抗议。同年,矿工酝酿首次的全国性大罢工运动,但得不到另外的铁路与交通工人的支持(传

第11章 补齐短板:第二次工业革命

统上矿工、铁路工人与大众运输工人号称"三角联盟"),矿工罢工运动遂告失败。1925年,在金本位制下,煤矿的输出更是不堪闻问(因为金本位制不利于输出:金本位价格高,不利于英国煤的国际竞争),于是煤矿主人再度酝酿删减13%的工资,并要求增加工时。全国工会联合总会乃再度威胁大罢工,政府只得同意贴补矿工。

1926年,煤矿主人再度宣布再减13%的薪资,以及增加工作时间。在矿工的拒绝下,矿场主人乃于4月底解雇上百万名煤矿工人。全国总工会遂与政府展开协商,但政府犹疑且接手的意愿低,于是全国总工会遂呼吁发动全国性的大罢工。5月3日,大约有350万名工人拒绝工作以响应罢工,并声援矿工。大罢工仅进行了9日就震惊了英国上下民众,因为在这些天中,仅有少数的非工会的蓝领工人照常上班,以至于交通、工厂、矿场全数瘫痪。

这场大罢工不仅显示政府与工会间的冲突,也揭露了英国各社会阶层间的冲突。不少中产人士害怕英国将被"布尔什维克化"或共产主义化,有的甚至指为英国的宪政危机,更有的认为大罢工的行为破坏了战前讲究顺从的诸多美德,于是一致要求政府采取强硬的态度。广播公司与媒体甚至拒绝播放较温和或妥协性的言辞。为了对抗罢工,政府招募志愿工以协助交通运作,许多牛津剑桥的大学生相继加入驾驶公交车与铁路的行列。最后在全国一致的压力下,全国总工会终于宣布结束罢工。大罢工之后,煤矿工人虽然仍单独持续地罢工了一阵子,但却彻底地失败,最后仍被强迫接收减资增时的苛刻条件而重返矿场工作。一直要到第二次世界大战之后,矿场始正式国有化。

此外,经济不景气,无论是循环还是结构性问题,都易导致企业兼并,因为在经济不景气的冲击下,许多中小企业因撑不住而欲脱手或关闭,这就成为大企业兼并的大好时机。1920—1930年的确看到不少企业联合与扩并。当然也有同业间相互合作成立类似合作社的组织,以稳定市场和原料,尤其在农业部门更是常见。不少企业联合或托拉斯的行为其实是得到政府的支持的,特别是在资金与资源紧缩的东欧。基本上,战间期的兼并之风从第一次世界大战之前就开始,经过第一次世界大战的催化,到了战后更是普遍。

（三）战争后遗症——通货膨胀政策

战争留下来的庞大财政负担与战时经济政策，一时间仍无法消化或立即改变。譬如，战争期间各国政府为了应付战争军费而采取的通货膨胀政策，以及政府干涉主义，并无法随着战争的结束而立即取消。在战债（包括国内外的公债、借债与贷款以及国际借贷和赔款等）与重建经费的压力下，政府被迫继续维持通货膨胀的政策，希望能借着贬抑币值减少债务负担。①在重建经费的压力下，各国也相继大量印行纸钞，特别是重建压力大的法国与德国。战后的法国满目疮痍，家园与工厂都等着重建，于是政府提供大笔的补贴和低利息的贷款，银行则发行大量的信用贷款以协助重建，同时为了刺激投资，政府也采取宽松货币的政策。英国政府面对大批的退役军人和失业工人的津贴与补助，还有其他的社会福利支出，也不得不采取通货膨胀的政策以减轻政府的财政压力。

最有名的例子就是德国的鲁尔事件。1923年，当德国拒绝继续支付赔款，法国与比利时乃进驻鲁尔矿区，以迫使德国继续支付赔款。这时，德国政府以爱国主义号召工人罢工、退出矿区。为了支付这些工人以及他们家属的津贴，德国政府乃大量印制钞票。当时德国30家印钞厂和2000多家印刷厂一天24小时不断地印制钞票，结果导致马克大跌，德国民众甚至得驾车带着一大袋的钞票上市场，却只能采购到一两样便宜用品。发薪的日子里，工人背着一大袋的钞票回家，却换不回一星期的食物或用品。市场的价格更是一天数变，钞票的票面价值更是出现万乃至百万等数字；美金

---

① 战后各国政府的债务负担都很大，特别是支付战债的利息负担更是沉重。20世纪20年代末期，英国的战债利息几乎就占了政府财政支出的1/3。为了减轻负担，政府不得不采取低利政策，英国银行大部分维持利率在2%左右。低利政策可以减轻政府的财政负担，并有效鼓励消费贷款以刺激中产阶级的购买力。同时也减少投机客以炒作的钱存入银行赚取利息，以致银行中没有太多的短期投机钱，从而可以有较稳定的金融体制。当然，低利也可以鼓励企业贷款，对于刺激产业兴起颇有帮助。一些经济史家认为：英国政府的低利政策有助20世纪30年代中叶以后的经济复兴。

与马克的兑换甚至达到4000多万（1美金可兑换4000多万马克）。这时人民都急着脱手钞票，不少家庭甚至将马克丢到壁炉中以作为取暖的燃料。德国政府为了稳定币制，只好采取激烈的措施，就是维持平衡预算。为了维持预算的平衡，政府只好大量裁员，一时之间，约有70万名政府官员遭到裁撤，这又转而增加了失业率，这种高失业率更加刺激社会的动乱和极端化。

当然第一次世界大战后物价攀高的原因不限于通货膨胀一因。战争期间大部分的工业移往军火部门，以致第一次世界大战后市场上民生等货品不足，在需要大过供应的情况下，物价当然会一扬再扬。当政府眼见物价过高，开始采取紧缩货币政策以期"稳定货币"的时候，却又造成了投资停顿、就业机会紧缩，失业人口再度上升。1920—1921年西欧、北欧国家都经历了这种高失业率的阵痛，中欧、东欧的失业高峰则较晚，约在1923—1924年。

无论如何，战后各国政府采取通货膨胀政策，为的是减轻财政负担以及刺激投资、振兴产业。然而，通货膨胀政策却会使各国政府面临另一项新困境，就是如何发展出口贸易以赚取外汇或加速国内经济复苏。要发展出口贸易，就必须增加自己产品的国际市场竞争力。在此前提下，产品的价格不能太高，达到此一目的的方法不外乎降低产品的成本与价格。如何降低出口产品的价格就涉及金本位与外汇市场的制度。

为了发展出口贸易，各国一再降低自身货币与黄金或外币的兑换比率（即外汇兑换率，也就是贬值）以利出口以及国际市场的竞争。然而，有些国家基于政治考虑如英国、意大利却仍坚持维持第一次世界大战前的外汇币值[①]，导致出口贸易困难。最终，英国政府基于出口贸易考虑而放弃金本位制。除了贬低自己的币值外，各国也得相继降低自己产品的成本，尤其是工人的薪资。为了降低工人的薪资，政府就必须降低物价，为了降

---

① 譬如战后英国政府坚持回归战前的金本位，因此将英镑与黄金的兑率定得很高。另外意大利基于国家荣耀的考虑也将里拉的汇率定得非常高，均不足以反映实质的币值。

低物价，政府更得采取货币紧缩的政策，这又与有利于财政与投资的通货膨胀政策相违背。因此，我们可以看到战间期的各国政府常在紧缩与膨胀间摇摆不定。

（四）心理、社会因素

基本上，主导战间期各国经济政策的并非纯经济的考虑，而是战后的心理与社会因素。第一次世界大战后到第二次世界大战爆发前期，西方的世界弥漫着两种极端的心理与社会趋势，对于当时的经济却都有着相当负面的影响，因为不同的心理与社会因素会影响到时人对于经济问题的看法与态度。一种趋势是希望能忘掉战争的经历，尽快取消战争期间所有"战时""临时""暂时"的措施，好让一切的事情恢复到战前的状态。这群人认为战前的状态才是"正常"的，因此他们呼吁"恢复正常"或"回归正常"。

相对的，另有一群人则愿意接受战争改变一切的事实，并希望能利用此一契机以创造新的"理想"制度，不过这群人在当时只占少数。

呼吁"回归正常"的阵营多属政府官员、拥有资产的社经精英，亦即多是战前体制内的精英或执政者。至于要求"创新"的人又多属于社会上乌托邦的理想主义分子或知识分子，他们对于现状相当不满与失望，因此要求彻底改变既有的社会与经济结构。这群知识分子可能是右派或保守派，也可能是左派，无论左或右，均属于两派中的极端分子。随着战后经济情况的日益恶化或起伏不定，这批理想与激进分子（无论左右）都希望夺权以实现自己的经济主张，进而改善战后的经济与社会，他们也的确吸引了许多失业、失意的中低阶层人士作为后盾。德国的纳粹即属激进的经济主张者成功夺权的例子。

"回归正常"与"创新变革"两阵营间的歧见和冲突源于第一次世界大战前的争论，只是战后重建的问题更为加深彼此间的分歧，进而导致一般社会人士对于战后世界的走向亦无共识，终至战后的社会被撕裂成两半。至于原本处于中间缓冲的中产阶级、温和分子则遭到挤压而大幅缩小。总之，战后世界无论在社会、政治、文化还是经济方面的分裂与纷扰,其实大都源于这两派间的无共识。主张回归正常的人士仍秉持着英国维多利亚时代的精英主张,他们认为必须激励群众支持他们制定的政策,却反对让他们参与政治与决策的过程。然而,大战期间,这批精英给了群众太多的幻象与期望,以致群众认为战后应立即进入另一个理想的世界。但事与愿违,这些受挫与失望的群众遂选择站在呼吁"创新变革"的知识分子的背后。这些群众除了昔日被排除在公共政治之外的农民与工人外,还有战败国中看不见未来的群众,以及突然遭到解甲的退役军人等。

面临严苛的经济与社会挑战,战间期的各国政府官员束手无策。于是,各国人民纷纷要求政府成立"专家委员会"或"专业内阁"以解决问题,因此著名的财经专家、财阀相继入阁推出各式的方案。在专家、财阀的策划下,经济似乎颇有起色,但是社会却付出惨痛的代价。当财阀或企业大亨在为政府筹划或推行经济振兴方案的时候也借机为自己的事业牟取利益,而且经常超出法律与社会正义的底线。以美国火柴大亨克鲁格(Krueger)公司为例,这是靠着兼并而成立的一家国际火柴公司,但该公司实际做的业务却是买空卖空的生意。该公司总裁先向银行贷款,再借给急需经济援助的国家以换取该公司在该地的独占权(包括生产与销售)。他大部分的贷款流向东欧国家,尽管许多投资者都认为该项业务风险太大,但他仍然继续此项借贷业务,后来更大笔地借贷给法国(7500万美元)与德国(12500万美元)。很不幸地碰上经济大萧条,他借出去的钱收不回来,以致他的信用出现问题而贷不到款,而且还得清还旧债,最后他只好选择自杀结束这项买空卖空的生意。因为他的不幸遭遇,瑞典的股市被迫停市一星期(克鲁格本是瑞典人),瑞典政府还得出面为他清偿部分的债务以防止瑞典经济的崩溃,当然为他丢官的人更是无数,甚至包括瑞典总理。

又如美国的哈丁(Warren Harding,1921—1923年在任)政府,也是因为财阀、工商巨子和专家的弄政,而有美国史上最腐败政府之名声,时人称之为"巴比伦奢华"或"巴比伦宫廷"。贪污、渎职、公器私卖等黑金政治盛行，他的一位阁员甚至将白宫的医疗器材以低价外卖从而赚取暴利。哈丁的竞选大将也因为财务不清、办事不诚实而遭起诉坐监。

人民对于政府的不信任也导致政策窒碍难行、成效不彰。例如当1929年经济大萧条时，美国总统胡佛（Herbert Hoover，1929—1933年在任）推行了不少振兴方案却遭国会抵制，以致府会大唱反调，更使得民间批评声不断而致政府政策难以落实。其实，后来罗斯福总统（Franklin D. Roosevelt，1933—1945年在任）所推行之"新政"（New Deal）不仅继续胡佛振兴方案之精神，甚至连内容都接收了。只因为罗斯福利用炉边谈话恢复人民的信心，遂使新政得以落实而生效。

在以上诸项不同因素的交互作用下，政府官员以及民间专家都无法确定当前面临的经济问题是否为景气循环所导致，或是还有其他潜在问题。譬如20世纪20年代末期，在新工业的带动下，曾经创下短暂的经济景气，但很不幸的，突然间经济又暴跌了。在1928—1932年间各国的投资忽然停止，然后一国接一国地陷入经济恐慌中。在这一波的经济打击中，每一个国家或地区承受的能力与复原的能力不一，有的国家迟至1935—1938年方才回升。在这一波经济恐慌刚开始的时候，各国认为又是景气循环的问题，于是各国相继采取紧缩货币政策（如限制信用发行等），反而加剧经济的恶化，更导致社会的动乱。社会的动乱吸引左派与右派的极端分子，他们希望借机夺权以建立自己心目中的理想国，一些地区就在这种背景下沦为暴力与极端的极权统治。

四、英美式改革与德式改革

大体而言，面对战后的经济困境，各国政府所采取的政策大致依循传统保守与激进改革两条财经路线。有趣的是，刚开始的时候两边的政策各有不同的意识形态作为背后的动机与合理化的借口，但为了因应情势的发展、政权的需要以及民意的要求，两边的政策开始有了重叠与相互融合的现象。到了最后，无论是保守还是激进，最后各国的财经政策又殊途同归，例如扩大公共工程的措施，希望能减缓失业的压力，并恢复和刺激部分私有财产（即消费能力）的扩张；又或是将大部分的财政投入国防军备，最后虽导致经济复苏与繁荣（不少地区与工业的生产量甚至超过第一次世界大战前的水平），却也使得战争不可避免，重蹈战前的覆辙。

（一）保守与稳定的经济政策

大体而言，保守派遵行自由主义的主张，将战后的经济危机视为经济景气循环的结果。根据循环论，景气循环也是企业重整的大好时机，因为一些不良的产业与经济行为（如股市投机）会因承受不住经济的低迷而自然淘汰，留下来的将是健全的产业与经济行为。因此，经过自然调适后，下一波的经济将会更健全、强壮，从而导引新一波高峰。因此，在这段时期，政府唯有耐心地看守，等待经济的自然调适与复苏。所有经济不景气中的现象（其实也是造成经济不景气的部分原因）如通货膨胀、工资过高、股价下跌（多是投机股而非优良股）、过高或过低的利率、夕阳工业等现象，政府均不宜插手，任由其自动调节或淘汰。

在所有的保守派所主张的经济策略中，最重要的就是平衡预算。保守与传统分子认为平衡预算不仅可以维持产业界与民间对于政府、政策的信心，更可以节制在野的野心分子、激进分子乱开政治支票。他们认为激进分子主张的"赤字预算"或"扩大预算"将会导致在野的政客为争求选票而乱开支票，在朝的政府也容易陷入多花钱与浪费的行为与政策中。然而，要做到这些以维持基本面与人民的投资信心，还要避免社会骚动以稳住政权，政府就不得不插手如平衡预算、裁员、大幅删减财政预算与稳定货币政策。保守人士对于政府为稳定局面而采取的政策，称之为"稳定政策"或"稳定主义"（stabilizationism），而非"干涉主义"（interventionism）。无论哪一类称谓，我们可以英国为例一窥究竟。

1. 削减支出与失业津贴问题

战间期各国政府财政最大的负担除了战债、各式债务外，就属社会福利方面，其中失业津贴更是引人争议。在英国首相劳合·乔治（David

Lloyd George，1916—1922年在任）主政的时候，他将失业保险扩及所有失业的人口，对于无法领取失业保险的人还另外给付特殊的津贴，而非援引有失身份的《济贫法》，自此以后政府的失业津贴负担就直线上升。为了要满足失业给付，政府不但被迫加税还得借贷，这不仅危及平衡预算的原则，还使产业界人士对大环境逐渐丧失信心，到了1931年政府更是因此而面临破产的窘境。

失业津贴在当时的政党间引起激烈的讨论。劳合·乔治的自由党主张采取赤字预算，借推行大规模的公共工程解决失业问题。保守党当然主张大幅删减，他们更坚持失业津贴只会鼓励工人不工作。工党内部也是意见有分歧，许多激进的工党分子认为失业津贴是社会主义的一环，社会主义则是党魂之所在，故不得废。工党党魁，也是当时全国联合政府（National Government，1929—1940年）的首相麦克唐纳（Ramsay MacDonald，1866—1937年）则相信："社会主义必须建立在资本主义的繁荣基础上，因此要实现社会主义必须先稳固自由、民主与资本主义。"①为稳固资本主义政权，麦克唐纳决定大幅删减失业津贴与其他社会福利支出以减轻政府的财政负担。

在这一波重新调整中，英国大幅提高领取失业津贴的门槛，包括对财产的清查以及若干资格的限定等。同时，失业津贴的数额不得超过最低工资。然而，政府仍然拒绝引用不受尊重、有失身份的"济贫法"或"贫穷津贴"等字眼，以保住失业工人的尊严，甚至使用"值得尊敬的工人"。经过改革后的失业津贴终成为有效的经济与社会策略。就经济而言，它不

---

① 1929年，麦克唐纳率领工党首度赢得选举胜利，得以组织工党政府，当时他的口号即采取赤字预算、推行公共工程以减少失业问题。不过，麦唐纳担任首相后即改变主张，赞成大幅删减失业津贴，从而导致工党内部分裂，麦唐纳政府垮台。在英王要求下由各党合组一个全国联合政府。全国联合政府的体制与传统英国宪政体制不符，传统上英国政府应由多数党组阁，并由多数党党魁担任首相。但是全国联合政府却是以少数党的党魁麦唐纳担任首相，该政府的多数党则为保守党。

足以鼓励工人失业，微薄的津贴促使许多工人努力寻找工作，从而降低失业人口；产业界对于环境与政府的信心也逐渐回升。另一方面，津贴也有助于维持基本的消费市场。更重要的，被保持住尊严的工人没有像德国等地的工人般倒向激进的反政府阵营，成为反政府的部队，社会秩序与政治因而稳定住。

2. 新产业的勃兴与衰落市镇的照顾

造成20世纪30年代英国经济复苏的原因之一其实是新产业的蓬勃发展，特别是汽车、收音机和人造纤维等产业。经济的复苏还表现在这些新产业界的工人不足上，当时这些产业到处在招募技术工人。到了1937年时，英国的失业率已经降到9%以下（140万人左右）。不少经济学者认为：前期的通货膨胀、低廉币值的政策有助于这些产业的投资意愿增加。

除了新产业的蓬勃发展外，房屋建筑业的兴盛也带动经济的复苏，低利率政策使得许多中产阶级人士可以轻松贷款购屋。此外，战后欧洲开始流行小家庭社会，英国亦不例外，当家庭朝核心家庭发展时，房屋的需求就开始激增，这些有助于建筑业及其周边产业的兴盛如建材、家具等。建筑又是工人密集的制造业，因而对于失业人口的减少有不少的帮助。

新产业的兴起导致新工业区的兴起，当然也促使旧工业的城镇开始没落。许多原本兴盛的煤矿城、棉纺织城现在都迅速没落。为了解决这些地区严重的失业问题，于是英国政府采取纾困的策略。除了协助它们产业转型，或是发展其他服务业如观光等，也希望创造更多的就业机会，不仅能解决当地的失业问题，更希望能吸引周遭外地的人来就业。若实在没办法，政府就开始鼓励这些城市的人口回乡务农。

3. 振兴农业

战争与战后的缺粮教训让英国政府体认到农业的重要，特别是英国粮食素来仰赖进口，在战间期经济紧困之时，英国仍得花大笔的经费向外购买粮食，形成庞大的经济负担，于是政府开始采取振兴农业的政策。首先，英国政府开始大量补助农村，鼓励人民回乡务农。到了20世纪30年代，眼见欧洲的局势越来越动荡，战争似乎又将降临，英国政府更是加紧农业振兴的步伐。1931—1932年间，英国政府开始采取农业的保护政策。对于大麦与甜菜的生产，政府不仅提供直接的补助，并鼓励农民采取合作社的经营方式，同时允许各农产自设市场部门以进行产销合作。

尽管英国政府尽力采取各项鼓励措施，希望能达到粮食自给的地步，但是英国农业并未造成预期的繁荣景况。政府的农业政策甚至受到工业界的抨击，不少工业界与经济专家都认为，在资源紧缩的时候，政府更应该将所有的资源支持工业部门，而非"浪费"在农业补贴上。不管振兴农业政策正确与否，起码在英国种植大麦与甜菜的农民并没有倒向激进反政府阵营。反观德国与东欧各国，大部分的农民，尤其是麦农与甜菜农在不堪世界市场萎缩以及政府缺乏有效保护与补贴的情况下，纷纷倒向激进的极权主义阵营，若以此论，英国的农业政策至少是成功的。

4. 保护政策

在面临新工业发展的时代，英国政府也开始放弃自由贸易主义，改采保护关税政策，为的是保护新兴的工业免受外货的冲击。在此转变的过程，英国政府也一度犹疑，但是在民意与工商业的强烈要求下，例如全国工业联合会（Federation of British Industries）声称约有96%的成员赞成施行关税保护政策，英国政府终于在1931—1932年正式采取关税保护政策。即使是素来支持自由贸易、反对关税的保守党也支持这项政策。根据1932年的《进口税法》，仅有英联邦的自治领可以享受部分的进口优惠，而且每项进口货缴纳的关税不一，最高的可抽到20%以上的关税，不过大约也有1/4的进口货免税。

后来的一些学者或政论家认为该项关税政策并未达到刺激工业发展的效果。然而，尽管关税并未刺激产业兴盛，却阻止了产业的持续恶化。同时，因为关税政策是政府响应工商业者的普遍要求而采取的措施，至少保住，甚至提升了产业界对政府与政策的信心和支持。这对于后来官商合作度过经济大萧条（1932—1935年）颇有帮助。

第11章 补齐短板：第二次工业革命

5. 国际金融之操控与国际贸易

在发展国外贸易时，战后各国政府均面临如何突破重重关税壁垒的问题。其实，许多国家的政府如英、美都知道如要发展出口贸易和国际贸易，就必须降低或取消进口关税，然而面对国内强大的民意要求，以及基于保护国内脆弱的新兴产业或农业之需要，各国均无法降低关税。如1922年、1930年美国国会均不顾总统的反对而通过增加关税的法案，即《斯姆特—霍利法案》（the SmootHawley Tariff Act, 1930），英国亦复如此。于是为了舒缓国际不景气的现象，几个主要的国家，如英、美、法、德的国家银行总裁遂组织一国际性的金融寡头会议，以操纵国际金融与通货量的方式来刺激国际贸易。这个组织的决定权实际上是操控在美国联邦储备银行（Federal Reserve Bank）和英国伦敦银行的总裁手中。

例如战间期掌管美国联邦储备银行的总裁本杰明·斯特朗（Benjamin Strong，1914—1928年在任）可以说是美国财经政策的真正规划人，他采取高度集权与秘密作业的方式，将美国的金融世界和财政王国建筑在他个人的信用与能力上，以致当他在1928年去世后，无人能继承他的事业与金融政策，终致整个金融体系的崩解，而有随之而来的全球经济大萧条。

差不多和本杰明·斯特朗同时，执掌英国中央银行的是蒙塔古·诺曼（Montagu Norman，1920—1944年在任），他和本杰明·斯特朗密切合作。他们贷款给美、英的政治盟友，如比利时、波兰、意大利等国家。本杰明·斯特朗利用与英国合作，并善用私人渠道弥补美国未参与国际联盟所造成的国际损失。例如本杰明·斯特朗常与英、法等中央银行总裁以私人聚会的方式讨论和运作国际金融的政策和体系。总而言之，为了避免受到民意的干扰（基本上这些金融家都不信任民众），这批国际级的专家采取高度保密的方式筹帷运作。他们定期在纽约或伦敦私宅举行私人聚会，讨论解决国际金融与贸易的问题，以个人的金头脑、绝顶的专业知识与能力来操控全球复杂的金融体系与国际政治体系，一旦当他们后继无人时，整个金融体系就崩溃了。

这些国际银行系统所采取的策略，主要是扩大国际通货流量，即通货膨胀。和德国政府靠印刷钞票以增加通货量不同的是，美国是以大幅度提供信用贷款[①]来执行通货膨胀政策。此一政策事实上是与正常的利息操作相违背的。在正常状态下，银行提供借贷的利息应该与存户所得到的利息相符，意即借贷的利息应与存储、存款的利息相符。然而，根据美国联邦储备银行的说法："为了要刺激、保护与繁盛各式合法企业，有必要提供他们低利率的贷款。"于是在国会、银行和财政部的操弄下，借贷的利息被人为手段压得非常低，远低于存储的利息。基本上，这是属于凯恩斯主义"借贷不平衡""先借再还"中的一种主张：先用低利贷款刺激经济成长，然后再补足原先之所欠之款项或损失部分。

美国联邦储备银行将此种操控货币供应量与币值的方式引进国际市场和国际金融体系，再加上国际政治的考虑，意即提供信用贷款给想要扶植的政府或具有相同立场的国家政府，对于政治立场有问题之政府或政权则拒绝予以信用借贷。除了作为干预国内政治的工具外，国际金融组织也利用信用贷款的手段畅通国际贸易，意即在提供借贷时，国际金融组织会要求对方降低某些项目或某些国家（通常是美、英两国）货品的关税。原则上，在这种操控方式下所建立的贸易系属于双边贸易，与战前的多边贸易、自由的国际贸易的性质和精神相违背。此一种双边贸易基本上是靠人为操纵达成的，一如国际或国内讲究人为规划、人为操纵的计划经济。

此种扩张信用的金融手段曾遭到德国银行家舒哈特（Hjalmar Schacht，1877—1970年）的反对，他主张恢复战前的货币政策，意即以实质货币取代虚拟信用货币。他认为唯有借发行实质货币方能节制通货之无限制膨胀，并恢复存户对货币与银行的信心，自动将游离资金存入银行，从而以真正的货币资金（而非银行信用）提供产业界所需的融资，不过此

[①] 20世纪20年代，美国国内的货币流通量并未增加太多，但是货币的供应量却大幅扩张，在1921—1929年间，通货的供应量增加61.8%，扩张的部分主要来自信用贷款等。

一主张未受到英、美银行家青睐。英、美银行家在面临国际融资紧缩、经济持续不振的困境下，这些国际金融寡头因缺乏真正的实质通货，而被迫一再地扩张信用资金与信用货币，这就导致国际信用与通货以及外汇面额无限制地膨胀与飙高（外汇面额飙涨意味着实质币值之贬值）。

当然，英、美银行家坚持人为的金本位制、信用扩张政策均有利于英、美的国家利益。诚如法国银行家所批评的："这种重建的欧洲金融体系与货币体系是阶层化的。所有的国际货币将分为两个阶级：一个是以黄金为基础的英镑和美元；另一个则是以英镑、美元为基础的其他货币，此部分黄金准备金操控在伦敦与纽约的银行，以致其他的货币丧失独立自主性。"不过，英、美稳定主义者仍辩称：此种金融操控有利于稳定国内物价、防止实质工资持续下滑，更有助于各国突破保护主义的关税壁垒以发展出口贸易，从而恢复并刺激国际贸易的兴盛。

的确，刚开始的时候（20世纪20年代中叶左右），在此种"稳定"或"计划"金融政策下，国际贸易开始复苏，到了20世纪20年代末叶（1926—1929年）时，国际贸易增长率甚至超过战前时期。许多财经专家与凯恩斯主义者兴奋地宣称此为"人为操作（managed）胜过自然的胜利"。不过现在一些学者认为："造成当时经济景气与国际贸易复苏，其实有一部分应归功于各国生产力的复苏与增加。"而且此辈学者认为："不健全的人为操纵不仅无法有助于真正的经济发展，反而刺激投机经济的蓬勃发展。"

以美国为例，在一片信用经济下，许多工人或中产阶级拿到的薪资中，也涵盖了一大部分的钱币替代品，如股票、分红等。无论如何，总薪资额是增加了，亦等于鼓励薪水阶级以信用贷款方式大笔消费，购买汽车、房子和各式家用品。

当经济景气蓬勃之时，社会容易面临财富分配严重不均的问题，例如战间期的美国，前1/3的高收入人口仅占全国人口的5%，于是薪水阶级只好冀望通过炒作手上的股票、红利来赚取额外的收入，还有人干脆放弃领固定薪水的工作，改投入赚取非固定薪资。

总而言之，绝大部分的民间游资都投入股市投机事业。当股市越炒越热时，许多人甚至借钱、贷款炒作股市。[①]一些空头公司可炒到数百万美元（如原本投资额、资产额为500美元可炒到700万美元左右）。当大家的手上都是股票，收入亦以股票为主时，股市一个骚动就会影响深远，1929年美国股市大崩盘及其后续的骨牌效应就是如此产生的。国际金融体系、国际贸易又将欧洲各国与美国紧紧绑在一起，因此美国经济萧条很快就蔓延到欧洲，全球性的经济萧条就产生了。

（二）激进的国家社会主义政策

不少学者认为第一次世界大战对德国经济的破坏力其实不大，因为德国本土在战争期间并未沦为战场，所以战争对工业硬设备的破坏力是有限的。战后德国工业所面临的问题一如英国，是如何汰旧换新和转型的问题。其次，战后德国虽背负赔款的负担，但是在美国的贷款和一再纾困下已大为减轻了；相对于德国的赔款负担，战胜的英国亦有庞大的战债负担。因此，战后的德国一如西方的英国，经济很快就复兴了（1922年左右），失业率也不比他国高（德国失业率约3%）。

和其他西方国家相同，德国政府在财阀与专家的领导和策划下，对工业进行了大规模的重整，并朝并购、联合等托拉斯垄断性企业进行。同时，福特式的自动化生产、装配线生产方式亦大量引进德国工厂。比起其他西方国家，德国政府内的财阀比例较高，几乎从总理开始都是清一色的财经专家、金融与工业财团的领袖。因此在看管国家利益时，这些大企业家、金融家也不忘照顾一下自身的私人利益。例如早在战争期间，这些大企业家、财团就已经将自己的资产转换成美元等外币，因此轻忽德国马克的货币政策，使马克一再贬值、狂跌。有的财阀甚至趁马克波动不已之时，利用操作汇市及股票以及短期借贷等投机方式牟取暴利。又如，许多国内外的银行借贷都被企业界移为他用，且多用在并购企业方面，而非长

---

① 这也要归因于当时的低利政策，当利息低、股利高之时，自然就有许多人利用贷款炒股票。

期的投资或研发上。

同时，魏玛政府（Weimar Republic，1919—1933年）的财经与社会政策存在过度重视工业与都市的问题（重工轻农、重城轻乡）。譬如，魏玛政府以低价收购农产品如粮食与染料等工业原料，以利于都市的工业发展，如此低的粮价也有助于降低工资。另一方面，工业产品（特别是民生日用品）因垄断性经营使价格不断攀升，农民得花高价购进民生用品、工具等。政府的财政与资源分配也多有利于都市，如提升都市的公共艺术、生活品位、文化活动等，以致乡村的贵族与农民抱怨不断，特别是东欧部分。他们对于魏玛共和本就缺乏好感，现在更怨愤不已。

总之，魏玛晚期的繁荣景象，无论是文化建设还是经济发展，其实都是属于"镀银"的表面化现象。在这个灿烂的表象下，传统企业的工人、城乡地区的工匠以及乡村的农民、地主贵族的利益均受到漠视，因此魏玛的繁盛其实是禁不起任何一个国际经济危机的打击的。当经济危机发生时，魏玛政府甚至无钱推动公共工程以吸纳失业人口。

1928年，德国的投资开始迅速减缓，农业部门的投资甚至零增长。接着，美国调高利息的政策更加速德国经济的不景气，因为德国向美国借贷庞大的金额以偿还赔款或重建计划，遂导致德国企业的贷款与信用压力大增。许多企业纷纷倒闭，再加上政府为了维持平衡预算而大幅度减支，终使德国的失业人口骤然攀升：由1929年的100万人增至1930年的200万人，到了1932年更是增加到600万人。失业人口的激增转而增加政府的财政负担——社会福利支出与失业津贴。尽管政府一再发放失业津贴与社会福利津贴，但是大部分的津贴都流入失业的政府官员手中，一般平民所得甚少。于是，政府的美意与德政得不到平民和工人的欣赏，反成为反政府的借口。

尽管有专家建议魏玛政府采取较激进的扩大预算（即赤字预算）以推动大规模的公共建设，但传统的官僚如总理布鲁宁（Heinrich Brüning，1930—1932年在任）等人坚持传统的平衡预算政策。布鲁宁拒绝采取通货膨胀与扩大公共工程等建议，改采通货紧缩政策，希望能借降低工资、降低租金和产品价格以刺激出口贸易，他同时也希望能借这波经济不景气完全取消赔款的负担。此外，布鲁宁一方面裁减政府支出、删减社会福利支出，另一方面则要求增税。这些政策遭到德国议会的拒绝，遂使经济危机转为政治危机，在经济不见转好的情况下，国会几次改选，纳粹在国会的议席一再增加。最后，布鲁宁与总统兴登堡（Paul von Hindenburg，1925—1934年在任）发生冲突，布鲁宁下台，当时全国的失业人口高达600万人，占全国工人的1/3。

1932年大选时，纳粹获得国会多数席（230席）。1932年，希特勒成为总理，并得到4年专制的授权。同时他宣布施行第一个4年经济计划①。希特勒的政府也网罗了不少杰出的财经专家，不过是属于与传统平衡预算不同的另一派主张。因此，希特勒的财经政策、振兴经济的计划与传统、保守的平衡预算反其道而行，应是属于凯恩斯主义，即扩大预算或赤字预算的策略。

希特勒解决失业问题的策略也与英国大相径庭。首先，希特勒解散工会组织，另外由政府组织工人阵线，即将工人由民间的工会照管改为由政府照顾、管理与控制，其目的是收回工人的罢工与怠工权。其次，对于曾有务农经验，或懂农事的工人，则鼓励他们返乡耕地，以期减少都市的失业问题，从而增加乡村的农业人手。接着，希特勒政府又鼓励妇女退出职场，重返家庭从事家务，或是家庭服务业。对于剩下的失业工人，希特勒又将较年轻的工人组织起来，鼓励他们去参与公共工程的建设工作，成为政府公共建设的主要劳力来源。最后，当大部分的工人，无分男女、老中青，安排工作后，希特勒政府开始规定工人不得转业，且得强制工作。经过此番的消化与分散后，德国的失业人口迅速消减。在纳粹执政的一年内，失业人口下降到400万人，等到1937年时，德国更是号称无失业人口。

---

① 1934年兴登堡去世，希特勒乃趁机宣布将总统与总理职位合一，并要求向他个人宣誓效忠，从此正式建立纳粹的极权政权。

第11章 补齐短板：第二次工业革命

在振兴经济方面，第一，希特勒一如罗斯福的新政也是从复兴农业开始，他采取固定农产品价格的策略，以协助农村复兴。第二，希特勒利用公家的采购案，协助小型企业或零售业渡过难关。第三，政府出资补助工厂添购及更新设备，以增加产业的竞争力。第四，利用减税与就业保险等政策，给予中产阶级安全感。第五，则是发展建筑业、地铁、高速公路等大型公共工程，一方面刺激经济，一方面也在扩大就业机会。最后，则是鼓励化工、矿冶、钢铁等产业朝着自给自足的目标发展，并压抑工会活动增加他们的利润，借以拉拢大企业家。

在拓展国际贸易方面，希特勒则首先采取严格的控制外汇市场的政策，以稳定马克的国际汇率。接着，他又与东南欧等国家签订双边贸易条约以打开并确定德国的国际市场。

1936年，希特勒宣布第一个4年计划成功结束，并展开第二个4年计划。在第二个4年计划中，希特勒强调国防军事工业的发展，且大幅扩编公共建设的预算，许多与国防相关的公共设施如汽车、高速公路等均在此期大规模推动。在前一期的计划经济中，希特勒即以对大财团、大企业、大金融家百般压榨以为政府财政与公共建设经费的来源。其方法从强迫低利贷款、强迫乐捐、配销低利公债到增加私人财产税、公司与合作社营业税等都有。到了第二期时，这种强制吸收民间资本、筹措政府经费的对象更是扩及犹太人身上。1933年，希特勒政府首先抵制犹太人的企业活动，1935年又剥夺犹太人公民权，对犹太小区抽取特别的捐税，且开始攻击犹太人的财产。

为了振兴经济与军事，德国境内所有的人民都付出了不少的代价，除了上述的企业家、金融家、犹太人外，一般的民众也付出不少的代价。由于纳粹政府着重发展军事等重工业，遂导致民生工业萎缩，致一般小民，无论都市的工人或乡村的农民，消费利益都蒙受重大损失。**此一发展实与纳粹当初作为小民代言人、保护者的承诺相违背。**

五、1929年的经济大萧条

1929年的经济大萧条对于现代史的发展影响相当深远。基本上,类似的经济萧条对西方人士而言并不陌生,但是1929年却是规模最大、影响最深远的一次,其原因可溯自第一次世界大战所遗留下来的财经危机及战后世界市场的生产与分配发生的严重危机。偏偏这两项危机在1929年集合在一起了,造成史无前例的经济大萧条,于1931—1932年达到最高潮,在缺乏强有力且负责任感的经济领袖的情况下,经济情况日益恶化,影响的层面也日益深且广,终导致某些地区的民主沦陷,代之以极权政治。

经济大萧条源于农业价格持续且大幅地跌落,这当然又可归因于生产过剩,如大麦等农作物。20世纪20年代中期以后,农作物的价格就持续低迷。另一方面,此时又是工业急速发展与兴盛的时代,这得拜赐媒体的鼓吹效果。在大西洋两岸的英、美两国正值大众文化和媒体发达的时候,电影、收音机处处可见,一般百姓通过这些媒体被塑造出一套标准的生活模式和配备,包括短裙、尺度较大的性行为、新式的舞蹈、夜总会生活、冰箱、汽车、房子等。于是,手头有钱的人尽量采购这些对象,没钱的则以半现金、半信用贷款,或全数信用贷款购买这些"标准"配备。

这种消费习惯虽然刺激工业的蓬勃发展,却吸走了农业纾困所需要的资金。更糟的是工业部门的景气带动了工人与中产阶级薪资的上扬,也刺激工业产品的价格攀升,使得农民非但无法享受到"标准"的城市生活,更无法支付所需的工业器具。农民在双重打击下(价格下跌、成本与生活所需节节高升),更是无力偿还贷款。总之,农工业的不平衡发展和利润分配的严重不均,再度恶化了农村的经济与农民的士气,这种情形在美国尤其明显与严重。

另一方面,当物质欲望一再扩大、"标准配备"的项目一再增加时,一般百姓就开始期望"一夜致富",至少是可以短期获利,投资股票市场就成为一般人的最爱。这时,许多中间商、经纪人、地下钱庄等也开始活跃起来，为的是向想短线操作的人提供资金以及购买"标准配备"的贷款。银行更是大量放款，几乎达到毫无节制的地步。总之，这时大部分的股市和消费经济都建立在虚无不实的信用之上。1928年时美国的股市就在这种情形下一再地狂飙。于是，美国银行家将放给欧洲国家或企业的贷款收回，为的是转投资于股市。这时，欧洲经济已有复苏与起飞的迹象，但大部分是建立在美国的贷款上，包括美国放给德国的贷款。因此，美国银行的抽银根行为导致才见曙光的欧洲经济再度面临危机考验。许多德国与中欧国家的银行因为美资的退出而开始出现信用危机，例如奥地利向来最具信用的国家银行（CreditAnstalt）就于1931年5月31日倒闭，被视为欧洲经济大恐慌的前兆。

到了1929年中，美国一些精明的投资客忽然觉得股市的"泡沫"要炸掉了，因此开始抛售手上的股票，导致1929年10月纽约华尔街股市大崩盘。事实上，早在股市大崩盘以前，美国的国内经济已经开始出现疲态。例如，1929年的农业价格创下新低，仅及10年前的一半，工业生产也开始减缓。无论如何，当美国股市崩盘后，美国银行加紧从欧洲撤资，或是逼迫欧洲银行和政府还钱，使得美国的经济大萧条远渡重洋到欧洲了，最后终于形成全球性的大萧条。当然，一次战后美国贷款、战胜国的债款和德国赔款间的相互关系，也迫使欧洲国家深受美国经济大萧条的影响。

20世纪30年代初欧洲经济的萧条情形绝不亚于美国。在1932年经济大萧条最严重的时候，有25%的英国人和40%的德国人失业，德国的工业生产量则下跌了40%。这时从美国到欧洲的英、德等国，大街小巷都充塞着失业的人。当然，这波失业潮对男子更是不利。许多公司、工厂在裁员后，会引进更廉价的妇女工人，而男性失业人口却经常只有乞讨一途。于是，许多家庭开始重新分工：妇女出去做事，先生则留在家中当"家庭主夫"。这让许多习惯了担负赚钱养家角色的先生更是抱怨不已，遂成为乘经济危机兴起的政客的最佳要求对象。此外，青年失业的情形也非常严重，他们在无业的情况下只好加入帮派，成为公园、街头械斗和暴力的主要来源，更是街坊邻居恐惧的散播者。

各个政府虽然无力解决问题，但却仍使尽全身解数尽力化解问题。例如，英国于1931年宣布放弃金本位制，并实施关税保护制。但是，这种策略基本上成效不大，因为国际贸易几乎完全停摆。对内，英国则是遵守传统的经济稳定政策。德国的纳粹则采取最简单的策略，就是完全由国家主导的极权政策。美国的对策则介于两者之间，但仍增加了政府对经济的干预，强调政府与工人等生产者一起打拼，即著名的罗斯福新政。

图28　救济站前的人龙
股市崩盘后，美国失业人口激增。
在救济站前面，长长的人龙等着喝一杯免费的热汤。

无论如何，在这波经济萧条影响下，各国的社会矛盾开始激化。各地研究马克思的人士开始急速增加，特别是知识分子和工人人士，因为这波经济大萧条似乎印证马克思的预言：资本主义终将因生产过剩而自我毁灭。当然，凯恩斯仍坚持这波的经济大萧条不是因为生产过剩，而是消费市场和分配部门出现问题。然而真正相信他的主张之人并不是很多。

早在1929年的经济大萧条之前就有马克思和列宁指出自由资本主义的

第11章 补齐短板：第二次工业革命

图29 美国经济大萧条最具代表性的照片
一位有七个孩子的移民母亲，她平日以采摘豆子维生，现在只能无奈地看着远方，不知该怎么办。

缺点，并预言该制度终将自我毁灭，1929年的发展似乎更是印证此点。因此，经过经济大萧条后，虽然每个国家反应不一，不是放弃自由经济，就是修正自由经济，从而开启了现代计划经济、新资本主义的年代。

无论是计划经济还是修正主义，也无论是有意识还是无意识的，欧美各国不约而同地走上凯恩斯主义之路，纷纷从中撷取不同的内容。早在20世纪20年代，凯恩斯目睹当时英国工人阶级的贫困导致经济的衰颓，就开始着手他的新理论的建立，其实是融合资本主义和社会主义而产生的新理论。1926年，凯恩斯出版《自由经济的结束》（*The End of Laissez-Faire*），后来又于1936年出版著名的《就业、利息和货币通论》（*The General Theory of Employment, Interest and Money*）阐明他的新说。

根据旧的自由经济论，经济的运作是靠自然供需律，无须人为的操作，只要让经济自然地运转它自动会恢复到价格、薪资与生产三者间的平衡状态，也就是健康的经济状态。然而，目睹英国工人长期的不振、失业率持续不下，凯恩斯相信原来的自由经济论有瑕疵，经济的运转如果单靠供需自然律是无法圆满运作的，必须靠政府的干预力量，方能使经济运作恢复到健康状态。凯恩斯主张政府应该积极地介入经济运作，靠控制利率、扩大通货和公共计划以修正资本主义的缺点。因此，当经济失调时，政府应该通过扩大公共支出以扩大需求面，从而刺激生产和创造就业机会。

欧洲国家对于凯恩斯的建议颇有保留，但仍陆续、零星地采用他的某些主张，至于整套凯恩斯的方案则在美国得到热烈的回响和落实，实源自美国的特殊背景。20世纪20年代美国彻底地施行自由经济，政府完全放任私人企业发展，相信私人企业有成则国家经济亦将随之好转（民富则国富）。结果却是财阀政治、垄断横行，投机风盛行，农工失调，通货膨胀（信用通货），价格飞涨等，终于导致1929年股市大崩盘，证明自由经济的彻底失败。总之，世界上没有一个国家曾像美国这般彻底地施行自由经济，然后又彻底崩溃。因此，在对传统的自由经济、资本主义彻底失望之余，美国决定全新出发。

美国的新总统罗斯福相信凯恩斯的方案不仅能将美国带出经济恐慌，更能阻止资本主义的毁灭。因此，他召集一群凯恩斯专家组成经济幕僚团，推动大规模的政府干预措施。例如，罗斯福制定一连串的法规以规范银行和投资行为，同时又展开一连串大规模的公共工程以刺激经济复苏。罗斯福更以政府的力量帮助窘困的农民，加强工人的工会组织（以制衡资本家的强势垄断，如任意解雇工人或删减工资等），并创造就业机会。此外，罗斯福政府还引进社会主义所强调的社会改革和社会福利政策，那就是社会安全和失业津贴等措施。

罗斯福新政的确将美国带出恐慌，尽管直到第二次世界大战前夕就业率仍无法达到1929年以前的水平，但是新政毕竟成功了，因此罗斯福得以一再连任美国总统。不过，美国对于罗斯福新政不是没有异议，特别是当罗斯福施行新政时，还曾派遣特使团去德国和意大利，参考他们的合作经济或纳粹经济的成效，以为新政的参考。美国境内的左右两派都因此而批评罗斯福：左派谴责罗斯福纳粹化，而右派则质疑罗斯福社会主义化。但毕竟凯恩斯的主张中两者都有，因此让罗斯福得以挡掉这些批评。美国的成功又带动了欧洲国家的"凯恩斯化"，英国和法国等民主国家相继采用美国模式，施行计划经济或是新资本主义，遂导致凯恩斯经济的全球化。

凯恩斯方案和计划经济的成功，使得西方其他国家逃过激化、极端化的命运，不同于德国走上政治与社会极端化的纳粹独裁。

六、罗斯福新政
（一）新政之传统

黑色星期二发生以后，大部分的美国人开始对现行的资本主义还有与其相关的政治制度与文化价值等都丧失信心。美国的共产主义因而兴盛了好一阵子，无论是非裔人士、工人、工会领袖、知识分子、艺术家等都曾崇拜过苏维埃，也有一些人士曾考虑过纳粹的极权主义，但最后都还是决定留在资本主义的阵营中，进行体制内的改革。

在全面检讨资本主义后，美国人发现其中的物质主义与个人主义乃是导致经济大萧条的最大元凶。那要如何修正呢？终于，美国人从他们的殖民传统中找到了一项特质，那就是互相关怀、互相帮助的社区精神（spirit of community）。在欧洲人刚到新大陆殖民，以及后来往西拓荒时，人与人之间自然形成一种互助、睦邻的社区意识以共渡难关，这种社区意识是与资本主义的自私自利反其道而行的。于是社区的互助、温馨遂成为当时美国大部分电影、小说的题材。例如，在《史密斯先生进华盛顿》《快乐时光》等电影中，均描述一些乡下人到城里后，如何靠着大家合作渡过难关，或者一些小人物如何从困难中学会放弃自我，同心协力地打败金权政治、贪婪的富翁，进而改善全体生活。此外传统的社区意识也被赋予新的意义，意即不仅是地域的社区，也不仅是同文化、同血统、同宗教的社区，也是精神上的社区，是一种人性光辉的表示。

这种社区互助的精神，正是罗斯福新政的泉源。事实上，美国人之所以会选上罗斯福，除了因为他不是共和党员、继承老罗斯福的进步主义外，或许是因为他身患小儿麻痹仍保持乐观，战胜身体的残疾而勇敢地站起来了（实际上，罗斯福下半身几乎全部瘫痪，但是在竞选期间，他却努力使自己站在选民面前)。再加上罗斯福比较不受意识形态的束缚,使他的政策更具应变能力与弹性,例如维持预算平衡、节省政府开销,一直是古典经济学尊奉的圭臬,这也是罗斯福竞选的诺言,但是他后来却能弹性采用凯恩斯理论,实施赤字预算政策;又如罗斯福抛开意识形态而撷取社会主义中的社会福利政策与计划经济主张等。

新政不只是为复兴经济而采取的经济措施,它还涵盖了社会福利政策,社会主义学家很早就指出两者间的密切关系,经济与社会的问题是分不开的。新政也汲取这种精神,希望借着社会立法提高大众的消费能力,但是在社会立法之前,仍必须先稳定经济。因此,新政分为两个阶段,第一个阶段在救济与复兴经济(1933—1935年),第二个阶段则着重在社会立法(1935—1939年)。

(二)新政内容

在救济经济政策方面,首要之务是解决金融市场的问题,诸如银行倒闭、黄金储量虽多却相当分散、信用过度膨胀、游资转进股市等问题。在罗斯福就任的前后,美国银行界挤兑倒闭的情况更是严重,全国有47州已经宣布关闭银行。因此,罗斯福上台后立即召开国会特别会议,宣布关闭全国所有的银行,并禁止私藏与买卖黄金,同时将市面上所有黄金收归国有,并由政府另行发行新钞以稳定通货,以及由联邦储备银行负责地方与私人银行的担保工作,重新振作人民对于银行的信心,使得银行得以恢复吸收民间游资的任务,避免游资再度流入股市。这就是著名的《紧急银行救济条例》(*Emergency Banking Relief Act*),它之所以有名是因为违反传统的自由经济理论,而改用计划经济,由政府出面干涉金融运作。

当然,为了稳定人心,让人民能接受这种违背传统的法案,罗斯福也费尽心力,选择符合美国社区精神、重视家庭的策略,那就是著名的"炉边谈话"。他坐在壁炉旁,轻松愉快地介绍他的新政策与新理念,就像一家人晚上围绕壁炉闲话家常一般温馨,而温馨中又透露着几许家人互相的关怀与自信的情谊。美国人很快接受这种宣达政策的方式,也跟着接受政府的新政策。以后罗斯福在12年的任期内,经常定期举行炉边谈话宣达政令,并增进人民对政府的向心力。

美国联邦政府其次要解决的就是造成经济衰退的农业问题,在这方面也充分反映出政府干涉经济运作以及规划经济的决心。美国政府补助农民,并以高价收购农作物,同时限制农产品的过度生产,以免危及市场价格。另一方面,政府协助农民筹组合作社,以合作协调的方式进行调节、分配市场等工作。在解决中产阶级的问题方面,政府则提供低率贷款,好让他们再将失去的房子买回来。至于工人方面,则是制定最低工资、最高工时的法令,其次则是给予工人集体谈判的权利并承认工会有代表工人谈判的权利。至于解决失业问题,则是通过大兴土木、兴建大型的公共建设如水坝、飞机场、电力厂、港口、高速公路、造林等工程以吸纳大量的失业人口。由于这些俱属于公共建设,故理应由联邦政府出资,而联邦政府的原本预算当然不敷所用,于是罗斯福又采取另一项有名的措施,那就是"赤字预算"。赤字预算的功用不仅在创造大量的就业机会,也在以政府的资金刺激工商业的繁荣,进而活络金融市场、提高民间购买力等,也就是以政府的力量来主导经济生活,稳定物价与金融。

在新政的公共建设中,有关田纳西河谷的电力、灌溉等一连串的开发计划,颇值得我们在此一提该项计划背后之意义。经济大萧条不仅源于农业的崩溃,也源于美国过分强调孤立主义、自我利益,以至于忽略拉拔其他欧洲、拉丁美洲等需要帮助的国家,自身终受他国之累。因此,在新政中美国当局特别修正这种只顾自己的态度,对其他弱势团体多予关怀。田纳西河谷的计划就是一例,美国与拉丁美洲诸国的"睦邻"政策又是另一个例子。田纳西是美国最贫穷、最落后的一个州,而罗斯福政府以强有力的联邦力量协助开发该州,不仅显示人道的关怀精神,也为他州人民创造就业机会,而该项开发计划完成后,受利的州涵盖邻近的七个州。类似的方案是传统资本主义想不到的,传统的资本主义强调利己,却没想到利他后也会利己。

在社会立法方面,除了前面所说的工人立法外,政府亦有提供老年与贫困津贴、失业保险等多项服务。值得注意的是,美国的社会立法并非纯粹的社会福利，反倒像是社会保险制度。以65岁以上的老年津贴为例，其经费来源除了从雇主那征收来的税款外，另一部分则从参加者（主要以工人为主）的平日薪资扣除积累来的。他者如失业、伤残等救济补助中，也有一部分事实上是从工人者本身的日常薪资扣除来的。因此，美国人自认为自己并非"社会福利国"，而是"社会安全"（social security）与"社会保险"（social insurance）国。

（三）新政的精神

尽管历代史家对于新政功过的评论不一，但是在推行新政的过程中所透露出来的精神与意涵是值得肯定的。

第一项精神，就是实验与求新、求变的精神。前面我们曾提过新政所采用的计划经济、赤字预算、社会安全等政策，现在听来都没什么新奇，且其评论仍无定论，但在当时却都是新的理念，有的甚至是全新的，而且在当时也收到了若干成效。

第二项意义，就是新政修正传统资本主义与工业化中过分讲究个人主义、贪得无厌等缺点，进而提出另类的选择，我们今天称之为"新资本主义"（neo-capitalism），也就是从传统的资本主义与社会主义中各取所长融合而成的新主义。新资本主义所建立的新伦理与精神，包括互助合作、工作、公民精神（注重公共福祉与公共道德）、相互关怀与慈悲为怀的精神，意即在讲究个人自由与最大发展空间的同时，也必须注意到群体的互动关系与群体利益。这也就是我们前面提过的社区精神，一种公私并重的精神。最能显示这种新资本主义精神的就是美国新采取的"社会安全"制度。在社会福利制度下，福利的经费来自国家（其实是税收），很容易形成浪费资源、丧失自尊的情形产生，但是在社会安全制度下，被保人也必须自掏腰包，而不是完全仰赖政府或纳税人的供养，如此不仅维持住了人性的尊严，也养成自尊、自律、互助的美德。

新政的第三项意义，乃是联邦政府权责的扩大。在此之前，联邦政府的权限虽然一直有扩大的趋势，但终究是一个小规模的组织，对于一般民众的生活而言仍是一个可有可无、可知可不知的组织，但经过新政后，政府的组织随着新部门的陆续设立而日渐扩大，对于人民日常生活的干涉也越来越多，甚至成为平常生活中不可或缺的力量，举凡中产阶级的低率保险、工人阶级与老年人的社会安全制度，农民的生产生活，股友的股市交易等都可以看到无所不在的联邦政府影子。

第 12 章
第二次世界大战期间的经济社会史

虽然1939年9月1日德国进攻波兰，引爆第二次世界大战，但是翌年5月10日德军进攻比利时、荷兰，大战才正式开打。第二次世界大战无论在人力、物力的消耗上，都远胜过第一次世界大战，因此经济在大战中关乎胜负，各参战国无不重视战争经济的规划与运作。尤其是在这场总体战中，每个国家都面临物资与劳力的严重匮乏的情形。如何组织、动员物力与人力以打赢战争，就成为各国首要工作，也是战争经济的主要目标与内容。在人力资源方面不仅包括战士，还包括大企业家、工人、妇女等人士。在物力资源方面，则包括制造战争武器所需要的铝、铜、铁、钨、橡胶和石油等贵重资源，也包括棉花、制造制服扣子的赛璐珞（塑料），以及食物和民生用品如衣服、鞋子，甚至肥皂等。

战争经济的主要特征是高度集中化，意即政府干预经济，包括严格管控生产与消费规划，调度与训练工人，更直接参与生产、分配流程。几乎所有的经济流程、运作与人民的经济生活都在政府控管之下。在政府是否有效协调全国各部门这件事上，轴心国（the Axis）差了一点，以德国为例，各部门、各党派间的竞争与内斗使得协调困难，也抵消了中央参与的效率。德国纳粹党的"党卫军"（Schtzstaffel, SS）与国家的国防军（Reichswehr）间的竞争激烈，导致双方协调困难，抵消战争经济的效率与成果。

在第二次世界大战的第一阶段（1940—1942年）中，为轴心国胜利阶段，各国所动用的资源多半是先前积累下来的经济底本。但是到了第二阶段，战前底本消耗殆尽而进入消耗战的阶段，经济就开始扮演重要的角色，轴心国在这方面显然不如同盟国（the Allied），终致失败。这是由于轴心国的资源不及同盟国,再加上轴心国的经济模式和生产方式也落后于同盟国。轴心国的经济模式以自给自足为主,以至于限制其资源取得的空间和质量,而同盟国采取开放式的经济模式,可在以全球为目标的广大市场上获取、动员和组织资源,即全球化的发展模式。当然轴心国也有采取量产模式(mass production),但是规模仍嫌不足,其中仍掺杂不少传统的工匠式(craft)的生产方式。相对的,同盟国大量地采取量产模式,故可以更快速、更有效地生产大量武器与其他产品。

所谓量产的方式就是福特式的组装生产方式,也就是专业化、标准化,将武器(包括飞机、军舰和大炮等)分解成无数标准化的零组件,可以在各个机器间交换使用。另外就是将生产流程分成无数个步骤,如此可以容纳更多的中小工厂和无技术工人加入生产,以大幅提升生产量。战争的胜败证明量产胜过精致的工匠式生产方式。尽管德国制造许多精致的武器,质量与设计比起美国武器要好得多,但是毕竟美国以量取胜,量产武器胜过德国武器。这里并不是说量产不需要科技研发,量产不仅需要长期与复杂的前置作业,还需要更高度的科技研发,也更讲究经营管理。量产与全球化的生产方式在战争中证明有效,因此战后开始持续大规模的量产和全球化,以至今日。

战争期间人民的经济生活大受影响,因为大部分的资源与生产线移做军事生产用。为了因应军事需要,不仅生产多,进口多,还要减少消费,军事需求挤压民用工业的资本花费以及家庭消费。在战争期间,1/3到2/3的财政支出都用在战争花费上,为了减少民间的消费以及市场的购买力,于是政府采取高税额,并发行战争公债。除此以外,就是直接控制消费,采用集体的行动,如配给食物、衣服、燃料、机器以及一些战略物资。

战争期间的国际贸易也以满足战争目的为主。尽管如此,由于大部分的工人都被征调去当兵,因此生产受到影响,贸易也随之减少。但是各战争国仍努力地进口食物、燃料、军需品以及重要的原料如橡胶、铝等战略原料。

总而言之,能够将经济与军事资源整合在一起的国家,比较有胜利的机会。

一、战争与粮食生产

第二次世界大战中约有2000万人死于饥饿、营养不良,足见粮食对于战争的重要性。在战争期间,都市比较难取得食物,有时候并不是粮食生产不足,而是农民因为换不到工业制品而不愿将食物送到市场。于是由政府出面控制粮食,通过动员将粮食送到都市,这些动员包括:固定粮价、征收粮食、配给粮食或是政府独占粮食买卖。但是,粮食仍然缺乏,粮价仍然攀升,政府故而发展出一些替代品或以政策来解决粮食困境,像是推出"无肉日",一个星期中有几天不吃肉,将省下来的肉给战场的战士吃,肉的油脂还可以制造炸弹所需的甘油。

第一次世界大战后期,德国因为后方严重缺乏粮食而导致骚动不已,从而影响前线作战,导致战争失利。为吸取教训,第二次世界大战时德国尤其看重粮食的获取和分配。为了取得粮食,德国攻击波兰和苏联,将当地的粮食引进国内。同时为减轻粮食负担,纳粹杀害大批的犹太人和身心障碍者,把他们视为"无用且浪费粮食的人"。但是德国在粮食的取得方面,仍然不及英国,这是因为德国的殖民地有限,而且采取自给自足的经济模式,从而限制他们取得粮食的空间与能力。

事实上,战争刚开始时,德国为了喂养战士和一般民众,积极发展农业,努力增加农业生产。但是他们所种植的大部分都是根茎类与工业需要的作物,反而牺牲粮食作物。1942年以后,德国开始对征服地区大肆压榨,将他们的粮食运给德国人民吃。除了运粮,德国的压榨行为尚包括强行征收、高税、强占等,被征服地区的人民怠工,以至于粮食的收成大幅减少。例如,法国在20世纪30年代的生产量是每公顷1560升,现在则减少了200升,捷克的小麦也从1700升减到1330升。为了尽量压榨征服地区的粮食,德国利用配给限制当地民众的食物量,禁止市场买卖,还大幅减少当地人民的收入,好让他们不能购买太多的粮食。这些措施导致被征服地区人民能摄入的卡路里不及德国人民的一半。

尽管如此,越到战争末期,德国缺粮的情况越是厉害。为了取得粮食,德国甚至允许战士在被占领区掠夺食物。当德国士兵返乡轮休时,他们可以从被占领区掠夺一袋子的食物回家,包括火腿、胡萝卜、杏仁、梨子等。因为是希特勒同意的,因此这个袋子被称为"领袖袋"(Führerpakete)。被掠夺之地的粮食所剩无几,法国人只好捉兔子来吃;希腊更是凄惨,几乎所有的橄榄油、水果、蔬菜等食物都被掠夺走了,甚至连黑市都缺货可卖,导致无数希腊人饿死。

苏联通过《租借法案》(LendLease)从美国那运了庞大的粮食。例如在1941年底时,美国输出了50万吨高卡路里的粮食给苏联。[①]

比较富庶的国家如英国,在粮食动员上比较成功,英国的国民吃得多,也较健康。为了讲究吃的质量,而非分量或味道,于是英国政府尽量进口高能量的食物,如肉和奶酪,而不是小麦。英国为满足前线和后方的粮食需求,在第二次世界大战期间努力发展农业,所有的荒地、菜园、花园都改种粮食作物,如马铃薯和蔬菜,这使得政府不必配给马铃薯和面包。为了防止老鼠和兔子偷吃农作物,英国还发展出毒老鼠的药和吃兔肉的菜单,各种补强措施使1943年的英国农民可以自己生产一半的面包。

二、工厂战争

第二次世界大战也被称为"工厂战争"(war of factories),因为工厂制造杀人武器的能力和创新足以影响战争的胜败。这些创新与改进影响到战后,对于战后经济的振兴与发展有很大的贡献。战争工具的需求庞大,且要求替换、衔接迅速,以至于战争期间军事生产量惊人。譬如,美国在大战期间生产了8.6万辆坦克、250万辆卡车、50万辆吉普车、28.6万架战机、8800艘战舰、5600艘商用船只、4亿3400万吨钢铁、260万支机关枪和410亿件武器,还不包括B2战机和原子弹。这些全赖大企业家与庞大的工人队伍的参与,这些大企业家不仅进入政府机构负责规划、协调,也亲自参与生产。

[①] 各参战国常从国外大量进口粮食,让美国赚进不少钱财,例如从1940—1944年间美国的粮食出口增长10倍,赚进16亿以上的美元。

在第二次世界大战爆发前,欧洲国家都已经历强大的科技跃进(20世纪20—30年代),开始采取机械化、自动化生产,化学和电力(大部分的经济部门都开始电力化)也有长足的进展,并出现大规模的交通建设、民用飞机,许多地方的公路也将城市与乡村串在一起。科技的进步,使开采能源成本降低,交通建设更为发达,当这些能源、基础建设越来越充实,便会带动工人的生产力提高。

前述提及的福特组装线生产方式,到了战争期间更是流行,以美国最为盛行,产量最高,英国也在激烈的战况下,不得不升级成为此种量产的生产模式,但各国量产的生产方式仍有程度上的差异。例如德国还继续以工匠的生产方式,虽然希特勒很欣赏亨利·福特(Henry Ford, 1863—1947年),不但将他的自传翻译成德文(成为当时的畅销书),还颁授荣誉奖章给他,但是德国要到1943年左右才大规模地采用量产,这是因为组装式的量产需要大量的无技术工人,对于拥有大批有技术、技艺的德国工匠而言,颇不受欢迎。

即便在英国,有技术的工人也都不喜欢与无技术的工人一起工作,因为有技术工人的技术与技艺没有用武之地,而且拿的薪水与无技术工人一样。至于苏联之所以采用量产,乃是因为其有为数众多的无技术农民,但是苏联的量产也不如英、美两国。

除了生产方式的改变外,各欧洲国家也致力于合成原料的研发,如合成橡胶,为的是弥补天然原料的不足。这方面尤以德国做得最多,因为德国的天然原料最为缺乏,又没有殖民地可以供应。至于英、美尚可依靠海外殖民地取得天然原料,就不需如此投入研发。

无论如何,早在战争之前各国在战争危机中就将科技发展的成果引进军事部门,大幅增加军事武器的生产。以英国为例,英国在大战前夕所生产的飞机数量为全球之冠,超过德国。这是首相张伯伦采取姑息主义策略的结果,让英国争取到时间进行军备生产。自从牺牲捷克的《慕尼黑协定》(*Munich Agreement*, 1938年)后,英国就开始计划征兵、协调工人与制造厂商间的合作关系,以利生产、重振军备,速度与数量都不亚于德国,到了

第12章 第二次世界大战期间的经济社会史

1940年，英国飞机的生产量已经超过德国30%，1941年超过60%。英国的飞机配有效能很好且较先进的双引擎，科技独步全球的英国，其飞机质量甚至超过美国。同时在参与飞机生产的工人中，有2/3是无技术的妇女工人，可见英国军事生产已采量产的模式。1941年，英国军备生产占国内生产总值（GDP）的比例甚至高于德国。英国绝不是如过去想象般毫无准备、孤独地进入战场，早在战前，英国就得到美国的协助，帮忙生产军事用品。第二次世界大战期间，英国更将制造业，包括军火制造，都移到殖民地如加拿大等地。据估计，战争结束时，英国大约有一半的生产来自海外。

美国为联军生产的活动，其实早在正式宣战前就已经开始了，甚至自称为"民主的兵工厂"（arsenal of democracy）。宣战后又于1942年成立战争生产部（War Production Board），要求缩减民生产品的生产线，转为军事生产。为了鼓励大企业加入军事生产，美国政府采取"成本加成定价法"（cost plus a fixed fee），由政府保障所有生产支出，并提供战争产品定额的利润。这是由于战争产品（如飞机、舰艇）需要不断改变设计与形式，也要求不断进步，企业成本将不断增加，很难预估利润以及风险，因此由政府吸收风险，保障企业利润。

为了满足联军的军事需求，美国大企业家改良和扩大量产模式。许多民用工厂改为生产军事产品，包括制服、枪炮等。例如，原本已经为飞机制造引擎的汽车厂，现在更改为生产飞机与坦克等武器。美国政府接受英、法的订单（包括设计、工具、机器组件等），经过分类、分级后再下包给大企业，他们通常具有官商的良好关系。这些大企业取得政府订单与契约后，再发包给次级公司或工厂，然后再由他们发包给小工厂。这使得大企业与各相关工厂间形成一个大网络或食物链。大企业网的形成也导致了新一波的管理革命（Managerial Revolution），包括改变政府与企业的关系，例如流行于战后的"政府所有、企业经营"模式（government owned, contract oroperated）。这种生产方式会导致小零售商与小公司的歇业，相对的大公司却越来越大。①

三、战争经济中的工人变迁

因为战争，大多数的男性工人与技术工人都被征调到战场，但量产需要庞大的无技术工人，因此各国都向妇女招手，希望其能成为新的生力军。例如，英国于1941年通过的《国家服务法案》（*National Service Act*）规定所有的男子与妇女都有为国服务的义务，只有要照顾14岁以下孩子的母亲以及与丈夫分离的已婚妇女得以豁免。英国政府还与工会密切合作，将他们整合入政府部门。1939—1943年间，英国工业界的女性工人所占的比例由1/4升到1/3。美国的女性工人也有大幅增加的现象，到1942年时，女性工人所占的比例约为30%，人数则由1941年的1460万人增加到1944年的1937万人，其中不乏已婚妇女。苏联的女性工人更是增加迅速，由1940年的40%增加到1944年的60%。为了留住女性工人，各国政府都设立育婴房和幼儿园。

图30　第二次世界大战期间，各国鼓励妇女加入国家生产行列

---

① 据估计，在战争期间约有30万家的零售商与50万家的小公司倒闭。又如1943年约有100家公司生产70%的国防需要，但在1940年时只有30%。

美国的情况比较特殊，因为涉及非裔的种族问题。美国南方有庞大的非裔农业工人，于是在这波工人孔急的时候，联邦政府准备将这些非裔工人转换到工厂工作，但是引起南方农场主人的反对，他们希望能维持非裔工人的贫穷、无技术与人口众多的状态，好使自己的棉花田和农场能雇用到廉价的非裔工人。他们反对联邦政府为非裔人士设立的职业学校或技术专班，并用各式方法阻挠非裔人士学习工业技术。于是联邦政府首先于1941年成立"公平工人行为委员会"（Committee on Fair Labor Practices），以打击种族、性别等歧视的行为。1942年又成立战争人力委员会（War Manpower Commission），翌年成立战争动员处（Office of War Mobilization），坚持修正种族与性别的工人歧视。努力开发工人资源的结果是，1940—1943年间美国的工人人数达1125万人，超过德国所有的工业工人人数。

事实上，许多非裔的妇女与男性工人已经自行移往北方、西部等军事工厂密集的地区，尽管自行移动算是违法行为，但非裔工人已经用自己的脚选择了自由。同时，在联邦政府的强力支持下，更多的非裔工人前往工厂工作，原本工业化的北方、西部看到的非裔面孔稀少，如今为数众多的非裔人士皆聚集于此。当非裔人数多到一个程度，为当地的生活增添不便之时，歧视的行为便开始出现。许多工厂将非裔工人自编一组，成为与白人工人隔离的生产队伍，甚至连工具都分开使用，激起非裔人士不满并展开民权运动，战后这股民权运动更为热烈。

除了女性与本国工人外，各国政府也大量利用外国工人，主要来自战俘[①]和集中营的工人。例如在1944年，德国就用了600万名外籍工人，以便抽调德国男性工人到战场作战。德国的外籍工人中有为数不少的女性工人，多是来自被征服地区，尤其是被占领的苏联地区。早先她们是进入德

---

① 美国、英国联军也大量使用战俘的劳力，包括在农场生产，在制造船舰、飞机的工厂工作，有些战俘还被分配到加拿大、澳大利亚等地工作。

国家庭工作①，后来直接到工厂工作。1944年底，约有超过23万名集中营工人为私人企业工作，这些大企业都与政府的国防工业有关。

为了取得更多的劳力，各国都有一套政策。例如，美国政府通过工会管理工人，联合汽车厂甚至规定只雇用工会工人，工会的会费直接从工人的薪资中扣除，政府还与工会签署"不罢工、不停工"②的保证。英国于1940年立法，禁止罢工、停工。德国则消灭有组织的工人，如工会。

以下就德国、英国、美国和苏联等国家的一些特殊状况说明战争经济的运作与影响。

四、德国的战争经济

为了避免重复第一次世界大战的消耗战命运，希特勒将第二次世界大战设定为短期的工业战。这也是他采用"闪电战"（blitzkrieg）的动机，一方面希望能避免干扰到德国后方居民的经济生活与社会，另一方面希望能以"速战速决"的方式尽快结束军事行动，然后以战利品和占领区的资源重建欧洲"新秩序"（New Order）。闪电战的优点是仅需要有限的军事生产与后勤，至于不够的部分可由占领区的物资与人力填补，这样一来在战争期间仍然可以施行控管最少的平时经济。希特勒采取这种"速战速决""控管最少"策略的主要原因，是因为他相信第一次世界大战的失败在于后方民众因牺牲过大而造成的骚动与"背叛"，因此这一次他希望尽量减少后方民众的损失与牺牲，故希特勒并未为第二次世界大战做太多的动员准备，或是长期作战的准备。同时，在战争的前两年，德国人民仍能享受丰富的物资供应，特别是食物部分。国内几乎没有施行任何"战时经济"的迹象。即便到了后来，当战争吃紧无法引进东方粮食（源于征苏战

---

① 当初让苏联被征服地区（如乌克兰）的妇女（多是年轻的少女）到德国家庭工作，为的是让战场上的士兵不用担心家里的妻子外出工作或太过劳累。

② 战争期间仍有不少罢工事件发生，尤其是工作环境差的煤矿场。不少非裔工人、妇女工人（多为非裔）为了抗议歧视和不公平，也会罢工，停止工作。

争)时,希特勒仍是以牺牲邻近的征服地区为先①,然后才是总体动员,要求德国民众为战争贡献牺牲。

在希特勒的构想下,德国在战争前两年所做的资源动员明显落后英国。当时德国的民生产品仅比军事产品略少3%,而且大部分的德国工厂仍采取每日一班制,而非让生产线日夜运作的轮班生产制。然而到了1942年初,战场上的发展显示希特勒"短期战"的理想落空,第二次世界大战又回到长期消耗战的模式中。这时希特勒方才开始采取总体战的战时经济政策,战争也开始对德国民间生活产生重大影响。

造成纳粹陷入消耗战噩梦的主要原因,一是英国出乎意料的强硬抵抗,二是希特勒进攻苏联(德军于1941年6月22日入侵苏联,原本寄望在冬天来临时结束战事),又很快地陷入胶着状态,最后是美国加入战局。这意味着德国也必须一如其他参战国般启动总体战。1941年底,纳粹就发现情况不妙,他们必须征调更多的兵力以支持苏联东战场。1942年初,德国对于军队与军火生产的需求日益吃紧,军需部被迫采取集中工业机器,调配更多的军事生产与补给的紧急措施。

当时任军火部部长的史贝尔(Albert Speer,1905—1981年)开始主导战时经济,他彻底放弃传统的工匠生产方式,改采量产模式,并将大部分的民生工业移作军火生产,其次则是重新配置战争物资的调度,武器标准化,减少飞机的样式以节省物资的使用。在他的努力下,德国从1942年春天到1944年6月间,军火产品增加3倍,这对资源紧缩的德国而言几乎已是极限,更遑论联军开始对德轰炸和封锁后所造成的灾难。不仅这样,德国军队吸去太多的劳力,以至于军火工业出现严重问题。

为了避免过度压榨国内,纳粹只好将战争的负担尽量转嫁到占领区的人民身上。譬如,法国占领区在战争期间要将其财政收入的58%支付给德国以作为"占领支出"(occupation costs),是所有占领区中贡献最多的地

---

① 例如德国工人的面包配额是其他占领区工人配额的2倍,肉为3倍,油为7倍。

区。德国甚至任意砍伐法国的森林,好让他们的军队可以有取暖的木材。各占领区尚得上缴各类食物以满足德军的庞大粮食需求。德国更在占领区极力搜刮各种可供工业生产的原料,包括将教堂的钟予以熔铸。最后,德国大量征召占领区的人力,以支持德国工业和农业生产。

至于如何分摊工作与负担的标准则是依照纳粹的种族主义。例如公共工程、矿产、农场所需的粗活都由被视为"低等民族"的斯拉夫人负责,于是百万以上的波兰妇女、青少年和成年男性被送往德国履行"公共劳力义务",或是送往德国工厂、矿场、农场从事各类粗活。波兰移民所留下来的土地则交由德国农民耕种。在德国工作的波兰等低等工人,不仅待遇极为低廉,仅及糊口,还得穿着制服、隔离居住,更得接受严格且不人道的管理。纳粹还一再提醒德国雇主应以"优秀种族主人"的身份对待"低等工人",至于与德国妇女发生性关系的波兰人一律处以死刑。

1941年夏天以后,另一个"低等种族"苏联人,开始大量供应德国劳力所需,成为德国粗重劳力的主要供应者之一。由于待遇极差,500万名苏联工人仅有100万人存活。当这些"低等种族"的工人折损殆尽后,德国就开始引进西欧低地国和法国的"次等种族"工人。早期时,这些"次等种族"工人尚多留在本国从事生产,德国采取轮调的方式将部分的工人征调到德国工作,而且他们多从事地位与待遇较好的技术工种。但到1942年、1943年以后,当"低等种族"的工人耗损殆尽且不敷所用后,德国便以这些"次等种族"的人民填补空缺。当大量的法国人被调往德国从事劳役后,法国境内的反抗运动更为蓬勃发展。

虽然有不少德国妇女担任医生以弥补被屠杀的犹太医生位置,德国军队中也可以看到妇女的影子,但是比起英、美等同盟国,德国对于妇女劳力的利用相当不足。这是因为纳粹派给妇女的角色一直是生儿育女、相夫教子的工作,散播此种观念的宣传活动直到战时都没有放弃。1943年开始,由于大部分的劳动人口都陷入前线,德国后方出现严重的劳力短缺现象。这时候,德国政府才开始积极动员老弱妇女。首先是青少年与退休的工人,紧接着是妇女。为了全国的总动员,纳粹政府将妇女除役的年龄上调，并将家庭的女佣等均调往工厂工作。另关闭剧院，将艺术家、知识分子，以及许多原本的服务零售业、邮局、铁路的人员也都调往前线，然后再将占领区的人员调到德国担任工人。

五、英国的战争经济

英国在战前仰赖外来物资与原料的供应，因此开战后政府首先接管进出口、生产、分配，包括配给原料、粮食、衣服、私人汽车用油和家庭用品，这是英国有史以来最大规模地减少与规范消费。英国政府不仅控制消费、价格和津贴，还要让不同阶层的人都能尽量公平地得到配给品，以期所有的人民都能在共同牺牲的同时维持平等原则，这些管制措施有助于防止通货膨胀，并确保物资有效供应。

"食物经济"（food economy）对依赖外贸的英国来说极为重要，1939年第二次世界大战爆发后，英国政府成立食物部（Ministry of Food），负责食物的控管与调配。另外还有贸易部（Board of Trade）负责规划生产，以及控管与分配物资，同时监控黑市活动。英国政府实行公平配给制度，一方面可以节省民生用品的用量，以空出更多的生产线、劳力与运输空间给予军备物资，另一方面让有限的物资能更公平地分配给所有的人，以减少纷争。

配给券分为几种，一种是零售商的配给券，就是顾客指定零售商，然后拿配给券到零售商店里去换取食物。这是一般性的均一配给券（flat-rate），意即每个人都可以得到一样额度的物资，如糖、奶油、肉、食用油、茶。均一的配给制度，改善了不少战前食物不均等的现象，健康的食物配给更改善英国人民的健康状态，尤其是工人阶级人士。

另外一种配给券是附有点数的配给簿，顾客可以凭配给簿里的优待点数或存根购买物品。这是为了补足前面一般的均一配给券所牺牲的差异性，如需要大量肉类的从事重型工作的粗活工人和成长中的青少年。例如，有些大龄儿童需要更多的食物，就可以用优惠券补足均一配给所不能满足的部分。有时候，顾客要买的衣服太贵，也可以使用点数配给簿。配给簿的点数还可以购买个人的不同需求，如水果干、加工食品和罐头食品等，以增加食物的多样性。除了配给外，英国政府还施行福利制度，例如1941年供应维生素，以维持人民的健康需要。

实物配给制度对于妇女的影响最大，也最需要她们的配合，尤其是家庭主妇，因为家庭中多半由她们负责购买食物与生活用品。因此，英国政府大肆宣传，呼吁妇女为战争尽一份力，甚至发明了"厨房战线"（Kitchen Front）这一名词，主张家庭主妇在厨房战线的努力不亚于战场上的士兵以及生产在线的工人。食物部的小册子宣称"手提篮子的妇女在国内的阵线中扮演着重要角色"。家庭主妇成为战争期间的重要关怀对象之一。

政府通过广播、杂志发起许多宣传攻势，教导妇女如何处理家务和照顾幼儿，希望她们将战争期间的国家经济转化成家庭习惯。除了宣传外，政府与民间还提供了各式强调营养和美味的节约餐食谱，希望能节省一些食物，如蛋、肉、糖、油、面粉等，并鼓励使用人工食品如人造奶油和蛋粉，以及通过美国《租借法案》过来的罐头食品。对于幼儿和孕妇，政府更是提供牛奶等营养食物与医疗照顾。经过如此精心的关怀后，大战结束时，英国男童、女童的平均身高和体重都增加了。

此外，政府还发起"凑合与修补"（Make Do and Mend）的运动，教导家庭主妇如何修补与再利用旧衣物等物资，以及如何将剩下的油制成市面上非常匮乏的肥皂。但是成长迅速的幼儿所需要的衣服与鞋子仍困扰着家庭主妇，她们甚至觉得这个问题"比空中轰炸更令人头疼"。到了战争末期，妇女对于可以美化外貌的化妆品和衣服也表现出日益增加的关切，虽然贸易部一再禁止，但是化妆品仍是黑市的宠儿。总有人可以得到华丽、质量佳的衣服，这是让英国妇女最抱怨的"不公平"项目。她们认为衣服的不公平足以显示战争牺牲的分配不均，中产阶级和收入较好的工人阶级在这方面牺牲最多。

通过配给制度，英国于1942年减少了15%的消费支出，食物的花费也减少15%。食物配给制度得到大约60%的英国人民支持，成为战争期间

"最大的成就"。其中妇女、白领中产阶级是比较支持配给制度的，但有1/3的重工业工人表示不满，因为他们所需要的食物量较大，不能通过配给制度得到满足，特别是肉类的配给。

虽然有配给制度，但是物资仍旧缺乏，例如有些配给物资不足，有些物资价格过高，或是非配给物资不公平分配等。妇女得排上长龙才能买到番茄[①]等非配给的食物。尤其是工作中的妇女更是愤愤不平，认为物资取得不公平，而且总有人有钱或有渠道，从黑市获得物资。

在税务方面，英国政府采取了凯恩斯的建议，抽取了额外的战争税，意即强迫人民储蓄。这一方面可以防止战争期间的通货膨胀，还可以增加战后的购买力，以备战后经济不景气时可以刺激经济，更可以作为战后重建的资金。为了防止市面上因通货过多而产生通货膨胀，政府还提供优惠，鼓励人民储蓄，使得个人储蓄增加到2亿至3亿英镑。政府又通过征税，吸收民间2亿5000万英镑。这些原本希望能成为战后的信用，但是发挥的效力并不如预期理想，因为都被退役津贴和其他重建的特殊用途吃掉了，同时被战后的贬值所抵消。

在吸取第一次世界大战通货膨胀的教训后，英国政府在处理战争的赤字预算时，不再采取印钞、贬抑币值等增加通货的政策，而是采取发行公债的借贷方式，如国防债券、国家储蓄券等，并鼓励个人购买以作为长期投资。此外，英政府也希望靠外销赚取战争资金，但是难以达成。幸好1941年5月美国施行《租借法案》，减缓了不少压力。

德国在1940年冬至1941年春大规模轰炸英国，造成数千人丧失生命，更多的人无家可归，于是许多家庭将小孩送往乡下，政府还给留在城市的成人发防毒面具，他们还被迫在地铁躲避炸弹。在遭到德军轰炸的最糟的日子里，英国政府不断鼓励人民。丘吉尔更是加强宣传他与人民感同身受的共同经验与希望，进而要求人民为战争做出牺牲，包括减少交通班次，将煤省下来用作燃料和工厂能源。在汽油的严格管制下，私人汽车几乎绝

---

① 番茄因为容易腐烂因此未列入配给清单。

迹。所有的空地都拿来耕种，以生产粮食，增加了400万英亩的耕地。

随着战事的好转，英国人民的生活和健康改善许多，足见英国政府对于经济与人民生活的规划远胜于德国。英国人民战时的经验让他们在1945年战后的选举中投票给工党，因为他们害怕如果是保守党继续当政，将回到20世纪30年代经济不景气的时代（20世纪30年代系保守党当政的年代）。

六、美国的战争经济

1941年12月7日，日本偷袭珍珠港，激发美国人团结，工人不仅停止罢工，更加努力地投入生产。早在美国参战前，美国就已借用各种名目帮助英国，例如"现购自运"政策，即外国以现金购买军事产品，而且用自己的船只运走，这非常不利于缺乏外汇和船只的德国，因此希特勒称此为"犹太人的阴谋"。后来英国首相丘吉尔向美国总统罗斯福表明没钱支付武器时，美国更在1941年春天通过《租借法案》[①]，可以将军事武器租借给"对美国国防有重大关系的国家"，显然将德国排除在外。同年10月租借对象又扩及苏联；直到战争结束，苏联总共接受了113亿3000万美金。

在利用妇女劳力方面，美国招募数百万妇女工人。美国妇女进入劳力市场并不稀奇，早在20世纪30年代经济大萧条时，经济压力就迫使许多美国妇女突破"好女不做工"的心理障碍，加入工人队伍。不过这些女工多半来自贫穷家庭，从事工作以贴补家计，或是维持自己的生计。但大部分的妇女仍被家事重担以及社会歧视职业妇女的心态所影响，选择待在家里。美国参战改变这种观念，军火设备的庞大需求，让许多妇女进入新成立的工厂工作，战争的需要终于打破对职业妇女的歧见。

接着，美国政府要求全民节省物资，尤其是宝贵的物资。许多美国人民将家里的铝锅、锡罐都奉献出来，供给战争的生产使用，动物油也被

---

① 《租借法案》的经费来源多为银行储蓄以及保险基金。至于美国的战争经费则大部分由征税、借贷（如发行公债）和扩大通货而来。

第12章 第二次世界大战期间的经济社会史

省下来以制造炸弹需要的甘油。政府不仅鼓励购买战争公债、战争借贷，还鼓励使用住家附近的空地种植自己所需的蔬菜，称之为"胜利菜园"（victory gardens），全国出现约2000万个这种菜园，提供全国所需蔬菜量的2/3，并带动新的蔬菜品种的栽种，如瑞士莴苣和大头菜等。

为了害怕缩减的物资会导致通货膨胀，美国政府开始采取配给政策，包括糖、咖啡、肉类、奶油、轮胎和汽油。一如英国，美国政府也发行配给簿、配给票等。一样配给的额度对某些人而言是不够的，尤其是有钱人，他们遂通过黑市满足自己的需要。黑市虽然违法，但却可以解决部分国人的生活不便。到了战争结束的那一年，黑市买卖更是达到高峰。黑市的生产并没有包含在官方的统计数字里。大致而言，美国政府对于战争期间的通货情形控制得较好，民生物资的价格并没有飞腾起来。

战争经济为美国的生活带来许多影响，大企业公司造就一些大都市的出现，如底特律（Detroit）、西雅图（Seattle）、洛杉矶，吸引无数来自各地的工人到此工作，尤其是许多南部的非裔美国人，还包括非裔妇女。不过短时间涌进这些地区的大批工人，造成当地不少经济与社会问题。首先是房舍严重缺乏，房子无法在短时间内建设，许多人居住在帐篷、大卡车、拖车里。许多孩子的父母皆投入工厂，孩子们因而无人管教，四处游走，而有"钥匙儿童"（latchkey kid）的出现。

战争期间，美国南方的非裔工人大量移往西部和北部的工厂工作，使得南方棉花田等农场劳力大量流失。农业劳力的大量流失促使南方农业发生剧烈的变化，在政府鼓励下，农场主人开始采取大规模的机械化生产，因此这段时期被称为美国的第二次农业革命。此外，南方农场"种族工人"的版图也开始发生变化：政府引进成千上万的墨西哥工人[①]取代非裔工人的位子。

战争期间，美国的经济好转，年轻人摆脱经济大萧条的失业问题，有了不错的薪水，因而选择提早结婚，开启战后的婴儿潮先锋。由于大部分

---

① 尚有引进德国战俘。

的民生用品的生产线移为军事生产，市面上的民生物资颇为缺乏，人民乃将钱存入银行，使得银行的储蓄达到历年来的新高点。

人民的收入增加后，因市面上能购买的民生用品少，大家所赚的钱就被花在其他方面，例如出版业的销售情况变好。尽管为了省纸，书籍变小，但是看书的人不减反增，尤其是漫画类。1942年间，美国每月卖出的漫画书约达1200万本，《超人》（*Superman*）更畅销到海外。除了出版业外，电影、运动俱乐部、酒店、赛车、赛马、夜总会都成为战争期间人民花费的娱乐项目，而且非常兴盛。这些娱乐经济的繁盛，让一些史家认为大战期间美国陷入"消费的嘉年华"（carnival of consumption）中。

服饰也受到战争的影响，这是因为缝制衣服的拉链被省去做枪支，腰带需要的橡胶被拿去制造坦克或大卡车，衣服需要的布料也要省去做制服。政府甚至规定毛料要省下来给军事用，因此夹克、背心都要省，丝的来源也因与日本开战而减少。在这些规定与爱国心的作用下，妇女服装的样式变简约了，裙子也变短、变窄，没有皱褶、裙褶，这种简约的样式被称为"爱国装"（patriotic chic）。

包括糖、咖啡都需优先运给战场上的士兵使用，所以后方的美国人民减少食物中糖的使用，市面上开始出现少糖的食谱，咖啡多冲几次，达到物尽其用的效果。此外，肉类的供应在战争时也有所减少，餐馆因而改采野牛和羚羊肉。

发战争财的企业也不是没有。例如，可口可乐公司以可口可乐作为所有士兵和船员最重要的饮料，能满足他们的需要，从而得到生产物资如瓶子等，尽管当时美国国内非常缺糖，但可口可乐公司可以优先获得糖浆作为原料，可口可乐更随着美军的调驻而销售到世界各地。又如口香糖也有类似的发展，理由是可以让士兵放松和感觉良好。

七、苏联的战争经济

在所有的参战国中，苏联受到的损伤可能是最重的，大约有1600万人死亡，还有数百万名军人沦为俘虏，成百的城市夷为平地[①]。德国将苏联的俘虏送往德国工厂强制工作，同时将苏联的大批粮食、石油、矿藏运往自己的国家。

在斯大林统治下的苏联，战时经济与社会管理远比他国要集中与严格。早在战争爆发之前，斯大林就通过计划经济、集体农场将全国的经济与资源掌控在政府手中。

苏联解决战时劳力问题的方法，也是采用征调。所有16—55岁的男子、16—45岁的女子都被动员起来。在所有国家中，苏联的动员范围最为广大，这是因为苏联在战争初期受损的人口最多，大约丧失了250万名男子劳力。苏联损失的军火与工业资源也最惨重：大部分的工业区都陷入德国的占领下，战前生产的物资也掉了90%。况且，苏联还需要大量的人力将工厂搬迁到乌拉山以东的地区。战争期间，苏联的劳动力中约有50%是妇女，她们的表现非比寻常：到1943年时每月约可生产2000辆坦克、3000架飞机。

---

① 苏联最惨重的伤亡发生在德苏战争开始的前半年：苏军损失了约400万人、8000架飞机、1.7万辆坦克。

附录
参考文献 & 图片来源

一、参考文献
序

1. Backhouse, Roger E., *The Ordinary Business of Life: A History of Economics from the Ancient World to the TwentyFirst Century,* Princeton: Princeton University Press, 2004.

2. Backhouse, Roger E., *The Penguin History of Economics,* London: Penguin Books, 2002.

3. Gregory Clark, *A Farewell to Alms: A Brief Economic History of the World,* Princeton: Princeton University Press, 2007.

4. Graeber, David, *Debt: The First 5,000 Years,* New York: Melville House, 2011.

5. Hann, Chris, and Keith Hart, *Economic Anthropology: History, Ethnography, Critique,* Cambridge: Polity Press, 2011.

6. North, Douglass, *Understanding the Process of Economic Change,* rev. ed. Princeton: Princeton University Press, 2005.

7. Persson, Karl Gunnar, *An Economic History of Europe: Knowledge, Institutions and Growth, 600 to the Present,* Cambridge: Cambridge University Press, 2010.

8. Polanyi, Karl, *The Great Transformation: The Political and Economic Origins of Our Time,* Boston: Beacon Press, 2001.

9. Rothbard, Murray N., *Economic Thought before Adam Smith: An Austrian Perspective on the History of Economic Thought,* Auburn, Alabama: Ludwig von Mises Institute, 2006.

10. Tuma, Elias H., *European Economic History: Tenth Century to the Present,* Palo Alto, California: Pacific Books, 1971.

11. Wallerstein, Immanuel, *The Essential Wallerstein,* New York: New Press Essential, 2000.

12. Weber, Max, trans. by Frank H. Knight, *General Economic History,* Mineola, New York: Dover Publication, Inc., 2003.

13. 米可斯维特，伍尔得礼奇. 公司的历史［M］. 夏荷立，译. 台北：左岸文化事业有限公司，2005.

14. 林钟雄. 欧洲经济发展史［M］. 台北：三民书局，2009.

15. 奇波拉. 金钱的冒险：欧洲经济生活中三个夸张而令人不敢置信的故事［M］. 胡正光，译. 台北：左岸文化事业有限公司，2006.

16. 马克·科尔兰斯基. 盐［M］. 石芳瑜，译. 台北：蓝鲸出版社，2002.

17. 斯威德伯格. 经济社会学原理［M］. 周长城，等，译. 台北：巨流图书公司，2007.

18. 赖建诚. 西洋经济史的趣味［M］. 台北：允晨文化出版社，2008.

19. 赖建诚. 经济史的趣味［M］. 台北：允晨文化出版社，2010.

20. 赖建诚. 经济思想史的趣味［M］. 台北：允晨文化出版社，2011.

古代篇

（一）中东部分

1. Aubert, Maria Eugenia, trans. by Mary Turton, *Commerce and Colonization in the Ancient Near East,* Cambridge: Cambridge University Press, 2013.

2. Averbeck, Richard E., Mark W. Chavalas, and David B. Weisberg, ed., *Life and Culture in the Ancient Near East,* Bethesda, Maryland.: CDL Press, 2003.

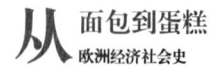

3. Bertman, Stephen, *Hand book to Life in Ancient Mesopotamia,* Oxford: Oxford University Press, 2003.

4. Bottéro, Jean, *Everyday Life in Ancient Mesopotamia,* trans. by Antonia Nevill, Baltimore, Maryland: Johns Hopkins University Press, 2001.

5. Hudson, Michael and Marc Van De Mieroop, ed., *Debt and Economic Renewal in the Ancient Near East,* Bethesda, Maryland: CDL Press, 2002.

6. Jastrow, Morris, Jr., *The Civilization of Babylonia and Assyrian: Its Remains, Language, History, Religion, Commerce, Law, Art, and Literature,* rep. ed. Long Beach, CA: Lost Arts Media, 2003.

7. Kuhrt, Amélie, *The Ancient Near East, c. 3000-330 BC,* rep. ed., New York: Routledge, 2000.

8. Larse, Mogens Trolle, *Ancient Kanesh: A Merchant Colony in Bronze Age Anatolia,* Cambridge: Cambridge University Press, 2015.

9. Leik, Gwendolyn, ed., *The Babylonian World,* London: Routledge, 2007.

（二）古埃及部分

1. Bingen, Jean, ed., *Hellenistic Egypt: Monarchy, Society, Economy, Culture,* Berkeley: University of California Press, 2007

2. Casson, Lionel, *Everyday Life in Ancient Egypt,* rev. ed., Baltimore, Maryland: John Hopkins University Press, 2001.

3. Shaw, Ian, ed. *The Oxford History of Ancient Egypt,* Oxford: Oxford University Press, 2000.

4. Szpakowska, Kasia, *Daily Life in Ancient Egypt: Recreating Lahun,* Oxford: Blackwell, 2008.

5. Van de Mieroop, Marc, *A History of Ancient Egypt,* Oxford: WileyBlackwell, 2011.

6. Van Heel, Koenraad Donker, *Mrs. Tsenhor: A Female Entrepreneur in Ancient Egypt,* Cairo: The American University in Cairo Press, 2014.

7. Weigall, Arthur, *The Life and Times of Akhnaton: Pharaoh of Egypt*, New York: Cooper Square Press, 2000.

8. Wilkinson, Toby, *The Rise and Fall of Ancient Egypt*, New York: Random House, 2010.

9. 莱斯利，罗伊·亚京斯. 破解古埃及 [M]. 黄中兴译. 台北：猫头鹰出版社，2002.

(三) 古希腊部分

1. Amemiya, Takeshi, *Economy and Economics of Ancient Greece*, London: Routledge, 2007.

2. Castleden, Rodney, *Minoans: Life in Bronze Age Crete*, rep. ed., London: Routledge, 2002.

3. Doukakis, Vassilis, *Money and Banking in Greek Antiquity*, Champaign, Ilinois: Common Ground Publishing, 2003.

4. Engen, Darel Tai, *Honor and Profit: Athenian Trade Policy and Economy and Society of Greece, 415–307 B.C.E.*, Ann Arbor: University of Michigan Press, 2010.

5. Harris, W. V., ed., *The Monetary Systems of the Greeks and Romans*, Oxford: Oxford University Press, 2008.

6. Meikle, Scott, *Aristotle's Economic Thought*, rep. ed., Oxford: Clarendon Press, 2002.

7. Migeotte, Léopold, trans. by Janet Lloyd, *The Economy of the Greek Cities: From the Archaic Period to the Early Roman Empire*, Berkeley: University of California Press, 2009.

8. Nagle, D. Brendan, *The Household as The Foundation of Aristotle's Polis*, Cambridge: Cambridge University Press, 2011.

9. Von Reden, Sitta, *Exchange in Ancient Greece*, London: Duckworth, 2003.

10. Von Reden, Sitta, *Money in Classical Antiquity*, Cambridge: Cambridge

University Press, 2010.

（四）古罗马部分

1. Alcock, Joan P., *Life in Ancient Rome,* Gloucestershire, GB.: The History Press, 2010.

2. Carcopino, Jerome, *Daily Life in Ancient Rome*, New Haven: Yale University Press, 2003.

3. Erdkamp, Paul, *The Grain Market in the Roman Empire: A Social, Political and Economic Study*, Cambridge: Cambridge University Press, 2005.

4. Garnsey, Peter, and Richard Saller, *The Roman Empire: Economy, Society and Culture*, Berkeley: The University of California Press, 2015.

5. Kehoe, Dennis P., *Law and the Rural Economy in the Roman Empire*, Ann Arbor, Michigan: The University of Michigan Press, 2007.

6. Scheidel, Walter, ed., *Roman Economy*, Cambridge: Cambridge University Press, 2013.

7. Temin, Peter, *The Roman Market Economy*, Princeton: Princeton University Press, 2013.

8. Weber, Max, trans. by Richard I. Frank, *Roman Agrarian History*, Claremont, California: Regina Books, 2008.

9. Wolfram, Herwig, *The Roman Empire and Its Germanic Peoples*, Berkeley: University of California Press, 2005.

中古篇

1. Armstrong, Lawrin, Ivana Elbl, and Martin M. Elbl, ed. *Money, Markets and Trade in Late Medieval Europe: Essays in Honour of John H. A. Munro,* Leiden: Brill, 2006.

2. Barber, Malcolm, *The New Knighthood: A History of the Order of the Temple,* Cambridge: Cambridge University Press, 2000.

3. Barber, Malcolm, *The Trial of the Templars,* Cambridge: Cambridge University Press, 2000.

4. Chafuen, Alejandro A., *Faith and Liberty: The Economic Thought of the Late Scholastics*, London: Lexington Books, 2003.

5. Diana Wood, *Medieval Economic Thought*, Cambridge: Cambridge University Press, 2002.

6. Epstein, Steven A., *An Economic and Social History of Later Medieval Europe, 1000-1500*, Cambridge: Cambridge University Press, 2009.

7. FernándezArmesto, Felipe, and James Muldoon, *Internal Colonization in Medieval Europe*, Farnham, England: Ashgate, 2008.

8. Frances Gies and Joseph Gies, *Life in a Medieval Village*, New York: Harper Perennial, 1991.

9. Franks, Christioher A., *He Became Poor: The Poverty of Chris and Aquinas's Economic Teachings,* Grand Rapids, Michigan: William B. Eerdmans Publishing Co., 2009.

10. Ghazanfar, S. M., ed. *Medieval Islamic Economic Thought: Filling the "Great Gap"* in European Economics, London: Routledge, 2003.

11. Hawkes, David, *The Culture of Usury in Renaissance England*, New York: Palgrave Macmillan, 2010.

12. Hilton, Rodney, *Class Conflict and the Crisis of Feudalism: Essays in Medieval Social History*, rev. ed. London: Verso, 1990.

13. Hodgett, Gerald A. J., *A Social and Economic History of Medieval Europe,* London: Methuen & CO LTD, 2006.

14. Langholm, Odd, *The Legacy of Scholasticism in Economic Thought: Antecedents of Choice and Power*, Cambridge: Cambridge University Press, 1998.

15. Langholm, Odd, *The Merchant in the Confessional: Trade and Price in the*

PreReformation Penitential Handbooks, Leiden: Rill, 2003.

16. Lopez, Robert S., *The Commercial Revolution of the Middle Age, 950–1350*, rep. ed. Cambridge: Cambridge University Press, 1998.

17. Lowry, S. Todd, and Barry Gordon, *Ancient and Medieval Economic Ideas and Concepts of Social Justice*, Leiden, the Netherlands: Brill, 1998.

18. Sarris Peter, *Economy and Society in the Age of Justinian*, Cambridge: Cambridge University Press, 2006.

19. Singman, Jeffery L., *Daily Life in Medieval Europe*, Westport, Connecticut: Greenwood Press, 1999.

20. Todeschini, Giacomo, *Franciscan Wealth: From Voluntary Poverty to Market Society*, Saint Bonaventure, New York: The Franciscan Institute, 2009.

21. 费尔南·布罗代尔. 15至18世纪的物质文明、经济和资本主义［M］. 施康强，顾良译. 台北：广场出版，2018.

22. 戴维斯. 马丁·盖尔归来［M］. 江政宽译. 台北：联经出版公司，2000.

近现代篇

1. Allen, Robert C., *The British Industrial Revolution in Global Perspective*, Cambridge: Cambridge University Press, 2009.

2. Armitage, David, and Michael J. Braddick, *The British Atlantic World, 1500-1800*, New York: Palgrave Macmillan, 2002.

3. Bailyn, Bernard, *Atlantic History: Concept and Contours*, Cambridge: Harvard University Press, 2005.

4. Berend, Ivan T., *An Economic History of TwentiethCentury Europe: Economic Regimes from LaissezFaire to Globalization*, Cambridge: Cambridge University Press, 2006.

5. Berghahn, Volker Rolf, *Imperial Germany, 1871–1914: Economy, Society, Culture, and Politics*, New York: Berghahn Books, 2005.

6. Billstein Reinhold, Karola Fings, Anita Kugler, and Nicholas Levis, *Working for the Enemy: Ford, General Motors and Forced Labor in Germany during the Second World War*, New York: Berghahn Books, 2004.

7. Breen, T. H., *The Marketplace of Revolution: How Consumer Politics Shaped American Independence*, New York: Oxford University Press, 2004.

8. Broadberry, Stephen, and Kevin H. O'Rourke, *The Cambridge Economic History of Modern Europe,* Cambridge: Cambridge University Press, 2010.

9. Chamberlain, Charles D., *Victory at Home: Manpower and Race in the American South during World War II*, Athens, Georgia: University of Georgia Press, 2003.

10. De Vries, Jan, *The Industrious Revolution: Consumer Behavior and the Household Economy, 1650 to the Present*, Cambridge: Cambridge University Press, 2008.

11. Epstein, S. R. and Maarten Prak, ed., *Guilds, Innovation and the European Economy, 1400-1800*, Cambridge: Cambridge University Press, 2008.

12. Evans, Richard J., *The Third Reich at War*, New York: Penguin Press, 2009.

13. Evans, Richard J., *The Third Reich in Power, 1933-1939*, New York: Penguin Press, 2005.

14. Fontaine, Laurence, *The Moral Economy: Poverty, Credit, and Trust in Early Modern Europe*, Cambridge: Cambridge University Press, 2008.

15. Geyer, Michael, and Adam Tooze, ed., *The Cambridge History of the Second World War, vol. 3: Total War: Economy, Society and Culture*, Cambridge: Cambridge University Press, 2015

16. Goldthwaite, Richard A., *Banks, Palaces and Entrepreneurs in Renaissance Florence*, Aldershot, Hampshire, Great Britain: Variorum, 1995.

17. Goldthwaite, Richard A., *The Economy of Renaissance Florence*, Baltimore, Maryland: Johns Hopkins University Press, 2009.

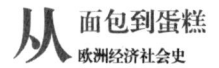

18. Greif, Avner, *Institutions and the Path to the Modern Economy: Lessons from Medieval Trade*, Cambridge: Cambridge University Press, 2006.

19. Griffin, Emma, *Liberty's Dawn: A People's History of the Industrial Revolution*, New Haven: Yale University Press, 2013.

20. Harrison, Mark, ed., *The Economics of World War II: Six Great Powers in International Comparison*, Cambridge: Cambridge University Press, 1998.

21. Herman, Arthur, *Freedom Forge: How American Business Produced Victory in World War II*, New York: Random House, 2013.

22. Jardine, Lisa, *Worldly Goods: A New History of the Renaissance*, New York: W. W. Norton & Company, 1996.

23. Johnson, Paul, *The Birth of the Modern: World Society, 1815-1830*, New York: Harper Collins Pub., 1991.

24. Judt, Tony, *Postwar: A History of Europe since 1945*, London: Penguin Press HC, 2005.

25. Kynaston, David, *Austerity Britain, 1945–1951*, New York: Walker & Company, 2008.

26. Mandelbaum, Michael, *The Ideas that Conquered the World: Peace, Democracy, and Free Markets in the Twentyfirst Century*, New York: Public Affairs, 2002.

27. Morgan, Kenneth, *Slavery, Atlantic Trade and the British Economy, 1660-1800*, Cambridge: Cambridge University Press, 2001.

28. Muldrew, Craig, *The Economy of Obligation: The Culture of Credit and Social Relations in Early Modern England*, New York: Palgrave, 1998.

29. Ogikvie, Sheilagh, *Institutions and European Trade: Merchant Guilds, 1000-1800*, Cambridge: Cambridge University Press, 2011.

30. O'Shaughnessy, Andrew Jackson, *An Empire Divided: The American Revolution and the British Caribbean*, Philadelphia: University of

Pennsylvania Press, 2000.

31. Prak, Maarten, ed. *Early Modern Capitalism: Economic and Social Change in Europe, 1400–1800*, New York: Routledge, 2001.

32. Reagan, Patrick D., *Designing a New America: The Origins of New Deal Planning, 1890–1943*, Amherst: University of Massachusetts Press, 2000.

33. Stuard, Susan Mosher, *Gilding the Market: Luxury and Fashion in the FourteenthCentury*, Philadelphia: University of Pennsylvania Press, 2006.

34. Truxes, Thomas M., *IrishAmerican Trade, 1660–1783*, paperback ed., Cambridge: Cambridge University Press, 2014.

35. Welch, Evelyn, *Shopping in the Renaissance*, New Haven: Yale University, 2009.

36. Winkler, Allan M., *Home Front U.S.A.: America during World War II*, Wheeling, Illinois: Harlan Davidson, Inc., 2012

37. ZweinigerBargielowska, Ina, *Austerity in Britain: Rationing, Controls, and Consumption, 1939–1955*, Oxford: Oxford University Press, 2000.

38. 卜正民. 维梅尔的帽子：揭开十七世纪全球贸易的序幕［M］. 黄中宪, 译. 台北：远流出版公司，2017.

39. 狄克逊·韦克特. 经济大萧条时代：1929—1941年的经济大恐慌［M］. 秦传安, 译. 台北：德威国际文化事业有限公司，2008.

40. 彼得·里森. 海盗船上的经济学家：为何四百年前的海盗能建立最好的经济制度［M］. 傅西西, 译. 台北：行人文化实验室，2011.

41. 彼得·马丁, 布鲁诺·霍纳格. 历史上的投机事业［M］. 许可达, 阙旭玲, 译. 台北：左岸文化事业有限公司，2004.

42. 拉里·佐克曼. 马铃薯：拯救人类、改变历史的贫民美馔［M］. 李以卿, 译. 台北：蓝鲸出版社，2000.

43. 韦伯. 基督新教伦理与资本主义精神［M］. 康乐, 简惠美, 译. 台北：远流出版公司，2007.

二、图片来源

图2、图5、图8、图9、图11、图12：The Metropolitan Museum of Art （Public Domain）

图6、图7、图10、图16：Shutterstock

图18：Zairon / CC BYSA （https://creativecommons.org/licenses/bysa/4.0） https://upload.wikimedia.org/wikipedia/commons/1/17/Issogne_Castello_d%27Issogne_Innenhof_Fresken_05.jpg

图24：British Library （Public Domain）

图27、图28、图29：Library of Congress （No known restrictions on publication.

图书在版编目（CIP）数据

从面包到蛋糕：欧洲经济社会史 / 何萍著. — 杭州：浙江人民出版社，2023.3
ISBN 978-7-213-10869-3

Ⅰ.①从… Ⅱ.①何… Ⅲ.①欧洲经济—经济史—研究 Ⅳ.①F150.9

中国版本图书馆CIP数据核字(2022)第233083号

浙江省版权局
著作权合同登记章
图字：11-2021-233 号

中文简体版通过成都天鸢文化传播有限公司代理，
经三民书局股份有限公司授予中国大陆地区独家出版发行，
非经书面同意，不得以任何形式、任意重制转载。
本著作限于中国大陆地区发行。

从面包到蛋糕：欧洲经济社会史
Cong Mianbao Dao Dangao: Ouzhou Jingji Shehui Shi
何 萍 著

出版发行：浙江人民出版社（杭州市体育场路347号 邮编：310006）
　　　　　市场部电话：（0571）85061682　85176516
策划编辑：李　楠
责任编辑：尚　婧　李　楠
特约编辑：韩　晴
责任校对：何培玉
责任印务：刘彭年
封面设计：异一设计
电脑制版：北京之江文化传媒有限公司
印　　刷：杭州丰源印刷有限公司
开　　本：710毫米×1000毫米　1/16　　印　张：28
字　　数：401千字
版　　次：2023年3月第1版　　　　　　印　次：2023年3月第1次印刷
书　　号：ISBN 978-7-213-10869-3
定　　价：98.00元

如发现印装质量问题，影响阅读，请与市场部联系调换。